NO CRUZAMENTO
DO DIREITO E DA ÉTICA

PEDRO VAZ PATTO
Juiz de Direito

NO CRUZAMENTO
DO DIREITO E DA ÉTICA

NO CRUZAMENTO DO DIREITO E DA ÉTICA

AUTOR
PEDRO VAZ PATTO

EDITOR
EDIÇÕES ALMEDINA. SA
Av. Fernão Magalhães, n.º 584, 5.º Andar
3000-174 Coimbra
Tel.: 239 851 904
Fax: 239 851 901
www.almedina.net
editora@almedina.net

PRÉ-IMPRESSÃO | IMPRESSÃO | ACABAMENTO
G.C. GRÁFICA DE COIMBRA, LDA.
Palheira – Assafarge
3001-453 Coimbra
producao@graficadecoimbra.pt

Agosto, 2008

DEPÓSITO LEGAL
280108/08

Os dados e as opiniões inseridos na presente publicação são da exclusiva responsabilidade do(s) seu(s) autor(es).

Toda a reprodução desta obra, por fotocópia ou outro qualquer processo, sem prévia autorização escrita do Editor, é ilícita e passível de procedimento judicial contra o infractor.

Biblioteca Nacional de Portugal - Catalogação na Publicação

PATO, Pedro Vaz

No cruzamento do direito e da ética
ISBN 978-972-40-3588-8

CDU   340
          342
          347
          17

NOTA DE APRESENTAÇÃO

Neste livro reúno textos sobre temáticas que têm em comum o facto de se situarem num plano de cruzamento entre o Direito e a Ética. São textos de um jurista que procura ir além da análise do direito positivo e reflectir sobre o sentido mais profundo dos princípios filosóficos e éticos que norteiam o ordenamento jurídico. Envolvem opções de princípio que, mais do que muitas outras, se podem considerar estruturantes quanto ao modelo civilizacional que queiramos hoje seguir.

Apesar de escritos em épocas e contextos bastante diversificados, e de, em muitos casos, terem sido concebidos em reposta a solicitações de momentos determinados, penso que nenhum destes textos perdeu alguma actualidade, pois tais temáticas são objecto de debates que não estão encerrados, ou poderão mesmo vir a ganhar acuidade nos tempos mais próximos. Não fujo – como se verá – à assunção de opções claras nesses debates, pois sinto que um imperativo de consciência a isso me obriga. Procuro – não sei se o consegui – sempre fazê-lo de forma racionalmente consistente e em espírito de diálogo e consideração pelas posições adversas.

Os textos são diversificados também quanto à sua extensão e grau de aprofundamento. Entendi que deveria juntá-los, pois assim cubro um mais vasto leque de matérias e porque me parece que há questões que podem ser sintetizadas sem perda de rigor.

Particular destaque é dado a questões relativas à tutela da vida humana. Porque também assumem relevo cultural e socialmente estruturante, são focadas ainda temáticas relativas à protecção da dignidade da pessoa humana e da família. Também pela sua importância e porque se revestem de particular actualidade, são analisadas questões relativas ao sentido da laicidade e da protecção da liberdade religiosa em sociedades cada vez mais caracterizadas pela convivência multicultural. E, porque se trata de matéria directamente ligada à minha função de juiz da área criminal, abordo questões directamente atinentes aos fins do Direito Penal.

Faço votos de que este meu contributo ajude a que o debate das matérias em questão se faça com a necessária profundidade, não sujeito às modas do "politicamente correcto", com plena consciência dos valores que estão em jogo.

O DIREITO E A VIDA: A FASE INICIAL

O SENTIDO DA CRIMINALIZAÇÃO DO ABORTO
Ajustar a Lei sem Sacrificar os Princípios[1]

A criminalização do aborto continua a suscitar debates e controvérsias. Deu origem ao primeiro referendo da nossa história democrática e poderá dar origem a um outro. Poder-se-á pensar que os argumentos, na perspectiva da filosofia política e jurídica, à luz do quadro de valores constitucional que nos rege, a favor ou contra essa criminalização, são já conhecidos e vêm sendo repetidos de forma incessante. Mesmo assim, e porque a discussão continuará actual num futuro próximo, pareceu-me útil sistematizar esses argumentos, expondo claramente a minha opção, e dar um pequeno contributo em relação a questões que, em meu entender, não estão ainda completamente esclarecidas.

Apresento uma proposta de alteração legislativa que pretende, não sacrificando a coerência dos princípios e mantendo a definição da gravidade objectiva do aborto como crime, considerar as circunstâncias atenuantes que, no plano da culpa, reduzem substancialmente a gravidade da conduta da mulher grávida que aborta, e fazer com que a aplicação efectiva da norma penal (para além da simples definição do aborto como crime) possa ser encarada com naturalidade (o que não tem sucedido até aqui) pela opinião pública e pelos próprios partidários da manutenção do regime vigente.

Faço-o na qualidade de cidadão interessado nesta temática, distinguindo bem esta qualidade das minhas funções de juiz de direito. No exercício destas funções, e apesar de me situar há já alguns anos no âmbito da jurisdição penal, nunca fui confrontado com o julga-

---

[1] Texto publicado na *Revista Portuguesa de Ciência Criminal*, ano 15, nº 1, Janeiro-Março 2005.

mento de alguma prática de aborto. Mas não me é muito difícil imaginar-me nesse papel. Se a minha perspectiva é a da política legislativa, até certo ponto alheia, pois, às minhas funções de juiz, não deixo de ter em conta (não conseguiria fazê-lo) a minha experiência de juiz, desde logo porque sei o que representa e o que custa julgar alguém pela prática de um crime.

O início da vida humana e o estatuto de pessoa

Impõe-se que comece por abordar a questão do início da vida humana e da natureza da vida pré-natal. A abordagem há-de situar-se no plano da reflexão filosófica. O jurista não pode esquivar-se a ela. Importa apurar o alcance do princípio constitucional da inviolabilidade da vida humana (artigo 24º, nº 1, da Constituição portuguesa).

Uma forma enganadora de evitar a questão parte da consideração de que, tratando-se de uma opção controversa, em nome da tolerância e da recusa de imposição de quaisquer dogmatismos religiosos ou ideológicos, a ordem jurídico-constitucional deveria estar aberta às várias opções possíveis. Mas a neutralidade, neste caso, é impossível. Deixar a questão do estatuto do embrião e do feto ao critério subjectivo de quem tenha o poder de decidir sobre ele é, necessariamente, recusar-lhe o estatuto de pessoa humana, e reduzi-lo ao de objecto ou coisa, pois tal nunca se permite em relação a qualquer pessoa.

Pode analisar-se, a título de exemplo, a tese de Luigi Ferrajoli[2]. Para este, «o embrião é merecedor de tutela *se e só quando* pensado e desejado pela mãe como pessoa. O fundamento moral da tese metajurídica e metamoral da não punibilidade do aborto durante um determinado período de tempo depois da concepção, ou então da licitude da utilização para fins terapêuticos das células dos embriões, não consiste na ideia de que o embrião não é uma potencial pessoa, mas uma simples coisa (uma "portio mulieris vil viscerum", como diziam os romanos)». Reside, antes, «na tese moral de que a decisão

---

[2] Ver «A Questão do Embrião entre o Direito e a Moral», *Revista do Ministério Público*, ano 24º, Abril-Junho de 2003, nº 94, pgs. 9 e segs.

sobre a natureza de "pessoa" do embrião deve ser remetida para a autonomia moral da mulher, em virtude da natureza justamente *moral*, e não simplesmente biológica, das condições em presença das quais é "pessoa"». Não será aceitável o acto que possa prejudicar um nascituro «pensado e desejado» pela mãe como pessoa, mas já o será se o mesmo não estiver destinado a «nascer como pessoa». A procriação não seria um acto meramente biológico, mas um acto de vontade, e é este acto de vontade que cria a pessoa.

Não me parece, porém, aceitável que o estatuto de pessoa dependa de um acto discricionário e não sindicável da vontade de outrem. O que vale para o embrião não poderia valer também para o ser humano já nascido? Se a qualidade de escravo ou pessoa livre dependesse do critério subjectivo do proprietário, não deixaríamos de estar perante um regime de escravatura e a tratar como objecto a pessoa em questão. Reconhecer a dignidade de outro como pessoa e como igual a mim começa necessariamente por aceitar que essa dignidade me é imposta e não depende de mim ou da minha atitude.

Não podemos, pois, iludir a questão do estatuto da vida pré-natal em virtude das controvérsias a ela inerentes e em nome de uma pretensa tolerância. Não estamos perante uma zona livre de valoração jurídica ou no âmbito de simples opções morais. Estão em jogo direitos de outrem e a alteridade que é própria do domínio jurídico.

Há que partir dos dados da ciência e da reflexão filosófica, à luz dos valores jurídico-constitucionais. Não se trata, pois, de uma qualquer imposição de dogmas religiosos, incompatível com a laicidade do Estado. Mas também há que rejeitar liminarmente teses sem qualquer apoio em dados científicos ou sem base racional minimamente consistente, como as que vêm no embrião e no feto uma parte do corpo da mulher (a "portio mulieris vel viscerum" do direito romano, concepção apenas compreensível em face da ignorância científica da época), ou algo de desconhecido que só o nascimento vem a revelar como dotado de características humanas (até aí não se sabia se era humano ou monstro, pensavam os antigos gregos, numa época que não conhecia as ecografias).

A vida humana começa na concepção, a partir da qual se forma um património genético que define um ser único e irrepetível, distinto do pai e da mãe. A partir da concepção inicia-se um processo evolutivo sem soluções de continuidade. Pronuncia-se nestes termos o documento *Identidade e Estatuto do Embrião Humano* do Centro de Bioética da Universidade Católica de Milão[3]:

«A primeira ordem de dados deriva do estatuto do zigoto e da sua formação. Desses dados conclui-se que, durante o processo de fertilização, mal o óvulo e o espermatozóide – dois sistemas celulares teleologicamente programados – interagem, imediatamente se inicia um novo sistema que tem duas características fundamentais:

1. *O novo sistema* não é uma simples soma de dois subsistemas, mas é um sistema combinado, que, a seguir à perda da sua própria individualização e autonomia por parte dos dois subsistemas, começa a operar como uma nova unidade, intrinsecamente determinada a atingir a sua forma específica terminal, se forem postas todas as condições necessárias (...)

2. O centro biológico ou estrutura coordenadora dessa nova unidade é o *novo genoma* de que está dotado o embrião unicelular, ou seja, os complexos moleculares (...) que contêm e conservam como que na memória um desenho, projecto bem definido, com a "informação" essencial e permanente para a realização gradual e autónoma desse projecto. É esse genoma que identifica o embrião unicelular como biologicamente humano e especifica a sua individualidade. É esse genoma que confere ao embrião enormes potencialidades morfogenéticas, que o próprio embrião irá executando gradualmente durante todo o seu desenvolvimento, por meio de uma contínua interacção com o seu ambiente, tanto celular como extracelular, e das quais recebe sinais e materiais.»

O processo de desenvolvimento que assim se inicia tem três propriedades biológicas peculiares:

«1. *Coordenação*. Em todo o processo de formação a partir do zigoto, há uma sucessão de actividades moleculares e celulares sob a guia de informação contida no genoma e sob o controlo de sinais originários de interacções que se multiplicam incessantemente em todos os níveis, dentro do próprio embrião e entre este e o seu ambiente (...) 2. *Continuidade*. O novo "ciclo vital" que se inicia com a fertilização prossegue sem interrupção. Os eventos, p.ex., a replicação celular, a determinação celular, a diferenciação dos tecidos e a formação dos orgãos, aparecem obviamente como sucessivos. Mas o processo em si mesmo da formação do organismo é contínuo. É sempre o mesmo indivíduo que vai adquirindo a sua forma definitiva. Se esse processo fosse interrompido, a qualquer momento, tería-

---

[3] Centro de Bioética, Universidade Católica do Sagrado Coração, «Identità e Statuto del' Embrione Umano», 22/6/89, *Medicina e Morale*, 1989, 4 (supl.), pgs. 665-666.

mos a morte do indivíduo. 3. *Gradação*. É uma lei intrínseca do processo de formação de um organismo pluricelular o facto de ele adquirir a sua forma final através da passagem de formas mais simples a formas cada vez mais complexas».

Não é, pois, em qualquer fase deste processo (a formação do cérebro, o nascimento ou a idade adulta) que se pode estabelecer uma linha de fronteira para definir a qualidade especificamente humana da vida. Seria sempre arbitrário fazê-lo. Há quem tente fazê-lo com base em critérios variados (e a diversidade dos critérios também é sintoma da arbitrariedade em causa): a actividade cerebral, consciente, racional ou voluntária; a interacção social ou a capacidade de sobrevivência independente. Mas nenhuma destas características surge de forma abrupta, num momento determinado, está sempre latente no património genético e vai evoluindo progressivamente até à idade adulta, sem que o próprio nascimento represente qualquer alteração substancial significativa a este respeito.

As faculdades intelectuais ou volitivas, ou de interacção social, nas fases imediatamente anteriores ou posteriores ao nascimento, não são distintas. E também podem não se verificar em plenitude ao longo da vida adulta, na fase terminal dessa vida ou noutras fases, por doença temporária ou duradoura. Nem por isso a dignidade da pessoa é afectada. A pessoa não deixa de o ser por estar, temporaria ou definitivamente (devido à sua tenra idade, por debilidade mental ou senilidade), impedida de exercer as faculdades próprias da pessoa. É o *ser* pessoa, e não o *actuar* como pessoa, que funda a dignidade que lhe é inerente[4].

Do mesmo modo, não é a capacidade de sobrevivência independente que define a dignidade da pessoa humana. Essa capacidade não surge imediatamente após o nascimento. A sua inexistência (nas fases iniciais ou terminais da vida, ou devido a doença ou deficiência), por outro lado, só reforça a necessidade de particular tutela.

Fazer depender a dignidade de pessoa humana de alguma das características referidas, e levando este critério até ás últimas conse-

---

[4] Ver, neste sentido, Mário Emílio Bigotte Chorão, «Aborto», *in Temas Fundamentais de Direito*, Almedina, Coimbra, 1986, pg. 323 e nota 2, assim como os autores aí citados.

quências (o que nem todos fazem, como é óbvio) faz-nos desembocar na tão controversa tese de Peter Singer[5], para quem o valor da vida de alguns animais tem mais valor do que a de um feto ou de um recém-nascido, uma vez que as capacidades intelectuais ou a sensibilidade à dor daqueles são superiores às destes.

Não é possível sequer, pelos motivos expostos, fixar na fase da nidação a fronteira a partir da qual a vida pré-natal passa a ser susceptível de tutela ao abrigo do princípio constitucional da inviolabilidade da vida humana[6]. Sendo certa a inviabilidade da prova de que antes dessa utilização ocorreu efectivamente uma concepção, e, por isso, um aborto punível como atentado à vida humana no seu início, impõe-se considerar a possibilidade de tal ocorrer para negar a licitude (independentemente do seu relevo penal), à luz desse princípio constitucional, da utilização da chamada *pílula do dia seguinte*.

Há também quem fale, a este respeito, em vida humana sem a dignidade de pessoa, como há quem fale em pessoa em potência ou simples projecto de vida humana.

Porém, partindo do princípio de que a dignidade da pessoa (de toda e qualquer pessoa) é uma qualidade que a acompanha necessariamente, não é possível configurar uma fase da vida humana a que falte tal dignidade, do mesmo modo que não é possível configurar uma categoria de pessoas a que falte tal dignidade.

E a partir da concepção já não pode falar-se em simples projecto de vida humana, ou pessoa humana apenas em potência. Só poderia falar-se nesses termos antes da concepção. Questão diferente é a actualização de todas as potencialidades da pessoa, que, como vimos, se vai procedendo de forma contínua e progressiva, na fase pré-natal, como na infância e na juventude. Não é o facto de não se ter dado ainda a actualização de alguma dessas potencialidades que anula ou reduz a dignidade da pessoa.

---

[5] Ver Peter Singer e Paolo Cavalieri, *Great Ape Project – Equality Beyond Humanity*, Saint Martin' s, Nova Iorque, 1994, e Peter Singer, *Ética Prática* (tradução portuguesa), Gradiva, Lisboa, 2002.

[6] Em sentido contrário, parece pronunciar-se Maria da Conceição Ferreira da Cunha, in *Constituição e Crime – Uma Perspectiva da Criminalização e da Descriminalização*, U.C.P.-Editora, Porto, 1995, pg. 364, nota 996.

Parece-nos, pois, não oferecer dúvidas o estatuto devido ao embrião ou ao feto humanos. Mas ainda que tais dúvidas pudessem subsistir, sempre deveria valer, a este respeito, uma presunção a favor da sua tutela[7]. Quando subsiste alguma dúvida a respeito da natureza de pessoa humana do alvo de um hipotético disparo, é óbvio que se impõe a abstenção desse disparo e se deve actuar sempre como se de uma efectiva pessoa humana se trate. E também basta que haja dúvidas (não necessariamente certezas) a respeito da existência de pessoas humanas sobreviventes debaixo de escombros para que, obviamente, se realizem todas as diligências que as possam eventualmente salvar.

O princípio constitucional da inviolabilidade da pessoa humana

Deveremos, assim, concluir que a vida pré-natal está abrangida pelo princípio da inviolabilidade da vida humana consagrado no artigo 24º, nº 2, da Constituição portuguesa. Isso verifica-se quer em relação à vida intra-uterina, quer mesmo em relação à vida pré--uterina (anterior à nidação), como vimos. Para efeitos de punição do aborto, só tem, porém, relevo prático (devido à inviabilidade da prova), como também já vimos, o alcance desse princípio em relação à vida intra-uterina.

O artigo em questão é claro e categórico, não distinguindo entre várias fases ou categorias de vida humana. Na sua letra e no seu espírito, não encontramos qualquer fundamento para proceder a qualquer distinção desse tipo. Este dado evidente de interpretação objectiva sobrepõe-se a qualquer argumento que pudesse resultar da

---

[7] Ver neste sentido o Parecer do Conselho Nacional de Ética para as Ciências da Vida Nº 3/CNE/93 (in *CNECV Documentação*, vol. I, 1991-1993, Presidência do Conselho de Ministros, INMC, 1993, pg. 97) relativo à procriação medicamente assistida e, especificamente, ao tratamento devido aos embriões excedentários por esta eventualmente originados, onde se afirma:

«Enquanto esta controvérsia não for resolvida e subsistir a dúvida, tem aplicação, entretanto e sempre, o princípio ético que estabelece ser gravemente ilícito atentar contra uma entidade de que se duvide se, sim ou não, constitui um sujeito investido de plena dignidade humana».

história do preceito, e, designadamente, do facto de das discussões que procederam a sua aprovação omitirem qualquer referência a esta questão. Nunca essa omissão seria, por si só, decisiva, pois nunca o elemento histórico da interpretação (a "mens legislatoris") deve sobrepor-se ao elemento objectivo e racional (a "mens legis"), sobretudo quando este se revela desta forma tão inequívoca[8].

O Tribunal Constitucional, nos seus acórdãos nº 25/84[9], 85/85[10] e 288/98[11] deixou claro que a vida intra-uterina está abrangida pelo preceito constitucional em questão.

No primeiro desses acórdãos afirma-se, a esse respeito:

«A expressão "vida humana" está aí na linguagem vulgar e na linguagem científica (ciências que se baseiam na observação dos sentidos, com ou sem o recurso aos instrumentos mais sofisticados de que dispõe a ciência e a medicina). Está aí, digamos, na *natureza das coisas* apreensível pelos sentidos e pela intuição sensível. Neste sentido, torna-se evidente, sem necessidade de demonstração conceitual ou racional.

Também assim para a vida humana, na fase intra-uterina, anterior ao nascimento. Os progressos da ciência, designadamente da genética, embriologia e fetologia, são hoje tão conhecidos que dispensam aqui desenvolvimentos ou demonstrações de qualquer outra ordem».

A doutrina portuguesa, que se divide quanto a outras questões, também parte geralmente deste princípio (ver António Manuel de Almeida Costa, *op. e loc. cit.*, Maria Fernanda Palma, *Direito Penal – Parte Especial, Crimes Contra as Pessoas*, Lisboa, 1983, pg. 138, e *A Justificação por Legítima Defesa Como Problema de Delimitação de Direitos*, Vol. I, AAFDL, Lisboa, 1990, pg. 554, Rui Pereira, *O Crime de Aborto e a Reforma Penal*, AAFDL, Lisboa, 1995, pgs. 55

---

[8] Pode ver-se, neste sentido, e contra o que é defendido na Informação-Parecer da Procuradoria Geral da República nº 31/82, de 13 de Abril de 1982 (*in Boletim do Ministério da Justiça*, nº 320, pgs. 224-271), António Manuel de Almeida Costa, «Aborto e Direito Penal – Algumas Considerações a Propósito do Novo Regime da Interrupção Voluntária da Gravidez», *Revista da Ordem dos Advogados*, ano 44, Dezembro, 1984, pgs. 618 a 621.

[9] Ver *Acórdãos do Tribunal Constitucional*, 2º vol., pgs. 117 e segs, e *Diário da República*, IIª série, de 4/4/1984.

[10] Ver *Acórdãos do Tribunal Constitucional*, 5º vol., pgs. 245 e segs., e *Diário da República*, IIª série, de 25/6/85.

[11] Ver *Acórdãos do Tribunal Constitucional*, 40º vol., pgs. 7 e segs., e *Diário da República*, Iª série-A, de 18/4/98.

a 63, Maria da Conceição Ferreira da Cunha, *op. cit.*, pgs. 364 a 366, e Vital Moreira – Gomes Canotilho, *Constituição da República Portuguesa (Anotada)*, 2ª ed., vol. II, Coimbra Editora, Coimbra, 1984, nota IV ao artigo 24º, pg. 175).

Também o Tribunal Constitucional federal alemão, na célebres sentenças de 25/2/1975 e de 28/5/1993[12], parte do princípio de que os artigos 1º,1 (que consagra a "sacralidade" da dignidade da pessoa humana) e 2º,2 (que estatui que «todos têm direito à vida») da Constituição federal alemã também tutelam a vida intra-uterina.

Entre nós, as divisões surgem não tanto no que se refere à exclusão da vida intra-uterina do âmbito do artigo 24º, nº 1, da Constituição, mas sobretudo quanto a uma eventual especificidade da tutela dessa fase da vida humana em relação à vida posterior ao nascimento.

Afirma-se no já referido acórdão do Tribunal Constitucional nº 85/85:

> «Entende-se que a vida intra-uterina compartilha da protecção que a Constituição confere à vida humana enquanto bem constitucionalmente protegido (isto é, valor constitucional objectivo), mas que não pode gozar de protecção constitucional do direito à vida propriamente dito – que só cabe às pessoas, podendo portanto aquele ter de ceder, quando em conflito com direitos fundamentais ou com outros valores constitucionalmente protegidos.
>
> [...]
>
> (...) a vida intra-uterina não é constitucionalmente irrelevante ou indiferente, sendo antes um bem constitucionalmente protegido, compartilhando da protecção conferida em geral à vida humana, enquanto bem constitucionalmente objectivo (Constituição, artigo 24º, nº1). Todavia, só as pessoas podem ser titulares de direitos fundamentais – pois não há direitos fundamentais sem sujeito –, pelo que o regime constitucional de protecção do direito à vida, como um dos "direitos, liberdades e garantias pessoais", não vale directamente e de pleno para a vida intra-uterina e para os nascituros.
>
> É este um dado simultaneamente biológico e cultural, que o direito não pode desconhecer e que nenhuma hipostasiação de um suposto "direito a nascer" pode ignorar: qualquer que seja a natureza, seja qual for o

---

[12] Ver Giacomo Perico, «Incostituzionale in Germania la Legge di Aborto», *Aggiornamenti Sociali*, 1/1994, pgs. 13 a 24.

momento em que a vida principia, a verdade é que o feto (ainda) não é pessoa, um homem, não podendo por isso ser directamente titular de direitos fundamentais. A protecção que é devida ao direito da cada homem não é aplicável directamente, nem no mesmo plano, à vida pré-natal intrauterina.

Esta distinção é de capital importância, sobretudo no que diz respeito a conflitos, com outros direitos ou interesses constitucionalmente protegidos. Sendo difícil conceber que possa haver qualquer outro direito que, em colisão com o direito à vida, possa justificar o sacrifício deste, já são configuráveis hipóteses em que o bem constitucionalmente protegido que é a vida pré-natal, enquanto valor objectivo, tenha de ceder em caso de conflito, não apenas com outros valores constitucionais, mas sobretudo com certos direitos fundamentais (designadamente os direitos da mulher à vida, à saúde, ao bom nome e reputação, à dignidade, à maternidade consciente, etc.)».

O acórdão nº 288/98 retoma esta tese e apoia-se em Vital Moreira e Gomes Canotilho, que afirmam (*in op. e loc. cit.*), depois de reconhecerem que a vida pré-natal também cabe no âmbito de protecção do artigo 24º, nº 1, da Constituição:

«É seguro, porém, que: a) o regime de protecção da vida humana, enquanto simples bem constitucionalmente protegido, não é o mesmo que o direito à vida, enquanto direito fundamental das pessoas, no que respeita à colisão com outros direitos ou interesses constitucionalmente protegidos (*vg.* vida, saúde, dignidade, liberdade da mulher, direito dos progenitores a uma paternidade ou maternidade consciente; b) a protecção da vida intrauterina não tem de ser idêntica em todas as fases do seu desenvolvimento, desde o zigoto até ao nascimento; c) os meios de protecção do direito à vida – designadamente os instrumentos penais – podem mostrar-se inadequados ou excessivos quando se trate da protecção da vida intra-uterina.

Afirma-se também neste acórdão nº 288/98:

«Todavia, essa protecção da vida humana em gestação não terá de assumir o mesmo grau de densificação nem as mesmas modalidades que a protecção do direito à vida individualmente subjectivado em cada ser humano já nascido – em cada pessoa. Aliás, existe uma bem radicada e inegável tradição jurídica tendente a tratar diferenciadamente os já nascidos e os nascituros, que se revela, desde logo, na negação de personalidade jurídica estes últimos (...) e se manifesta, no âmbito do direito penal, exactamente com a incontestada punição diferenciada do aborto relativamente ao homicídio, designadamente no que se refere à distinta medida legal da pena e à não punição do aborto por negligência – e actualmente, entre nós, com a autonomização sistemática dos crimes contra a vida intra-uterina».

Salienta-se que a ideia de tutela progressiva da vida em gestação (tanto maior quanto mais próxima do nascimento) «encontra seguramente eco no "sentimento jurídico colectivo", sendo visível que é muito diferente o grau de reprovação social que pode atingir quem procura eventualmente "desfazer-se" do embrião logo no início da gravidez ou quem pretenda "matar" o feto pouco antes do previsível parto...»

Rui Pereira[13] também justifica uma tutela diferenciada da vida humana pré-natal, «pois o feto, sendo embora um ser vivo» (...) «não é, ainda, em certo sentido, "sujeito de uma vida"». E acrescenta: «O valor da vida intra-uterina só se pode afirmar, na verdade, por ela ser vida autónoma em devir. Se, por absurdo, o feto não nascesse e se tornasse um ser humano independente, nem sequer faria sentido discutir a relevância penal do aborto. Só a esta luz se compreende que o aborto seja menos gravemente punível do que o homicídio, que não seja decretada a sua punibilidade a título de negligência e que seja penalmente irrelevante qualquer atentado contra a vida pré-uterina. Do mesmo modo se poderá aceitar, numa situação de conflito com outros bens jurídicos (distintos já da vida ou da integridade física da mãe), o sacrifício do nascituro».

Importa, assim, encarar estas questões. Por um lado, afirma-se que a vida intra-uterina só encontra a protecção que deriva do valor constitucional objectivo da inviolabilidade da vida humana, não no direito à vida, enquanto direito fundamental de cada pessoa, pois o embrião e o feto não são pessoas e sujeitos de direito.

Maria da Conceição Ferreira da Cunha pronuncia-se sobre esta questão[14]. Afirma, por um lado, que não assumirá «relevância significativa a questão do nascituro ter um direito subjectivo à vida ou da Constituição tutelar de forma objectiva este valor, pois, quer num caso quer noutro, existiria sempre o *dever de protecção* estadual». De qualquer modo, entende «ser de defender um direito à vida humana desde o momento em que ela surge», pois se até o direito civil

---

[13] *Op. cit.*, pgs. 101 e 102.
[14] *Op. cit.*, pgs. 367 e 368.

confere aos nascituros capacidade para serem sujeitos de direito, não se vê porque «não se possa conceder-lhes o direito básico, sem o qual nenhum dos outros fará sentido – o direito à vida, o que implica o direito a nascer (a nascer com vida, é claro...)», sendo que «o facto dele não poder fazer valer o seu direito será até um elemento a ter em conta na especial protecção que lhe deve ser concedida».

Também José Manuel Cardoso da Costa, nos seus votos de vencido proferidos nos acórdãos do Tribunal Constitucional nº 28/84 e 288/98, considera que a protecção objectiva da vida intra-uterina (mesmo que se prescinda da perspectiva subjectiva do direito a nascer, para o qual não há obstáculos dogmáticos insuperáveis) «não tem sentido se nela não for incluída, antes de mais, a *possibilidade de nascer*».

À luz do que acima fui expondo, não posso aceitar que a qualquer vida humana, e em qualquer das suas fases, não seja reconhecida a dignidade de pessoa. Não há nenhuma linha de fronteira que, de forma racional e não arbitrária, possa demarcar, dentro do processo evolutivo que é a vida, e para além do seu início na concepção, fases mais e menos merecedoras do estatuto de dignidade inerente à pessoa.

Isto impõe que ao nascituro seja reconhecido o direito à vida e o direito a nascer. Se o Código Civil (artigo 66º, nº 1) faz depender do nascimento a atribuição de personalidade jurídica, é óbvio que ao nascituro não pode ser negado o direito a adquirir essa personalidade jurídica através do nascimento. Pressuposto de todos os direitos é, pois, este direito a nascer e, portanto, a adquirir personalidade jurídica. Este encontra a sua raiz na Constituição e situa-se, obviamente, num plano superior ao do Código Civil, que, em termos tradicionais[15], faz depender a personalidade jurídica do nascimento. Absurdo seria se através de uma qualquer norma legislativa ordinária se condicionasse a atribuição de personalidade jurídica em termos que pudessem reduzir o alcance dos direitos fundamentais constitucionalmente consagrados (estaria aberta a porta à consagração da escrava-

---

[15] De resto, superados face à evolução científica e tecnológica, que permite hoje, ao contrário do que se verificava nas eras a que remonta este princípio tradicional, um conhecimento cada vez mais pormenorizado da vida intra-uterina. Em face desta evolução, não seria descabido, como já tem sido várias vezes proposto, situar antes no momento da concepção a aquisição da personalidade jurídica.

tura, por exemplo, com a possibilidade de negação de personalidade jurídica a certa categoria de seres humanos). E também será absurdo fazer depender do nascimento esse direito a nascer, como sucede, de acordo com o nº 2 do referido artigo 66º do Código Civil com os outros direitos reconhecidos aos nascituros[16].

Como bem refere Maria da Conceição Ferreira da Cunha, o facto de o nascituro não poder fazer valer este seu direito «será até um elemento a ter em conta na especial protecção que lhe deve ser concedida».

E, ainda que se prescinda desta perspectiva do direito subjectivo à vida, como bem refere José Manuel Cardoso da Costa, a protecção objectiva da vida intra-uterina não tem sentido se não implicar uma garantia desta possibilidade de nascer, pelo que, em termos práticos, chegaríamos a conclusões idênticas.

Diz-se, por outro lado, que a vida intra-uterina é tutelada ao abrigo do artigo 24º, nº 1, da Constituição, mas que tal não implica que essa tutela seja idêntica à da vida posterior ao nascimento. Fala-se numa "tutela progressiva", tanto mais intensa quanto mais próximo estiver o nascimento. Prova disso seriam diferenças de tratamento pacificamente aceites pela consciência jurídica comum: a autonomização dos crimes contra a vida intra-uterina, a punição diferente do homicídio e do aborto, a impunidade do aborto negligente ou de atentados contra a integridade física do feto. Esta tutela diferenciada também justificaria que a protecção da vida intra-uterina pudesse ceder perante outros valores constitucionalmente protegidos, em termos que seriam inaceitáveis se estivesse em causa a protecção da vida posterior ao nascimento, essa sim no topo da hierarquia dos direitos fundamentais e bens constitucionalmente protegidos.

Em resposta a esta tese, deve, antes de mais, dizer-se que parece dificilmente concebível uma gradação no estatuto de dignidade da vida humana. Esta dignidade existe na sua plenitude ou não existe. Não consigo configurar, a este respeito, uma dignidade parcial, limitada ou relativa.

E também não vislumbro em qualquer norma ou princípio constitucional fundamento para a distinção em causa. Pelo contrário, o

---

[16] Ver, neste sentido, Mário Emílio Bigotte Chorão, *op. cit.*, pg. 323.

princípio da igualdade e da não discriminação (artigo 13º, nº 1 e 2 da Constituição) aponta precisamente em sentido contrário. Diferenciar o tratamento de várias formas de vida humana é uma discriminação que não encontra fundamento objectivo e racional na Constituição. Será tão discriminatório diferenciar a vida antes e depois do nascimento como entre a infância e a idade adulta, ou entre a juventude e a velhice. Será tão discriminatório diferenciar de acordo com critérios ligados à idade e à fase da vida como diferenciar de acordo com critérios étnicos ou raciais. Se motivo houvesse para um tratamento diferenciado da vida na sua fase inicial, este apontaria para uma necessidade de protecção reforçada precisamente nessa fase. Por um lado, porque a vida é aí mais débil e indefesa, mais ainda do que na fase da infância. E aceita-se em geral esta necessidade de protecção reforçada no que se refere à infância, sem que, obviamente, o valor da vida de uma criança, em si mesmo, seja superior ao da vida de um adulto ou de um idoso. Por outro lado, porque um atentado à vida na sua fase inicial também frustra a realização de um mais amplo leque de potencialidades (precisamente porque a vida está no seu início) do que em fases mais avançadas, aspecto que também geralmente se reconhece no que se refere a um atentado à vida de uma criança (sem que seja também por isto que o valor da vida de uma criança, em si mesmo, supere o valor da vida deu adulto ou de um idoso).

Na mesma linha, pronunciou-se Messias Bento no seu voto de vencido proferido no acórdão do Tribunal Constitucional nº 288/98 (retomando a posição já assumida nos acórdãos nº 25/84 e 85/85):

> «A *vida humana intra-uterina* merece, pois, o respeito e a reverência devidos à *vida humana nascida*. E, no que toca à protecção *jurídica*, deve conceder-se-lhe a que for necessária ao seu pleno desenvolvimento – é dizer: deve garantir-se que ela possa *continuar a existir e vir a nascer*. De outro modo, a *vida humana* não tem sempre a mesma eminente *dignidade*: há uma vida de primeira categoria – a vida já nascida -, merecedora de todo o respeito e titular de direitos fundamentais, e, a par dessa, há uma outra vida – a vida não nascida – a quem, ao menos enquanto não atingir um certo estádio de desenvolvimento, se não garante, sequer, o direito de nascer. É uma vida esta que não tem direitos, nem sequer goza da expectativa de os vir a ter. Uma vida de ínfima categoria – de tão ínfima categoria que será difícil reconhecer nela uma *chispa de humanidade*.»

E José Manuel Cardoso da Costa no seu voto de vencido proferido no acórdão nº 25/84 (tal como no seu voto de vencido proferido no acórdão nº 288/98):

«Tenho por seguro que o artigo 24º, nº 1, da Constituição da República, ao reconhecer que a "vida humana é inviolável", protege não apenas "a vida já nascida", mas também "a vida por nascer" – a vida intra-uterina. E protege-as, tenho-o igualmente por seguro – *ao mesmo título*, já que *da mesma vida* se trata: daquela que se abre a cada homem para a realização de um projecto e de um destino únicos e irrepetíveis, mas cuja potencialidade singular já se encontra inteira no próprio embrião».

Invoca-se, a favor da tese contrária, como vimos, não tanto a ordem de valores constitucional, mas a "consciência cultural" que conduz a que seja muito diferente «o grau de reprovação social que pode atingir quem procure eventualmente "desfazer-se" do embrião logo no início de uma gravidez ou quem pretenda "matar" o feto pouco antes do previsível parto». Mas há que apurar se deve ser dado relevo a esta "consciência cultural" quando ela contraria objectivamente a ordem de valores constitucional[17].

Mas invoca-se também, como vimos, aspectos da ordem jurídica positiva tradicional e comumente aceites: a maior gravidade da punição do homicídio em relação ao aborto e a impunidade do aborto negligente e dos atentados à integridade física do nascituro.

Há que considerar, porém, o seguinte.

Quanto à impunidade do aborto negligente ou de atentados à integridade física do nascituro, deve dizer-se que a mesma não será hoje incontestada. Pode mesmo questionar-se a conformidade constitucional dessa impunidade à luz das concepções que vêm sendo expostas, designadamente do princípio da igual dignidade da vida humana em todas as suas fases. Isso tem-se verificado em processos judiciais de vários países a propósito de prática médicas negligentes ou acidentes de viação. E no processo *Vo c. France* (pedido nº

---

[17] A este respeito, afirma Maria da Conceição Ferreira da Cunha (*in op. cit.*, pgs. 394 e 395, nota 1070) que as concepções sociais que dão à vida extra-uterina valor superior ao da vida intra-uterina devem ser tomadas em consideração. Mas questiona-se sobre a razão de ser destas, na linha do que vimos afirmando: «Se considerarmos que a vida vai tendo um valor crescente à medida que se desenvolve, então teríamos de fazer distinções quanto à vida depois do nascimento.»

53924/00)[18] questionou-se, perante o Tribunal Europeu dos Direitos do Homem, a conformidade da impunidade do aborto negligente com o artigo 2º da Convenção Europeia dos Direitos do Homem. O Tribunal acabou por considerar que a definição do estatuto jurídico do embrião cabia aos ordenamentos jurídicos nacionais[19]. De qualquer modo, o que poderá ser questionado é a conformidade constitucional da impunidade das práticas referidas, não servindo, pois, essa impunidade como elemento interpretativo da própria Constituição.

Já quanto ao facto de as penas correspondentes ao crime de homicídio serem mais severas do que as correspondentes ao crime de aborto, não há dúvida de que se trata de um regime diferenciado que é pacificamente aceite e não é contestado pelos próprios adversários da legalização ou descriminalização do aborto, pelo menos no que diz respeito ao aborto consentido, ou à conduta da mulher grávida que aborta . Mas há que atender ao seguinte.

Esta diferença não decorre (ou não decorre necessariamente) do valor relativo dos bens em questão. Maria da Conceição Ferreira da Cunha[20], embora reconheça a relevância das concepções sociais que podem estar subjacentes à distinção, também reconhece que razões ligadas aos interesses contrapostos, situações de menor exigibilidade e argumentos de política criminal influenciam esta distinção. Rui Pereira, que invoca esta diferença de tratamento para justificar o menor peso da tutela constitucional da vida intra-uterina em relação à

---

[18] Ver *www.echr.coe.int*

[19] No seu voto de vencido, o juiz G. Ress afirmou que, com base no artigo 2º da Convenção, há uma obrigação positiva de proteger a vida do nascituro contra acções negligentes e que tal implica a criminalização destas, pois só deste modo se previne a repetição desse tipo de acções. A Convenção de Viena sobre o Direito dos Tratados (artigo 31º, §1º) exige que se considere, como base de interpretação, o sentido comum dos termos do tratado, no contexto e à luz do seu objecto e da sua finalidade. A noção de "toda a pessoa" (*everyone*), utilizada no referido artigo 2º para definir os titulares do direito à vida, sempre foi entendida na história jurídica de forma a incluir o ser humano na fase anterior ao nascimento e, sobretudo, a noção de "vida" estende-se a toda a vida humana que começa com a concepção, isto é, no momento em que se desenvolve uma existência independente, e que termina com a morte, não sendo o nascimento mais do que uma etapa desse desenvolvimento. As regras específicas dos vários Estados relativas ao aborto voluntário não seriam necessárias se a protecção da vida não se estendesse ao nascituro.

[20] *Op. cit.*, pgs. 394 e 395.

vida posterior ao nascimento, também afirma[21] que a maior ou menor gravidade das penas não reflecte necessariamente o peso relativo dos bens jurídicos protegidos: «Na escala constitucional dos bens jurídicos, dá-se primazia à vida relativamente à integridade pessoal (artigos 24º e 25º da Constituição) e no Código Penal respeita-se essa ordem (artigos 131º e segs. e 142º e segs.). O facto de a um homicídio poder caber penalidade menos gravosa do que a um crime de ofensas corporais (*Cfr.* os artigos 134º e 143º) não subverte aquela ordem axiológica; deve-se exclusivamente à necessidade de graduar a responsabilidade em função da gravidade do crime e da culpabilidade do agente, que não dependem só da relevância do bem jurídico tutelado.»

Em meu entender, o que justifica (no plano do direito constituído ou no plano do direito a construir) uma punição menos severa do aborto em relação ao homicídio não se prende com o menor valor objectivo da vida intra-uterina enquanto bem jurídico, nem com o acolhimento desta ideia pelas concepções sociais dominantes (tal diferenciação não encontra apoio na Constituição, como vimos).

O que deve ser reconhecido é que, na grande maioria dos casos, ao contrário do que se verifica com o homicídio, à gravidade objectiva do crime (esta, poderá entender-se que é igual num e noutro caso, pois estão em causa bens de igual valor) não corresponde a gravidade da culpa do agente. É normal, mesmo para quem condena firmemente o aborto como crime, não reconhecer em quem o pratica (sobretudo na mulher grávida que aborta) o grau de malícia próprio do homicida. Por isso, as mesmas pessoas que condenam firmemente o aborto como "crime abominável" não deixam de apelar à misericórdia no julgamento da mulher grávida que aborta[22], distinguindo bem entre o *erro* e a *pessoa que erra*.

---

[21] *Op. cit.*, pgs. 50 e 51.

[22] Afirma João Paulo II na encíclica *EvangeliumVitae* (n. 18): «As opções contra a vida nascem, às vezes, de situações difíceis ou mesmo dramáticas de profundo sofrimento, de solidão, de carência total de perspectivas económicas, de depressão e de angústia pelo futuro. Estas circunstâncias podem atenuar, mesmo até notavelmente, a responsabilidade subjectiva e, consequentemente, a culpabilidade daqueles que realizam tais opções em si mesmas criminosas» (*O Evangelho da Vida*, Rei dos Livros, Lisboa, 1995, pg. 72).

Esta diferença (talvez sem paralelo em qualquer outro crime) entre a gravidade objectiva do crime e a gravidade da culpa do agente liga-se, por um lado, à muito generalizada deficiente consciência dessa gravidade objectiva (o que não se traduz, porém, em falta de consciência de ilicitude). Os danos provocados na vítima do aborto (no embrião ou feto) não são tão evidentes e facilmente intuídos pelo agente do crime como os provocados na vítima do homicídio (o que não significa que não existam ou sejam objectivamente menos graves, como vimos, sendo que por isso se justifica uma protecção acrescida da vítima). As discussões a respeito da natureza do embrião e do feto e da legalização e descriminalização do aborto também criam uma desorientação a que o legislador ou o julgador não podem ser indiferentes ao analisar o grau de culpa do agente.

Por outro lado, e no que se refere à mulher grávida que aborta, também é reconhecido que a sua motivação não tem, na esmagadora maioria dos casos, a censurabilidade própria do homicídio, porque decorrente de dramas existenciais, de ordem psicológica, familiar ou socio-económica, merecedores de toda a consideração por parte do legislador e do julgador.

Porque qualquer destas duas situações, ainda que relativas à culpa do agente, se verifica de forma generalizada, justifica-se que se reflictam na própria moldura da pena, não sendo razoável deixar a sua consideração ao critério do julgador, como sucede com outras circunstâncias atenuantes relativas à culpa.

Quanto às referidas duas circunstâncias, a sua relevância no plano da culpa também é claramente acolhida pela consciência social dominante, sem que, a este respeito, esta deva ser ignorada, pois não contraria valores constitucionais objectivos.

Este aspecto, o do desnível significativo entre o grau de gravidade objectiva do crime de aborto o de gravidade da culpa da mulher grávida que aborta, será retomado adiante, a propósito de outras questões.

Por ora, importa salientar que da diferença de punição entre os crimes de homicídio e de aborto não decorre um menor valor objectivo da vida intra-uterina na hierarquia dos valores constitucionalmente protegidos e, por isso, dessa diferença não pode retirar-se que no confronto com outros desses bens (ou com outros direitos fundamentais) esse bem deva ceder em termos que não seriam admissíveis se estivesse em causa a vida humana depois do nascimento.

A inviolabilidade da vida humana, princípio absoluto?

É frequente a alegação de que da inviolabilidade da vida humana não decorre que o seu sacrifício seja, em qualquer caso, inadmissível, desde logo porque a vida humana pode ser sacrificada em casos de legítima defesa ou no cumprimento de deveres militares. Rui Pereira, por exemplo, invoca[23] os exemplos da morte em legítima defesa de um violador ou de inimputáveis que pratiquem agressões ilícitas, assim como a morte, ao abrigo do estado de necessidade defensivo, de pessoas que não chega a praticar acções ilícitas por não terem capacidade de acção (um hipnotizado ou um sonâmbulo que se aprestam a ferir gravemente ou a matar alguém).

Daqui não pode, porém, retirar-se qualquer conclusão legitimadora do aborto. Em todas as situações referidas rege o princípio do primado da defesa sobra a agressão, mesmo quando a agressão se dirige a outro bem que não o da vida humana, ou mesmo quando a agressão é praticada por inimputáveis ou por quem não tem capacidade de acção. Ora, o embrião e o feto nunca são agressores (nem sequer na situação em que são gerados em consequência de violação).

Parece-me também que o princípio constitucional da inviolabilidade da vida humana, e o seu caracter primordial na hierarquia dos bens constitucionalmente protegidos, deveria levar a repensar a concepção tradicional, individualista e absoluta, da legítima defesa. A questão exigiria um tratamento aprofundado, que ainda não efectuei.

Como simples ponto de partida, penso que a consideração desse princípio exigiria que não se prescindisse em absoluto, como o faz tal concepção tradicional, da ponderação entre bens atingidos pela agressão e os bens sacrificados pela defesa. A primazia da vida não é posta em causa quando é este o bem potencialmente atingido pela agressão. Nessa, e também noutras situações, estão em causa interesses supra-individuais de defesa da ordem jurídica. Quando esta é agredida, pode dizer-se que os bens jurídicos e valores fundamentais em que assenta (também a vida, portanto) são directa ou indirectamente afectados. Importa, porém, que a defesa se concretize segundo

---

[23] *Op. cit.*, pg. 56 a 60.

modalidades coerentes com os alicerces dessa mesma ordem jurídica. Do mesmo modo que se rejeita a pena de morte em nome da defesa da ordem jurídica, porque seria incoerente com esses alicerces (nos quais se inclui a inviolabilidade da vida humana), também seria incoerente com esses alicerces matar em defesa de bens patrimoniais. A ordem jurídica não é gravemente abalada quando estes são atingidos, sendo que a sua recuperação é, *a priori*, sempre possível. Já o mesmo se não dirá no caso de uma violação, em que a liberdade e dignidade da pessoa (integradoras do núcleo fundamental de valores em que assenta a ordem jurídica) são atingidas de forma irreversível e irremediável. Impor, como regra (estão em causa as consequências de uma regra, não de um simples caso concreto), a passividade perante estas situações para não sacrificar a vida do agressor já abalaria fortemente a ordem jurídica e, portanto, também todos os valores em que esta assenta (incluindo o da protecção da vida)[24].

A questão da ponderação entre o direito à vida do nascituro, ou o bem constitucionalmente protegido da vida humana intra-uterina, e outros direitos ou bens constitucionalmente protegidos coloca-se a respeito do direito de necessidade, ou estado de necessidade objectivo, como causa de exclusão de ilicitude. Tal poderia servir de base a um regime de legalização e descriminalização do aborto segundo um sistema de indicações como o que resulta da redacção dada pela Lei nº 6/84, de 11 de Maio, ao artigo 140º do Código Penal, que consagra a chamada indicação terapêutica (perigo para a vida, ou grave perigo para a saúde, da mulher grávida – alíneas a) e b) do nº 1), a chamada indicação eugénica (previsão de grave doença ou malformação do nascituro – alínea c) do nº 1) e a chamada indicação ética

---

[24] Situamo-nos próximo da tese, essa sim aprofundada, de Maria Fernanda Palma (ver *A Justificação...cit.*). Para esta autora, a defesa da ordem jurídica através da legítima defesa não pode contrariar os fundamentos dessa mesma ordem jurídica. Esta assenta na dignidade da pessoa humana (e o agressor não está privado dessa dignidade, não foi «banido da ordem jurídica»). Não pode ser negada a defesa contra bens "constitutivos da essência da dignidade da pessoa humana" (a vida, a integridade física "substancial" e a "liberdade substancial"), ainda que com sacrifício de outros bens de igual ou maior valor. Mas não assim quando se trate de defender outros bens (designadamente bens patrimoniais), com o sacrifício de outros que sejam "constitutivos da essência da dignidade humana" (como a vida) e dos quais o agressor não está privado, pois não foi «banido da ordem jurídica».

ou criminológica (sérios indícios de que a gravidez resultou de violação – alínea d) do nº 1). Noutros sistemas, como o alemão ou o italiano, consagra-se a chamada indicação social, ligada às situações de dificuldade de subsistência económica da mãe e sua família.

Será este regime compatível com o princípio constitucional da inviolabilidade da vida humana?

Estaríamos perante colisões de direitos fundamentais ou bens constitucionalmente protegidos a resolver à luz do princípio da *concordância prática* ou da *harmonização*. De acordo com este princípio, deve optar-se não por uma ponderação em abstracto dos direitos ou bens contrapostos, mas pela tentativa de harmonização e compatibilização entre ambos no caso concreto, de modo a obter a máxima efectivação possível de todos eles. Mas, como salienta António Manuel de Almeida Costa[25], no âmbito do aborto não é viável a aplicação deste princípio, pois «as soluções possíveis aparecem aí *sempre* numa relação de alternatividade, excluindo-se reciprocamente: ou se conserva o feto, ou se prossegue o interesse que se opõe à continuação da gravidez – *tertio genus non datur*».

Afirma também Maria da Conceição Ferreira da Cunha[26] que o princípio da concordância prática supõe restrições de direitos com respeito pelos princípios da proporcionalidade, necessidade e adequação e de forma a preservar o núcleo essencial de qualquer destes (artigo 18º, nº 2 e 3, da Constituição). Mas, em relação a qualquer das indicações em causa, «apresenta-se duvidoso o respeito pelo princípio da proporcionalidade, necessidade e adequação, salvo no caso de o aborto ser o único meio possível para se salvar a vida da mãe e, talvez ainda, no caso de doença grave e duradoura, de outra forma não removível. Por outro lado, o núcleo essencial da vida do nascituro, com o aborto, fica irremediavelmente destruído».

Afastada a possibilidade de recurso à concordância prática, o único caminho a seguir será, pois, o da ponderação abstracta dos bens jurídicos em causa, dando prevalência ao que se mostrar mais valioso. Subjacente ao direito de necessidade ou ao estado de necessidade justificante, está sempre a sensível superioridade do interesse a

---

[25] *Op. cit.*, pg. 623.
[26] *Op. cit.*, pg. 396.

salvaguardar sobre o interesse a sacrificar. Mas, como também salienta António Manuel de Almeida Costa[27], tendo em conta «os termos do artigo 24º, nº 1, da Constituição da República Portuguesa, ninguém duvidará que a vida intra-uterina ocupa, na hierarquia da Lei Fundamental, um posto superior, quer ao da saúde física ou psíquica da grávida, quer aos dos interesses que presidem às indicações eugénica e ética ou criminológica».

É notório que o direito à vida e a inviolabilidade da vida humana ocupam na hierarquia dos direitos fundamentais e dos bens constitucionalmente protegidos um lugar cimeiro, claramente superior aos da saúde física e psíquica da mãe, ou aos interesses que presidem às indicações eugénica e criminológica[28]. A vida humana é o bem pressuposto de todos os outros bens humanos. O direito à vida é o pressuposto de todos os outros direitos. Isso mesmo indica a ordenação sistemática dos vários direitos fundamentais no texto constitucional. E os termos categóricos da afirmação da "inviolabilidade da vida humana" no artigo 24º, nº 1, também não deixam margem para dúvidas.

Mesmo quem considere que a vida intra-uterina é merecedora de uma protecção menor do que a vida posterior ao nascimento encontrará dificuldades para justificar a primazia dos bens que presidem a alguma das indicações em causa, particularmente a chamada indicação eugénica[29].

Rui Pereira[30], depois de afirmar, partindo da ideia da especificidade do conflito entre a vida pré-natal e outros bens jurídicos (especificidade em relação a esse tipo de conflito quando está em causa a vida posterior ao nascimento), ser aceitável a justificação do crime de aborto em algumas hipóteses de conflito com a vida ou a saúde da mãe (indicação terapêutica), ou de conflito com a própria liberdade

---

[27] *Op. cit.*, pg. 624.

[28] Ver, neste sentido, além de António Manuel de Almeida Costa, Maria da Conceição Ferreira da Cunha (*op. cit.*, pg. 394) e os votos de vencido proferidos nos acórdãos 25/84 e 85/85.

[29] O próprio relator do acórdão nº 25/84 confessa as sua dúvidas em relação às indicações eugénica e criminológica. Afirma que, perante estas dúvidas, deveria prevalecer a presunção de não inconstitucionalidade.

[30] *Op. cit.*, pgs. 97 a 102.

da mãe, quando a gravidez tiver resultado de violação (indicação ética), e até no caso de conflito com a subsistência da mãe e da família, se esta não for socialmente assegurada (indicação social), afirma também ser dificilmente «explicável, numa óptica de ponderação (proporcionalista)», a consagração da chamada indicação eugénica, porque «,não dependendo a protecção da vida (pós-natal) da sua perfeição biológica – em homenagem à essencial (**ergo**, igual) dignidade da pessoa humana –, se torna dificilmente sustentável uma discriminação entre fetos fundada precisamente no seu "diferente valor biológico"». E acrescenta que só «como indicação social imprópria se poderá entender uma indicação eugénica: haverá casos em que a sociedade (e, particularmente a família) não está preparada para receber um ser humano deficiente?».

Manuel da Costa Andrade[31] reconduz a chamada indicação eugénica à indicação terapêutica: estaria em causa a estabilidade emocional da mulher. Jorge de Figueiredo Dias[32] contesta mesmo a designação de indicação "eugénica", por não serem critérios de eugenismo os que a motivaram, antes precisamente a consideração do sofrimento que a continuação da gravidez e o nascimento de uma criança «pesadamente na sua saúde e (ou) no seu corpo causa à mulher».

Parece-me, no entanto, que não deixa de ser verdade que se sobrepõe a intenção de salvaguardar essa "estabilidade emocional" (sendo certo que haveria outros meios de o fazer, através do reforço da solidariedade e do apoio às famílias que se vêm nessas situações) a uma efectiva e real selecção de vidas humanas de acordo com critérios de "perfeição" ou "normalidade" físicas. Falar de eugenismo não é, pois, abusivo.

E o eugenismo assim configurado atenta frontalmente não só contra o princípio constitucional da inviolabilidade da vida humana, mas também contra o princípio da dignidade da pessoa humana em que, de acordo com o artigo 1º da Constituição, se funda a República Portuguesa, o princípio da igualdade e da não discriminação, consa-

---

[31] *In* «O Aborto como Problema de Política Criminal», *Revista da Ordem dos Advogados*, Lisboa, 1979, pg. 322.

[32] *In Comentário Conimbricense ao Código Penal*, Parte Especial, tomo I, Coimbra Editora, 1999, comentário ao artigo 142º, §37, pg. 186.

grado nos artigos 13º e 71º, nº 1, (este último com uma referência específica aos cidadãos portadores de deficiência) do mesmo diploma, assim como contra a obrigação do Estado de «realizar uma política de prevenção e tratamento, reabilitação e integração dos cidadãos portadores de deficiência e de apoio às suas famílias», de «desenvolver uma pedagogia que sensibilize a sociedade quanto aos deveres de solidariedade e de respeito para com eles» e de «assumir o encargo de efectiva realização dos seus direitos» (artigo 71º, nº 2, também da Constituição)[33].

O princípio da dignidade da pessoa humana supõe que cada pessoa em concreto seja encarada e tratada pela sociedade e pelo Estado como dom inestimável, como uma riqueza e nunca como um fardo. Nunca a vida de uma pessoa deficiente pode ser encarada como um dano, para o próprio (como se pretendeu no célebre acórdão *Perruche*) ou para os outros (como já se tem defendido na jurisprudência de vários países)[34]. A família, a sociedade e o Estado não podem deixar de estar preparados para acolher qualquer pessoa, indiscriminadamente, que neles sempre haverá de ser "bem-vinda". Suprimir antes do nascimento a vida de pessoas com deficiência retira, por outro lado, sentido e estímulo a todos os esforços tendentes à inserção social das pessoas com deficiência já nascidas.

Jorge de Figueiredo Dias[35] deixa em aberto que na teleologia da lei reentre em alguma medida a consideração dos sofrimentos futuros da criança. A este respeito, afirma, porém, Mário Emílio Bigotte Chorão[36] que «é inteiramente abusivo e arbitrário pretender vaticinar a infelicidade do ser humano diminuído». Na verdade, como já tem sido realçado com frequência, uma eventual infelicidade decorrerá muito menos da condição deficiente em si mesma e muito mais da forma como a criança é acolhida com amor pelas pessoas que a rodeiam ou, pelo contrário, é marginalizada. De qualquer modo, nin-

---

[33] A contradição entre este último princípio constitucional e a admissibilidade do aborto terapêutico é salientada por António de Almeida Costa *(op. cit.*, pg. 613) e Mário Emílio Bigotte Chorão (*op. cit.*, pg. 327).

[34] Pode ver-se, sobre estas questões, o meu estudo «A Vida, um Dano Indemnizável?», *in Brotéria*, vol. 156, 4, Abril de 2004, pgs. 327 a 338.

[35] *Op. e loc. cit.*

[36] *Op. cit.*, pg. 327.

guém pode substituir-se a outrem em qualquer juízo sobre a felicidade deste e as consequências que daí se possam retirar, sob pena de abrirmos também as portas à eutanásia involuntária de pessoas com deficiência, fundada na tese de que há vidas "indignas de ser vividas".

No modelo das indicações integra-se também, e normalmente como a primeira das situações justificativas do aborto, a do perigo para a própria vida da mãe. Neste caso, já poderá falar-se em equivalência dos bens em causa (não em superioridade da vida da mãe sobre a do filho[37], pois, como vimos, não pode discriminar-se entre vida pré-natal e vida pós-natal).

No entanto, só quando se verifique uma *sensível superioridade* do interesse protegido em relação ao interesse sacrificado estarão verificados os pressupostos do direito de necessidade ou estado de necessidade objectivo (ver artigo 34º, b), do Código Penal). Quando tais interesses sejam de igual valor, poderão estar verificados os pressupostos do estado de necessidade desculpante, enquanto causa de exclusão da culpa (artigo 35º do Código Penal)[38].

Se a ponderação com outros direitos fundamentais ou valores constitucionalmente protegidos, que está subjacente ao sistema das indicações, não justifica, como vimos, o aborto, por imperativo do princípio da inviolabilidade da vida humana, por maioria de razão não o justificará um sistema de prazos, de aborto livre ou de aborto a pedido (como o da proposta nº 451/VII, submetida a referendo em 1998).

Estaria em causa, em confronto com o valor da vida do nascituro, tão-só a liberdade e autodeterminação da mulher, ou o seu "direito a uma maternidade consciente" (donde decorreria o direito a fazer cessar qualquer gravidez não desejada).

---

[37] Neste sentido, pronuncia-se Maria da Conceição Ferreira da Cunha (*op. cit.*, pgs. 394 e 395). Em sentido contrário, pronuncia-se Manuel da Costa Andrade (*op. cit.*, pg. 316).

[38] Para António Manuel de Almeida Costa (*op. cit.*, pgs. 624 e 625), porque no estado actual da medicina o problema só se põe nas hipóteses de *cancro do útero* e de *gravidez ectópica* ou *extra-uterina*, e que, nestas situações, a questão que se coloca consiste na alternativa, não entre salvar a mãe ou o filho, mas entre perder inevitavelmente ambas as vidas ou preservar uma delas (que só pode ser a da mãe), estariam verificados os pressupostos do estado de necessidade justificante ou objectivo.

Foi este o sentido da jurisprudência do Tribunal Constitucional Federal alemão nas suas sentenças de 1975 e de 1993, que partiu de um princípio de inconstitucionalidade de um sistema de aborto livre, apesar de ser questionável a coerência entre este princípio-base e a decisão da última dessas sentenças, de aceitação da constitucionalidade de um sistema em que as garantias de protecção da vida intra-uterina se resumem à consagração de um sistema de aconselhamento obrigatório[39].

Pronuncia-se, nestes termos, Maria da Conceição Ferreira da Cunha[40]:

«Não nos parece, no entanto, que a liberdade da mulher, o direito à sua autodeterminação, possa por si só justificar o aborto. Não vemos como é que em nome da liberdade, qualquer que ela seja, incluída a liberdade sexual, se possa atentar contra uma vida humana, sem que desta, como é evidente, tenha partido qualquer agressão. Será legítimo matar, para defender a liberdade, em situações de legítima defesa... mas o nascituro, o filho, não comete nenhuma agressão pelo facto de lhe terem dado a vida...(soa até a paradoxo pois foi até a própria mãe que contribuiu decisivamente para a sua vida...)[41].

Nos votos de vencido proferidos no acórdão do Tribunal Constitucional nº 288/98 por Alberto Tavares Costa, Paulo Mota Pinto, Vítor Nunes de Almeida, Maria dos Prazeres Beleza, Messias Bento e José Manuel Cardoso da Costa realça-se o facto de o projecto então submetido a apreciação sacrificar em absoluto nas primeiras dez semanas de gravidez (em que o aborto seria lícito por simples opção da mulher, desde que realizado em estabelecimento de saúde oficialmente autorizado) o princípio da protecção da vida humana intra-uterina, sem qualquer harmonização ou compatibilização à luz do princípio da concordância prática.

No entanto, este acórdão considera que neste sistema não deixa de ser respeitado o princípio da concordância prática:

---

[39] Ver, neste sentido, Maria da Conceição Ferreira da Cunha (*op. cit.*, pg. 392) e o voto de vencido de José Manuel Cardoso da Costa proferido no acórdão do Tribunal Constitucional nº 288/98.

[40] *In op. cit.*, pgs. 371 e 372, nota 1009.

[41] A rejeição da constitucionalidade de um sistema de aborto livre também resulta implicitamente dos trabalhos, já citados, de António Manuel de Almeida Costa, que rejeita a constitucionalidade de um modelo de indicações, e também de Rui Pereira, que aceita a constitucionalidade deste modelo.

«Assim, neste último caso, procura-se regular a interrupção voluntária da gravidez, ainda de acordo com uma certa ponderação de interesses que tem também como critério o tempo de gestação, pelo que a referida ponderação se há-de efectuar, tendo em conta os direitos e a protecção do feto, em função de todo o tempo de gravidez, não sendo, portanto, de considerar *isoladamente* que, durante as primeiras 10 semanas não existe qualquer valoração da vida intra-uterina: num contexto global, esta será quase sempre prevalecente nas últimas semanas, enquanto nas primeiras se dará maior relevo à autonomia da mulher (uma vez respeitadas certas tramitações legais, que, aliás, podem traduzir-se numa preocupação de defesa da vida intra-uterina)».

Não me parece aceitável este tipo de ponderação global. A vida que é tutelada pela Constituição não é um princípio abstracto, é a vida concreta de seres humanos em concreto. Na perspectiva dos direitos da pessoa em concreto, a quem sofre um atentado à sua vida numa determinada fase desta de pouco servirá a consagração legal da protecção desses direitos apenas numa fase posterior dessa vida, que nunca atingirá.

Mais longe do que o acórdão referido vai, por exemplo, Luigi Ferrajoli[42], para quem a penalização do aborto contradiz os princípios fundamentais da liberdade pessoal e seria, por isso, sempre constitucionalmente intolerável. O direito da mulher de decidir sobre a sua maternidade não se traduz apenas numa liberdade positiva, a liberdade de abortar, mas também numa liberdade negativa, o direito da mulher a não ser obrigada a tornar-se mãe contra a sua vontade. A proibição penal do aborto não se limita a proibir um fazer, mas obriga também a uma escolha de vida como é a maternidade, que se torna assim coerciva. O Direito Penal apenas pode proibir comportamentos, não pode impor condutas, e menos ainda escolhas de vida.

É fácil contestar esta tese partindo da concepção que inicialmente expuz: a maternidade já existe antes do nascimento, porque há uma vida diferente da da mãe a partir da concepção. Ao proibir o aborto, não se está a impor a maternidade, porque ela já existe. O direito da mulher a uma maternidade consciente traduz-se no direito ao planeamento familiar, que pode evitar a maternidade, não em qualquer direito ao aborto, que não a pode evitar. A maternidade

---

[42] Ver *op. cit.*, pgs. 20 e 21.

também não resulta, salvo nos casos de violação, de acto alheio à vontade da mãe e pelo qual não possa ser responsabilizada[43]. O que a proibição do aborto impede é que a vontade de não prosseguir a maternidade se faça à custa da supressão de uma vida inocente. Essa intenção pode concretizar-se de outra forma, através do consentimento para adopção.

Mesmo no caso dramático da violação, está em causa a vida de uma pessoa inocente, que não pode ser responsabilizada pelo acto criminoso do pai e que é, também ela, em certo sentido, vítima desse acto (porque privada do direito a ser gerada pelo amor dos seus pais biológicos e a nascer no seio da família por estes formada). Neste, e noutros casos dramáticos, o consentimento para adopção corresponderá à harmonização de todos os valores e interesses em causa.

Parece, assim, afastada a compatibilidade constitucional da exclusão da ilicitude do aborto.

Questão diferente é a da existência de causas de exclusão da culpa nas situações correspondentes às várias indicações, designadamente as que estão actualmente contempladas no artigo 142º do Código Penal. No entanto, do regime deste artigo não resultam simples causas de exclusão da culpa. O aborto não punível é necessariamente realizado em estabelecimento de saúde legalmente autorizado, público ou privado. Não é punível a conduta do médico e demais profissionais que executam ou colaboram no aborto, o que não se coaduna com o princípio subjacente à regra da incomunicabilidade das circunstâncias relativas à culpa em caso de comparticipação (artigo 29º do Código Penal). Face ao regime português vigente, não podem, pois, deixar de ser configuradas como causas de exclusão de ilicitude as várias situações que conduzem à não punição do aborto[44], independentemente da questão da conformidade constitucional desse regime[45].

---

[43] A mãe, e também o pai! Nem sempre se salienta que o aborto só favorece a desresponsabilização do pai e que a intenção de desresponsabilização da parte deste o leva frequentemente a pressionar a mãe no sentido de uma decisão que esta não tomaria em plena liberdade e que nela provoca sequelas psicológicas a que ele é indiferente.

[44] Ver, neste sentido, Jorge de Figueiredo Dias, *op. e loc. cit.*, pgs. 178 e 179.

[45] António Manuel de Almeida Costa (*op. cit.*, pg. 624) e Maria da Conceição Ferreira da Cunha (*op. cit.*, pgs. 402 a 404) não aceitam, como vimos, essa constitucionalidade na perspectiva da ponderação objectiva de bens e da exclusão de ilicitude quando

Mas poderão as situações em causa configurar situações de inexigibilidade subjacentes ao estado de necessidade desculpante como causa de exclusão de culpa (artigo 35º do Código Penal)? Há que definir um critério seguro para identificar a inexigibilidade própria do estado de necessidade desculpante. Em meu entender, esta prescinde da exigência de superioridade do bem a proteger sobre o bem sacrificado (própria do estado de necessidade ojectivo), mas não deve prescindir da exigência de equivalência entre esses bens. Só para salvaguardar a vida própria poderá ser desculpável (embora nunca objectivamente lícita) a atitude de quem sacrifica uma vida inocente, como no célebre exemplo da *Tábua de Corneades*, do náufrago que, para se salvar a si próprio, impede outro de se apoiar numa tábua situada no mar alto e que não suporta mais do que uma pessoa. Neste caso, é inexegível outra atitude, porque o Direito não pode impor o martírio ou o heroísmo. Mas será inexegível a abstenção de supressão de uma vida inocente quando estão em causa outros bens?

O aborto praticado como única forma de remover um perigo para a vida da mulher grávida configurará, pois, uma situação de estado de necessidade desculpante, excludente da culpa. Noutro tipo de situações, deverá antes falar-se em atenuação da culpa, atenuação que poderá até ser muito acentuada, mas não em exclusão de culpa.

Poderá mesmo partir-se, em termos genéricos, do princípio de que no aborto há uma diminuição da culpa em relação à gravidade objectiva do crime, e, por isso, como vimos, não choca que as penalidades a ele correspondentes sejam substancialmente inferiores às do homicídio. Mas já não será aceitável partir, em termos genéricos, de um princípio de exclusão da culpa da mulher grávida que aborta. É este princípio que subjaz à proposta apresentada por Diogo Freitas do Amaral em artigo publicado na revista *Visão* a 12 de Fevereiro de 2004: a consagração da presunção (ilidível) de prática do aborto em estado de necessidade desculpante por parte da mulher grávida[46/47].

---

estejam em causa a saúde física ou psíquica da grávida ou os interesses que presidem às indicações eugénica e ética ou criminológica, afirmando que o problema da eventual exclusão de punição penal nessas situações se deve colocar, única e exclusivamente, em sede de culpa.

[46] «Proposta sobre o Aborto», *Visão*, 12/2/2004, pg. 122.

A criminalização do aborto à luz dos fins do Direito Penal

Reconhecer que a vida pré-natal está abrangida pelo âmbito de protecção do artigo 24º, nº 1, do Código Penal, poderá não implicar necessariamente que tal protecção se traduza no recurso aos instrumentos do Direito Penal. Afirmam, por exemplo, Vital Moreira e Gomes Canotilho, no texto acima referido, que «os meios de protecção do direito à vida – designadamente os instrumentos penais – podem mostrar-se inadequados ou excessivos quando se trate da protecção da vida intra-uterina. É esta também a tese subjacente à jurisprudência do Tribunal Constitucional Federal alemão.

Afirma-se, também, no acórdão do nosso Tribunal Constitucional nº 85/85:

«...Por outro lado, independentemente da natureza da protecção constitucional da vida intra-uterina, nada, porém, impõe constitucionalmente que essa protecção tenha de ser efectivada, sempre e em todas as circunstâncias, mediante *meios penais*, podendo a lei não recorrer a eles quando haja razões para considerar a penalização como desnecessária, inadequada ou desproporcionada, ou quando seja possível recorrer a outros meios mais apropriados e menos gravosos.

(...)

A verdade é que o recurso a meios penais está constitucionalmente sujeito a limites bastante estritos. Consistindo as penas, em geral, na privação ou sacrifício de determinados direitos (*maxime*, a privação da liberdade, no caso da prisão), as medidas penais só são consideradas admissíveis quando sejam *necessárias*, *adequadas* e *proporcionadas* à protecção de determinado direito ou interesse constitucionalmente protegido (*Cfr* artigo 18º da Constituição), e só serão constitucionalmente exigíveis quando se trate de proteger um direito ou bem constitucional de primeira importância e essa protecção não possa ser garantida de outro modo.

(...)

No caso do aborto e da garantia da vida intra-uterina, outros meios de tutela e de combate ao aborto existem que devem preceder os meios penais

---

[47] Parece-me claro que, contra o que chegou a ser defendido por este autor em artigo posterior desta revista («Aborto: Cinco Respostas», *Visão*, 26/2/2004, pg. 74), porque estaríamos perante uma simples causa de exclusão de culpa, não uma causa de exclusão de ilicitude, em coerência, tal exclusão de culpa não se estenderia ao médico ou outra pessoa que praticasse o aborto e não poderia configurar qualquer autorização legal para esta prática.

(medidas de educação sexual que previnam os caos de gravidez indesejada, medidas de aconselhamento, de facilidades laborais e de apoio económico que ajudem a mulher a assumir a gravidez e a desejar levá-la a termo) e cuja ausência ou insuficiência só torna mais gravosas as normas penalizadoras.»

E, no acórdão 298/98:

«...Quer isto dizer que se reconhece a discricionariedade do legislador para optar pelo uso de meios penais, até porque, no caso vertente, nem existe *consenso social* em torno da criminalização, nem se exclui que se esteja perante um *direito penal simbólico*, nem se demonstra que aqueles meios não possam ser vantajosamente substituídos por outros meios de maior eficácia prática.»

Costumam invocar-se, a este respeito, as elevadas "cifras negras" do crime de aborto e a raridade das efectivas condenações penais, os malefícios do aborto clandestino e os riscos que frequentemente acarreta para a saúde da mulher, ou a desigualdade gerada pela possibilidade, reservada a mulheres com recursos económicos, de prática livre do aborto em clínicas estrangeiras.

Um esclarecimento prévio se impõe.

Todas estas considerações, relativas à função do Direito Penal, deveriam supor a simples descriminalização ou despenalização do aborto, com a manutenção da sua ilicitude. Em geral, as legislações que descriminalizam o aborto, de forma mais ou menos ampla, e as propostas legislativas no sentido dessa descriminalização (como a que entre nós foi submetida a referendo em 1998) não têm unicamente esse alcance, apesar de habitualmente a sua designação apontar apenas nesse sentido, tal como o fazia, por exemplo, a pergunta formulada nesse referendo («Concorda com a despenalização da interrupção voluntária da gravidez, se realizada, por opção da mulher, nas 10 primeiras semanas, em estabelecimento de saúde legalmente autorizado?»).

A descriminalização está associada à legalização do aborto (a autorização legal para a sua prática em determinadas situações) ou até a sua liberalização (no caso dos regimes de "aborto livre" ou "aborto a pedido"). Não pode dizer-se, por isso, que estamos perante uma simples descriminalização de uma conduta que se mantém lícita (eventualmente objecto de sanções não penais). Não se trata apenas de não perseguir criminalmente quem pratica o aborto. O Estado passa a colaborar de forma directa (no caso de utilização de hospitais públicos ou de financiamento público) ou indirecta (através da autorização legal concedida a clínicas privadas) nessa prática.

Ainda que pudesse concluir-se pela inadequação da criminalização do aborto, à luz dos princípios da necessidade, proporcionalidade e subsidiariedade do Direito Penal, a sua legalização (e, por maioria de razão, a sua liberalização) sempre haveria de se deparar como obstáculo do princípio constitucional da inviolabilidade da vida humana, pelas razões acima expostas.

Pronuncia-se, nestes termos, Maria dos Prazeres Beleza no voto de vencido que proferiu no acórdão do Tribunal Constitucional nº 298/98:

> «Se, no limite, se poderia talvez defender que a simples descriminalização é compatível com o princípio da inviolabilidade da vida humana, ficando esta protegida por formas de tutela jurídica sem carácter penal, já, porém, a liberalização, no sentido de tornar a interrupção voluntária da gravidez um acto lícito não condicionado por qualquer causa justificativa, não me parece conciliável com o princípio da inviolabilidade da vida humana...»

De qualquer modo, não deixa de ser pertinente analisar a questão da adequação da criminalização do aborto à luz dos princípios da necessidade, proporcionalidade e subsidiariedade do Direito Penal.

Poderia considerar-se que, face a valores constitucionais fundamentais, e primordialmente o da inviolabilidade da vida humana, o recurso aos meios penais para a sua protecção seria um verdadeiro imperativo ético, não sujeito a analises empíricas segundo critérios pragmáticos de eficácia. Ao pragmatismo sobrepõem-se os princípios. Nunca ninguém seriamente sequer colocou a hipótese de descriminalização do genocídio, do homicídio ou da violação, de acordo com critérios pragmáticos de eficácia. O Tribunal Constitucional Federal alemão, na sua decisão de 1975, fez-se eco desta exigência ao afirmar: «A lei não é apenas um instrumento para conduzir processos sociais de acordo com conhecimentos ou prognoses sociológicas; ela é ainda expressão estável de avaliações ético-sociais e, portanto, jurídicas, das acções humanas, ela deve dizer o que para cada um é direito»[48].

---

[48] *Cit.* por Maria da Conceição Ferreira da Cunha, *op.cit.*, pg. 389, nota 1060.

Neste sentido, parecem pronunciar-se, nos seus votos de vencido proferidos no acórdão do Tribunal Constitucional nº 298/98, Vítor Nunes de Almeida e Messias Bento.

Afirma Vítor Nunes de Almeida:

«Ao invés do decidido no acórdão, entendo que existe uma imposição constitucional no sentido de criminalizar os actos que ponham em causa a vida humana, desde a concepção, assim se garantindo a maior protecção possível da vida intra-uterina.»

E Messias Bento:

«Não ignoro que cabe ao legislador, em primeira linha, decidir o modo como deve tutelar determinados bens jurídicos, nem tão-pouco recuso a ideia de que ele deve procurar um certo "consenso comunitário" para as normas penais que editar. Mas penso também que há certos bens jurídicos, como é o caso do *direito à vida*, que não podem deixar de ser penalmente tutelados. Ou seja: entendo que existem acções humanas que se hão-de inscrever *sempre* no "domínio penal". E isso, mesmo que essa tutela se mostre muito pouco eficaz e que haja largos sectores da opinião a pensar que não existe obrigação de criminalizar a violação de tais bens jurídicos.

Seria, na verdade, insuportável que, em nome de certos valores próprios de uma sociedade democrática plural e aberta, como é o valor da "tolerância", ou que, por haver um sentimento social, mais ou menos amplo, de que não existe "carência" de punição, se deixasse a vida intrauterina ou a vida de outras pessoas (*verbi gratia*, a dos doentes incuráveis) sem a protecção que, apesar de tudo, ainda é a única que revela possuir alguma eficácia. Para a *causa da vida*, importa mais não haver *défice de protecção* do que satisfazer o sentimento de não existir "carência" de punição.

A vida humana – a vida humana toda, intra e extra uterina – é um daqueles bens jurídicos (valores) que não pode ser objecto de qualquer relativização. É um valor incondicionado.»

De qualquer modo, prevalecem hoje as correntes que atribuem à pena funções meramente preventivas, e não retributivas, e condicionam a intervenção do Direito Penal a critérios de eficácia e subsidariedade, invocando para tal o carácter excepcional das restrições aos direitos fundamentais (artigo 18º da Constituição), a que necessariamente se reconduz tal intervenção[49].

---

[49] Ver, por exemplo, Jorge de Figueiredo Dias, *Temas Básicos da Doutrina Penal*, Coimbra Editora, 2001, pgs. 65 a 110, e Anabela Miranda Rodrigues, *A Determinação da Pena Privativa da Liberdade*, Coimbra Editora, 1995, pgs. 152 a 313.

António Manuel de Almeida Costa[50] situa os seus estudos na esfera da ponderação dos "custos sociais", de acordo com critérios de índole pragmática, tendentes a buscar a solução que, em concreto, traga mais vantagens do que prejuízos. Porque também os defensores da descriminalização partem destes critérios, só desta forma será possível encontrar uma plataforma "comum" de debate que não seja um "diálogo de surdos".

Também é minha intenção permitir este debate, pelo que não deixarei de encarar a questão à luz destes critérios.

Mas também partindo destes critérios se pode concluir pela legitimidade, e até obrigatoriedade, da criminalização do aborto. É o que fazem António Manuel de Almeida Costa e Maria da Conceição Ferreira da Cunha nos estudos referidos, pelas razões expostas de seguida.

Para Maria da Conceição Ferreira da Cunha[51], a imposição constitucional de criminalização só será defensável face a condutas que se situem no núcleo do direito penal, por ofenderem valores de maior dignidade penal, de indiscutível dignidade penal, e por causarem também uma elevada e indiscutível danosidade social, em relação às quais a protecção penal se mostre necessária. Em relação a bens jurídicos primordiais, como o da vida humana, deve ter-se em consideração uma especial necessidade de protecção e a particular função orientadora do direito penal. A elevada dignidade penal desses bens não impõe a criminalização por si só, mas podem impô-la a particular necessidade de protecção dos mesmos e a particular relevância da função orientadora do Direito Penal (o seu «poder de desaprovação mais profunda, que dissuade, que motiva, que orienta e reforça a consciência da importância do valor em causa») no que se refere a esses bens. Não se prescinde de critérios de eficácia, sem que tal implique indiferença perante a especial relevância ética e a elevada dignidade penal dos bens em causa[52].

---

[50] *Op. cit.*, pgs. 546 e 547.
[51] *Op. cit.*, pgs. 345 a 363.
[52] Em sentido semelhante, embora chegue a conclusões diferentes, por partir de um princípio de menor relevância da vida intra-uterina, pronuncia-se Rui Pereira (*op. cit.*, pgs 76 e 77):
«Seria inaceitável que os bens jurídicos pessoais que estão no topo desta ordem constitucional – a vida, a integridade física, a liberdade – não beneficiassem de tutela penal.

Parece-me de aceitar que, atendendo a esta elevada dignidade penal, a eficácia exigida possa ser mínima, menor do que a que possa ser exigida em relação a outros bens. Porque a vida humana, cada vida humana em concreto, é um valor inestimável ("único e irrepetível", na expressão de João Paulo II), já terá relevância a eficácia do Direito Penal se este impedir a supressão de uma só vida humana. Também Messias Bento, no texto acima citado, não deixa de fazer referência à eficácia do Direito Penal, considera sim que, atendendo à proeminência da vida humana, basta um mínimo de eficácia para que se justifique a intervenção do Direito Penal em ordem à tutela deste bem. Aprofundaremos esta questão adiante.

Rui Pereira[53] sintetiza deste modo as condições de legitimidade da incriminação: esta deve ser indispensável à defesa de bens jurídicos (direitos ou interesses constitucionalmente protegidos, não simples bens morais); a conduta a incriminar deve possuir ressonância ética (não pode ser axiologicamente neutral); a incriminação deve reunir um amplo consenso; a intervenção deve ser eficaz (em obediência os princípio da necessidade das penas deve lograr eficácia preventiva, geral ou especial, positiva ou negativa); o legislador deve observar um requisito de igualdade na escolha das condutas a incriminar.

Há que analisar a verificação destas condições no que se refere à incriminação do aborto.

A dignidade penal dos bens jurídicos verifica-se quando estes – prescindindo de considerações político-ideológicas, morais ou religiosas – se revelam essenciais à convivência comunitária e à livre realização das pessoas. O aborto assume relevância ética (não é uma conduta axiologicamente neutral), mas a sua relevância não se esgota no plano puramente ético. O aborto atinge, inegavelmente, um bem

---

Esta afirmação não contraria, frise-se, o reconhecimento de requisitos de legitimidade da incriminação. Apenas assenta na constatação de que eles se verificam relativamente a bens jurídicos primordiais e "aposta" na sua verificação futura: até por razões de igualdade, as incriminações de homicídio, de aborto (pelo menos não consentido e, se consentido, respeitante aos casos em que se possa estabelecer uma analogia material entre vida intra-uterina e vida posterior ao nascimento), das ofensas corporais graves, do sequestro e da violação, afiguram-se tão persistentes no nosso horizonte histórico como a existência do próprio direito penal.»

[53] *Op. cit.*, pgs 72 a 74.

jurídico: a vida humana intra-uterina. Está em causa o respeito pelo direito à vida de outrem, não a simples censura moral de um comportamento (como poderia ser a prática homossexual consentida entre adultos). O respeito por tal direito não pode, como vimos, ser deixado ao critério da consciência moral de quem contra ela possa atentar. A vida humana é, mais do que qualquer outro, um bem jurídico essencial na perspectiva do harmonioso funcionamento de uma comunidade apta a permitir a livre realização de todos os seus membros.

É comum incluir o aborto no elenco dos chamados "crimes sem vítima", ao lado do homossexualismo, a prostituição, a pornografia, a corrupção, o contrabando e todas as formas de mercado negro. Na expressão do autor da definição desta categoria criminológica, Edwin Schur, os "crimes sem vítima" consistem na «permuta voluntária de bens ou serviços muito desejados, proibida e sancionada por leis eu normalmente não se aplicam e têm, além disso, um papel promotor de patologias secundárias ou derivadas». A eles está subjacente uma relação consensual entre agente e vítima, sendo que nesta relação consensual nenhum os agentes se assume como vítima. As referidas "patologias" traduzem-se em elevadas "cifras negras" e em disfunções provocadas pela incriminação na prestação dos serviços em questão (no caso do aborto, os custos sociais da "clandestinidade" do aborto já atrás referidos).

Aos "crimes sem vítima" em sentido estrito – a que corresponderia, do lado passivo, a chamada *willing victim* –, vieram a ser associados, também, os chamados crimes de "vítima inconsciente" ou "vítima abstracta" (de que seriam exemplos grande parte dos crimes contra o consumidor, a fraude fiscal, a concorrência desleal e grande parte dos crimes anti-económicos), que se revestem de características semelhantes aos primeiros (designadamente, as elevadas "cifras negras" e a maior dificuldade de penetração das instâncias formais de controlo)[54].

---

[54] Ver, sobre estas questões, Manuel da Costa Andrade, *op. cit.*, pgs 308 e segs.; Rui Pereira, *op.cit.*, pgs. 66 a 68; Maria da Conceição Ferreira da Cunha, *op. cit.*, pgs. 368 e 369, nota 1006, António Manuel de Almeida Costa, *op. cit.*, pgs. 594 a 597, e António Manuel Carvalho Martins, *O Aborto e o Problema Criminal*, Coimbra Editora, pgs. 57 a 65.

Mas o aborto não pode ser considerado um "crime sem vítima". Só ignorando ou desprezando o embrião ou o feto como vítima se poderia aceitar tal classificação. A relação consensual em que nenhum dos intervenientes se assume como vítima é a que se estabelece entre a mulher grávida e a pessoa que executa o aborto. Ao contrário do que se verifica, por exemplo, com o homossexualismo ou a prostituição, estão envolvidos direitos de outra pessoa não interveniente nessa relação consensual[55]. O que aproxima, em termos sociológicos, as características do aborto dos "crimes sem vítima" não é a inexistência da vítima (ou o facto de esta não se assumir como tal[56]), mas a incapacidade da vítima se defender e fazer intervir as instâncias formais de controlo, por si ou através dos seus representantes. Aqui reside um dos motivos do elevado número de "cifras negras". Por isso, não é correcto equiparar a descriminalização do aborto à descriminalização de comportamentos como o homossexualismo ou a prostituição[57], em que não seriam atingidos bens jurídicos com dignidade penal, mas simples normas de moral sexual. Já seria mais correcto aproximar o aborto dos chamados crimes de "vítima inconsciente" ou "vítima abstracta", cujas especificidades, do lado da vítima, não conduzem a propostas de descriminalização, suscitam, antes, maiores necessidades de tutela pública, pela ausência daquela colaboração da vítima que se verifica no Direito Penal clássico.

Também se tem invocado, a favor da descriminalização do aborto, a inexistência de um amplo consenso social a favor da criminalização.

Que se trata de uma questão polémica entre nós e nos países da nossa área jurídico-cultural, não restam dúvidas.

A este respeito, Rui Pereira[58] considera, porém, que será objecto de polémica e discussão não tanto a existência de incriminação, mas

---

[55] Ver, neste sentido, Rui Pereira e Maria da Conceição Ferreira da Cunha, *op. e loc. cits.*

[56] Seria assim se encarássemos a mulher grávida como vítima inconsciente do aborto consentido (ver, sobre esta questão, Maria da Conceição Ferreira da Cunha, *op. cit.*, pgs. 370 e 371, nota 1008, e pgs. 382 e 383, notas 1037 e 1039; Rui Pereira, *op. cit.*, pg. 67, e António Manuel Almeida Costa, *op. cit.*, pgs. 596 e 597).

[57] Nesta também se poderá encarar a mulher como "vítima", sem dar pleno relevo ao seu consentimento, o que justificaria a punição do lenocínio ou da conduta do cliente.

[58] *Op.cit.*, pgs. 71 e 72.

antes os seus limites. E que um consenso amplo seria exigível sobretudo quando estejam em causa a consagração de incriminações *ex novo*, o alargamento do seu âmbito ou o agravamento de penas.

Há que considerar, a este respeito, o seguinte.

Se, como vimos, à descriminalização vem normalmente associada a legalização do aborto e, portanto, alguma forma de cooperação do Estado na sua prática, também a possibilidade desta cooperação deveria recolher um amplo consenso social, o que não se verifica. Tal cooperação não deixa de ferir gravemente a consciência de amplos sectores da população, que não podem reconhecer-se num Estado que assim actua e para o qual contribuem. O direito de objecção de consciência por parte dos profissionais de saúde limita apenas, e não afasta totalmente, esta consequência da legalização do aborto.

Por outro lado, e sobretudo quando estão em causa bens jurídico-constitucionais de suprema relevância, como são a vida humana ou a dignidade da pessoa, o Direito Penal deve actuar (de uma ou de outra forma, com mais ou menos limites) não apenas contra comportamentos marginais e isolados, cuja censura é unânime, mas também contra comportamentos mais generalizados, cuja censura não é tão unânime. A frequência desses comportamentos e a ausência desse consenso amplo podem ser sintomas de uma acentuada crise de consciencialização de valores, crise que coloca em causa tais bens fundamentais. A tutela destes bens impõe que se reaja a essa crise. Crises deste tipo verificaram-se em épocas históricas recentes, quando a desorientação das consciências levou amplos sectores da população a aceitar passivamente comportamentos que hoje são objecto de repulsa generalizada, mas que não o eram n altura. Ao Direito Penal deverá caber algum papel (não exclusivo, ou sequer predominante – é certo) de contenção dessa crise e de esclarecimento dessas consciências desorientadas. E também esta função pedagógica não deixa de ser legítima quando, em determinados contextos históricos, o consenso em torno do combate, em nome de valores constitucionais fundamentais, a hábitos sociais arreigados (*vg.* o racismo ou a violência doméstica) não se verifica de forma tão ampla.

Poder-se-ia exigir tal consenso se estivesse em causa um bem de menor dignidade penal, não o bem da vida humana. Dada a proeminência deste bem na hierarquia constitucional, a incriminação justifica-se mesmo sem esse amplo consenso social, como refere Messias

Bento no seu voto de vencido proferido no acórdão do Tribunal Constitucional nº 298/98, acima citado. O pluralismo não implica o relativismo e o valor da vida não pode ser relativizado, como também aí refere Messias Bento.

Mesmo assim, penso que sempre se poderá dizer que é possível reunir um consenso amplo a respeito da censurabilidade do aborto. E essa censurabilidade advém (não pode deixar de advir) do facto de este se traduzir num atentado a uma vida humana inocente (donde adviria essa censurabilidade se assim não fosse?). Partindo deste princípio, fácil será reunir um consenso a respeito da definição objectiva da gravidade do acto. E também reúne consensos, entre partidários e opositores da criminalização e da legalização do aborto, a noção de que a essa gravidade objectiva não corresponde normalmente, no plano da responsabilidade subjectiva, e da parte da mulher grávida que aborta, uma igual gravidade de culpa. Nesta base, penso que não será descabido pensar num consenso em torno de um regime de criminalização do aborto que contemple, de alguma forma, a consideração das circunstâncias atenuantes que reduzem significativamente a culpa da mulher grávida que aborta, evitando até os efeitos estigmatizantes da pena e do julgamento.

Voltarei a abordar, com mais pormenor, esta questão.

Como condição de legitimidade de qualquer incriminação, indica-se também a coerência e o respeito pelo princípio da igualdade na escolha das condutas a incriminar e das penas respectivas. Não é aceitável a punibilidade (ou a punibilidade mais severa) de condutas menos graves e censuráveis do que outras que não são puníveis (ou são puníveis de forma mais branda). A esta luz, não será aceitável a descriminalização do aborto, quando é afectado o bem jurídico-constitucional primordial, em face da criminalização das ofensas à integridade física de pequena gravidade, das injúrias ou do furto de objectos de valor insignificante.

Há que analisar agora, em particular, a outra das condições de legitimidade de incriminação referidas, a eficácia preventiva da intervenção penal no que se refere ao aborto.

A criminalização do aborto e a eficácia preventiva da intervenção penal

É habitual referir, a respeito de uma eventual ineficácia da intervenção penal no que se refere ao aborto, as chamadas "cifras negras", o muito reduzido número de julgamentos e condenações pela prática de aborto, em face da indiscutivelmente elevada dimensão dessa prática. Estaríamos perante um sintoma dessa ineficácia e um motivo de desprestígio das próprias instituições penais. A essa ineficácia haveria que associar os malefícios da clandestinidade do aborto como "patologia secundária" derivada da própria incriminação.

Importará, antes de mais, situar correctamente a dimensão das "cifras negras" e reflectir sobre os motivos dessa dimensão no que se refere ao aborto.

Como salienta António Manuel de Almeida Costa[59], existe sempre uma diferença significativa entre o número de crimes efectivamente praticados e o número de crimes que chega ao conhecimento das instâncias formais de controlo. Em cerca de noventa por cento dos casos, a actuação destas instâncias depende de prévia participação ou denúncia dos particulares e esta nem sempre se verifica por motivos variados (não confiança na operacionalidade dos orgãos de investigação criminal, desejo de preservar a privacidade, desejo de evitar incómodos, medo de represálias, etc.) Se esta diferença se verifica na área do chamado Direito Penal clássico, com muito maior expressão se verifica na área dos crimes de "vítima inconsciente" ou "vítima abstracta", onde se incluem a corrupção, a fraude fiscal, o contrabando e a generalidade das infracções anti-económicas. Nestas, não se verifica a colaboração da vítima de que depende, nas áreas do Direito Penal clássico e na esmagadora maioria dos casos, a intervenção das instâncias formais de controlo. Daí a verificação de amplas "cifras negras" nestes âmbitos, sem que este facto constitua fundamento bastante para defender a descriminalização deste tipo de crimes[60].

---

[59] *Op. cit.*, pgs. 600 a 603.
[60] Ver, neste sentido, Maria da Conceição Ferreira da Cunha, *op. cit.*, pgs. 372 a 375.

Na verdade, o elevado número de "cifras negras" nem sempre serve de fundamento à defesa da descriminalização. Como se verifica com o aborto, o número de julgamentos e condenações por evasão ou fraude fiscal, ou por corrupção, também não correspondem minimamente à dimensão efectiva destes fenómenos, entre nós e noutros países. Este facto leva a defender não a descriminalização destas práticas, mas antes a intensificação da perseguição penal. É a solução que se impõe sobretudo quando estão em causa bens fundamentais (até a prática generalizada do homicídio em determinados contextos pode dar origem a amplas "cifras negras", sem que isso implique qualquer proposta de descriminalização).

No caso do aborto, como já vimos, também não se verifica a colaboração da vítima, ou seus representantes, no desencadear da intervenção das instâncias formais de controlo, colaboração que é decisiva na maior parte dos casos. Mas é assim não por a vítima não existir, não se assumir como tal, ser "abstracta", indefinida ou distante da prática do crime. Trata-se, antes, de uma vítima particularmente indefesa. Quem seria representante de uma vítima de um atentado à vida é aqui autor desse atentado, ou, no caso do pai, normalmente indiferente, quando não é instigador ou cúmplice. Por outro lado, não se verifica aquela espontânea identificação com a vítima, mesmo da parte de quem a ela não está ligado por laços de parentesco ou proximidade afectiva, que se verifica em relação a outros crimes graves.

Este último aspecto, que se traduz na habitual ausência de denúncia do crime, mas também no frequente esquecimento da perspectiva da vítima nas discussões em torno do aborto (exclusivamente centradas na problemática dos malefícios da sua clandestinidade), merece uma atenção particular.

Antes de mais, ajuda a esta espontânea identificação com a vítima a visibilidade desta e do seu sofrimento, e a reacção emocional provocada noutras pessoas por essa visibilidade. É conhecido o impacte que imagens de massacres ou torturas (diferente de um conhecimento meramente intelectual de uma situação) têm na sensibilização do público em geral em relação à gravidade dessas ocorrências e à mobilização no sentido do julgamento dos responsáveis por elas.

Por outro lado (e talvez seja este o aspecto determinante), falta neste caso aquela capacidade de nos colocarmos no lugar e na "pele" da vítima, de pensarmos que também nós poderíamos estar nessa situação, o que não pode deixar de nos impulsionar no sentido de evitar que os crimes em questão ocorram, pois também nós poderemos ser vítimas deles. É-nos impossível memorizar a experiência da vida pré-natal e difícil imaginar o sofrimento do feto, e também sabemos que na sua situação já não voltaremos a estar...[61]

Estas considerações reforçam, pois, a noção do carácter particularmente indefeso do embrião e do feto e, por isso, a necessidade de particular acuidade das exigências da sua tutela. O número elevado de "cifras negras" no que se refere à punição do aborto tem aqui, em parte, a sua explicação. Por isso, não pode servir para justificar a sua descriminalização.

É certo que muitas vezes a número elevado de "cifras negras" também traduz alterações na consciência ético-social dominante que justificarão a descriminalização (terá sucedido assim com o adultério, por exemplo). Mas essa alteração não se verifica nos mesmos termos em relação ao aborto. Este dá origem a polémicas que revelam, pelo contrário, que a sociedade não passou a ser indiferente perante os valores subjacentes à sua incriminação. Poderemos, antes, dizer que está confusa ou desorientada a este respeito[62]. Não há, na verdade, uma suficiente consciencialização do valor da vida humana na sua fase pré-natal (em grande medida, pela ausência de identificação com a vítima, como vimos). Porque estamos perante um valor constitucional básico, o direito penal não deve reagir passivamente diante dessa deficiente consciencialização (como não deve reagir passivamente diante da deficiente consciencialização de outros valores até

---

[61] Maria da Conceição Ferreira da Cunha (*in op. cit.*, pg. 360, nota 1007) também salienta este aspecto:

«Será por ser impossível virmos a ficar na situação de vítimas do aborto (estamos a identificar a vítima com o feto) e por nos ser difícil imaginar tal situação (o sofrimento do feto, p. ex.) que tendemos a ser mais benevolentes ou a negar mesmo valor à vida do feto equiparável à das pessoas nascidas?»

[62] Manuel da Costa Andrade refere (*in op.cit.*, pg. 309) como razão das elevadas "cifras negras" «o profundo dissenso quanto à justeza da incriminação do aborto, conflito que abrange tanto as pessoas que o praticam como os seus familiares, polícias ...e os próprios juizes.»

não tão fundamentais, como são, por exemplo, os que estão subjacentes à criminalização da fraude fiscal). Nestes casos, o direito penal deve exercer uma função prospectiva e orientadora, no sentido de alterar tal situação e reforçar a consciencialização dos valores em causa[63] (sendo certo que não é, para esta tarefa pedagógica, um instrumento único ou sequer predominante). Para o fazer, poderá ser intensificada a perseguição penal, mas, como veremos de seguida, esta função não depende estritamente do número de julgamentos e condenações.

Estamos, assim, em condições de situar a questão do número elevado de "cifras negras" relativas à punição do aborto e de compreender o seu alcance, sendo possível concluir que esse número não constitui fundamento a favor da descriminalização do aborto.

No entanto, não podemos fugir à questão seguinte.

O número elevado de "cifras negras", quando estão em causa práticas de cuja criminalização não pode prescindir-se, levará a advogar a necessidade de intensificação da perseguição penal. Isso não se verifica normalmente com o aborto. Tal não significa que a sociedade tenha perdido a sensibilidade ao valor subjacente à incriminação, como vimos, precisamente porque há vivas e profundas polémicas a seu respeito. Mas também não se vêem normalmente da parte dos defensores da criminalização do aborto apelos à intensificação dessa perseguição (e daqui também derivam as frequentes acusações de "hipocrisia" ou incoerência).

Não me parece, porém, que estejamos perante um comportamento incoerente, nem perante um sinal de ineficácia da intervenção penal.

Regressamos, por esta via, a uma questão já atrás abordada: a diferença entre a gravidade objectiva do crime e a responsabilidade subjectiva da mulher grávida que aborta, a necessidade de condenação do erro e a compreensão e magnanimidade para com a pessoa que erra. Da parte dos defensores da criminalização do aborto não deixa de haver sensibilidade para com as dramáticas situações que muitas vezes conduzem à sua prática e a consciência de que o Direito

---

[63] Ver, neste sentido, Maria da Conceição Ferreira da Cunha, *op. cit.*, pgs. 374, nota 1015, e 380, nota 1030.

Penal não é o único, ou mesmo principal, instrumento para o combater, designadamente para enfrentar as causas de natureza familiar, educativa ou sócio-económicas que estão na sua origem. O Direito Penal pode exercer um papel pedagógico importante, de orientação e de motivação, de reforço da consciencialização do valor da vida humana, mas este papel não depende estritamente do número de julgamentos e condenações.

De qualquer modo, importaria encontrar formas de compatibilizar estes dois objectivos (a definição clara do aborto como crime e da sua gravidade objectiva, por um lado, e a consideração das muitas situações dramáticas que conduzem à prática do aborto), sem aceitar uma situação anómala de inaplicação da lei que se pretende manter em vigor. É questão que também abordaremos de seguida.

Já vimos que o número reduzido de julgamentos e condenações pela prática de aborto, confrontado com a dimensão efectiva dessa prática, não justifica, por si só, a sua descriminalização. Mas será sintoma da sua ineficácia?

Poderia falar-se em ineficácia se pudesse concluir-se que a incriminação do aborto não se traduz numa diminuição da sua prática.

São conhecidas as divergências entre partidários e adversários da legalização e descriminalização do aborto a este respeito. Tais divergências derivam, antes de mais, da própria contabilização da prática do aborto clandestino antes da sua legalização. Há que assumir as dificuldades com que nos deparamos a este respeito. É sempre difícil contabilizar com rigor uma prática clandestina. Se os números que são avançados entre nós oscilam entre as poucas dezenas de milhar e as centenas de milhar[64], não podemos, na verdade, partir de dados seguros[65]. E porque não há segurança quanto a estes dados de

---

[64] Na exposição de motivos do "Projecto de Lei sobre Interrupção Voluntária da Gravidez" apresentado pelo Partido Comunista Português na Assembleia da República a 4 de Fevereiro de 1982 (Edições Avante, Lisboa, pg. 67), referiam-se números entre os trezentos e os quatrocentos mil.

De forma mais fundamentada, António Manuel de Almeida Costa apontava, em 1984, para números inferiores a trinta mil (*op. cit.*, pgs. 549 a 556).

Também já se têm avançado números baseados apenas na extrapolação de dados de outros países.

[65] A inexistência desses dados seguros foi claramente reconhecida pela equipa do Instituto Superior de Economia e Gestão (I.S.E.G.) a quem a Assembleia da República

partida, também não será possível apurar com rigor a diferença entre a situação inicial, anterior à legalização, e a situação posterior a esta.

Faz parte da estratégia dos partidários dessa legalização acentuar, de forma necessariamente não rigorosa, a dimensão do aborto clandestino e é por comparação com os números assim avançados (que, por vezes, chegam a ser superiores ao número de nascimentos) que se analisam os números posteriores à legalização[66], sendo que estes já serão fiáveis por corresponderem a uma prática legal.

Sem estes defeitos de partida, há estudos que apontam no sentido do aumento significativo da prática de abortos depois da sua legalização[67].

Com base nestes dados, António Manuel de Almeida Costa e Maria da Conceição Ferreira da Cunha concluem pela eficácia da incriminação do aborto.

Mantém-se, no entanto, a dificuldade inicial, a de apurar com rigor os números do aborto clandestino antes da legalização. De qualquer modo, parece-me correcto, na ausência de dados empíricos seguros, servirmo-nos apenas do raciocínio lógico. E este leva-nos a concluir que a legalização de uma conduta (e, como vimos, à descriminalização do aborto está normalmente associada a legalização da sua prática, que passa a dar-se com a colaboração activa do Estado) é uma forma de a tornar mais fácil e acessível, razão pela qual nunca será uma forma de a limitar, mas antes de a incrementar[68].

---

solicitou a indicação do procedimento a seguir para a realização de um estudo sobre a dimensão e características da prática do aborto em Portugal (ver o jornal *Público* de 15 de Outubro de 2004).

[66] Luigi Ferrajoli (*op. cit.*, pg. 19) fala, por isso, em redução a metade (!) do número de abortos depois da sua legalização em Itália.

[67] Ver António Manuel de Almeida Costa, *op. cit.*, pgs. 590-591 e 604-605, Maria da Conceição Ferreira da Cunha, *op. cit.*, pgs. 377 e 378, e Cristina Líbano Monteiro, «Descriminalização do Aborto?», *Estudos*, Nova Série, n° 2, Julho de 2004, pg. 184, que refere as conclusões do relatório internacional *Induced Abortion: a World Review* (1990),publicado em J.L. Ibanez / G. Velasco, *La Despenalizacion del Aborto en el Ocaso del Siglo XX*, 1992. Deste relatório resultam dados que apontam para aumentos de 425% em Inglaterra e Gales, 726% na Alemanha, 176% na Suécia, 326% na Dinamarca e 654% nos E.U.A..

[68] Para Maria da Conceição Ferreira da Cunha (*op. cit.*, pg. 378), «a melhor prova de que a lei penal produz *algum* efeito desejado, consiste nas propostas que se apresentam neste campo, as quais, mesmo as mais liberais, não vão ao ponto de advogar a descriminalização do aborto. Porquê? Se a criminalização não correspondesse minimamente

Importa também não estabelecer uma relação de causalidade entre uma eventual diminuição progressiva do número de abortos legais nos anos que se seguem à legalização e esta legalização. Esta causalidade não obedeceria a qualquer razão lógica, como vimos. O que poderá verificar-se é uma relação de causalidade entre essa diminuição e um maior acesso ao planeamento familiar (acesso que não depende, obviamente, da legalização do aborto e que poderá verificar-se sem essa legalização), que também conduz a uma notória diminuição das taxas de natalidade.

De qualquer modo, há dados que apontam para a manutenção continuada de números muito elevados de abortos legais[69].

Como já salientei, há que partir do princípio de que cada vida humana tem um valor inestimável, "único e irrepetível". Por isso, basta que se demonstre que a legalização e descriminalização do aborto comportam um incremento, ainda que reduzido, da sua prática para as considerarmos inaceitáveis à luz desse princípio. E será também inaceitável, à luz desse princípio, tolerar esse incremento em nome da necessidade de evitar os malefícios do aborto clandestino, isto é, não pode aceitar-se a ideia de que a diminuição do número de

---

a nenhum dos objectivos político-criminais, nem tivesse possibilidade de vir a corresponder, se não concedesse esta protecção, se a legalização, numa comparação entre custos e benefícios globais, implicasse maiores benefícios, a única solução consequente seria a liberalização total...»

[69] Em França, por exemplo, verificou-se uma diminuição sensível do número de abortos nos anos oitenta, explicável pela difusão do planeamento familiar, mas este número vem-se mantendo em torno dos duzentos mil por ano, um quarto dos nascimentos (ver «Le Nombre d'Avortements Reste Préocupant», *La Croix*, 10 de Janeiro de 2000, pg. 4).

No Reino Unido (Inglaterra e Gales), segundo dados do Ministério da Saúde, o número de abortos provocados atingiu em 2003 o número "record" de 181.600 (ver «Abortos no Reino Unido Batem "Record" em 2003», *Diário de Notícias*, 29 de Agosto de 2004).

Na Bélgica, o número de abortos legais também atingiu em 2003 o número "record" de 16.707, quando esse número era de 13.474 em 1993, primeiro ano com dados completos depois da legalização (ver *La Libre Belgique*, 3 de Setembro de 2004).

A percentagem de abortos legais em relação aos nascimentos atinge 34,8% na Suécia, 26,5% no Reino Unido, 22,6% na França, 26,8% na Dinamarca e 26,6% na Itália (ver «A Chi Conviene l'Aborto», *Famiglia Cristiana*, nº 28/2002, pg. 21).

Pode concluir-se que a difusão do planeamento familiar pode reduzir o numero de abortos, mas não os elimina, quando estes são legais e podem ser encarados como um último recurso em caso de ineficácia dos métodos utilizados.

abortos clandestinos compensa o aumento do número global de abortos, pois com este aumento se atinge de forma clara e directa o valor da vida humana[70].

Não se ignora que, nalguns casos, as condições do aborto clandestino envolvem riscos para a saúde da mãe, e até riscos para a vida desta. E também não se ignora o argumento da desigualdade entre as mulheres que dispõem de recursos para recorrer ao aborto em razoáveis condições sanitárias e as que não dispõem desses recursos e se sujeitam aos referidos riscos.

Há que considerar, a este respeito, o seguinte.

Vem-se salientando, em primeiro lugar, que a legalização do aborto não implica uma diminuição significativa do aborto clandestino[71]. Será difícil comprová-lo com rigor, como vimos. Mas há razões que o podem explicar: nem todas as situações cabem no âmbito da legalização; com frequência a mulher pretende ocultar o mais possível a prática do aborto e isso dificilmente se consegue quando este é praticado em hospitais públicos ou legalmente autorizados para tal prática; um clima geral de maior permissividade para com o aborto traduz-se numa ainda maior tolerância social para com o aborto clandestino.

Por outro lado, a legalização do aborto deixa intactas as situações de carência, sócio-económica ou de outro tipo, que possam estar na origem da prática do aborto clandestino. Seria na eliminação destas situações que deveriam, antes, concentrar-se os esforços e recursos públicos. A legalização do aborto pode mesmo servir de "alibi" para omissões neste âmbito (porque está garantido o aborto, não importará tanto garantir sempre a maternidade em condições dignas). Mais importante do que garantir a igualdade no acesso ao aborto, é garantir a igualdade no que se refere às condições de exercício da maternidade (é a desigualdade a respeito destas condições que deve suscitar indignação). São políticas sociais deste tipo que permitem combater o aborto em geral e, portanto, também o aborto clandestino. E qualquer aborto, ainda que legal (por vezes dito

---

[70] Neste sentido, pronuncia-se Maria da Conceição Ferreira da Cunha (*op. cit.*, pg. 377, nota 1024).

[71] Ver, neste sentido, António Manuel de Almeida Costa, *op. cit.*, pgs. 590 e 591.

"seguro") nunca deixa de causar riscos para a saúde física, e sobretudo psíquica, da mãe[72].

Concluímos, assim, que a criminalização e proibição legal do aborto evitam um aumento da sua prática. Poderíamos considerar, porém, que esse facto decorre apenas da proibição legal (e do facto de o Estado não colaborar na sua prática, como colabora quando se verifica a legalização), e não propriamente da criminalização e do cumprimento das funções preventivas do Direito Penal. A descriminalização do aborto, se não fosse acompanhada da sua legalização (manter-se-ia como conduta ilícita ou infracção não criminal), não deixaria de evitar esse aumento. Mas não é assim, pela razão que a seguir se indica.

É certo que o número elevado de "cifras negras", e a tão pequena probabilidade de a prática de um aborto vir a ser efectivamente punida, comprometem a realização da função do Direito Penal de prevenção geral negativa ou de intimidação. Em muito pequena medida será o receio da punição a dissuadir alguém da prática do aborto.

Também a função de prevenção especial, relativa ao agente do crime, só se verificará em relação aos efectivamente condenados, que são poucos.

Mas não deixa de realizar, no que se refere à incriminação do aborto, a função de prevenção geral positiva, que assume, de acordo com a doutrina hoje entre nós mais influente[73], relevo predominante no âmbito dos fins das penas.

Afirma, a este respeito, Maria da Conceição Ferreira da Cunha[74]:

«Assim, a força do Direito Penal parece-nos residir, essencialmente, no seu poder de desaprovação mais profunda, que dissuade, que motiva, que orienta e reforça a consciência da importância do valor em causa, que cria também identidade e coesão social, estabilidade e confiança no direito».

---

[72] Ver António Manuel de Almeida Costa, *op. cit.*, pgs. 583 a 585, João Araújo, *Aborto Sim ou Não*, Juntos pela Vida, Lisboa, 1998, pgs. 79 a 85 e a ampla bibliografia aí citada, e AAVV, *Mulher...Porque Choras? – Médicos referem as consequências psíquicas do aborto – Mulheres falam do sofrimento depois do aborto*, Paulus Editora, Apelação, 2001.

[73] Ver Jorge de Figueiredo Dias, *Temas Básicos..., cit.,* e Anabela Miranda Rodrigues, *op. cit.*

[74] *Op. cit.*, pgs. 352 e 353.

É esta força motivadora, de orientação e de consciencialização que confere especificidade ao Direito Penal, em conjugação com a especial relevância dos valores que este tutela, da gravidade das suas sanções, da representação social que a seu respeito se criou e do próprio ritual da sua aplicação. Em relação aos bens jurídicos primordiais, esta função de orientação tem particular relevância[75].

Se a prevenção geral negativa se dirige essencialmente aos potenciais delinquentes, a prevenção geral positiva dirige-se essencialmente aos cidadãos cumpridores da Lei, confirmando a atitude destes e reforçando nestes a consciência da negatividade de uma determinada conduta. Para atestar o cumprimento desta função, não importa tanto apurar o número de condenações a que dá lugar a criminalização da conduta, mas antes o número de pessoas que se abstêm de praticar o aborto por este ser considerado crime, e não por temor da pena aplicável, mas porque são influenciados nas suas decisões por essa solene definição legal.

Como afirma ainda Maria da Conceição Ferreira da Cunha[76], esta «função operará muitas vezes contribuindo (é claro que é um contributo entre outros) para que as pessoas nem sequer coloquem com seriedade a hipótese de praticar o crime , noutros casos, para que afastem essa hipótese».

Na verdade, para muitas pessoas a Lei é um verdadeiro guia moral (ou, pelo menos, é um guia moral entre outros).

Confirmam a realização desta função do Direito Penal inquéritos realizados junto de mulheres que praticaram abortos legais e que afirmam (em percentagens muito elevadas) que não o teriam feito se o aborto não fosse legal[77].

---

[75] Assim, Maria da Conceição Ferreira da Cunha, *op. cit.*, pgs. 357 e 358.

Também Messias Bento, no seu voto de vencido proferido no acórdão do Tribunal Constitucional nº 298/98, acima referido, salienta que o Direito Penal tem «uma importante função pedagógica a cumprir, pois, algumas vezes, a cominação das penas é essencial para afinar a consciência ética dos cidadãos» e que *«a norma penal que defina o aborto como crime*, que, mais não seja, sempre terá a função de servir de "avisador das consciências", *servirá*, além do mais, *para não deixar perder a ideia de que a interrupção voluntária da gravidez é um facto ilícito»*.

[76] *Op. cit.*, pg. 381, nota 1033.

[77] Ver David Reardon, *Aborted Women: Silent No More,* Loyola University Press, Chicago, 1987, *apud* João Araújo, *op.cit.*, pg. 114.

E a realização desta função não depende, como já referi, estritamente do número de julgamentos e condenações operados ao abrigo da norma em questão, e da probabilidade efectiva da aplicação de uma pena (seria assim se estivesse em causa a prevenção geral negativa, a intimidação). É, fundamentalmente, da própria definição do aborto como crime que decorre a clarificação da sua negatividade.

É certo que a realização dessa função não se esgota com essa definição. Essa realização seria reforçada com a aplicação da norma e a ocorrência de condenações. Mas há que considerar o seguinte.

Para que o Direito Penal cumpra a sua função, não é obviamente necessário que elimine a prática de crimes (seria utópico pretendê-lo, em relação a quaisquer crimes), basta que, como vimos, contribua para a sua redução. No caso do aborto, isso verifica-se nalguma medida. Mas não se verifica na mesma medida em que se verifica quando estão em causa outros crimes, como o revela o elevado número de "cifras negras". Isto significa, antes de mais, que não pode ser o Direito Penal, mas antes políticas sociais e educativas, o principal instrumento de combate a esta prática[78]. Considerações semelhantes poderiam tecer-se, por exemplo, a respeito do consumo de droga, e consequente tráfico (uma vez que este depende essencialmente da procura). Em relação e estes fenómenos, o Direito Penal cumpre a sua função se limitar a sua amplitude. Para os reduzir de forma significativa, não é certamente o principal instrumento.

Mesmo assim, há uma questão, a que já acenei, mas que importa ainda abordar com mais profundidade.

Ajustar a Lei sem sacrificar os princípios

As funções do Direito Penal não deixam de verificar-se com a simples definição do aborto como crime, mas, para que se verificassem em pleno, exigiriam uma outra frequência de julgamentos e condenações, ou de outro tipo de intervenções judiciais. Ora, da

---

[78] Cristina Líbano Monteiro(*op. cit.*, pg. 185), também afirma que o Direito Penal não resolve o problema do aborto, mas não deixa de afirmar, na linha do que também sustento, que este «faz, mesmo no plano empírico, parte da solução».

parte dos próprios partidários da criminalização do aborto não se verificam apelos ao incremento dessa frequência. Não pode, porém, defender-se essa criminalização sem aceitar como sua consequência normal a ocorrência desses julgamentos. Nem pode, obviamente, ser argumento para essa criminalização o facto de tais condenações não se verificarem efectivamente[79]. O que é certo é que estes julgamentos, no que se refere à mulher grávida que aborta, parece não terem boa aceitação na opinião pública, mesmo entre pessoas que reconhecem a censurabilidade do aborto como atentado à vida.

A questão reside, em meu entender, e como já salientei, na diferença entre a gravidade objectiva do crime e a responsabilidade subjectiva da mulher grávida que aborta (a qual pode ser reduzida de forma significativa), e na necessidade de compatibilizar estes dois objectivos: a definição clara do aborto como crime e da sua gravidade objectiva, por um lado, e a consideração, no plano da culpa, da falta de consciência plena dessa gravidade por parte da mulher, assim como das muitas situações dramáticas que conduzem à prática do aborto.

Várias soluções têm sido (ou poderão ser) sugeridas a este respeito.

Já analisei a proposta de Diogo Freitas do Amaral, de presunção de verificação dos pressupostos do estado de necessidade desculpante no caso da mulher grávida que aborta, proposta que não me pareceu aceitável no plano dos princípios, apesar de dever reconhecer-se que também obedece ao propósito de conciliar os dois objectivos referidos, tal como obedece ao propósito de encontrar um consenso social e politicamente mais alargado a respeito do regime em questão.

Por maioria de razão, parece-me inaceitável, no plano dos princípios, a proposta (também já avançada) de despenalização da conduta da mulher grávida que aborta, mantendo-se a criminalização do aborto e a penalização dos outros intervenientes na sua prática. Não vislumbro, no plano ético e jurídico, fundamento para tal despenalização. Não pode falar-se em ausência de culpa, antes de uma fre-

---

[79] Argumento que os adversários da criminalização rebatem logo que tais julgamentos se verificam, servindo-se destes para pedir a modificação da Lei.

quente ou genérica diminuição de culpa. Pode falar-se em falta de consciência da gravidade do crime, não em falta de consciência da ilicitude. São variadas as motivações que levam à prática do aborto, mais ou menos eticamente relevantes. As mesmas situações difíceis que estão na origem da prática do aborto não impedem outras mulheres de assumir a maternidade.

Esta frequente diminuição da culpa justifica, como já vimos, que o aborto, apesar da sua gravidade objectiva, seja punido em termos diferentes dos da punição de outros atentados à vida.

Justifica, desde logo, a substituição duma pena de prisão por multa, ou a suspensão de execução da pena de prisão. As razões de prevenção geral, atendendo a essa diminuição de culpa, não são obstáculo a essa substituição ou suspensão (o que é exigido pelos artigos 44º e 50º do Código Penal).

Como vimos, neste âmbito, e no contexto actual, impõe-se sobretudo a prevenção geral positiva, a consciencialização social do valor da vida pré-natal. E também se impõe essa consciencialização no que se refere à própria mulher grávida que aborta (prevenção especial). Há que alertar e advertir, desde logo, para a existência da vítima do aborto (sistematicamente ignorada). Porque não há muitas vezes uma consciência clara dessa existência (quantas vezes não se ouve, contra todos os dados da ciência, que o embrião é um simples "aglomerado de células"?), pode falar-se em diminuição de culpa, mas também se torna nítida a exigência de esclarecimento e de consciencialização quanto a essa existência. Ora, este desiderato não deixa de se cumprir no caso de substituição da prisão por multa ou de suspensão da execução da pena de prisão.

É, de resto, o que se tem verificado nos poucos casos de condenação de mulheres grávidas que abortam. A imagem da prisão destas mulheres é utilizada na propaganda dos partidários da descriminalização do aborto, mas não tem correspondência com a realidade. Há muitos outros crimes (a injúria e difamação, por exemplo) em relação aos quais se prevêm penas de prisão e que, sistematicamente, são punidos com penas de multa ou penas de prisão suspensas na sua execução. De resto, a pena de prisão é sempre um último recurso, como decorre dos artigos 44º, 50º e 70º do Código Penal.

Mas a referida diminuição de culpa pode também, no actual quadro legal, permitir a suspensão provisória do processo e a ausência de julgamento da mulher grávida que aborta, evitando deste modo o estigma que a este está associado e a que essa mulher poderia ser poupada.

O Ministério Público, com a concordância do juiz, pode decidir-se pela suspensão provisória do processo em caso de crime punível com pena de prisão não superior a cinco anos, de concordância do próprio arguido, de ausência de antecedentes criminais, de carácter diminuto da culpa e quando for de prever que o cumprimento das injunções ou regras de conduta determinadas em concreto responda suficientemente às exigências de prevenção que no caso se façam sentir (artigo 281º, nº 1, do Código de Processo Penal). Pretende-se evitar, precisamente, a estigmatização própria do julgamento. As injunções e regras de conduta não são penas, mas pode falar-se em equivalência funcional entre elas e estas[80].

O crime de aborto consentido é punido com pena de prisão inferior a três anos (ver artigo 140º, nº 2 e 3, do Código Penal). Em muitas situações, poderá dizer-se que é reduzido o grau de culpa da mulher que aborta (desde logo, pele influência da mentalidade corrente que ofusca a consciência da gravidade objectiva do crime), sem que essa culpa seja excluída. A imposição de injunções ou regras de conduta (ao contrário da simples dispensa de pena) pode ser suficiente na perspectiva das exigências de prevenção geral positiva que se ligam à função pedagógica do Direito Penal de confirmação e reforço da consciência comunitária quanto ao relevo do valor tutelado pela norma em questão, e também na perspectiva das exigências da prevenção especial, quanto à consciencialização do agente a esse respeito. Nesta óptica, poderão ser adequadas injunções ou regras de conduta relativas à colaboração com instituições de solidariedade social, designadamente as que operam no âmbito da protecção da infância, sempre com a delicadeza requerida pela situação (porque não se pretende reforçar o trauma do aborto, mas antes superá-lo,

---

[80] Ver, sobre a suspensão provisória do processo, Manuel da Costa Andrade, «Consenso e Oportunidade (Reflexões a Propósito da Suspensão Provisória do Processo e do Processo Sumaríssimo)», in Centro de Estudos Judiciários, *Jornadas de Direito Processual Penal – O Novo Código de Processo Penal*, Almedina, Coimbra, 1985, pgs. 317 a 358.

sem esquecer que não é negando a realidade do aborto como atentado contra a vida que se supera esse trauma). Sem estigmatizar a mulher (até porque se dá numa fase secreta do processo), a suspensão provisória do processo nestes casos, com a consequente imposição de injunções ou regras, não deixa de representar para esta uma advertência (função a que, de forma mais solene, se destina também o julgamento).

Também foi proposto pelas deputadas Maria do Rosário Carneiro e Teresa Venda um regime de suspensão automática do processo em relação à mulher grávida, sujeita à aceitação de um regime de acompanhamento que permita enfrentar na raiz as causas do aborto[81].

Trata-se de outra tentativa (louvável) de conciliar os dois objectivos atrás referidos (a definição clara do aborto como crime e da sua gravidade objectiva, por um lado, e a consideração das situações dramáticas que podem conduzir à prática do aborto, por outro lado).

A suspensão provisória do processo não deverá, porém, em meu entender, ser automática. Seria sempre necessário que, em concreto, se verificasse o carácter diminuto da culpa. É este um requisito geral de recurso a este instituto de que não deveria prescindir-se. Ficaria, pois, sempre aberta a possibilidade de julgamento quando são fúteis os motivos do aborto. Penso que este aspecto é importante no plano da coerência dos princípios, mesmo que, na prática, estas situações possam ser raras.

Um outro aspecto que me parece criticável nesta proposta é o facto de prever apenas, como condição da suspensão provisória do processo, um acompanhamento da mulher na perspectiva da sua reinserção social e do acesso ao planeamento familiar. Esse acompanhamento justifica-se em muitas situações. Mas nem sempre, pois nem sempre se colocarão particulares exigências de reinserção social ou de informação sobre planeamento familiar. Serão antes pertinentes, nestas situações, as injunções ou regras de conduta que estão já previstas no regime vigente de suspensão provisória do processo (cuja aplicação parece ser afastadas pelo regime proposto) e que alertam para a censurabilidade do acto e acentuam o carácter pedagógico (e não meramente assistencial) da intervenção judicial.

---

[81] Ver *Diário da Assembleia da República*, 1ª Série, nº 58, 4 de Março de 2004, pgs. 3230 e 3231, in *www.parlamento.pt*.

De qualquer modo, penso que se justificaria uma alteração do regime legal que previsse expressamente a possibilidade de suspensão provisória do processo no caso da conduta da mulher grávida que aborta.

É certo que poderá dizer-se que a possibilidade de suspensão provisória do processo já decorre da Lei vigente e não seria necessária qualquer alteração desta. Penso, porém, que esta alteração (ou clarificação) não deixaria de ter sentido útil, porque afastaria quaisquer dúvidas a respeito da obrigatoriedade do recurso à suspensão provisória do processo sempre que verificados os respectivos pressupostos (poderia pensar-se que se trata de um poder discricionário), quanto à possibilidade de considerar diminuta a culpa nestas situações (poderia duvidar-se dessa possibilidade) e quanto ao facto de as exigências de prevenção não obstarem a essa suspensão nestas situações (também poderia duvidar-se deste facto).

Poderia aditar-se um número ao **artigo 140º do Código Penal** com a seguinte redacção:

«**nº 4 – Em relação à conduta referida no número anterior** (a conduta da mulher grávida que aborta)**, deverá proceder-se à suspensão provisória do processo sempre que verificados os respectivos pressupostos.**»

Se se pretender tornar mais remota a possibilidade de julgamento da mulher grávida que aborta, poderia estabelecer-se uma presunção (ilidível) do carácter diminuto da culpa. Neste caso, a redacção do referido **nº4** seria a seguinte:

«**Em relação à conduta referida no número anterior, deverá proceder-se à suspensão provisória do processo sempre que verificados os respectivos pressupostos, presumindo-se, para este efeito, o carácter diminuto da culpa.**»

Quanto a outros intervenientes na prática do aborto, sobretudo quando desta fazem actividade profissional ou lucrativa, não poderá dizer-se que se verificam, em regra, circunstâncias atenuantes de particular relevo, e, portanto, o carácter diminuto da culpa. O julgamento e condenação, a sua publicidade e solenidade, justificar-se-ão pelas exigências de prevenção geral, positiva e também negativa ou de intimidação. A reacção da opinião pública quanto a estes também é substancialmente diferente da que se verifica quanto às mulheres grávidas que abortam.

Parece-me que esta sugestão permite ir ao encontro dos dois objectivos a que me venho referindo. Não sacrifica os princípios e mantém a definição da gravidade objectiva do aborto como crime. Permite considerar as circunstâncias atenuantes que, no plano da culpa, reduzem substancialmente a gravidade da conduta da mulher grávida que aborta.

Por outro lado, a aplicação efectiva da norma penal (para além da simples definição do aborto como crime) pode ser encarada com naturalidade (o que não tem sucedido até aqui) pela opinião pública e pelos próprios partidários da manutenção do regime vigente.

Permitirá ainda obter um consenso mais amplo (o consenso possível, não o ideal – é certo) do que aquele que se verifica actualmente, quanto à aplicação da Lei que criminaliza o aborto. Desse consenso não pode depender, como vimos, tendo em conta a proeminência do bem jurídico-constitucional da vida humana, essa criminalização. Mas há toda a vantagem, na perspectiva das funções do sistema penal, e sobretudo da função pedagógica de orientação e consciencialização a que me venho referindo, em que se crie o consenso social mais amplo possível a esse respeito.

Conclusões

Convirá agora resumir em termos conclusivos os princípios de que parto e a razão da minha proposta:

- O legislador não pode esquivar-se a decidir a respeito da questão do início da vida humana e da natureza da vida pré-natal. A neutralidade, neste caso, é impossível. Deixar a questão do estatuto do embrião e do feto ao critério subjectivo de quem tenha o poder de decidir sobre ele é, necessariamente, recusar-lhe o estatuto de pessoa humana, e reduzi-lo ao de objecto ou coisa, pois tal nunca se permite em relação a qualquer pessoa.
- A vida humana começa na concepção, a partir da qual se forma um património genético que define um ser único e irrepetível, distinto do pai e da mãe. A partir da concepção inicia-se um processo evolutivo sem soluções de continuidade.

Não há nenhuma linha de fronteira que, de forma racional e não arbitrária, possa demarcar, dentro do processo evolutivo que é a vida, e para além do seu início na concepção, fases mais e menos merecedoras do estatuto de dignidade inerente à pessoa.
– A vida pré-natal está abrangida pelo princípio da inviolabilidade da vida humana consagrado no artigo 24º, nº 2, da Constituição portuguesa. O artigo em questão é claro e categórico, não distinguindo entre várias fases ou categorias de vida humana. Na sua letra e no seu espírito, não encontramos qualquer fundamento para proceder a qualquer distinção desse tipo. O princípio da igualdade e da não discriminação (artigo 13º, nº 1 e 2 da Constituição) aponta precisamente em sentido contrário. Diferenciar o tratamento de várias formas de vida humana é uma discriminação que não encontra fundamento objectivo e racional na Constituição. Se motivo houvesse para um tratamento diferenciado da vida na sua fase inicial, este apontaria para uma necessidade de protecção reforçada precisamente nessa fase, desde logo porque a vida é aí mais débil e indefesa, mais ainda do que na fase da infância.
– O facto de o aborto ser punido em termos muito menos severos do que o homicídio não significa que a vida pré-natal tenha menos valor, antes encontra explicação, basicamente, no facto de, na grande maioria dos casos, ao contrário do que se verifica com o homicídio, à gravidade objectiva do crime (esta, poderá entender-se que é igual num e noutro caso, pois estão em causa bens de igual valor) não corresponde a gravidade da culpa do agente. É normal, mesmo para quem condena firmemente o aborto como crime, não reconhecer em quem o pratica (sobretudo na mulher grávida que aborta) o grau de malícia próprio do homicida.
– Afasto a compatibilidade constitucional da exclusão da ilicitude do aborto, à luz do princípio da concordância prática, mesmo nas situações habitualmente previstas no modelo das indicações (e, por maioria de razão, quando está em causa um modelo de prazos ou de aborto livre), pois com a prática do aborto não deixam de ser sacrificados em absoluto o princípio constitucional da inviolabilidade da vida humana e o direito à

vida. E a vida humana é o bem pressuposto de todos os outros bens humanos, sendo que o direito à vida é o pressuposto de todos os outros direitos.
– O aborto praticado como única forma de remover um perigo para a vida da mulher grávida configurará uma situação de estado de necessidade desculpante, excludente da culpa. Noutro tipo de situações, deverá antes falar-se em atenuação da culpa da parte da mulher grávida que aborta, atenuação que poderá até ser muito acentuada, mas não em exclusão de culpa. Poderá mesmo partir-se, em termos genéricos, do princípio de que no aborto há uma diminuição da culpa da mulher grávida em relação à gravidade objectiva do crime.
– Reconhecer que a vida pré-natal está abrangida pelo âmbito de protecção do artigo 24º, nº 1, do Código Penal, poderá não implicar necessariamente que tal protecção se traduza no recurso aos instrumentos do Direito Penal. Mas, em geral, as legislações que descriminalizam o aborto e as propostas legislativas no sentido dessa descriminalização não têm unicamente esse alcance, apesar de habitualmente a sua designação apontar apenas nesse sentido. A descriminalização está associada à legalização do aborto (a autorização legal para a sua prática em determinadas situações) ou até a sua liberalização (no caso dos regimes de "aborto livre" ou "aborto a pedido"). Não se trata apenas de não perseguir criminalmente quem pratica o aborto. O Estado passa a colaborar de forma directa (no caso de utilização de hospitais públicos ou de financiamento público) ou indirecta (através da autorização legal concedida a clínicas privadas) nessa prática.
– Sobretudo quando estão em causa bens jurídico-constitucionais de suprema relevância, como são a vida humana ou a dignidade da pessoa, o Direito Penal deve actuar não apenas contra comportamentos marginais e isolados, cuja censura é unânime, mas também contra comportamentos mais generalizados, cuja censura não é tão unânime (como sucede com o aborto). A frequência desses comportamentos e a ausência desse consenso amplo podem ser sintomas de uma acentuada crise de consciencialização de valores, crise que coloca em causa tais bens fundamentais. A tutela destes bens impõe que

se reaja a essa crise. Ao Direito Penal deverá caber algum papel (não exclusivo, ou sequer predominante – é certo) de contenção dessa crise e de esclarecimento dessas consciências desorientadas. E também esta função pedagógica não deixa de ser legítima quando, em determinados contextos históricos, o consenso em torno do combate, em nome de valores constitucionais fundamentais, a hábitos sociais arreigados (*vg.* o racismo ou a violência doméstica) não se verifica de forma tão ampla.
– O aborto não pode ser considerado um "crime sem vítima". Só ignorando ou desprezando o embrião ou o feto como vítima se poderia aceitar tal classificação. A relação consensual em que nenhum dos intervenientes se assume como vítima é apenas a que se estabelece entre a mulher grávida e a pessoa que executa o aborto. O que aproxima, em termos sociológicos, as características do aborto dos "crimes sem vítima" não é a inexistência da vítima, mas a incapacidade de a vítima se defender e fazer intervir as instâncias formais de controlo, por si ou através dos seus representantes. Aqui reside um dos motivos do elevado número de "cifras negras". Já será mais correcto aproximar o aborto dos chamados crimes de "vítima inconsciente" ou "vítima abstracta", cujas especificidades, do lado da vítima, não conduzem a propostas de descriminalização, suscitam, antes, maiores necessidades de tutela pública, pela ausência daquela colaboração da vítima que se verifica no Direito Penal clássico.
– A eficácia preventiva da incriminação do aborto há-de medir--se pela diminuição do número de abortos dela decorrente. São conhecidas as divergências a este respeito, devido sobretudo à dificuldade em apurar com rigor os números do aborto clandestino antes da legalização. De qualquer modo, parece-me correcto, na ausência de dados empíricos seguros, servirmo-nos apenas do raciocínio lógico. E este leva-nos a concluir que a legalização de uma conduta (e, como vimos, à descriminalização do aborto está normalmente associada a legalização da sua prática, que passa a dar-se com a colaboração activa do Estado) é uma forma de a tornar mais fácil e acessível, razão pela qual nunca será uma forma de a limitar, mas antes de a incrementar.

- Ainda que esteja limitada a eficácia preventiva da incriminação do aborto na perspectiva da prevenção geral negativa, não pode ignorar-se a função de prevenção geral positiva dessa incriminação, que assume hoje relevo predominante. Para atestar o cumprimento desta função, não importa tanto apurar o número de condenações a que dá lugar a criminalização da conduta, mas antes o número de pessoas que se abstêm de praticar o aborto por este ser considerado crime, e não por temor da pena aplicável, mas porque são influenciadas nas suas decisões por essa solene definição legal. Confirmam a realização desta função do Direito Penal inquéritos realizados junto de mulheres que praticaram abortos legais e que afirmam (em percentagens muito elevadas) que não o teriam feito se o aborto não fosse legal.
- As funções do Direito Penal não deixam de verificar-se com a simples definição do aborto como crime, mas, para que se verificassem em pleno, exigiriam uma outra frequência de intervenções judiciais. Ora, da parte dos próprios partidários da criminalização do aborto não se verificam apelos ao incremento dessa frequência. A questão reside, em meu entender, na diferença entre a gravidade objectiva do crime e a responsabilidade subjectiva da mulher grávida que aborta (a qual pode ser reduzida de forma significativa), e na necessidade de compatibilizar estes dois objectivos: a definição clara do aborto como crime e da sua gravidade objectiva, por um lado, e a consideração, no plano da culpa, da falta de consciência plena dessa gravidade por parte da mulher, assim como das muitas situações dramáticas que conduzem à prática do aborto.
- Apresento uma proposta de alteração legislativa que pretende, não sacrificando a coerência dos princípios e mantendo a definição da gravidade objectiva do aborto como crime, considerar as circunstâncias atenuantes que, no plano da culpa, reduzem substancialmente a gravidade da conduta da mulher grávida que aborta, e fazer com que a aplicação efectiva da norma penal (para além da simples definição do aborto como crime) possa ser encarada com naturalidade (o que não tem sucedido até aqui) pela opinião pública e pelos próprios partidários da manutenção do regime vigente.

– Trata-se da definição explícita da possibilidade de recurso à suspensão provisória do processo no caso da conduta da mulher grávida que aborta (ou mesmo da opção por este recurso como regra). Permitirá manter a definição do aborto como crime grave na sua objectividade e dar execução à função pedagógica e de advertência própria do sistema penal, neste caso relativa à consciencialização d valor da vida pré-natal. Considerando a frequente redução da culpa dessa mulher, permite poupá-la ao estigma e publicidade próprios do julgamento sem eliminar tal função pedagógica e de advertência.

PELA VIDA, CONTRA O ABORTO
RESPOSTAS E ARGUMENTOS[82]

É minha convicção profunda a de que na questão da ilegalização, ou legalização, do aborto se joga um princípio civilizacional da máxima importância: a tutela da vida de seres humanos inocentes e indefesos. Também acredito firmemente que a causa da defesa da vida contra o aborto só tem a ganhar com o debate de ideias lúcido, profundo, esclarecido e sereno. Quanto mais um debate de ideias com essas características (para além dos *slogans,* frases feitas ou da argumentação superficial e inconsistente) ocorrer, melhor será para essa causa.

Por isso, procurei dar as minhas respostas fundamentadas às questões que habitualmente se suscitam para defender a legalização do aborto.

Baseio-me na reflexão, minha e de várias pessoas, sobre esta questão, e também, nalguma medida, na sensibilidade que me vem da experiência de dezassete anos de exercício da magistratura judicial na área criminal.

Gostaria que este texto servisse de ajuda a quem também está empenhado nesta causa mas nem sempre encontra a melhor forma de exprimir os argumentos em que baseia as suas convicções, mas também a quem tem dúvidas e sinceramente busca a verdade, e também a quem, partindo embora de uma posição favorável à legalização do aborto, não receia aprofundar e questionar a tal argumentação superficial e inconsistente em que muitas vezes se baseia a defesa dessa legalização.

Gostaria que este texto chegasse ao maior número de pessoas, na íntegra, parcialmente ou em versão mais reduzida.

---

[82] Texto publicado na revista *Estudos*, Nova Série, nº 4, Junho de 2005.

Não pode equiparar-se o aborto à supressão da vida de uma pessoa já nascida. O embrião é um simples aglomerado de células ou parte do corpo da mulher. O embrião e o feto não são pessoas, são apenas um projecto de vida, pessoas em potência ou em formação, e, por isso, não merecem a protecção dos seres humanos já nascidos. O estatuto de pessoa humana, e a protecção respectiva, supõem a existência de qualidades que o embrião e o feto não possuem, ou não possuem na sua plenitude: a consciência, a actividade racional, a capacidade de sentir dor, ou a capacidade de interagir socialmente.

Temos de partir dos dados actuais da biologia. Encarar o embrião e o feto como parte do corpo da mulher seria recuar às concepções do direito romano (segundo as quais, seriam parte "das vísceras da mulher"). Também na antiga Grécia se considerava que só com o nascimento se saberia se o feto era humano ou monstro (é claro que não havia, então, ecografias...).

Os dados da biologia são inequívocos: a partir da concepção estamos perante um novo ser da espécie humana (obviamente não de qualquer outra espécie animal), com um património genético próprio (único e irrepetível, distinto da mãe e do pai), dotado de capacidade de evoluir, conservando sempre a mesma identidade (é sempre o mesmo até à idade adulta e à morte), através de um processo autónomo e coordenado, sem qualquer quebra de continuidade, de acordo com uma finalidade presente desde o início (um processo sumamente organizado e inteligente, pois, muito longe de um simples amontoado de células). No fundo, o embrião é aquilo que cada um de nós já foi e nenhum de nós teria atingido a fase da vida que hoje atravessa se não tivesse passado por essa fase inicial da vida, ou se tivesse sido impedido nessa fase tal processo de evolução natural.

Trata-se de um processo contínuo, sem saltos de qualidade. Isto significa que a dignidade da pessoa existe desde a concepção, não se adquire a partir de determinado momento (as dez ou dozes semanas de gestação, o nascimento ou a idade adulta), nem se vai adquirindo progressivamente. A dignidade própria da pessoa humana ou se tem, ou não se tem. É a mesma antes ou depois do nascimento, como é a mesma na infância, na juventude, na idade adulta ou na velhice. Porque se trata de um processo contínuo, é arbitrário estabelecer qualquer fronteira (a actividade racional, a auto-suficiência, a capacidade de sentir dor ou de interagir socialmente) só a partir da qual se possa falar em dignidade de pessoa. Qualquer destas qualidades já existe em "germe" desde a concepção, vai sendo adquirida progressivamente e vai evoluindo antes e depois do nascimento.

Algumas delas não existem na sua plenitude antes do nascimento, mas também não existem na sua plenitude até à idade adulta. Um recém-nascido não é, no que se refere à auto-suficiência ou às capacidades de inteligência e vontade, substancialmente diferente de um feto e nem por isso se advoga (geralmente, porque também já há quem o faça) a sua morte, o infanticídio. Essas qualidades também podem perder-se com a idade avançada e a doença e nem por isso a pessoa perde o seu estatuto de pessoa e a dignidade que lhe é própria. Um doente mental ou um doente na fase terminal da sua vida podem estar tão limitados, quanto a essas e outras capacidades, como um feto, e nem por isso se torna legítimo, como é óbvio, suprimir as suas vidas.

A partir da concepção, não pode falar-se em "projecto de vida" ou "pessoa em potência". A vida já existe, a pessoa já existe, não são simples projectos ou potencialidades (como eram, sim, antes da concepção). Devemos falar, antes, em pessoa com potencialidades que ainda não se actualizaram (não se efectivaram), mas que se actualizarão no futuro se nada o impedir. E é assim não apenas no momento da concepção, também é assim ao nascer (também nesta fase o novo ser tem potencialidades que virão a desabrochar apenas no futuro) e ao longo de toda a vida.

Em suma, desde a concepção, o novo ser tem a dignidade de pessoa humana e, como tal, é merecedor de protecção. «Toda a gente é pessoa». Negar a qualidade de pessoa a seres humanos na fase inicial da sua vida é tão inaceitável como negar essa qualidade a certas categorias de seres humanos (a escravatura ou o racismo).

Pode ser oportuno recordar as discussões filosóficas e teológicas que surgiram na época das Descobertas a respeito da natureza humana de povos de raças até então desconhecidas, e confrontar essas discussões com as que hoje giram em torno da natureza do embrião e do feto. Nessa época, de pouco valia proclamar as exigências da moral cristã no confronto com qualquer ser humano se, depois, desta categoria se excluíam arbitrariamente seres de determinada raça. Hoje, também de pouco valerá proclamar direitos humanos se, depois, se excluem arbitrariamente do estatuto de pessoa humana ("desumanizando-os") determinados seres por não terem atingido determinada fase da sua evolução natural.

A questão do aborto tem a ver com a consciência da cada um. Ilegalizar ou criminalizar o aborto é impor aos outros uma determinada concepção moral. Numa sociedade pluralista há visões diferentes a respeito do estatuto do embrião e do feto. Deve ser a mulher a decidir de acordo com a sua consciência. A legalização e a descriminalização do aborto são exigências da tolerância. Com a legalização do aborto, quem o rejeite moralmente não é obrigado a praticá-lo. Mas também quem não o rejeite não deverá ser impedido pelo Estado de o praticar.

Poderíamos falar em tolerância se a questão do aborto fosse uma questão moral sem reflexos nos direitos de outrém (como poderá ser a questão da licitude moral dos vários métodos de regulação da natalidade não abortivos, por exemplo). Se assim fosse, o Estado poderia aceitar que a prática do aborto dependesse da consciência de cada um. No entanto, o aborto envolve a supressão do direito à vida de uma outra pessoa . Não basta dizer que ninguém é obrigado a abortar, porque o embrião e o feto são sempre obrigados a sofrer o aborto, sem que alguém solicite o seu consentimento e a sua opinião...

Não pode depender da consciência (bem ou mal formada) de cada um a supressão da vida de outra pessoa, a prática de um homicídio ou de qualquer outro crime. Um terrorista poderá, em consciência, entender que "os fins justificam os meios" e que a causa que defende justifica a morte de inocentes. O Estado e a sociedade não poderão, obviamente, deixar de qualificar como crimes, em nome da tolerância própria de uma sociedade pluralista, os actos terroristas.

O Estado nunca pode ser neutro a respeito do estatuto de embrião e do feto. Ao admitir o aborto livre, ou ao permitir que a sua vida dependa da decisão de outra pessoa (mesmo que seja a mãe), está a considerar que não têm o estatuto de pessoas, mas o estatuto de coisas. A vida de uma pessoa nunca pode depender da decisão livre de outra pessoa. Se assim fosse, estaria a ser tratada como coisa, e não como pessoa. Era assim na antiga Roma, quando o pai podia decidir livremente a respeito da vida dos filhos já nascidos. E era assim num regime de escravatura. É óbvio que não poderá ficar dependente da consciência do proprietário o tipo de tratamento que é dado aos escravos. Como pessoas humanas, a sua vida nunca poderá depender da decisão livre de quem quer que seja.

De qualquer modo, nunca poderá esquecer-se um critério ético fundamental: em caso de dúvida, há que seguir um princípio de precaução. Se não é unânime ou certo que o embrião e o feto são pessoas humanas, devem ser sempre tratados, na dúvida, como se fossem. Do mesmo modo que quando alguém pretende disparar sobre um vulto que não sabe se corresponde a uma pessoa, um animal ou uma coisa, deve abster-se de disparar apenas porque pode ser *uma pessoa. Também não se deixa de procurar entre os escombros enquanto não há a certeza de que lá não possam encontrar-se pessoas vivas (basta que haja alguma dúvida a esse respeito). Se não se tratar de vidas que possam ser salvas, nenhum prejuízo significativo daí advém. Se se tratar, não é admissível que deixem de ser salvas.*

Por outro lado, ao legalizar o aborto, o Estado também não está a tomar uma atitude ideologicamente neutra porque está a colaborar mais ou menos activamente na sua prática, colocando ao serviço dessa prática recursos públicos (financeiros ou outros), ou simplesmente dando-lhe cobertura legal. O Estado não se limita, pois, a uma atitude passiva de descriminalização. Ao legalizar o aborto, também está a canalizar para a prática deste, directa ou indirectamente, recursos obtidos junto de pessoas que rejeitam essa prática como contrária aos seus valores mais preciosos. Estas pessoas não são «obrigadas a abortar», mas, mesmo quando se admite a objecção de consciência dos profissionais de saúde, são obrigadas a ter alguma forma de colaboração, através dos impostos que pagam, na prática do aborto.

O nosso é Estado laico e não confessional, neutro em matéria religiosa. A questão da ilicitude do aborto decorre de convicções religiosas que não podem ser impostas a quem não as perfilha.

Os fundamentos da ilicitude do aborto não decorrem de qualquer opção religiosa. Decorrem, antes, das exigências de tutela do primeiro dos direitos fundamentais, o direito à vida. O direito à vida decorre, antes de mais, da Lei natural, isto é, da lei que está inscrita no coração de qualquer ser humano e que este pode captar com a luz da razão, independentemente de qualquer fé religiosa. A inviolabilidade da vida humana é um princípio fundamental, estruturante, de civilizações das épocas e lugares mais variados. O direito à vida está consagrado em todas as declarações internacionais de direitos humanos e a consagração do princípio da inviolabilidade da vida humana encabeça os preceitos da Constituição portuguesa relativos aos direitos fundamentais (artigo 24º, nº 1).

A Revelação judaico-cristã («Não matarás») só vem reforçar o que já decorre da Lei natural. Mas, como é óbvio, não é preciso ser cristão para reconhecer que não se deve matar. A este respeito, será oportuno citar um conceituado filósofo italiano, laico e socialista, Norberto Bobbio: «Há, antes de mais, o direito fundamental do nascituro, aquele direito a nascer em relação ao qual, na minha opinião, não se pode transigir. É o mesmo princípio em nome do qual me oponho à pena de morte (...) Gostaria de perguntar porque é que será surpreendente que um laico considere válido em sentido absoluto, como um imperativo categórico, o "não matarás". E, por outro lado, espanto-me que os laicos deixem aos crentes o privilégio e a honra de afirmar que não se deve matar» (Corriere della Sera, *8/5/1981).*

O embrião e o feto não têm personalidade jurídica. Esta, de acordo com o Código Civil (artigo 66º, nº 1) só se adquire com o nascimento completo e com vida, sendo que os direitos que a ordem jurídica reconhece ao nascituro dependem do nascimento (nº 2 do mesmo artigo). Por isso, o embrião e o feto não são titulares do direito à vida.

> *É contestável, no plano da política legislativa (para além do direito vigente), o princípio de que a personalidade jurídica se adquire com o nascimento. Tal princípio reflecte concepções de tempos remotos que desconheciam o que hoje se conhece a respeito da vida anterior ao nascimento. E que desconheciam, por outro lado, possibilidades que hoje ocorrem de manipulação genética, clonagem ou destruição de embriões, Por isso, há quem justificadamente defenda que a personalidade jurídica deveria adquirir-se a partir do momento da concepção.*
>
> *Mas essa questão não é decisiva para o que nos interessa. É óbvio que não pode a tutela dos direitos fundamentais constitucionalmente imposta ficar dependente de uma decisão do legislador que arbitrariamente atribua ou negue personalidade jurídica a determinados seres humanos. Isso poderia levar a aceitar até a escravatura. Os escravos não seriam titulares dos direitos fundamentais porque lhes seria negada a personalidade jurídica. É que qualquer pessoa humana, antes de ter personalidade jurídica, tem direito a adquirir personalidade jurídica. E se a personalidade jurídica se adquire com o nascimento, qualquer pessoa, ainda antes de ter personalidade jurídica, tem direito a adquirir essa personalidade, tem direito a nascer, pois. E, como é óbvio, o direito a nascer não depende do nascimento, como poderão depender outros direitos que a ordem jurídica reconhece aos nascituros (artigo 66º, nº 2, do Código Civil).*

O facto de não serem punidos nos mesmos termos o aborto e o homicídio (as penas relativas ao primeiro são substancialmente menos graves do que as relativas ao segundo) significa que para a nossa ordem jurídica não têm o mesmo valor a vida intra-uterina e a vida depois do nascimento, sendo que, por isso, o princípio da inviolabilidade da vida humana pode, no que se refere à primeira, ceder perante outros valores, mesmo que tal cedência não seja admissível em relação à segunda.

> *Não é aceitável que o princípio da inviolabilidade da vida humana tenha um peso diferente consoante se trate da vida anterior ou posterior ao nascimento. Na consagração deste princípio (artigo 24º, nº 1, da Cons-*

tituição) não se faz qualquer distinção. E essa distinção será contrária aos princípios constitucionais da igualdade e da não discriminação (artigo 13º da Constituição). Será tão inaceitável dizer que não têm o mesmo valor a vida humana anterior e posterior ao nascimento como dizer que não têm o mesmo valor a vida humana na infância, na idade adulta ou na velhice, ou dizer que não têm o mesmo valor a vida de pessoas deficientes, de certa raça ou etnia ou de certa condição social.

Aliás, se fosse admissível alguma distinção, poderia até dizer-se que exige uma protecção reforçada a vida na sua fase inicial, ou porque é mais fraca e indefesa precisamente nessa fase, ou porque a sua supressão nessa fase impede a realização de um maior número de potencialidades que se abrem precisamente a quem tem toda a vida pela frente. Este raciocínio faz-se muitas vezes em relação às crianças já nascidas e será lógico fazê-lo também em relação às crianças não nascidas. De qualquer modo, tal nunca poderá significar que há vidas que valem mais do que outras, pois a vida dos idosos também não vale menos do que a vida das crianças.

Mas se a vida anterior ao nascimento não tem menos valor do que a vida posterior ao nascimento, dir-se-á, então, que, em coerência, o aborto deveria ser punido nos mesmos termos que o homicídio. Não é assim, porém. Há que distinguir a avaliação objectiva da gravidade de uma conduta e a avaliação da responsabilidade subjectiva da pessoa que a pratica (o erro *e a* pessoa que erra*). Se não pode ignorar-se que, objectivamente, o bem jurídico atingido com o aborto (a vida intra-uterina, anterior ao nascimento) não tem menor valor do que o bem jurídico atingido pelo homicídio (a vida depois do nascimento), também não pode ignorar-se que a consciência desse facto, a consciência da gravidade da conduta em questão, a "malícia", não é, em regra e na grande maioria dos casos, obviamente, a mesma num homicida e na mulher grávida que pratica um aborto. O Código Penal, ao distinguir as penas relativas a cada um desses crimes, reflecte isso. E, por isso, advogar a criminalização do aborto como forma de tutelar a vida do embrião e do feto não significa, de modo algum, advogar que as penas relativas ao crime de aborto se aproximem das penas relativas ao crime de homicídio.*

Noutro aspecto, já seria de aproximar o regime vigente de punição do crime de aborto do regime de punição do crime de homicídio. Actualmente, e em geral, não é punido o aborto negligente, o aborto praticado contra a vontade da mulher grávida por negligência, como resultado de um erro médico ou de um acidente de viação, por exemplo. Deveria sê-lo, como o são o homicídio negligente, ou as ofensas à integridade física negligentes, em atenção aos direitos e interesses do nascituro, da mãe e do pai. Por razões puramente ideológicas (mas em coerência com o prin-

cípio de que a vida anterior aos nascimento não é merecedora de tutela), e contra os direitos e interesses da própria mulher grávida, os partidários da legalização do aborto têm-se oposto à criminalização do aborto negligente.

O aborto deve ser considerado um "crime sem vítima", como seriam a prostituição e o homossexualismo, cuja punição em épocas passadas decorria apenas da imposição de juízos de natureza moral. Aos crimes sem vítima (e é isso que se verifica em relação ao aborto, precisamente porque não há vítimas que se queixem) correspondem um elevado número de "cifras negras" (a perseguição penal atinge apenas uma ínfima percentagem dos crimes efectivamente praticados) e uma prática clandestina generalizada com todos os inconvenientes e disfunções daí decorrentes.

O aborto não é um "crime sem vítima", como poderiam ser a prostituição e o homossexualismo. O aborto tem uma vítima: o embrião ou o feto, a criança não nascida. Trata-se de uma vítima particularmente indefesa, tão indefesa que, como se vê nestas discussões, até há quem ignore ou despreze a sua existência. E uma vítima que não pode apresentar queixa. Quem (como sucede em relação a vítimas menores ou por outro motivo incapazes) poderia apresentar queixa em sua representação (os pais) é normalmente agente do próprio crime. Não há, como em relação a outros crimes, uma identificação espontânea da generalidade dos cidadãos com a vítima. Esta, e o seu sofrimento, são normalmente invisíveis (apesar de os meios técnicos cada vez mais permitirem visualizar a vida do embrião e do feto). É difícil (ao contrário do que se verifica com outros crimes) imaginarmo-nos na posição da vítima do aborto. Não recordamos essa fase da vida e sabemos que nessa situação já não voltaremos a estar (como poderemos estar na situação de vítimas de qualquer outro crime).

Por tudo isto, o carácter particularmente indefeso da vítima do aborto não enfraquece, antes acentua, a necessidade da sua protecção.

As dificuldades da perseguição penal do aborto são evidentes, mas isso não significa que não haja vítimas. São, antes, consequência do carácter particularmente indefeso dessas vítimas. A este respeito, pode aproximar-se o aborto dos chamados "crimes de vítima inconsciente" ou "abstracta", como os crimes de fraude fiscal ou grande parte dos crimes contra a economia e a saúde pública. Nestes casos, porque não há vítimas concretamente determinadas, também não há uma colaboração espontânea dos cidadãos que facilite a perseguição penal. Mas esta não deixa, por isso, de se justificar. Todos sabemos como é generalizada a fraude fiscal, mas ninguém advoga, por isso, a descriminalização desta prática.

A criminalização do aborto é ineficaz. Sendo tão reduzido o número de condenações, estas não contribuem para a dissuasão da sua prática. Ninguém deixa de praticar um aborto por este ser crime. Esta ineficácia contribui, além do mais, para o desprestígio do Direito Penal.

Deve, antes de mais, esclarecer-se que não é só em relação ao aborto que se verifica um número elevado de "cifras negras", uma grande desproporção entre a prática efectiva do crime em questão e um número reduzido de condenações (ver, sobre esta questão, António Almeida Costa, "Aborto e Direito Penal", in Revista da Ordem dos Advogados, ano 44, pgs. 600 a 603). De resto, nunca a criminalização de uma conduta a elimina em absoluto. Não é por o homicídio ou o roubo serem criminalizados que, em absoluto, deixa de haver homicídios ou roubos. Também a criminalização do tráfico de droga, por si só, não elimina esta prática. Mas, como é óbvio, se qualquer destas condutas não fosse criminalizada, muito mais difundida seria a sua prática. Não se trata, pois, de eliminar em absoluto a prática de do crime, mas de a limitar na medida do possível. Ir mais longe do que isso não depende fundamentalmente do sistema penal (nem a este deve ser pedido), mas de questões questões culturais, de mentalidade, de educação, de políticas sociais, etc. Desse modo é que se ataca a raiz do problema, as causas do crime. Isso verifica-se em relação a qualquer crime e, de modo especial, ao consumo e tráfico de droga e, também, ao aborto.

Mas, em relação ao aborto, será que a criminalização cumpre mesmo essa função de limitação da sua prática? Sim. Demonstram-no inquéritos realizados em vários países, depois da legalização e descriminalização, donde resulta que uma percentagem muito significativa de mulheres (em torno dos 70%) que praticam o aborto não o teriam feito se essa prática não fosse legal e descriminalizada (ver David Reardon, Aborted Womem: Silent No More; *Loyola University Press, Chicago, 1987, e também estudos realizados pelo Movimento Pela Vida italiano).*

É que essa função de limitação da prática do aborto não depende apenas do número de condenações. Independentemente destas condenações, a simples definição solene do aborto como atentado à vida, e por isso crime, exerce uma importante função pedagógica. A Lei é para muitos um guia moral. Através da definição dos crimes, o Estado transmite uma mensagem cultural que põe em relevo a importância para a vida social de bens jurídicos como o da vida humana. Hoje é cada vez mais posta em relevo, no que se refere às funções do sistema penal, já não tanto a função de prevenção geral negativa (a dissuasão da prática de crimes através da intimidação dos potenciais criminosos com a ameaça da pena), mas a função de prevenção geral positiva (o reforço pedagógico da consciência comunitária quanto à importância dos valores fundamentais que estruturam e orientam a vida social).

É verdade que há outros crimes (como a fraude fiscal) em que se verifica uma grande desproporção entre o número de condenações e o número efectivo de ocorrência desses crimes. Nesses casos, advoga-se uma maior intensificação da perseguição penal. Não se verifica isso em relação ao aborto, nem mesmo por parte dos defensores da criminalização. Há alguma hipocrisia, da parte destes, em defender a manutenção da lei e não pretender que esta seja efectivamente aplicada, ou nada fazer para que o seja.

Em relação ao aborto, como talvez não se verifique em relação a qualquer outro crime, há uma grande desproporção entre a sua gravidade objectiva e a avaliação da responsabilidade subjectiva da mulher grávida que o pratica (o erro e a pessoa que erra). Esta não tem normalmente a consciência dessa gravidade ou é levada a abortar por pressões externas ou condições dramáticas de existência. Daí que a função do Direito Penal seja, neste caso, mais acentuadamente pedagógica, de afirmação de valores, do que repressiva, dirigida não tanto a quem já cometeu crimes, mas a quem vê na Lei um guia moral capaz de o orientar. Esta função não depende estritamente do número e severidade das condenações e, nalguma medida, também se cumpre com a simples manutenção em vigor da lei.

De qualquer modo, não há que temer a aplicação da lei. Esta contempla (ou pode contemplar mais claramente com ajustamentos que não a descaracterizem) a possibilidade de conciliar a condenação firme do crime enquanto tal e a indulgência (a tolerância ou a misericórdia, como se lhe queira chamar) para com a mulher grávida que aborta. A suspensão da execução da pena de prisão evita o cumprimento efectivo desta em caso de não repetição da prática do crime, mantendo a referida função pedagógica de esclarecimento e advertência. A suspensão provisória do processo evita até o julgamento, dá-se numa fase secreta do processo e supõe a imposição de injunções ou regras de conduta (formas de colaboração com instituições de solidariedade social, por exemplo) também numa perspectiva pedagógica de esclarecimento e advertência.

Também nada há a opor a que se intensifique a perseguição penal de quem da prática do aborto faz profissão ou actividade lucrativa.

De qualquer modo, os defensores da criminalização do aborto sabem que não é o recurso ao sistema penal o caminho mais eficaz para o combater. A criminalização limita a difusão da prática do aborto, mas não a elimina, porque não atinge o problema na sua raiz. É normal, pois, que se privilegiem outro tipo de acções, dirigidas à raiz do problema, ao combate às causas do aborto e, por isso, à educação e ao apoio à mulheres grávidas em dificuldade.

É verdade que o aborto é censurável. Mas não é aceitável a criminalização das mulheres grávidas que o praticam. É desumana a condenação em prisão dessas mulheres. E mesmo o estigma e a humilhação de um julgamento públicos são desumanos, tendo em conta todos os dramas por que passam normalmente essas mulheres. Esse julgamento só vem agravar os seus sofrimentos.

Antes de mais, deve dizer-se que quando normalmente se fala em descriminalização do aborto (como se verifica nas perguntas submetidas a referendo em Portugal), não é só a descriminalização que está em causa, mas também a legalização. Poderá uma conduta ser descriminalizada sem ser legalizada: deixa de ser crime, mas continua a ser proibida (eventualmente objecto de sanções não penais). Verificou-se isso com o consumo de droga em Portugal: não é crime (é uma contraordenação, infracção menos grave, não punível com prisão), mas a droga não passou a ser de livre acesso ou fornecida pelo Estado. Não é isso que se pretende em relação ao aborto. Este não só deixará de ser crime em determinadas condições, mas também passará a ser legal, realizado com autorização do Estado e com a sua colaboração, nos hospitais públicos e com recursos públicos.

Por outro lado, nunca se advoga a descriminalização do aborto em termos absolutos. Só haverá descriminalização quando o aborto for praticado nas primeiras dez ou doze semanas de gestação e em estabelecimento de saúde legalmente autorizado. Fora destas situações, continuaria a ser crime e, portanto, continuariam a ser possíveis julgamentos pela prática de aborto quando este fosse realizado fora desse prazo e fora desses estabelecimentos..

A respeito da "prisão das mulheres que abortam", há que desmascarar uma bandeira de propaganda que não tem correspondência com a realidade e que se aproveita da ignorância dessa realidade. Não há, na verdade, na prática, condenações em pena de prisão de mulheres grávidas que abortam. É certo que a lei prevê essa possibilidade. Mas também a prevê em relação a crimes de injúrias ou condução sem carta (crimes que não atingem bens de tão grande relevo como o da vida humana), e também são praticamente inexistentes (sobretudo quando se trate de uma primeira condenação) as condenações em pena de prisão pela sua prática.

Revela uma grande ignorância dos princípios que orientam o sistema penal associar automaticamente a criminalização à pena de prisão. De acordo com esses princípios, a prisão é sempre um último recurso, a ela se deve recorrer apenas quando nenhuma outra pena cumpre as finalidades do sistema.

A criminalização do aborto impõe-se por uma questão de coerência do sistema. Se são qualificados como crimes atentados a bens como os da honra (as injúrias), a integridade física (uma simples bofetada) ou a propriedade (furtos de bens de pequeno valor, como o furto de uma pastilha elástica num supermercado), seria incoerente que não o fosse um atentado à vida humana, o bem que é pressuposto de todos os outros (sem a salvaguarda da vida, não é possível a salvaguarda de quaisquer outros dos direitos fundamentais, desde a liberdade, à saúde ou o acesso à educação e à cultura). Se não é a vida humana um bem fundamental e estruturante para o regular e harmonioso funcionamento da sociedade (o que define os bens jurídicos merecedores de tutela penal), qual o será?

De qualquer modo, o sistema penal oferece possibilidades de tratamento humano da mulher grávida que aborta.

Em relação ao aborto, como talvez não se verifique em relação a qualquer outro crime, há uma grande desproporção entre a sua gravidade objectiva (pela relevância do bem jurídico da vida humana) e a avaliação da responsabilidade subjectiva da mulher grávida que aborta (o erro *e a* pessoa que *erra*). Esta não tem normalmente a consciência dessa gravidade e é muitas vezes levada a abortar por pressões externas ou condições dramáticas de existência.*

O sistema permite conciliar a condenação clara do aborto na sua objectividade e a compreensão e tolerância para com a mulher grávida que aborta. Permite a opção por penas de multa e prestação de trabalho a favor da comunidade. Permite a suspensão da execução da pena de prisão evitando o cumprimento efectivo desta pena em caso de não repetição da prática do crime, mantendo uma função pedagógica de esclarecimento e advertência.

Quanto aos julgamentos pela prática de aborto, deve dizer-se, antes de mais, que, na perspectiva dos interesses das mulheres que a eles são sujeitas, seria preferível que os mesmos decorressem com o recato com que todos os dias decorrem julgamentos pela prática de crimes de muito menor gravidade, e que deles não se fizesse a publicidade e exploração mediática, ao serviço da propaganda da descriminalização do aborto, que normalmente se faz. Esta só contribui para reforçar a estigmatização dessas mulheres.

De qualquer modo, o sistema vigente também permite evitar esses julgamentos. A suspensão provisório do processo, que ocorre numa sua fase secreta, evita o julgamento e supõe a imposição de injunções e regras de conduta (formas de colaboração com instituições de solidariedade social, por exemplo), também numa perspectiva pedagógica de esclarecimento e advertência.

Legal ou ilegal, o aborto continuará a fazer-se sempre. A legalização do aborto não contribui para o aumento da sua prática. A experiência revela até que essa prática vai diminuindo ao longo dos anos. Isso pode até explicar-se pelo facto de a prática do aborto nos hospitais públicos facilitar um maior acesso à informação sobre planeamento familiar.

É destituída de qualquer lógica a ideia de que a legalização do aborto não contribui para o aumento da sua prática, ou até a diminui. Se se pretende combater uma determinada prática, não se facilita essa prática colocando ao seu serviço os recursos públicos. Quando isto acontece, uma razão lógica leva a concluir que o aborto é facilitado e tenderá a aumentar.

A ideia de que o número de abortos diminui com a legalização surge porque se comparam as estatísticas oficiais posteriores à legalização com números de abortos clandestinos, sem qualquer fiabilidade, avançados no âmbito da propaganda da legalização do aborto. Entre nós já se tem avançado números que oscilam entre as poucas dezenas de milhar e várias centenas de milhar (esta tão acentuada oscilação já revela bem a pouca fiabilidade destes números). Em Itália, a partir de números desses, chegou a falar-se de redução a metade (!) do número de abortos depois da legalização (ver Luigi Ferrajoli, "A Questão do Embrião entre o Direito e a Moral", in Revista do Ministério Público, *ano 24, Abril-Junho de 2003, nº 94, pg. 19).*

Em França, antes da legalização avançavam-se números que oscilavam entre os 300.000 e os 2.500.000. Segundo um estudo (este oficial e credível) do Institut National d´Études Démographiques *(in Population et Société, nº 407), esse número era de 50.000 a 60.000. Depois da legalização, o número de abortos anuais ronda os 200.000.*

Não há, pois, dados seguros quanto ao número de abortos clandestinos antes da legalização. Já terão outra segurança dados que indicam que, depois da legalização, uma percentagem elevada (cerca de 70%) de mulheres que abortam declaram que não o teriam feito se o aborto não fosse legal (ver David Reardon, Aborted Womwm: Silent No More, *Loyola University Press, Chicago, 1987).*

As estatísticas oficiais depois da legalização (incontestáveis, pois) revelam que, apesar da difusão do planeamento familiar, o número de abortos se mantém muito elevado, a ponto de se poder falar em verdadeira banalização desta prática. A percentagem de abortos legais em relação aos nascimentos atinge 34,8% na Suécia, 26,5% no Reino Unido, 22,6% na França, 26,8% na Dinamarca e 26,6% em Itália (Famiglia Cristiana, n° 28/2002, pg. 21).*Em Espanha, uma em cada seis gravidezes termina em aborto provocado (ver o relatório do Instituto de Politica Familiar em* www.ipfe.org). *Na Rússia, de acordo com dados oficiais, praticam-se anualmente, em média, cerca de 1.600.000 abortos, 70% das gravidezes. Este número elevadíssimo levou o Governo à adopção de um plano destinado à sua redução* (Avvenire, 6/4/2006).

As estatísticas revelam também que o número de abortos vai crescendo, e não diminuindo. No Reino Unido, desde a legalização do aborto, o seu número triplicou (Avvenire, 1/7/2005). *Em Espanha (onde, apesar de vigorar uma lei restritiva como a que vigora entre nós, o aborto está liberalizado na prática), o crescimento do número de abortos foi de 75,3% entre 1993 e 2003 e de 48,2% entre 1998 e 2003 (ver o relatório do Instituto de Política Familiar em* www.ipfe.org)

Quando não se verifica esse aumento, isso pode facilmente explicar-se pela difusão do planeamento familiar. Mas esta difusão não depende, como é óbvio, da legalização do aborto. Pode verificar-se, como se tem verificado entre nós, sem essa legalização. O que a legalização do aborto provoca é que o aborto passe a ser um recurso mais frequente em caso de falhas dos métodos de planeamento familiar. A este respeito, a experiência da França é elucidativa. O número de abortos mantém-se elevado apesar da maior difusão do planeamento familiar, porque o recurso mais frequente ao aborto em caso de falhas dos métodos de planeamento familiar compensa a diminuição do número de gravidezes indesejadas resultante da difusão do planeamento familiar (La Croix, 10/1/2000). *Um estudo do* Institut National d' Études Démographiques *(ver* Population et Société, *n° 407) revela que o número de gravidezes imprevistas desceu de 46% em 1975 (ano da legalização do aborto) para 23% em 2004. O número de abortos em caso de gravidez imprevista subiu no mesmo período de 41% para 60%. Em conclusão, a legalização do aborto impede até que a difusão do planeamento familiar contribua para a diminuição da sua prática.*

Verifica-se, por outro lado, que a situação inversa, de limitação legal da prática do aborto depois da liberalização faz diminuir significativamente a sua prática, mesmo que não a elimine e se mantenha a prática do aborto clandestino. É o que se tem verificado na Polónia, onde, durante o regime comunista, a liberalização conduziu a uma verdadeira banalização do aborto que hoje já não se verifica com a vigência de uma lei restritiva semelhante à que está em vigor em Portugal (La Croix, 22/ 10/1996).

Deve salientar-se, também, que os números oficiais não incluem normalmente os abortos clandestinos que continuam a praticar-se. E ignoram também o recurso, cada vez mais generalizado, à chamada pílula do dia seguinte, considerada como método de contracepção, quando é certo que muitas vezes actua já depois da concepção, tendo, pois, efeitos abortivos.

Diante destes números (independentemente das leituras que deles se possam fazer), espanta que haja quem se resigne ou fale em "contenção" do número de abortos. Cada um destes números representa uma vida que se perdeu, um ser único e irrepetível, um dom inestimável. Nunca pode dizer-se que são poucos. E nunca pode dizer-se que não vale a pena evitar que se perca uma qualquer destas vidas, através da limitação legal ou, sobretudo, através do apoio à maternidade.

O aborto clandestino é um grave problema de saúde pública. São em grande número as mulheres que sofrem danos na sua saúde devido às deficientes condições sanitárias em que são praticados muitos abortos e há mesmo mulheres que morrem por isso. A prioridade é acabar com o aborto clandestino e a legalização do aborto permite-o.

Importa, antes de mais, reduzir às suas devidas proporções os malefícios do aborto clandestino na perspectiva da saúde da mulher. Hoje, em Portugal, o aborto clandestino é muitas vezes praticado por médicos nas mesmas condições em que seria praticado se fosse legal. Dados da Direcção-Geral de Saúde dão conta de 2073 internamentos em dez anos (123 em 2003) na sequência de complicações de saúde derivadas de abortos clandestinos (Diário de Notícias, 15/9/2004). Estamos longe daquilo que poderia esperar-se das centenas de milhar de abortos clandestinos propaladas pela propaganda da legalização do aborto.

De qualquer modo, não há que minimizar, certamente, os problemas de saúde pública decorrentes do aborto clandestino. Só que a solução não passa por legalizar o aborto. Desde logo porque este, mesmo quando legal, pode sempre causar danos físicos à mulher e, sobretudo, como cada vez mais se demonstra, com frequência provoca na mulher graves danos psíquicos. Não há, pois, aborto "seguro".

Por outro lado, a experiência de outros países demonstra que a legalização do aborto não põe termo ao aborto clandestino, quer porque há sempre situações que não se enquadram na lei (designadamente por ter sido ultrapassado o prazo de gestação dentro do qual o aborto é legal), quer porque as situações que conduzem à prática do aborto muitas vezes exigem um secretismo que o aborto legal não garante da mesma forma que o aborto clandestino, quer porque um clima geral de maior permissivismo para com o aborto em geral se traduz num maior permissivismo para com o aborto clandestino (é muito menos provável a perseguição penal deste quando o aborto passa a ser legal em grande número de situações).

É óbvio que quem combate a legalização do aborto há-de pretender também combater o aborto clandestino, com todos os malefícios que deste decorrem. Para tal, há que lançar mão dos mecanismos legais de perseguição penal contra quem faz do aborto clandestino profissão ou actividade lucrativa (e que não beneficia das circunstâncias atenuantes de que normalmente beneficiarão as mulheres grávidas que abortam). A incoerência está em quem diz combater o aborto clandestino e reage contra a condenação penal destas pessoas. Diga-se, por outro lado, que, no actual contexto português, a legalização do aborto beneficiará em primeira linha clínicas que já praticam abortos ilegais, que poderão suprir, com financiamento estatal, como sucede em Espanha (onde cerce de 90% dos abortos legais são praticados por clínicas privadas lucrativas), as insuficiências da rede de hospitais públicos.

Mas mais importante e eficaz do que a perseguição penal, para combater o aborto clandestino importa atacar na raiz os problemas que conduzem à sua prática, designadamente através do apoio à maternidade.

Há, pois, que atender aos malefícios do aborto clandestino na perspectiva da saúde da mulher e há que combater o aborto clandestino sem o legalizar. É que esta atenção à saúde da mulher não pode levar-nos a esquecer a vida do embrião e do feto, que, com o aborto, é sempre sacrificada. É de lamentar a morte de uma mulher devido à prática do aborto clandestino (uma morte nunca é pouco). Mas são igualmente de lamentar todas as mortes de crianças não nascidas que o aborto, clandestino ou legal, acarreta sempre. Mortes que a legalização do aborto faz aumentar de forma significativa.

A legalização do aborto é uma exigência de igualdade e justiça social. É injusta a desigualdade entre a situação das mulheres com rendimentos que lhes permitem deslocar-se ao estrangeiro e aí praticar um aborto "seguro" e as situações das mulheres que não têm esses rendimentos e se vêem forçadas a recorrer cá ao aborto clandestino em precárias condições sanitárias.

Este tipo de argumentação levaria a que qualquer opção de descriminalização de uma conduta (o aborto, a eutanásia, a clonagem, o consumo e tráfico de droga, o que quer que seja) tomada por um qualquer país devesse ser necessariamente seguida por todos os outros países. Porque é sempre possível (e cada vez mais fácil) a deslocação a um país estrangeiro para a prática de uma conduta que aí está liberalizada, nenhum país seria soberano e poderia decidir por si se essa prática deve, ou não, ser legalmente admitida. Não pode negar-se a qualquer Estado esta sua faculdade soberana. Este também não pode – é certo – impedir a deslocação ao estrangeiro dos seus cidadãos. Pode apenas impedir que, como também por vezes sucede em Portugal, no seu território se faça publicidade ou se pratiquem actos de cumplicidade (recolha de fundos a tal destinados, por exemplo) da prática de condutas que na sua ordem jurídica são crimes e num país estrangeiro estão legalizadas.

De qualquer modo, há que atender, sobretudo, ao seguinte.

O que nos deve chocar não é a desigualdade relativa ao acesso à prática do aborto, pois este nunca é um bem para a mulher e para o seu filho. O que nos deve chocar é a desigualdade no que se refere às condições de exercício da maternidade (esta sim um bem para a mulher e o seu filho). É contra esta desigualdade que o Estado deve mobilizar todos os seus esforços. O que o Estado deve garantir não é que todas as mulheres tenham acesso ao aborto, mas que todas as mulheres tenham condições dignas de exercício da maternidade. O facto de o Estado garantir o acesso ao aborto pode facilmente servir de pretexto para o mesmo se demitir do seu dever de garantir o exercício da maternidade em condições dignas (é mais fácil ajudar a mulher a abortar do que ajudá-la a criar os seus filhos; porque está garantido o aborto, não é preciso garantir condições dignas do exercício da maternidade).

A legalização do aborto é uma causa das mulheres e a sua ilegalização uma causa contra as mulheres. Só as mulheres deveriam decidir a esse respeito (só elas deveriam votar em referendos ou deliberações parlamentares sobre tal matéria). Se assim fosse, o aborto há muito estaria legalizado.

A questão do aborto diz respeito a toda a sociedade (homens e mulheres), pois se liga ao valor da vida humana, que é um valor fundamental e estruturante de toda a organização comunitária.

A geração de uma criança envolve um homem e uma mulher, um pai e uma mãe. É legítimo que qualquer deles tenha uma palavra a dizer a respeito do seu nascimento. Se for negado este direito ao pai, facilmente este também se demitirá dos seus deveres como pai, o que só prejudicará a mãe, que se vê assim sozinha com o seu filho. É este o maior perigo da afirmação de que o aborto diz respeito apenas à mulher: deixá-la sozinha com o drama que pode ser uma maternidade difícil, sem o apoio do pai da criança, apoio que muitas vezes seria suficiente para afastar essas dificuldades.

O aborto é o caminho mais fácil para o pai que não quer assumir as suas responsabilidades. É ele que muitas vezes pressiona a mulher a abortar, contra os desejos mais profundos desta e indiferente às sequelas psíquicas que nela o aborto pode provocar.

Estudos realizados nos Estados Unidos revelam que esse tipo de pressões se verifica em 64% dos casos, muitas vezes contra a própria consciência da mulher, e que 8 em cada 10 mulheres que abortam afirmam que não o fariam se tivessem apoios da família e dos amigos (ver www.unfairchoice.info).

Cada vez mais se vão conhecendo os malefícios do aborto para a saúde psíquica da mulher. O aborto não é uma violência apenas para a criança não nascida, é também uma violência contra a mulher e a feminilidade. Vem sendo estudado o síndroma pós-aborto como uma patologia que se caracteriza por depressão, angústia, sentimentos de culpa, insónias, pesadelos, incapacidade para manifestar afecto, dificuldades no relacionamento com crianças, auto-lesionismo, disfunções sexuais e até intenções suicidas (podem ver-se, sobre estas questões, os testemunhos recolhidos em Mulher...Porque Choras?; *Paulus Editora, Apelação, 2001, e Sara Martín García e Associación de Víctimas de Aborto,* Yo Aborté, Voz de Papel *, Madrid, 2005). Por isso, têm surgido várias organizações de apoio à mulher como vítima do aborto (ver www.vozvictimas.org, www.rachelvineyard.org e www.silentnomore awareness.org).*

Pouca consideração terão perante os dramas das mulheres confrontadas com as dificuldades da maternidade, a sociedade e o Estado que, diante desses dramas, a essas mulheres oferecem apenas o aborto, como se este fosse sequer um bem para elas, como se este fosse uma fatalidade ou como se a única alternativa ao aborto clandestino fosse o aborto legalizado, e não antes, precisamente, o apoio à maternidade. Só esta apoio, na verdade, respeita a vocação mais profunda da mulher, pois se muitas mulheres se arrependeram de ter praticado um aborto, nenhuma alguma vez se terá arrependido de assumir a maternidade.

Num outro aspecto, a causa da legalização do aborto se revela contra a causa da dignidade e dos interesses das mulheres. Actualmente, e em geral, não é punido o aborto negligente (também por vezes chamado "interrupção involuntária da gravidez"), o aborto praticado por negligência, contra a vontade da mulher, em caso de acidente de viação ou erro médico, por exemplo. Deveria sê-lo em atenção aos direitos e interesses do nascituro, da mãe e do pai. Por razões puramente ideológicas (apenas para não reconhecer que a vida do nascituro é merecedora de tutela), os partidários da legalização do aborto, claramente contra os interesses da mulher grávida, têm-se oposto à criminalização do aborto negligente.

É também o sexo feminino que é vítima do chamado aborto selectivo, *prática corrente na China e na Índia, entre outros países. No 25º Congresso Internacional da População, realizado em Tours, foi apresentado um estudo que aponta para 25 milhões o número de mulheres que, na China, não nasceram devido a essa prática* (La Croix – L´Évenement, 20/7/2005). *Na Índia, calcula-se que esse número seja de 10 milhões em 20 anos* (Avvenire, 10/1/2006). *Trata-se de uma prática formalmente proibida, mas o controlo desta proibição é obviamente mais difícil quando o aborto não tem outro tipo de limitações legais (quando não há que justificar o aborto, nunca poderá saber-se se não será a discriminação em função do sexo que lhe está subjacente).*

Impor à mulher uma maternidade não desejada é uma violência. Nenhuma mulher pode ser obrigada a ser mãe contra a sua vontade.

É verdade que nenhuma mulher pode ser obrigada a ser mãe contra a sua vontade. Por isso, deve ter acesso ao planeamento familiar. Mas, depois da concepção, a mulher já é mãe. Já não se trata de prevenir uma maternidade não desejada, mas antes de continuar uma maternidade já iniciada. Depois da concepção, há que considerar a vida de um filho que também não pediu para viver e não pode ser sacrificado como se tivesse culpa de um facto eventualmente acidental a que é alheio em absoluto.

Se a mulher não quer levar até ao fim uma maternidade não desejada, há sempre a possibilidade de recurso à adopção. De qualquer modo, a experiência dos centros de apoio à vida e a experiência de muitas mães também revelam a felicidade que pode trazer uma maternidade inicialmente imprevista, ou mesmo indesejada. Quantas mulheres depressa esquecem, logo após o nascimento do seu filho que a sua gravidez não foi inicialmente desejada? E quantas pessoas não são fruto de gravidezes não inicialmente desejadas, sem que alguma vez tenham notado, por isso, menos amor por parte dos seus pais? Se muitas mulheres se arrependeram de ter praticado um aborto, nenhuma alguma vez se terá arrependido de ter assumido a maternidade.

O aborto pode ser um bem para a própria criança. Mais vale que uma criança não nasça do que nasça para ser infeliz, sem ter uma vida digna. A vida não é apenas a vida biológica e há que atender à qualidade de vida. O primeiro direito da criança é o de ser desejada.

Não pode aceitar-se a ideia de que há "vidas indignas de ser vividas" (conceito que serviu de base à prática da eutanásia involuntária pelo regime nazi). O princípio da dignidade da pessoa humana, em que, de acordo com o artigo 1º da Constituição, se baseia a República Portuguesa, impõe que se rejeite em absoluto essa ideia. A vida de cada pessoa humana é um dom, para si e para os outros, nenhuma pessoa humana está a mais ou deixa de ser bem-vinda na comunidade, de ninguém se pode dizer que valeria mais não ter nascido.

Também ninguém pode substituir-se ao juízo de outra pessoa sobre a sua felicidade ou a sua qualidade de vida. Só esta poderia fazer esse juízo. E esse juízo dependerá, mais do que tudo, da forma como essa pessoa for acolhida e amada. Não é, pois, fatal que tenha de ser infeliz.

É verdade que não basta garantir o direito a nascer. É necessário criar condições de vida dignas. Não basta assegurar a vida biológica, há que assegurar a qualidade de vida. Mas a qualidade de vida supõe a vida biológica. O direito à vida é o pressuposto de todos os outros direitos, e também do direito a crescer num ambiente saudável e harmonioso. Se não estão assegurados estes direitos, há que lutar por que o estejam, não negar o direito à vida, que é pressuposto desses direitos. Há que combater a pobreza, não evitar que os pobres nasçam.

Não é, obviamente, com o aborto que se resolvem os problemas sociais que tornam indignas as condições de vida de muitas pessoas. Com o aborto, permanecem sempre as injustiças sociais. Pode até dizer-se que a legalização do aborto serve de fácil pretexto para deixar de combater essas injustiças, ou de desincentivo para as combater: é mais fácil evitar que os pobres nasçam do que combater a pobreza (ideia que, por vezes, tem servido de fundamento de campanhas de limitação da natalidade nos países pobres); para quê o esforço de eliminar condições de vida indignas se pode evitar-se o nascimento de pessoas sujeitas a essas condições?

É verdade que a criança tem o direito a ser desejada. Mas, como é óbvio, esse direito não se torna efectivo com a prática do aborto. Com este, a criança é rejeitada, não passa a ser desejada. Passará a ser desejada se for acolhida (como tantas vezes acontece, ou pode acontecer) como um dom e uma riqueza, mesmo que a sua geração tenha sido imprevista, não tenha sido planeada, ou o seu nascimento acarrete dificuldades.

Não pode, também, esquecer-se que nos casos extremos de falta de condições para criar e educar uma criança no seio da família biológica, há sempre a possibilidade de recurso à adopção, para a qual, em Portugal, não faltarão candidatos.

Não basta proteger o direito à vida das crianças não nascidas, importa proteger com igual força o direito à vida e todos os outros direitos fundamentais das crianças e adultos já nascidos. Há, a este respeito, incoerência em muitos dos opositores à legalização do aborto. Não haveria tantos abortos se não houvesse essa incoerência e mais vigorosamente se combatessem as injustiças sociais que podem conduzir à sua prática.

É verdade que se impõe a coerência na defesa da vida e da dignidade da pessoa humana em todas as fases da sua existência. A causa da defesa da vida não pode limitar-se à oposição à legalização do aborto, importa alargá-la a outras ameaças à vida, como a guerra, a doença ou a fome. E não basta ilegalizar o aborto, importa combater as injustiças sociais que muitas vezes conduzem à sua prática.

Pode apontar-se a incoerência de alguns defensores da ilegalização do aborto. Mas também há quem não mereça essas acusações de incoerência. Podem mencionar-se, a este respeito, duas referências da causa da defesa da vida pré-natal: João Paulo II e Madre Teresa de Calcutá. Ambos situavam o aborto no âmbito da defesa global dos direitos humanos e da paz. Davam particular relevo à vida das crianças não nascidas porque se trata da vida dos mais inocentes e indefesos e porque a prática do aborto assumiu dimensões gigantescas em todo o mundo. Mas não limitavam a este aspecto a sua acção de defesa da paz e dos direitos humanos. Basta lembrar os incessantes apelos de João Paulo II em favor da paz e da justiça social. E o testemunho da vida de Madre Teresa de Calcutá, sempre ao serviço dos "mais pobres de entre os pobres".

Afirmou João Paulo II na encíclica Evangelium Vitae *(n.5): «Como, há um século, a classe operária era oprimida nos seus direitos fundamentais e a Igreja com grande coragem tomou a sua defesa, proclamando os sacrossantos direitos da pessoa do trabalhador, assim, agora, quando outra categoria de pessoas é oprimida no direito fundamental à vida, a Igreja sente que deve, com igual coragem, dar voz a quem não a tem. O seu grito é sempre o grito evangélico em defesa dos pobres do mundo, de quantos estão ameaçados, desprezados e oprimidos nos seus direitos humanos.»*

No discurso por ocasião da atribuição do prémio Nobel da Paz, afirmou Madre Teresa de Calcutá: «Cada um de nós está aqui, hoje, porque foi amado por Deus, que nos criou, e pelos nossos pais que nos aceitaram e se preocuparam em dar-nos a vida. A vida é o mais precioso dos dons de Deus (...) Nós fomos criados por Deus para as coisas maiores: amar e ser amados (...), mas hoje, em muitos lugares do mundo, a vida é destruída deliberadamente pela guerra, pela violência e pelo aborto. O maior destrutor da paz no mundo, hoje, é o aborto. Se uma mãe pode matar o seu filho, o que é que nos impedirá, a ti e a mim, de nos matarmos uns aos outros? (...) Deus criou um mundo suficientemente grande para todos aqueles que Ele quer que nasçam. São os nossos corações que não são suficientemente grandes para os querer e os aceitar. Se todo o dinheiro que é gasto na busca dos modos de matar estas criaturas fosse usado para as nutrir, alojar, vestir, educar, como seria bonito!» (ver Pier Giorgio Liverani, Dateli a Me – Madre Teresa e l'Impegno per la Vita, *Città Nuova, Roma, 2003, pg. 93).*

A legalização do aborto é uma causa progressista e "de esquerda" e a sua ilegalização uma causa retrógrada e conservadora...

A questão da protecção da vida, e da protecção da vida na sua fase inicial, é uma causa universal, que não se restringe a qualquer convicção particular, religiosa ou ideológica, que deve congregar crentes e não crentes e pessoas de diferentes facções políticas. Não é uma causa "de direita" ou "de esquerda".

Muito pobre será a "esquerda" que fizer da causa da legalização do aborto um questão de identidade, como se só com a implementação dessa legalização pudesse afirmar os seus valores característicos. Coloca-se, assim, do lado da cultura de morte contra a cultura da vida. Mas é isso que parece suceder entre nós...

Há muitas pessoas "de esquerda" que não aceitam que assim seja. Quem considere que os valores "de esquerda" se caracterizam pela defesa dos mais fracos e desprotegidos poderá facilmente reconhecer na vítima do aborto o mais fraco e desprotegido dos seres humanos. O filósofo italiano Norberto Bobbio, socialista e laico, considerava a causa da defesa da vida, antes e depois do nascimento, uma "causa progressista, democrática e reformista" (Corriere della Sera, 8/5/81). *Os movimentos espanhóis "de esquerda" Solidariedade e Autogestão Socialista, Colectivo Autogestão e Movimento Cultural Cristão declararam, num comunicado, em Maio de 2004, que o aborto é «uma contradição absoluta com os valores que toda a esquerda deve defender». E ainda: «Não há nos nossos dias afirmação mais reaccionária – contra tudo o que se diga – do que a de que há direito de uma pessoa sobre o filho não-nascido. É o direito de propriedade mais absoluto concebível, para além do direito do amo sobre o escravo. E é uma vergonha para a esquerda que esta levante a bandeira desse pretenso direito»* (Zenit, 27/5/2004).

Apresentar o aborto como resposta aos problemas de injustiça social é expressão de um nítido conformismo, isto é, de resignação perante essas injustiças, como se nada mais houvesse a fazer senão impedir que nasçam crianças em contextos socialmente injustos. Afirmou Jorge Miranda: «...a atitude de esquerda e de progresso não deve ser a vontade de transformação da realidade, e não uma atitude de resignação e aceitação? (...) O que é mais fácil, o que serve mais os interesses dominantes: criar postos de trabalho, construir casas, mudar as relações económicas e sociais ou legalizar o aborto?» (Público, 27/5/98).

E não será a legalização do aborto uma forma de facilitar os inqualificáveis abusos de que são vítimas as mulheres trabalhadoras ameaçadas de despedimento devido à sua gravidez? Se é legal o recurso ao aborto, o empregador sem escrúpulos sempre poderá dizer que a mulher pode abortar para evitar esse despedimento.

A legalização do aborto é uma exigência da "modernidade". Estamos na "cauda da Europa" nesta matéria, pois somos dos poucos países com uma legislação tão restritiva neste âmbito.

Um país com oito séculos de História e de cultura humanista, pioneiro na abolição da pena de morte, não tem que receber lições, em matéria de direito à vida, dos outros países da Europa (alguns deles conheceram a pena de morte até há não muito tempo), nem tem que assumir qualquer atitude seguidista (fazemos tudo aquilo que fazem os outros) a esse respeito. Além do mais, isso seria contrário à nossa soberania e orgulho nacionais. Até um pequeno país como Malta deixou claro ao aderir à União Europeia, numa declaração anexa ao Tratado de Adesão, que nunca aceitaria uma limitação de soberania nesse campo. Se tivéssemos assumido tal posição seguidista, nunca teríamos sido pioneiros na abolição da pena de morte. Também então estávamos isolados no contexto europeu e mundial.

Deve salientar-se, de qualquer modo, que não estamos tão isolados como isso no contexto europeu e mundial no que se refere à ilegalização do aborto. Quanto à Europa, na Irlanda e em Malta vigoram leis mais restritivas do que a nossa e na Polónia vigora uma lei tão restritiva como a nossa (o aborto só é permitido em casos de perigo para a vida ou saúde da mãe, malformação do feto e violação). Este país já conheceu a liberalização do aborto e, depois da queda do comunismo, adoptou tal lei restritiva, que uma votação parlamentar em 2005 confirmou. Nos Estados americanos do Dakota do Sul e da Luisiana foram aprovadas, em 2006, leis que ilegalizam o aborto sempre que não haja perigo para a vida da mãe e outros cinco Estados americanos deverão adoptar leis semelhantes (estes exemplos demonstram também que não é irreversível a tendência para uma cada vez maior permissividade em relação ao aborto, e que também pode haver evoluções em sentido contrário). Na generalidade dos países da América Latina vigoram leis mais restritivas do que a nossa.

Não temos que cometer hoje os erros que outros países cometeram há vinte ou trinta anos. Podemos, e devemos, aprender com esses erros, fazendo um balanço destes vinte ou trinta anos. E tendo em consideração aquilo que hoje se conhece e se desconhecia então. O que hoje se conhece e então se desconhecia, ou não se conhecia tão bem, aponta no sentido da ilegalização do aborto, não da sua legalização.

Há vinte ou trinta anos não se conhecia tão bem como hoje as características da vida pré-natal. De ano para ano, são cada vez mais aprofundados esses conhecimentos e mais perfeitos os meios tecnológicos que permitem visualizar essa vida. É incompreensível que, face a estes progressos, ainda haja quem afirme que o embrião e o feto são simples aglomerados de células ou parte do corpo da mulher, como se não conhecêssemos mais do que se conhecia nos tempos da antiga Roma (quando o feto era considerado "parte das vísceras da mulher") ou da antiga Grécia (quando se pensava que só com o nascimento se saberia se o nascituro era humano ou monstro). Onde está a "modernidade"? Conhecemos hoje muito mais do que se conhecia nessa época, mas também mais do que se conhecia há vinte ou trinta anos. É por isso que se discute hoje no Reino Unido a redução dos prazos dentro dos quais é lícito o aborto (Avvenire, 1/7/2005). Se já há vinte ou trinta anos os dados científicos permitiam claramente afirmar que a vida humana existe desde a concepção, de então para cá cada vez mais esses dados reforçam tal conclusão.

Há vinte ou trinta anos não se conheciam, como se conhecem hoje, os graves danos que o aborto provoca na saúde psíquica da mulher. Vem sendo estudado o síndroma pós-aborto como uma patologia que se caracteriza por depressão, angústia, sentimentos de culpa, insónias, pesadelos, incapacidade para manifestar afecto, dificuldades no relacionamento com crianças, auto-lesionismo, disfunções sexuais e até intenções suicidas (podem ver-se, sobre estas questões, os testemunhos recolhidos em Mulher...Porque Choras?; Paulus Editora, Apelação, 2001, *e Sara Martín García e Associación de Víctimas de Aborto,* Yo Aborté, Voz de Papel, Madrid, 2005). *Por isso, têm surgido várias organizações de apoio à mulher como vítima do aborto (ver* www.vozvictimas.org, www.rachelvineyard.org *e* www.silentnomoreawareness.org). *Temos que aprender com esta experiência ao fazer o balanço das consequência da liberalização do aborto nestes últimos vinte ou trinta anos.*

Quando o aborto foi liberalizado na generalidade dos países europeus, os partidários dessa liberalização afirmavam que o aborto seria uma prática cada vez mais rara à medida que se difundisse mais o planeamento familiar. Isso não se verificou. A percentagem de abortos legais em relação aos nascimentos atinge 34,8% na Suécia, 26,5% no Reino Unido,

22,6% na França, 26,8% na Dinamarca e 26,6% em Itália (Famiglia Cristiana, *nº 28/2002, pg. 21). No Reino Unido, desde a legalização do aborto, o seu número triplicou* (Avvenire, *1/7/2005). Em Espanha (onde, apesar de vigorar uma lei restritiva como a que vigora entre nós, o aborto está liberalizado na prática), o crescimento do número de abortos foi de 75,3% entre 1993 e 2003 e de 48,2% entre 1998 e 2003 (ver o relatório do Instituto de Política Familiar em* www.ipfe.org*). Apesar da difusão do planeamento familiar, o número de abortos mantém-se elevado. Um estudo do* Institut National d' Études Démographiques *(ver* Population et Société, *nº 407) revela que, em França, o número de gravidezes imprevistas desceu de 46% em 1975 (ano da legalização do aborto) para 23% em 2004, mas o número de abortos em caso de gravidez imprevista subiu no mesmo período de 41% para 60%, donde se pode concluir que o recurso mais frequente ao aborto em caso de falhas dos métodos de planeamento familiar compensa a diminuição do número de gravidezes indesejadas decorrente da difusão do planeamento familiar e que, portanto, a legalização do aborto impede até que essa difusão contribua para a diminuição da sua prática. Também não podemos ignorar, hoje, este dado.*

Todos estes factores explicam que nos Estados Unidos, um país pioneiro na liberalização do aborto há mais de trinta anos, venha crescendo de ano para ano o apoio da população a várias formas de limitação legal do aborto, apoio que é hoje muito maior do que era nas décadas anteriores (www.zenit.org, *9/5/2006). Assim, também na Austrália, onde sondagens indicam que 87% da população defende a necessidade de colocar um travão ao número elevado de abortos (cerca de 100.000 por ano), necessidade que o próprio Governo reconheceu ao adoptar um plano com esse objectivo.*

Os partidários da ilegalização do aborto demonstram fanatismo e intolerância quando associam os seus adversários à morte de inocentes, ou equiparam o aborto ao homicídio ou ao genocídio nazi. Ofendem as mulheres grávidas que praticam abortos e os partidários da legalização do aborto tratando-os como assassinos.

Importa distinguir o erro *e a* pessoa que erra. *Há que condenar firmemente o* erro, *sem deixar de ser compreensivo e tolerante para com a* pessoa que erra.

No plano do juízo objectivo sobre o aborto não podemos deixar de associar este à morte da mais inocente e indefesa das criaturas. Porque é disso que efectivamente se trata: da morte da mais inocente e indefesa das criaturas. É precisamente por isto que empenhamos os nossos esforços e energias no combate ao aborto em várias frentes. A difusão gigantesca à escala mundial do aborto, e o facto de este se praticar com a cobertura e cooperação activa do Estado, também permite comparar este flagelo a outros atentados graves aos direitos humanos.

Quando se fazem estas afirmações (e não seríamos honestos e transparentes se não as fizéssemos), importa ter o cuidado de distinguir o erro *e a* pessoa que erra. *Não podemos atribuir às pessoas que praticam abortos (muitas vezes sem a consciência clara da gravidade do que fazem, desorientadas pela confusão de ideias a que hoje assistimos), ou aos partidários da sua legalização, a malícia de um homicida ou de um nazi. Isto deve ficar sempre claro.*

Também neste âmbito, onde se jogam questões cruciais e decisivas, onde se joga a vida e a morte, não podemos deixar de partir do pressuposto da boa fé dos nossos adversários. Vale aqui a advertência evangélica: «Não julgueis para não serdes julgados» (Mt, 7, 1-5). E só um debate sereno pode contribuir para iluminar as consciências.

O ABORTO E AS SUAS VÍTIMAS[83]

Há quem fale no aborto como um dos chamados "crimes sem vítima". Muitas vezes, as discussões em torno da criminalização do aborto, de forma mais ou menos deliberada e intencional, ignoram a perspectiva das vítimas. Quem é, afinal, a vítima do aborto e como é possível ignorar a sua existência (o que sucede muito mais frequentemente do que sucede em relação a outros crimes)? Pode falar-se do embrião e do feto como únicas vítimas do aborto, em oposição à mulher grávida que aborta, ou não poderá esta ser, também, de algum modo, encarada como vítima?
É sobre estas questões que me proponho reflectir.

De acordo com a célebre definição de Edwin Schir, os "crimes sem vítima" consistem na «permuta voluntária de bens ou serviços muito desejados, proibida ou sancionada por leis que normalmente não se aplicam e têm, além disso, um papel promotor de patologias secundárias ou derivadas». A eles está subjacente uma relação consensual entre agente e vítima, sendo que nesta relação consensual nenhum dos agentes se assume como vítima. Aos crimes sem vítima em sentido estrito – a que corresponderia, do lado passivo, a chamada *willing victim* – vieram a ser associados os chamados "crimes de vítima inconsciente" ou "vítima abstracta" (de que seriam exemplos grande parte dos crimes contra o consumidor, a fraude fiscal, a concorrência desleal e grande parte dos crimes anti-económicos).

Mas o aborto não pode ser considerado um "crime sem vítima". Só ignorando ou desprezando o embrião ou o feto como vítima se poderia aceitar tal classificação. A relação consensual em que nenhum dos intervenientes se assume como vítima é a que se estabelece entre a mulher grávida e a pessoa que executa o aborto. Ao contrário do

---

[83] Texto publicado na revista *Estudos*, Nova Série, nº 6, Junho 2006.

que se verifica, por exemplo, com o homossexualismo ou a prostituição, estão envolvidos direitos de outra pessoa não envolvida nessa relação consensual. O que aproxima, em termos sociológicos, as características do aborto dos "crimes sem vítima" não é a inexistência da vítima (ou o facto de esta não se assumir como tal[84]), mas a incapacidade de a vítima (o embrião ou o feto) se defender e fazer intervir as instâncias formais de controlo, por si ou através dos seus representantes (porque estes são agentes do próprio crime, no caso da mãe e, muitas vezes, do próprio pai, ou, também muitas vezes no caso do pai, de todo indiferentes à sua sorte), o que conduz, como nos chamados "crimes sem vítima", a um elevado número de "cifras negras" (a grande desproporção entre o numero efectivo de abortos praticados e o daqueles que são objecto de processos judiciais). Já seria mais correcto aproximar o aborto dos chamados crimes de "vítima abstracta", pelas referidas dificuldades de intervenção das instâncias formais de controlo, cujas especificidades, do lado da vítima, não conduzem a propostas de descriminalização (como se verifica em relação ao aborto), suscitam, antes, maiores necessidades de tutela pública, pela ausência daquela espontânea colaboração da vítima que se verifica no Direito Penal clássico.

De qualquer modo, no caso do aborto, a vítima não é "abstracta", é bem determinada, é um ser "único e irrepetível" privado do primeiro dos direitos, sendo que o aborto priva a comunidade da riqueza insubstituível desse ser.

A particular vulnerabilidade desta vítima revela-se, antes de mais, pelo próprio facto de a sua existência ser ignorada. É isso que se verifica quando se fala no aborto como "crime sem vítima". É isso que se verifica, como tantas vezes sucede, quando se discute a criminalização ou descriminalização do aborto apenas na perspectiva da mulher que possa vir a ser condenada.

A partir do momento em que é a própria "humanidade" de uma vítima a ser posta em causa, abrem-se as portas a quaisquer abusos. De nada serve proclamar direitos humanos se da titularidade destes podem ser excluídas determinadas categorias de seres humanos (por

---

[84] Poderá ser assim se encararmos a mulher como vítima inconsciente (ou não inteiramente assumida) do aborto consentido, tal como a mulher prostituta poderá ser vítima inconsciente (ou não inteiramente assumida) do lenocínio ou exploração da prostituição.

exemplo, os nativos de terras descobertas e até então desconhecidas, cuja humanidade começou por ser discutida no século XVI[85]). Mas não há, claramente, motivo para excluir da espécie humana o embrião e o feto dotados de genoma humano. Se é a própria "humanidade" destas vítimas que é discutida, é a principal barreira de protecção de vulnerabilidade que pode vacilar. A universalidade dos direitos humanos, pelo contrário, não se compadece com qualquer exclusão desse tipo, impõe que se reconheça que dele são titulares quaisquer seres humanos sem distinguir entre fases mais ou menos avançadas da sua existência[86].

Mesmo assim, a comunidade não se comove diante desta vítima como se comove diante doutras vítimas, designadamente das crianças já nascidas. A morte de dezenas de crianças como resultado do bombardeamento do exército israelita em Canã, no Líbano, acaba de suscitar, no momento em que escrevo, uma onda de indignação em todo o mundo, aparentemente capaz de reduzir a escalada de violência a que vínhamos assistindo impotentes e de tornar mais fácil um cessar-fogo desde há muito reclamado. Também são as crianças vítimas de catástrofes naturais (como o *tsunami*, por exemplo) as que mais impressionam pessoas das mais diversas sensibilidades culturais de todo o mundo.

São compreensíveis estas reacções. A criança é, claramente, a imagem-símbolo da inocência e da vulnerabilidade. Por outro lado, ceifar uma vida na fase inicial da sua existência priva a vítima e a comunidade em geral de um vasto leque de potencialidades que então se abriam e que nunca chegarão a manifestar-se.

Todas estas ideias podem ser transpostas para a morte de um embrião ou de um feto. Também neste caso estamos perante vítimas inocentes e vulneráveis, as mais inocentes e vulneráveis que possam

---

[85] É de recordar a célebre controvérsia de Valladolid, sobre a humanidade dos índios, que opôs os teólogos Juan Ginés de Sepúlveda e Bartolomé de Las Casas.

[86] Jean-Claude Guillebaud, em *Le Príncipe d' Humanité* (Éditions du Seuil, Paris, 2001), analisa várias ameaças contemporâneas ao *princípio de humanidade*. Este supõe a «pertença plena, completa e indiscutível de cada homem e mulher a *uma humanidade comum*. Este princípio exclui evidentemente qualquer gradação ou discriminação. Não poderá, por isso, conceber-se qualquer sub-humanidade, semi-humanidade ou humanidade incompleta.» (pg. 176). São considerações que têm plena pertinência quando se analisa a questão do estatuto do embrião e do feto.

ser concebidas. Mas a ausência de auto-suficiência, que, no caso das crianças não nascidas, é apresentada como sintoma de maior vulnerabilidade (e que, por isso, justifica uma protecção acrescida), no caso do embrião e do feto é, incompreensivelmente, muitas vezes invocada para negar qualquer protecção. O facto de o embrião e o feto não terem ainda actualizadas muitas das potencialidades que virão a actualizar-se com o crescimento, tal como se verifica com qualquer criança, também é muitas vezes invocado para negar qualquer protecção, quando esse facto, no que se refere às crianças já nascidas, facilmente conduz a uma mais motivada protecção (precisamente porque se quer evitar uma morte numa tão precoce fase da existência).

A capacidade de suscitar a comoção tem a ver, inegavelmente, com a visibilidade. Muito provavelmente, teria sido outro o impacte na opinião pública mundial dos bombardeamentos de Canã se a televisão não tivesse feito chegar a muitos lares as imagens da devastação e horror por ele provocados. Provavelmente, teria sido outro o destino de Timor se as imagens televisivas do massacre de Santa Cruz não tivessem percorrido o mundo. Outro seria o impacte de uma simples notícia a referir um determinado número de mortos sem rosto.

As vítimas invisíveis são, pois, mais fracas e vulneráveis. Não só não têm voz e capacidade de reivindicar os seus direitos, como não têm sequer a capacidade de comover outros com imagens que espelham o seu sofrimento ou a sua simples existência. É isso que se verifica com as vítimas do aborto.

É verdade que as ecografias introduzem aqui um dado novo. Também as cada vez mais perfeitas imagens do desenvolvimento fetal são um dado novo, que pode ser saudado como um inestimável contributo para uma maior consciencialização da existência e valor das vítimas do aborto[87]. De qualquer modo, a fase embrionária, ou as fases iniciais do desenvolvimento fetal, porque mais distantes da imagem de uma criança já nascida, podem não suscitar a mesma

---

[87] Esta visibilidade pode, porém, ter um efeito diferente do da visibilidade de outras vítimas de crimes, porque, como veremos, pode entrar em confronto com a visibilidade de agentes do crime capazes de despertar empatia, ao contrário do que se verifica em relação a outros crimes.

reacção emocional, sendo certo que a dignidade e o valor da pessoa não pode depender da mais ou menos avançada fase do seu desenvolvimento, ou da sua maior ou menor semelhança com um adulto ou uma criança já nascida.

Em conclusão, queiramos ou não, por muito perfeitos que sejam os recursos técnicos, a consciencialização da dignidade e valor da vítimas do aborto não pode depender de imagens ou reacções emocionais, depende sempre da formação da consciência moral, muito para além de um sentimentalismo fácil. Da formação das consciências nunca poderemos prescindir.

E há outros aspectos que reforçam esta exigência.

Em relação à generalidade dos crimes, é espontânea a nossa identificação com as vítimas, porque qualquer um de nós se imagina no seu lugar, qualquer um de nós pensa que isso poderia suceder consigo, que poderia ser ele a vítima e sofrer aquilo que ela sofre. Em relação ao embrião e ao feto, é óbvio que não conseguimos imaginar-nos na sua situação. A questão da dor do feto (que não é, obviamente, decisiva, pois um crime indolor não deixa de ser um crime, um homicídio não deixa de o ser quando a vítima é anestesiada) tem suscitado controvérsias[88]. De qualquer modo, não conseguimos identificar-nos com essa dor como conseguimos identificar-nos com a dor de um adulto ou uma criança. Não conseguimos recordar esse período da nossa vida e nele mentalmente nos colocarmos. E sabemos que na situação particular de vítimas de aborto nunca estaremos (porque há muito ultrapassámos essa fase da nossa existência e a ela não regressaremos), como poderemos estar na situação de vítimas de outros crimes.

No caso particular das crianças já nascidas, também é espontânea a nossa reacção, porque com elas ainda podemos identificar-nos, mas, sobretudo, as identificamos com os nossos filhos, ou com outras crianças a que nos ligam fortes laços afectivos. No caso do embrião e do feto, este laço poderá não ser tão forte no que se refere

---

[88] O neonatologista italiano Carlo Bellieni vem estudando a questão e é autor do livro *L'Alba del'Io: Dolore, Memoria, Desiderio, Sogno nel Feto* (Editore SEF). Concluiu que o feto sente dor desde metade da gestação, prova odores e sabores, ouve sons que recordará depois do nascimento e sonha desde as trinta semanas de gestação (ver www.zenit.org, 12/5/2004).

a pessoas estranhas à gravidez em questão. Em relação à mulher grávida já não será assim (e sê-lo-à cada vez menos à medida que a gravidez for avançando) e esses laços afectivos, mais ou menos conscientemente, não deixam de se verificar em várias fases do desenvolvimento fetal. A partir deste facto, compreende-se o grave dano que o aborto representa para a própria mulher grávida, que, também ela, poderá, num certo sentido, ser encarada como vítima. Mas retomaremos esta questão de seguida.

Por ora, importa realçar a conclusão seguinte. O embrião e o feto são vítimas particularmente vulneráveis e, por isso, merecedoras de protecção acrescida, por todos os motivos que venho indicando. Essa protecção não pode depender de voláteis e inconsistentes reacções emocionais, mas da razão e de uma consciência moral e jurídica bem formada. Esta exige que se reconheça o "outro" como nosso semelhante e titular de direitos independentemente da sua força, da sua visibilidade, da sua capacidade de nos emocionar com o seu sofrimento ou da nossa capacidade de com ele facilmente nos identificarmos[89]. Saber se esse reconhecimento se verifica é uma boa forma de testar a rectidão e maturidade da consciência moral e jurídica de pessoas e comunidades.

Consideremos, porém, o seguinte.

A consciência da existência e valor do embrião e do feto como vítimas do aborto pode levar a contrapor esta vítima à mulher grávida que o pratica, Neste confronto, em muitas pessoas surge uma mais fácil empatia para com esta, que não é encarada como se estivesse imbuída da malícia própria de um homicida ou de outro criminoso. A empatia surge porque se conhecem muitas destas pessoas, que são pessoas comuns, com quem todos se cruzam todos os dias e a quem muitos estão ligados por laços familiares ou de amizade. Também aqui a visibilidade e a facilidade em nos identificarmos com estas joga em desfavor do mais fraco. Mas a empatia também surge porque há a consciência de que, por detrás da prática do aborto, não estão normalmente decisões frívolas ou puramente malévolas, mas, muitas vezes, dramas humanos merecedores de toda a compreensão e solidariedade.

---

[89] Numa perspectiva evangélica: "O que fizeste ao menor dos meus irmãos, a mim o fizeste" (Mt. 25, 10).

Neste contexto, surge a ideia de reconfigurar esta oposição entre a perspectiva da mulher grávida e a perspectiva do embrião e do feto. João Paulo II várias vezes realçou a ideia de que a vida se defende «com as mulheres, e não contra as mulheres».

Expressão desta tendência são o pensamento e a acção de David C. Reardon[90]. É seu propósito mostrar que uma estratégia simultaneamente atenta à defesa da vida não nascida (*prolife*) e à protecção da mulher (*prowoman*), por um lado, não representa um compromisso moral contrário a posição de clara oposição ao aborto e, por outro lado, reúne condições para mais facilmente conquistar a adesão da opinião pública (norte-americana) maioritária (a *middle majority*). Uma perspectiva *prowoman* não só é coerente com o imperativo moral de defesa da vida como se torna uma expressão mais plena e completa deste imperativo. E é assim por uma decorrência da própria ordem natural das coisas. Deus estabeleceu uma tão profunda e íntima ligação entre a mãe e o seu filho que o bem-estar de uma depende estreitamente do bem-estar do outro. E esta interdependência verifica-se em relação ao bem e ao mal. A alegria e a tristeza da mãe transmitem-se ao filho, e vice-versa. Assim, não é possível ajudar o filho sem ajudar a mãe, tal como não é possível ferir o filho sem ferir a mãe. É por isso que o aborto não pode deixar de ser danoso para com a mulher. É impossível arrancar um filho do ventre de sua mãe sem arrancar uma parte da própria mulher, uma parte do seu coração, uma parte da sua alegria, uma parte da sua maternidade. Quando a mulher destrói a sua maternidade, destrói-se a si própria, ainda que, muitas vezes, este trauma permaneça inconsciente durante toda (ou quase toda) a sua vida. Do mesmo modo, o bem da criança e o bem da mãe estão sempre interligados. Esta não é uma verdade opcional, reflecte a própria ordem divina da Criação. Se só a mãe pode sustentar o seu filho não nascido, o que nos resta fazer é sustentar e proteger a mãe.

---

[90] Ver *The Jerico Plan – Breaking Down the Walls which Prevent Post-Abortion Healings*, Acorn Books, Spriengfield, Il., 1996, *Making Abortion Rare-A Healing Strategy for a Divided Nation*, Acorn Books, Springfield, Il, 1996, e *Aborted Women- Silent No More*, Acorn Books, Springfield, Il., 2002.

Podem ver-se, também, os sítios wwwunfairchoice.info, www.elliotinstitute.org e www.afterabortion.info.

Diante desta realidade, à comunidade cristã é pedido que ultrapasse uma postura centrada no julgamento e condenação das mulheres grávidas que abortam (*judgmentalist*) e se deixe permear por uma postura mais consentânea com a misericórdia evangélica («Quem não tem pecados que atire a primeira pedra», «Vai e não tornes a pecar»). Para muitos, é difícil superar essa postura *jugdmentalist* porque os impressiona a atitude de quem tenha cometido um acto tão grave como o de «matar um filho». Há até quem pense que as graves sequelas do aborto são um castigo merecido («*They deserve what they get*»). Isso verifica-se porque não entenderam que o aborto não resulta normalmente de uma opção maligna ou rancorosa, mas de tremendas pressões e sensações de desespero. Temos de aprender esta lição do holocausto que representa o aborto se quisermos a ele pôr termo: o aborto é um acto de desespero, é algo que as mulheres praticam porque se sentem abandonadas e num beco sem saída (*trapped and helpless*)[91]. Cerca de setenta por cento das mulheres que praticam o aborto fazem-no com a consciência de que se trata de um acto moralmente errado, não o fazem com indiferença ou insensibilidade para com a vida do seu filho, actuam contra a sua consciência porque pensam, desesperadamente, que não lhes resta outra saída. Há estudos que revelam que cerca de metade das mulheres que praticam o aborto não o fariam se tivessem recebido o apoio que deveriam receber da parte daquelas pessoas que desempenham um papel importante nas suas vidas. Mas sem este apoio, perante a ameaça de que perderão o amor dessas pessoas, é mais difícil resistir à tentação do aborto. Os comandos evangélicos de «não julgar» ou de «odiar o pecado e amar o pecador» são particularmente oportunos no que se refere ao aborto. A consciência da gravidade do aborto na sua objectividade não deve traduzir-se numa atitude de condenação da

---

[91] Na expressão de Frederica Mathews-Green, responsável da organização *Feminists for Life of América*, citada por David C. Reardon, a mulher que quer o aborto «não o quer como quem quer um cone de gelado ou um Porsche; mas como um animal apanhado numa ratoeira quer amputar a sua própria perna». Esta situação de desespero gera empatia para com as mulheres nessa situação, que é aproveitada pelos partidários da legalização do aborto. Mas favorecer o aborto é – salienta David C. Reardon – favorecer a referida autodestruição. E a recordação do membro amputado (tal como sucede com o fenómeno do "membro fantasma") é indelével.

mulher que aborta, como se a malícia desta fosse proporcional à gravidade do aborto na sua objectividade.

Aos cristãos é, pois, lançado este desafio: o de que, para pôr termo ao holocausto do aborto é necessária uma atitude de misericórdia para com os pecadores.

Por outro lado, uma estratégia simultaneamente *prolife* e *prowoman* poderá mais facilmente recolher a adesão da opinião pública que nos Estados Unidos é maioritária (a *middle majority*). Esta *middle majority* acredita que o aborto é um mal e representa a morte de um ser humano. Ao mesmo tempo considera que é, por vezes, necessário e benéfico para com a mulher. As mulheres que abortam suscitam uma mais fácil empatia porque quase todos têm uma delas no seu círculo de familiares ou amigos. Colocar a luta contra o aborto como uma luta que opõe vidas inocentes contra estas mulheres esbarra, assim, contra esta natural empatia. Os defensores da vida são encarados como zelosos, ou mesmo fanáticos, defensores de princípios ideológicos, despidos de compaixão e insensíveis aos dramas concretos destas mulheres.

Quando são confrontados com a evidência que representam as imagens da vida do feto (quer as imagens angelicamente encantadoras do seu normal desenvolvimento, quer as que reflectem o horror do aborto cirúrgico), as pessoas que compõem esta *middle majority* são confrontadas com uma realidade que já conheciam (sabem que o aborto é a morte de um ser humano) mas que querem deliberadamente ignorar (porque entendem que o aborto, por vezes, é necessário e benéfico para com a mulher). Por isso, a exposição dessas imagens só os leva a repetir incessantemente esta operação de negação e todos os recursos gastos com essa exposição não têm surtido o esperado efeito (ou têm sido mesmo contraproducentes, quando interpretados como uma agressão condenatória para com as mulheres que abortam)[92]. Quando os corações estão fechados à realidade, a simples exibição da realidade não é eficaz.

---

[92] Nesta mesma linha, Paul Swope, baseando-se em resultados de vários estudos, também salienta que a dificuldade em obter apoio público para os defensores da vida contra o aborto não é devida apenas à marginalização por parte da comunicação social mais influente (apesar de este facto ter tido uma influência não desprezível), mas pelo facto de a sua estratégia se ter centrado quase exclusivamente na criança não nascida, e não na mãe. Este

Se a opinião dessas pessoas é formada a partir de uma empatia para com as mulheres que abortam, é natural que seja por meio do testemunho destas que a sua opinião a respeito do aborto como algo de benéfico para a mulher acabe por se inverter. As mais credíveis e eficazes testemunhas da humanidade do feto não são os cientistas, mas as mulheres que o acolhem no seu corpo. Se a evidência da biologia fetal não muda os corações, a evidência das relações familiares pode fazê-lo: «Foi deste modo que morreu o meu filho inocente». A espontânea empatia para com as mulheres que abortam há-de conduzir à empatia diante das mulheres que sofrem as sequelas do aborto. Por esta via, implicitamente, acabará por ser reconhecida a humanidade do filho, que é o motivo desse sofrimento. Porque só essa humanidade explica esse sofrimento.

Por estes motivos, a estratégia de combate ao aborto (nos Estados Unidos, onde a jurisprudência constitucional subsequente ao caso *Roe versus Wade* veio consagrar a liberalização dessa prática como corolário do direito à privacidade) deve evitar colocar em contraposição os direitos da criança e os direitos da mulher grávida, contrapondo, antes, os direitos da criança e da mulher grávida, de um mesmo lado, aos interesses da exploração comercial do aborto (a *abortion industry*). Deve procurar criar empatia diante do sofrimento das mulheres que abortaram. Deve realçar o facto de que, muitas vezes, estas praticam o aborto contra a sua vontade (é do conhecimento comum que, muitas vezes, o aborto vai de encontro aos desejos do companheiro ou dos pais da mulher grávida, mais do que os desta). Deve exigir a garantia do consentimento informado (onde se inclui o conhecimento completo das possíveis sequelas físicas e psi-

---

facto produz ressentimento, mais do que simpatia, particularmente entre as mulheres em idade fértil. As pessoas que se aperceberam da necessidade de um enfoque distinto foram as que trabalham directamente com as mulheres em crise. Nestas, uma mensagem centrada exclusivamente na criança não nascida pode provocar raiva contra o mensageiro, confirmá-las na opinião de que os *pró-vida* não compreendem a sua situação e reforçam ainda mais a sua atitude negativa e desesperada. Há que apostar numa mensagem que tenha em conta o ponto de vista da mulher e, sem condenar ou estigmatizar, mostre, pela positiva, que há alternativas ao aborto que lhes permitem vencer o desespero e correspondem aos seus mais profundos anseios (ver *Abortion: A Failure to Comunicate*, First Things, April, 1998, pgs 31 a 35, acessível em *www.firstthings.com/ftissues/FT9804/articles/swope.htm*, e também o sítio *www.vitaecaringfoundation.org*).

cológicas do aborto) das mulheres que abortam. Deve exigir que a decisão de prática do aborto corresponda a uma decisão médica que deveria excluir os casos mais propensos à ocorrência dessas sequelas. E deve exigir a garantia do direito de indemnização das mulheres que sofrem estas sequelas.

Num primeiro momento, a empatia para com o sofrimento das mulheres que abortaram (*post-aborted women*) não será suficiente para convencer esta *middle majority* da necessidade de completa proibição do aborto, mas será suficiente para a convencer da necessidade de adoptar este conjunto de medidas, que, por si só, acabarão por tornar o aborto raro.

O que pensar destas teses?

É, sem dúvida, de acolher a ideia de que o combate contra o aborto não é um combate que opõe a tutela do embrião e do feto à tutela da mulher, da sua liberdade e do seu bem-estar. Se será difícil afirmar, em bom rigor jurídico, no que se refere ao aborto consentido (sempre que as pressões que se exercem sobre a mulher grávida não chegam ao ponto de anular a sua liberdade), que a mulher grávida que o pratica é vítima, e não agente, de um crime, é de acentuar com clareza, e inequivocamente, que o aborto nunca é um bem para a mulher e que a causa da defesa da vida contra o aborto não é uma causa contra a mulher. Uma postura «pró-vida» não só não é incompatível com uma postura «pró-mulher», como esta, correctamente entendida, surge como uma decorrência coerente e natural daquela. Como bem salienta David C. Reardon, há uma fortíssima conexão natural entre o bem e o mal da mulher e o bem e o mal do seu filho.

João Paulo II, por várias vezes, realçou que a vida se defende «com as mulheres e não contra as mulheres». No livro-entrevista *Atravessar o Limiar da Esperança*[93] afirmou:

> «Portanto, *rejeitando firmemente a fórmula «pro choice» (a favor da escolha), há que cerrar fileiras, corajosamente, pela fórmula «pro woman» (a favor da mulher), isto é, por uma escolha que seja verdadeiramente a favor da mulher.* É, precisamente, ela, de facto, que paga o mais alto preço não apenas pela sua maternidade, mas, ainda mais, pela destruição desta, isto é, pela supressão da criança concebida. A única atitude honesta, neste

---

[93] Tradução portuguesa, Planeta, Lisboa, 1994, pgs. 192 e 193.

caso, *é a de radical solidariedade com a mulher*. Não é lícito deixá-la sozinha. As experiências de vários consultórios familiares demonstram que a mulher não quer suprimir a vida da criança que traz em si. Se é fortalecida nesta atitude e se, ao mesmo tempo, é libertada da intimidação do ambiente à sua volta, então, é capaz, inclusive, de heroísmo...»

David C. Reardon analisa com lucidez os motivos por que uma postura de defesa da vida simultaneamente atenta à criança e à mulher é uma postura estrategicamente mais eficaz. Quantas vezes não ouvimos dizer: «Eu sou contra o aborto, mas compreendo o drama das mulheres que abortam, e não concordo, por isso, com a sua prisão ou o seu julgamento».

Mas não se trata apenas de uma opção estratégica, nem de um oportunismo que sacrifica os princípios (como se um propósito de evitar a liberalização do aborto justificasse o recurso a compromissos moralmente questionáveis). Uma postura simultaneamente «pró--vida» e «pró-mulher» é também uma exigência de justiça e de coerência evangélica, com salienta, também, de forma lúcida, David C.Reardon.

A imagem dos defensores da vida como inquisidores ou perseguidores das mulheres que abortam (*judgedamentalist*) não é a mais conforma à atitude genuinamente evangélica («Não julgai para não serdes julgados», «Vai e não tornes a pecar») e afasta dessa causa muitas pessoas que rejeitam o aborto e não estariam, à partida, inclinadas para aceitar a sua liberalização e legalização.

Dir-se-à que a misericórdia evangélica não contraria as exigências da justiça, ou que a misericórdia diz respeito apenas às relações interindividuais, não às relações institucionais ou à política legislativa («Eu devo ser misericordioso, não a lei ou o juiz»). A primeira destas duas afirmações está correcta, já não a segunda.

Afirma, a este respeito, João Paulo II na mensagem para o Dia Mundial da Paz de 2002 *Não Há Paz Sem Justiça, Não Há Justiça Sem Perdão*[94]:

> «Mas, como a justiça é sempre frágil e imperfeita, porque exposta como tal às limitações e aos egoísmos pessoais e de grupo, ela deve ser exercida e de certa maneira completada com o *perdão que cura as feridas*

---

[94] *Mensagens para a Paz*, CNJP- Principia, 2002, São João do Estoril, pgs. 300 e 303.

e restabelece em profundidade as relações humanas transformadas. Isto vale tanto para as tensões entre os indivíduos como as que se verificam em âmbito mais alargado e mesmo as internacionais. O perdão não se opõe de modo algum à justiça, porque não consiste em diferir as legítimas exigências de reparação da ordem violada; mas visa sobretudo aquela plenitude de justiça que gera a tranquilidade da ordem, a qual é bem mais do que uma frágil e provisória cessação das hostilidades, porque consiste na cura em profundidade das feridas que sangram nos corações. Para tal cura, ambas, justiça e perdão, são essenciais.

(...) Consequentemente, *o perdão torna-se necessário também a nível social.* As famílias, os grupos, os Estados, a mesma Comunidade internacional, necessita de abrir-se ao perdão...*A capacidade de perdão está na base de cada projecto de uma sociedade futura mais justa e solidária.*»

Não se trata, pois, de sacrificar a justiça em prol da misericórdia, mas de a completar, tendo em conta que a misericórdia também não deve confinar-se apenas às relações interindividuais.

Mas como conciliar justiça e misericórdia neste âmbito particular?

Seria, sem dúvida, sacrificar as exigências da justiça (e de tutela do mais fraco) descriminalizar o aborto em nome da misericórdia para com a mulher que aborta em resultado de pressões externas ou dramas existenciais. A criminalização corresponde, sobretudo e antes de mais, à afirmação pedagógica do valor da vida em geral, e da vida intra-uterina em particular, como bem jurídico. Jesus Cristo disse à mulher adúltera «Vai e não tornes a pecar», não lhe disse que «não tinha pecado».

Mas a justiça e a misericórdia também impõem que se atenda, de modo particular, a circunstâncias atenuantes que assumem, no caso do aborto, um peso diferente do que se verifica na generalidade dos crimes, ou nos restantes crimes contra a vida.

Afirma, a este respeito, João Paulo II na *Evangelium Vitae* (n.18)[95]: «As opções contra a vida nascem, às vezes, de situações difíceis ou mesmo dramáticas de profundo sofrimento, de solidão, de carência total de perspectivas económicas, de depressão e de angústia pelo futuro. Estas circunstâncias podem atenuar, mesmo até notavelmente, a responsabilidade subjectiva e, consequentemente, a culpabilidade daqueles que realizam tais opções em si mesmas criminosas»

---

[95] Secretaria Geral do Episcopado – Rei dos Livros, Lisboa, 1995, pg. 32.

Há que atender, também a este respeito, aos estudos que, por exemplo, revelam que 64% das mulheres que abortam são pressionadas por outros e a maioria decide contra a sua própria consciência devido a essas pressões[96]; que 83% das mulheres que abortam gostariam de dar à luz os seus filhos e fá-lo-iam se tivessem apoio da parte da sua família e amigos[97]; que 87% dessas mulheres experimentam a indiferença afectiva e física do companheiro e 71% a ameaça de abandono e "chantagem emocional" da parte deste; que 85% das que são menores são pressionadas pelos pais e que 74% sofrem vários tipos de pressões no âmbito laboral[98].

Por outro lado, se o aborto deixa já sequelas graves na mulher que o pratica, esse facto também pode ser considerado como circunstância atenuante, na medida da pena, podendo corresponder à chamada "pena natural" (considerada também nas situações de homicídio negligente de familiares).

Por outro lado, a justiça completada com a misericórdia impõe que a intervenção penal não se limite à censura do acto e se esforce pela recuperação da pessoa (a prevenção especial positiva). No caso particular do aborto, haverá que atacar as situações (de pobreza e exclusão social, por exemplo) que contribuíram para a sua prática em ordem a que esta não se repita.

Por tudo isto, há que distinguir o "erro" e a "pessoa que erra". Numa perspectiva evangélica, há que condenar o "erro" e o "pecado" e amar (o que significa compreender e ser solidário) a "pessoa que erra" e o "pecador". Numa perspectiva jurídica, há que distinguir a gravidade objectiva do crime (a ilicitude) e a responsabilidade subjectiva (a culpa). No caso do aborto, mais do que em relação a outros crimes, há normalmente uma significativa desproporção entre a sua gravidade objectiva (está em causa o valor fundamental e estruturante da vida humana) e a responsabilidade subjectiva da mulher grávida que aborta. É esta desproporção (não o menor valor da vida intra-uterina, ao contrário do que muitas vezes se afirma, porque isso seria uma discriminatória distinção entre vidas em diferentes

---

[96] Ver *www.unfairchoice.info/unwanted.htm*

[97] David C. Reardon, *Aborted Women...*, cit., pgs. 11 e 333.

[98] Estudo da *Associacion de Víctimas de Aborto* (*www.vozvíctimas.org*), cujos resultados são acessíveis em *www.mulheresemacção.org./default.asp?go=3&cat=386c=2*

fases da sua existência) que justifica que o aborto não seja punido em termos equiparáveis aos do homicídio[99]. E que torna legítimo o recurso à suspensão provisória do processo (que não deixa de exercer uma função sancionatória, pedagógica e de advertência) para evitar que o trauma resultante do estigma do julgamento acresça à experiência já de si traumatizante do aborto[100].

Uma postura simultaneamente «pró-vida» e «pró-mulher» implica, em meu entender, que, quando se encara a intervenção penal, se tenha em atenção esta clara desproporção entre a gravidade objectiva do aborto, por um lado, e as circunstâncias atenuantes que reduzem significativamente, e na generalidade dos casos, a culpa da mulher grávida que aborta, por outro lado. Esta deve acentuar sobretudo as funções de prevenção geral positiva (a afirmação pedagógica do

---

[99] Parece-me completamente desadequado (e "suicida" de um ponto de vista de uma estratégia oposta à pretensão de liberalização do aborto como a que se verifica actualmente em Portugal e no Brasil) advogar a equiparação da punição do aborto à punição do homicídio qualificado, como faz a Promotora de Justiça brasileira Maria José Miranda Pereira (*Aborto, a Quem Interessa?*, *Jus Navigandi*, Teresina, ano 10, nº 1090, 26/6/2006, disponível em *htpp://jus2.uol.com.br/doutrina/texto.asp?id=8562>,*)

[100] Neste sentido, a proposta que formulei em *O Sentido da Criminalização do Aborto – Ajustar a Lei Sem Sacrificar os Princípios*, Revista Portuguesa de Ciência Criminal, ano 15, nº 1, Janeiro-Março de 2005; pgs. 60 a 71, e a iniciativa legislativa de cidadãos *Proteger a Vida Sem Julgar a Mulher* (*www.protegersemjulgar.com*).

Esta iniciativa pretende a aplicação da suspensão sistemática (não automática) da suspensão provisória do processo relativo ao crime de aborto consentido em que é autora a mulher grávida, associando à aplicação das injunções já previstas no Código de Processo Penal medidas de apoio psicosocial que evitem a repetição da conduta, por enfrentarem as causas que a facilitaram, na linha de prevenção especial positiva a que acima me referi.

Insere-se num contexto em que a realização de julgamentos é explorada pelos partidários da legalização do aborto, que se aproveitam da espontânea empatia da opinião pública para com as mulheres que abortaram a que já se aludiu, e procura evitar isso. Pretende mostrar que não é necessária a legalização do aborto para evitar o estigma e a publicidade do julgamento e mostrar que os partidários da criminalização do aborto não são insensíveis aos dramas das mulheres que abortam e sabem distinguir entre o "erro" e a "pessoa que erra". Neste sentido, adequa-se bem a uma estratégia simultaneamente «pró-vida» e «pró-mulher».

Também permite aos partidários da criminalização do aborto evitar a incoerência, que muitas vezes lhes é apontada, de defender a manutenção em vigor da lei sem pretender que ela seja aplicada judicialmente. Isto verifica-se porque esta aplicação poderá não ter em conta as circunstâncias atenuantes referidas e favorecerá a inclinação da opinião pública no sentido da liberalização do aborto (quando esta pretenderia, apenas, evitar às mulheres que abortam o estigma do julgamento).

valor e bem jurídico em causa) e de prevenção especial positiva (através do combate às causas que facilitaram o aborto, de modo a que a prática não se repita), e não tanto a prevenção geral negativa (a intimidação através da severidade da lei e sua aplicação). A eficácia desta última é, de resto, questionável, em geral (porque a generalidade das pessoas não deixa de praticar crimes apenas pelo medo da punição que venha a sofrer, mas sobretudo porque adere aos valores penalmente tutelados) e de modo particular no que ao aborto se refere (porque a probabilidade de uma condenação é tão remota que não será essa probabilidade a dissuadir da prática do aborto).

Mas as implicações de uma estratégia simultaneamente «pró-vida» e «pró-mulher» têm um mais vasto campo de aplicação.

Ainda no âmbito da intervenção penal, justifica o empenho na perseguição penal do aborto forçado[101] e na criminalização do aborto negligente. A indiferença diante da prática do aborto forçado e a assunção de posições contrárias à criminalização do aborto negligente[102] desmascaram a incoerência de partidários da legalização do aborto que se apresentam como paladinos dos direitos das mulheres e a estes sobrepõem a afirmação ideológica de defesa do aborto (revelam-se, assim, mais «pró-aborto» do que «pró-mulher»).

A circunstância de, como já se referiu, na grande maioria dos casos, a prática do aborto resultar da pressão de terceiros contra o sentir mais profundo da mulher também desmonta a pretensão de fazer do aborto uma expressão da liberdade da mulher (o aborto *livre*?; que «escolha»?).

Uma postura simultaneamente «pró-vida» e «pró-mulher» há-de pôr em relevo os graves danos que o aborto provoca na saúde psíquica da mulher e que o passar do tempo cada vez mais evidencia. Há, a este respeito, que evidenciar um sem-número de testemunhos (ver, por exemplo, *Mulher...Porque Choras?*, Paulus Editora, Apelação,

---

[101] Cuja prática na China já tem sido várias vezes denunciada (ver, por exemplo, Douglas A. Sylva, *O Fundo da Nações Unidas para a População – Uma Agressão aos Povos do Mundo* (tradução portuguesa), Principia, São João do Estoril, 2004, pgs. 51 a 70.

[102] Posição assumida pelas organizações *Center for Reproductive Rights* e *Family Planning Association* no âmbito do processo Vo c. França, que correu termos no Tribunal Europeu dos Direitos do Homem (acessível em*http.//cniskp.echr.coe.int/tkp197/view.asp?item=18%7C%20Francesessionit =8024659%skin=hudoc-fr*)

2001, e Sara Martín de Garcia e Associacion de Víctimas de Aborto, *Yo Aborté*, Voz de Papel, Madrid, 2005) e a acção de organizações de apoio à mulher que sofre tais danos (Ver *www.vozvíctimas.org*, *wwwrachelvineyard.org*, *www.silentnomoreawarness.org* e *www.afterabortion.info*).

Esta postura há-de acentuar, por outro lado, como a liberalização do aborto não ataca, na sua raiz, as causas que conduzem à sua prática (designadamente no que se refere à pobreza e exclusão social, ou à precariedade laboral) e que essa liberalização serve de fácil "álibi" para a omissão do Estado no combate a essas causas.

Em suma, há que demonstrar que os defensores da vida contra o aborto, mais do que *julgar* e *condenar*, pretendem *ajudar*. Ajudar as mulheres não significa facilitar-lhes o aborto (que, para elas, é sempre um mal), significa ajudá-las a assumir a sua maternidade, combater as causas que podem contribuir para a prática do aborto e ajudá-las a sarar as feridas do «pós-aborto».

É, pois, correcto dissipar a ideia de que a protecção da vida pré-natal e a defesa do embrião e do feto como vítimas do aborto se colocam contra a mulher, a sua liberdade e o seu bem-estar, e realçar que, num certo sentido, esta também pode ser encarada como vítima do aborto.

Dito tudo isto, afigura-se-me que a tese de David C. Reardon que venho comentando peca por, de algum modo, desvalorizar a importância da ilegalização do aborto e confiar em demasia (algo irrealisticamente) que o recurso aos meios judiciais de defesa dos direitos da mulher (ao consentimento informado e ao ressarcimento dos danos) face às empresas que exploram comercialmente o aborto (a *abortion industry*) serão suficientes para tornar o aborto raro. A pressão lucrativa é, neste como em muitos outros casos, muito forte. Mas, mesmo que ela não exista (em contextos diferentes do dos Estados Unidos, com estruturas de saúde públicas e não lucrativas) será difícil tornar o aborto raro apenas dessa forma. A forma como a liberalização do aborto conduziu à sua banalização, nos Estados Unidos (1,6 milhões de abortos anuais) e noutros países, está à vista de todos. Daí a importância de evitar essa liberalização (onde ela não ocorreu, como se verifica em Portugal) ou de a ela pôr termo (nos Estados Unidos, com a inversão da jurisprudência subsequente ao caso *Roe versus Wade*).

Encarar a mulher como vítima do aborto não pode levar a esquecer que as principais vítimas desta prática são o embrião ou o feto. Ainda que o aborto seja plenamente livre e consciente, e mesmo que, hipoteticamente, não se demonstre que provocou danos na mulher que o pratica, há que atender sempre a essas vítimas. São as vítimas mais fracas e que não suscitam a espontânea empatia que suscitam as vítimas de outros crimes ou as mulheres conduzidas à prática do aborto por dramáticas condições de existência. Mas tal facto não pode levar-nos a esquecer a sua existência, nem fazer-nos desistir de alertar a opinião pública maioritária para essa existência.

É certo que esta consciencialização da opinião pública supõe uma recta formação das consciências, que vai para além das reacções puramente sentimentais diante de sofrimentos visíveis de vítimas com as quais facilmente nos identificamos. Mas não podemos desistir de trabalhar nesse sentido, limitando-nos a aproveitar estrategicamente as mais fáceis empatias.

Neste sentido, também não basta evitar a liberalização sem trabalhar no sentido da formação das consciências, ou sem procurar atacar as causas que podem contribuir para a prática do aborto. Como é evidente, a proibição do aborto não elimina a sua prática (mais irrealista seria pensar que o faz), embora possa evitar uma sua mais acentuada difusão, ou a sua banalização.

O desafio que se coloca à causa da defesa da vida contra o aborto reside precisamente aqui: na formação das consciências e no combate às causas que podem contribuir para a prática do aborto. A ilegalização e criminalização do aborto tem, como vimos, um papel pedagógico importante em ordem a essa formação das consciências. Mas tal formação não depende só desse papel. No fundo, importa que um número de pessoas cada vez maior (a opinião pública maioritária) reconheça a importância da tutela de uma vítima sem força e sem voz, sem visibilidade, sem capacidade de nos comover com o seu sofrimento e sem capacidade de facilmente nos levar a identificarmo-nos com ela.

AINDA SOMOS TODOS CONTRA O ABORTO?

«Todos somos contra o aborto, só não queremos que as mulheres que o praticam sejam penalizadas». Quantas vezes não ouvimos da boca de partidários do "sim" no referendo de Fevereiro este tipo de afirmações? Ou, também, a ideia de que o aborto não seria liberalizado nem banalizado, que o número de abortos não iria aumentar, que passaria a vigorar um sistema de aconselhamento tendente a evitar esse aumento de uma forma alternativa em relação à penalização e até mais eficaz do que esta? Recordo-me muito bem de ter ouvido esta ideia, em debates em que participei, a vários dos meus interlocutores partidários do "sim". Continuo a acreditar na sinceridade e na boa fé desses meus interlocutores. Mas estranho que estas ideias tenham deixado de se ouvir a partir do dia seguinte ao do referendo (é verdade que anda as ouvi na própria noite de 11 de Fevereiro, pouco depois de serem conhecidos os resultados) ou não tenham sido ouvidas durante a discussão da lei entretanto aprovada pela Assembleia da República. Nem se oiçam agora, quando a lei e sua regulamentação entraram em vigor.

Essa lei, deliberadamente, não fala em "aconselhamento", mas em "acompanhamento", com o propósito claro de afastar qualquer ideia de dissuadir ou desaconselhar a prática do aborto (o que não deixaria de respeitar a vontade livre da mulher, respeito que os resultados do referendo impõem). Tal como se rejeitou qualquer propósito de «encorajar a continuação da gravidez» (expressão decalcada da lei alemã, lei muitas vezes mencionada na campanha, designadamente pela Drª Maria de Belém Roseira e pelo Eng^o José Sócrates), através do apoio à busca de alternativas ao aborto. O "acompanhamento", por psicólogos ou técnicos de serviço social, será facultativo Os médicos objectores de consciência não poderão participar na consulta prévia e no referido "acompanhamento" (não vão eles incorrer na "perigosa" e "subversiva" prática de algum tipo de aconselhamento de alternativas ao aborto!). Esse "acompanhamento" será efectuado no âmbito de clínicas lucrativas, obviamente pouco interessadas em limitar a prática do aborto, que é a fonte do seu lucro. Aliás, ainda a lei, com a sua regulamentação, não entrara em vigor, já vários hospitais públicos se apressavam a praticar o aborto a pedido da mulher. É claro que não preocupou os responsáveis se esse "acompanhamento" social e psicológico estaria já em condições de ser prestado (nem ninguém falou disso, sequer).

A regulamentação da lei não prevê a obrigatoriedade de comunicação à mulher do mais elementar dos elementos de informação necessários a uma decisão verdadeiramente consciente: o que diz respeito às características do desenvolvimento o embrião ou do feto (o que poderia ser feito através do visionamento de uma ecografia, ou de outra forma). Afinal, o que é que significa "interromper a gravidez"? Sem essa informação, pode bem suceder que uma mulher pratique o aborto convencida de que o embrião ou o feto são uma "mancha de sangue", ou um "amontoado de células", como tantas vezes se ouve. Uma decisão destas será tudo menos uma decisão consciente. Esta informação, na sua objectividade e para além de qualquer polémica doutrinal, certamente evitaria alguns abortos, muito mais do que a informação sobre os apoios do Estado à maternidade (essa prevista na regulamentação da lei), já conhecidos da generalidade das pessoas e, por sinal, bem pouco significativos. Tão pouco significativos que dificilmente alguém deixará de praticar um aborto por causa dessa informação...

Um projecto de proibição da publicidade que incite à prática do aborto, apresentada pelas deputadas Maria do Rosário Carneiro e Teresa Venda, semelhante ao de projectos anteriormente apresentados pelo próprio Partido Socialista, foi rejeitado liminarmente.

A prática do aborto no âmbito do Serviço Nacional de Saúde não ficará sujeita ao pagamento de qualquer taxa moderadora, seja qual for o nível de rendimento da mulher que a peça. A lógica da taxa moderadora é a de evitar um recurso desnecessário aos serviços de saúde, de "moderar" esse recurso, limitando-o e restringindo-o às situações de verdadeira necessidade. Não se compreende que, como se verifica actualmente, se exijam essas taxas em internamentos e cirurgias, que muito dificilmente serão resultado de uma opção ou de uma decisão que possa ser evitada. Mas em relação ao aborto, mais do que qualquer outro serviço, tem plena lógica a intenção de "moderar" o recurso aos serviços de saúde, porque se trata, claramente, de uma opção e de uma decisão que podem ser evitadas. Aqui sim, justificara-se-iam taxas moderadoras.

Seria interessante saber quando é que um qualquer aborto deixará de ser praticado por causa deste sistema. Ouvi dizer uma vez que não se conhecia nenhum caso no âmbito do sistema em vigor até agora em Itália, teoricamente muito mais orientado para a defesa da vida do que este nosso sistema. Oxalá me engane, mas não me parece que algum dia venha um aborto a ser evitado por causa deste sistema que agora entra em vigor.

Nesta altura, em que se prevê uma "avalanche" de pedidos de aborto, parece que a única preocupação dos responsáveis governativos é a de satisfazer esta procura e que nenhum desses pedidos deixe de ser atendido, nem que, para isso, se tenha que atravessar o Atlântico e se paguem viagens de avião. Não se lamenta o facto, não se procura estudar as razões, não se procura oferecer alternativas. Como seria bom voltar a ouvir: «somos todos contra o aborto!».

(Julho de 2007)

OS NÚMEROS DO ABORTO

Vão sendo conhecidos os primeiros números sobre a prática do aborto no quadro da nova lei que o veio liberalizar. Certamente que ainda é cedo para tirar desses números conclusões definitivas. Mas os números até agora conhecidos demonstram que, se a tendência se mantiver, tal prática corresponderá a menos de metade do que o Governo previa.

Essas previsões, tal como as de outras proveniências que se vinham repetindo desde há vários anos, não tinham uma base segura e rigorosa. Apontavam para os vinte mil (um quinto do número de nascimentos) porque tal corresponde à média europeia (acima dessa média encontram-se países de entre os mais desenvolvidos, como a Suécia, a França e o Reino Unido). Um estudo da A.P.F., divulgado antes do referendo e apresentado como fiável, também apontava para esses números. Noutros tempos, a propaganda dos partidários da liberalização do aborto chegou a apontar números muito mais elevados (chegou a falar-se nas centenas de milhar), sem qualquer fundamento, como agora bem se vê.

Considerar que em Portugal se praticavam tantos abortos quantos os que, em média, se praticam nos países da Europa onde essa prática está amplamente legalizada era partir do princípio (não demonstrado) de que a proibição em nada influía no volume dessa prática e que, por isso, mais valia permitir que se fizesse legalmente o que sempre se faria na clandestinidade. Nunca aceitei este princípio, que ignora, desde logo, a eficácia pedagógica inerente à mensagem cultural de uma lei que define uma conduta como crime. E o efeito que pode ter, nesse e noutros aspectos, uma lei (como a que agora foi aprovada) que passe a facilitar essa conduta, colocando ao seu serviço os recursos do Estado. Qualquer política legislativa assenta, pelo contrário, na ideia de que legalizar e liberalizar uma conduta só pode conduzir ao incremento da sua prática.

Compreende-se que haja estudos que indicam que as mulheres que abortam legalmente, numa significativa percentagem, afirmam que não o fariam se o aborto fosse legal. Na Irlanda, é possível tornear a lei que criminaliza o aborto com uma fácil deslocação ao Reino Unido. Mas os abortos aí praticados por mulheres irlandesas são, proporcionalmente, em muito menor número do que os das mulheres da própria Grã-Bretanha. Na Polónia, depois das alterações que restringiram fortemente os casos de legalização do aborto, este continua a ser praticado clandestinamente, mas em número muito inferior ao do período em que tal prática estava liberalizada.

Nunca me pareceu decisivo discutir os números exactos da prática do aborto clandestino em Portugal. Fossem eles maiores ou menores, seriam sempre suficientemente elevados para recusar uma liberalização que, por imperativo da lógica, sempre contribuiria para que fossem ainda mais elevados.

Se os números agora divulgados revelam que o número de abortos praticados em Portugal é inferior a metade da média europeia (e pode, até, admitir-se que alguns destes só se realizam porque a lei o permite), tal só poderá significar que, afinal, a proibição e criminalização do aborto (independentemente do número reduzido de condenações) teve algum efeito, pelo menos no plano pedagógico. A lei evitou, pelo menos (e já não é pouco), a banalização desta prática na mentalidade comum, que se verifica noutros países europeus até económica e socialmente mais desenvolvidos.

O que pode, agora, temer-se é que essa "resistência" cultural enfraqueça gradualmente com a vigência da nova lei, provocando, a partir de agora sim, a progressiva aproximação à média europeia e o progressivo aumento do número de abortos, como se tem verificado em Espanha com uma lei não tão permissiva como a que entre nós foi aprovada.

Foi com grande amargura que notei a frieza de responsáveis governativos que indicavam, resignadamente, que se poderia esperar um número de vinte mil abortos anuais. Uma frieza e uma resignação que a todos chocaria se se referissem a outro tipo de mortes, por doença ou acidente. Ninguém aceitará que os números de mortes por doença ou acidente não se reduzam ao mínimo, ou não façamos tudo para evitar essas mortes. É muito mais fácil evitar um aborto do que uma qualquer outra morte. E em nenhuma destas o Estado colabora activamente, como se verifica agora com o aborto.

Por detrás dos números do aborto, de cada um deles, está a riqueza única e insubstituível de uma vida humana que se perde. É esta consciência que anima o empenho de quem lutou para manter uma lei que evitou que, como agora se vê, muitas dessas vidas se perdessem. E de quem, através do apoio às grávidas em dificuldade, continua a evitar que algumas dessas vidas se percam.

(Outubro de 2007)

MORATÓRIA DO ABORTO

Foi há cerce de um ano que se realizou entre nós o referendo que conduziu à liberalização do aborto. Poderia pensar-se que a questão foi encerrada, cá como noutros países, que o direito ao aborto passou a ser mais uma "conquista irreversível" e que estamos perante leis intocáveis e indiscutíveis.

Mas não é assim. Não só porque tal lógica de "intocabilidade" não se compatibiliza com os princípios democráticos, como também porque um cada vez maior número de circunstâncias vem acentuando o anacronismo dos argumentos que levaram à liberalização do aborto desde há já várias décadas. Quando noutros países se começa a reflectir sobre o balanço dessa liberalização e se vão evidenciando cada vez mais os erros cometidos, parece que há quem, entre nós, queira esquivar-se a fazer esse balanço e queira cegamente cometer os mesmos erros.

Tudo isto vem a propósito de uma iniciativa lançada em Itália pelo intelectual laico Giuliano Ferrara (movimentos católicos apoiam-na, mas ela não partiu de nenhum deles), que está a ter eco em todo o mundo. Trata-se de, na sequência da aprovação pela Assembleia Geral das Nações Unidas em Dezembro do ano passado, de uma moratória mundial relativa à aplicação da pena de morte, propor, numa carta dirigida ao Secretário Geral dessa organização, uma moratória relativa ao aborto.

Já anteriormente o governo polaco (entretanto substituído) havia associado estas duas causas de defesa da vida, opondo-se à celebração de um dia europeu contra a pena de morte se não fossem também contemplados o aborto e a eutanásia enquanto atentados à vida. Mais sensatamente, não se trata, agora, de levantar qualquer obstáculo à abolição da pena de morte, mas, antes, de pedir coerência a quem, justamente, clama pelo respeito da vida de pessoas condenadas pela prática de crimes graves. De pedir que, coerentemente, tal respeito se estenda à vida inocente.

Na sua mensagem anual ao Corpo Diplomático, Bento XVI, aludiu implicitamente a este tipo de iniciativas, quando afirmou que a moratória relativa à aplicação da pena de morte deveria estimular «o debate público sobre o carácter sagrado da vida humana».

Um primeiro alerta que é suscitado pela iniciativa diz respeito à dimensão quantitativa do fenómeno. O aborto deveria ser, para muitos partidários da sua liberalização, «legal, seguro e raro" (*"legal, safe and rare"*). Não ouvimos repetir este *slogan* tantas vezes no referendo de há cerca de um ano? Do carácter falsamente "seguro" do aborto, falam os dados cada vez mais consistentes sobre as suas sequelas psíquicas para a mulher. Mas o aborto também está muito longe de ser "raro". O texto da referida carta evoca a crueza irrefutável dos números. «Nos últimos trinta anos, foram praticados mais de mil milhões de abortos, com uma média anual de cinquenta milhões». Poderia recordar-se o exemplo da Rússia, onde o número de abortos chegou a superar, durante vários anos, o número de nascimentos (mas também na "avançada" e "exemplar" Suécia o número de abortos é de mais de um quarto dos nascimentos) e onde, por razões demográficas, se procura, agora, introduzir limitações legais ao aborto. São números que deveriam arrepiar, pelo menos, tanto como os (também arrepiantes) 9,7 milhões de mortes anuais de crianças nascidas (segundo o recente relatório da UNICEF).

Mas há também outros aspectos do fenómeno que nessa carta são evocados e que muitas vezes são esquecidos. «Na China, milhões de nascituros correm o risco de ser vítimas de abortos, incentivados e também coagidos em nome de uma planificação familiar e demográfica de Estado». Onde está o aborto como afirmação de liberdade pessoal, quando ele é, assim, um instrumento de coacção em âmbitos pessoalíssimos? «Na Índia, devido a uma selecção sexista, foram eliminadas antes do nascimento milhões de meninas nos últimos anos». Onde está o aborto como bandeira da emancipação da mulher? «Também no Ocidente, o aborto torna-se o instrumento de um novo eugenismo que viola os direitos do nascituro e a igualdade entre os homens, desviando o diagnóstico pré-natal da sua função de preparação ao acolhimento e ao cuidado para com o nascituro para uma situação próxima de um critério de melhoramento da raça, destruindo, assim, os ideais universalistas que estão na origem da Declaração Universal dos Direitos do Homem de 1948». Já Jurgen Habermas (apesar de não se opor à legalização do aborto) tinha alertado para este novo eugenismo, um "eugenismo liberal", no seu livro *O Futuro da Natureza Humana* (Shurkamp Verlag, 2003, Almedina, 2006). Neste contexto, não será muito mais difícil criar uma cultura de autêntica inclusão das pessoas com deficiência?

A iniciativa pode parecer provocatória. Pretender alterar de imediato a legislação que, em muitos países, liberalizou o aborto pode ser irrealista. Mas o mérito indiscutível desta proposta é o de não deixar morrer a discussão, o de alertar as consciências que, distraídas ou manipuladas, não se apercebem de um fenómeno que, como ofensa ao primeiro dos direitos humanos, dificilmente encontrará paralelo, em gravidade e dimensão quantitativa.

A luta contra o aborto tem várias vertentes: a da política legislativa, mas também a social (o combate à suas causas) e a cultural (a difusão de uma mentalidade acolhedora da vida, de toda a vida, como um dom). É o que importa salientar, entre nós de modo particular a propósito do aniversário do referendo. A discussão não morreu. Nessas três vertentes, a luta continua.

(Fevereiro de 2008)

A PROCRIAÇÃO ARTIFICIAL E A DIGNIDADE DA PESSOA HUMANA

De acordo com o artigo 67º, nº 2, e), da Constituição da República Portuguesa, a procriação medicamente assistida deverá ser «regulada em termos que salvaguardem a dignidade da pessoas humana».
Em face das questões suscitadas pelos projectos debatidos actualmente na Assembleia da República, importará saber quais os limites que dessa exigência constitucional decorrem para esses projectos.
Na bem conhecida concepção de Kant, que encontra acolhimento consensual em pessoas de diversos quadrantes e – podemos dizer – subjaz ao conceito constitucional de «dignidade da pessoa humana», a pessoa, só por ser pessoa, tem dignidade, e não um preço, como têm as coisas, e dessa dignidade deriva que ela deverá ser sempre encarada como fim em si mesma e nunca como instrumento ao serviço de fins que lhe são alheios. E deverá ser assim por muito compreensíveis, justos e nobres (a utilidade social, a cura de doenças, o desejo de procriar) que sejam esses fins.
Transpondo estas noções para o âmbito da procriação medicamente assistida, deveremos concluir que não existe, a este respeito um *direito ao filho*, como se este de um objecto se tratasse, mas apenas *direitos do filho*. A compreensível e legítima aspiração dos candidatos à procriação medicamente assistida (que também corre o risco de se tornar obsessão possessiva ou desejo narcisista de se perpetuar através de um filho como "espelho" de si próprio) não pode levar-nos a esquecer este princípio básico. O filho deixa de ser encarado como fim em si mesmo e é reduzido a instrumento sempre que se sobrepõe o desejo e aspiração dos candidatos à procriação medicamente assistida ao bem daquele, àquele seu direito a nascer e crescer num contexto tão favorável como seria o da procriação natural.

Não será difícil identificar situações dessas, de instrumentalização do filho nascituro.

Se a procriação artificial implica a criação e posterior destruição de embriões excedentários, é claro que estes, criados tão só para permitir um maior sucesso das técnicas e sem hipóteses de posterior implantação e sobrevivência, estão reduzidos a simples instrumento. Não será evidente e indiscutível que lhes deva ser reconhecida a dignidade própria da pessoa humana? Esta dignidade é intrínseca à pessoa, não se vai adquirindo gradualmente (ou existe, e existe na sua plenitude, ou não existe) à medida que ela cresce ou se desenvolve, nem depende de uma ou de outra, maior ou menor, sua capacidade. Se a partir da fecundação se estabelece uma individualidade genética única e distinta, que se vai desenvolvendo de forma contínua e auto-programada, será difícil negar tal dignidade ao embrião. Mas, se dúvidas subsistirem, vale um princípio ético de precaução, evocado já no parecer do Conselho Nacional de Ética para as Ciências da Vida 3/CNE/93: em caso de dúvida não se deve atentar contra alguma entidade que possa estar investida da dignidade de pessoa humana (da mesma forma que nenhum caçador deverá disparar contra um vulto quando não tem a certeza de que se trata de um animal e não uma pessoa, ou que não se deve desistir de procurar entre os escombros enquanto não estão afastadas quaisquer hipóteses de aí se encontrarem pessoas sobreviventes a um acidente). Para negar ao embrião a dignidade de pessoa, seria necessário afirmar com certeza (e não apenas invocar dúvidas) que não a tem, o que não parece possível.

Como também se referiu no aludido parecer do C.N.E.C.V. 3/CNE/93, o princípio da não instrumentalização da pessoa humana implica que as técnicas de procriação artificial se apliquem apenas a casais heterossexuais com garantias de estabilidade e com condições adequadas para o completo e harmónico desenvolvimento do nascituro, ficando excluídas as situações em que ele viesse a ter só pai ou mãe, quer por inseminação *post-mortem*, quer por procriação de uma mulher isolada ou de um homem isolado (neste caso, por recurso à maternidade de substituição). Porque o bem do filho exige que este tenha um pai e uma mãe, é nítido, nestes casos, que se quer fazer valer a todo o custo um pretenso "direito ao filho", sobrepondo tal desejo ao bem deste, que é assim reduzido a objecto ou instrumento.

O mesmo se verifica, de acordo com tal parecer, nos casos de maternidade de substituição (a chamada "barriga de aluguer") e de procriação heteróloga (com recurso a gâmetas, esperma ou ovócitos, de um dador estranho ao casal).

No caso da maternidade de substituição, criam-se laços profundos próprios da gestação para os quebrar abruptamente logo após o nascimento. E criam-se anómalos laços com duas "mães".

No caso da procriação heteróloga, porque se origina uma dissociação entre a paternidade ou maternidade genética, por um lado, e social e afectiva, por outro lado. O ideal é que essas dimensões estejam unidas, porque a pessoa é um todo biológico, psíquico e social. E, porque só num dos membros do casal (cuja infertilidade não chega, afinal, a ser superada) se verifica essa dissociação, cria-se um desequilíbrio entre os dois (os laços de um não são tão fortes como os do outro), com as consequentes desvantagens para o filho. Desequilíbrio e desvantagens que poderão agravar-se em casos de conflito entre os membros do casal.

Também é nítida a sobreposição das pretensões dos candidatos à procriação artificial ao bem da criança (que é, assim, instrumentalizada), quando, para facilitar a doação de gâmetas, se recorre ao anonimato dos dadores e se nega ao filho o direito a conhecer o pai ou mãe genéticos, corolário do seu direito à identidade pessoal (artigo 26º, nº 1, da Constituição).

Nestas situações, o filho é instrumentalizado porque ao seu bem se sobrepõe a pretensão dos candidatos à procriação artificial. Mas também podemos falar de instrumentalização do terceiro estranho ao casal (a mãe de substituição e o dador de gâmetas) e do seu corpo. A pessoa não *tem* um corpo, *é* um corpo. Nestes dois casos, a utilização do corpo traduz-se na instrumentalização da pessoa. Não pode dizer-se, nestes casos, que se está a utilizar o corpo como ele é utilizado em qualquer outra actividade física (também se tem dito isto para justificar a licitude da prostituição), ou que se doam gâmetas como se doam órgãos e se fazem transplantes. A gestação (como, noutro âmbito, o relacionamento sexual) não pode ser desligada de uma profunda envolvência e comunhão pessoal. Do mesmo modo, os gâmetas não podem ser doados como se doam órgãos, porque contêm o que há de mais caracteristicamente pessoal, os determinantes genéticos que identificam a pessoa como ser único e irrepetível (já alguém lhes chamou a "quinta essência" da pessoa).

Dir-se-á que também no âmbito da procriação natural nem sempre a concepção, nascimento e crescimento do filho se dão em situações ideais. Há crianças órfãs e abandonadas. Mas estas situações ou são decorrentes de factos que não podemos evitar, como a morte de um dos pais, ou decorrem de opções livres dos pais (que podem gerar crianças fora do contexto de uma relação estável), que também não podemos evitar, mas que os comprometem e responsabilizam a eles apenas. No caso da procriação artificial, todas as situações referidas são criadas deliberadamente e são evitáveis, e elas não comprometem e responsabilizam apenas os pais, mas também o médico, os serviços de saúde e o Estado.

Diz-se também que na adopção também há uma dissociação entre a paternidade ou maternidade genética, por um lado, e a paternidade ou maternidade social e afectiva, por outro lado. E que também pode constituir-se a adopção singular, por uma pessoa solteira. No entanto, a adopção é um remédio para uma situação de carência ou de abandono, que não é criada deliberadamente como o são as situações que possam resultar da procriação artificial. É sempre, e tão só, o supremo bem da criança a ditar a constituição da adopção e as suas modalidades, sem que a esse bem se possam sobrepor as pretensões dos candidatos à adopção.

Estas considerações chegam para mostrar como a exigência constitucional de que a procriação medicamente assistida seja «regulada em termos que salvaguardem a dignidade da pessoa humana» não é destituída de alcance e de sentido útil. Como é óbvio, nem todas as regulações da procriação artificial salvaguardam essa dignidade.

(Abril de 2006)

EMBRIÕES HÍBRIDOS:
UMA BARREIRA ÉTICA QUE CAI

Ao redor de questões bioéticas controversas jogam-se princípios civilizacionais e antropológicos da máxima relevância. Se é certo que algumas dessas controversas são antigas, até há pouco tempo havia zonas de consenso, e certas práticas encontravam uma condenação unânime da parte dos mais diversos quadrantes de opinião. Quando surgiram as primeiras experiências de clonagem em animais, recordo-me muito bem da afirmação unânime de que a clonagem nunca poderia ser admitida na espécie humana. Mas, não muito tempo depois, começou a discutir-se a clonagem humana com fins terapêuticos e, hoje já se discute a clonagem humana também com outros fins (meritórios certamente...). A fecundação inter-espécies também fazia parte, até há pouco tempo, de tais zonas de rejeição unânime, pela natural repugnância que suscita a criação de seres ("híbridos" ou "quimeras") a partir de material genético de espécies humanas e não humanas. Mas parece não haver hoje nenhuma prática, por mais naturalmente repugnante que seja, imune ao risco de progressiva banalização, porque as mentes e sensibilidades se vão embotando e pervertendo a ponto de se habituarem a tais práticas, por vezes com pretextos e justificações bem estudados para camuflar a realidade. É este um dos efeitos da chamada "rampa deslizante" ("*slippery slop*"), que se desencadeia quando, no campo da bioética, se começam a derrubar algumas barreiras fundamentais.

Soubemos há dias que a *Human Fertlization and Embriology Authority*, a entidade britânica que regula a procriação humana artificial e a investigação com embriões humanos, não coloca obstáculos à criação de embriões obtidos através da transferência de material genético humano para ovócitos de outras espécies animais a que foi retirado o núcleo. Tais embriões ("híbridos") serão, assim, compostos de material genético humano e, em percentagem reduzida, de material genético de outra espécie animal. Deste modo se ultrapassaria a dificuldade de obtenção de ovócitos humanos para clonagem (de efeitos nefastos para as mulheres que os fornecem, para o que já vêm alertando os adversários dessa prática) e posterior investigação embrionária com fins terapêuticos.

São este propósitos terapêuticos (como tem sucedido com a clonagem humana em geral) o pretexto que serve para cobrir a natural repugnância que suscitam essas práticas e que levam a que haja sondagens (invocadas pelos seus apologistas) que já indicam a sua aceitação pela opinião pública.

As terapias em questão são, porém, uma miragem longínqua e suscitam questões também no plano da eficácia, quando a eficácia terapêutica das células estaminais adultas já deu provas de sucesso. No caso particular de células embrionárias compostas com material genético humano e não humano, há quem saliente a desadequação, pela sua anomalia, deste tipo de células para uma qualquer terapia, ou os riscos de difusão, na espécie humana, de infecções virais de outras espécies animais. Não podemos esquecer que a afirmação dos mais elevados propósitos terapêuticos pode esconder bem mais mesquinhas ambições de prestígio ou lucro num mercado competitivo onde quem actua com menos barreiras éticas tem evidentes vantagens.

Mas, mesmo que alguma eficácia terapêutica estivesse demonstrada, não pode ser ignorado o princípio ético fundamental de que os fins não justificam os meios e de que a pessoa humana não pode ser reduzida a meio ao serviço de fins que a ultrapassam, por muito meritórios que estes sejam. Neste caso, a degradação chega ao ponto de derrubar a barreira entre espécies humanas e outras espécies animais, na qual se apoia, precisamente, o princípio da dignidade humana (e não é relevante que só uma pequena percentagem do material genético em questão não tenha características humanas).

Tal com se tem feito em relação à clonagem em geral, procura-se tranquilizar as mentes e as sensibilidades, dizendo que os embriões em causa serão destruídos depois de utilizados e numa fase precoce da sua evolução. Essa tranquilidade virá da circunstância de nunca chegarmos um dia a ser visualmente confrontados com a "monstruosidade" assim criada (quem poderá, porém, garantir-nos de que isto não venha a suceder?). Mas esta circunstância não tem nenhuma relevância ética. Trata-se de uma simples estratégia para mascarar a realidade e "cegar" a opinião pública. A "monstruosidade" não é menor por não se ver. A destruição dos embriões só acresce gravidade à agressão a que estão sujeitos. Não é menor a gravidade da tortura se a ela se segue a morte da vítima. E não é por os embriões estarem numa fase precoce da sua evolução, terem dimensões mínimas, ou não terem capacidade de nos comover com a sua visibilidade, que essa gravidade é, de um ponto de vista ético (diferente do da simples emotividade), menor.

Mais uma barreira ética foi derrubada. Qual será a próxima?

(Setembro de 2007)

PORQUÊ CONTINUAR A DESTRUIR EMBRIÕES?

Está em preparação a legislação portuguesa relativa à investigação com células estaminais e terminou há pouco o período fixado pela Assembleia da República para a discussão pública da questão. No âmbito da União Europeia, foi já ultrapassada a oposição de alguns Estados que (como "minoria de bloqueio") vinham impedindo o financiamento da investigação destrutiva de embriões humanos.

Por estes motivos, não pode deixar de ser dada toda a atenção a uma notícia que quase tem passado despercebida entre nós.

Os sectores que se opõem, em nome da tutela da vida humana na sua fase mais precoce (mais frágil e menos visível, mas não menos digna), à investigação destrutiva de embriões humanos vêm, desde há muito, salientando que, para além das questões éticas envolvidas, há alternativas a esse tipo de investigação, com uso de células estaminais adultas. Este uso tem, mesmo, uma eficácia terapêutica já comprovada, ao contrário do que se verifica, por ora, com as células estaminais embrionárias, que, para além do mais, envolvem riscos de propagação cancerígena e exigem a recolha de grande número de ovócitos em condições muito gravosas para as mulheres que os fornecem. E estas são previsivelmente mulheres pobres, atraídas por compensações monetárias.

Mesmo assim, há quem atribua à maior "pluripotencialidade" das células estaminais embrionárias benefícios superiores aos das células estaminais adultas.

Duas equipas de investigadores, uma dirigida pelo norte-americano James Thomson (pioneiro nos estudos sobre células embrionárias humanas) e outra dirigida pelo japonês Shinya Yamanaka, chegaram a conclusões semelhantes, publicadas recentemente nas revistas *Science* e *Cell*: a reprogramação de células adultas da pele em células estaminais de tipo embrionário permite obter dessas células tudo aquilo que se poderia obter das células embrionárias. E a circunstância de serem utilizadas células do próprio paciente beneficiário evita riscos de rejeição. O facto de duas equipas independentes entre si chegarem aos mesmos resultados é, para os especialistas, um sinal importante de fiabilidade dos mesmos.

Perante estes resultados, deixa de haver quaisquer razões científicas (para além das razões de ordem ética) para preferir a investigação com células estaminais embrionárias em detrimento da investigação com células estaminais adultas. Ian Wilmut, responsável pelas primeiras experiências de clonagem (com a famosa ovelha *Dolly*), declarou, numa entrevista ao *Daily Telegraph*, que deixaria de se dedicar a trabalhos de clonagem com utilização de embriões humanos, para se dedicar apenas à investigação com células estaminais adultas, mais prometedora e sem implicações etica e socialmente nocivas. Sobrarão, pois, apenas razões puramente ideológicas, ou relativas a interesses particulares de alguns investigadores, algumas empresas ou alguns países, para justificar a investigação com células estaminais destrutiva de embriões humanos.

São estes os motivos que levaram a que tenha surgido, a partir de Itália, a proposta de estabelecer, no âmbito da União Europeia, uma moratória de cinco anos que suspenda a investigação com células estaminais destrutiva de embriões humanos. A proposta foi lançada pelo jornal *Avvenire* e recolheu a pronta adesão da associação *Scienza e Vita*, do *Movimento per la Vita* e do *Forum delle Associazioni Famigliari*. Recolheu, também, a adesão de parlamentares italianos e europeus de diferentes quadrantes.

É sabido como a questão do estatuto ético e jurídico do embrião humano não recolhe consensos. Mas já será consensual o acolhimento que tem sido dado ao *princípio da precaução* (tantas vezes invocado no âmbito da protecção do ambiente e da saúde): mais vale "prevenir do que remediar", mais vale evitar uma prática cujos efeitos possam ser (mesmo que não haja certezas a esse respeito) danosos. Neste caso, que possam ser atentatórios da vida humana. E, sobretudo, quando deixou de haver razões científicas ou terapêuticas que tornem essa prática, seja de que perspectiva for, necessária ou conveniente.

(Dezembro de 2007)

O DIREITO E A VIDA: A FASE TERMINAL

A EUTANÁSIA EM FACE DA CONSTITUIÇÃO PORTUGUESA[103]

Alguns acontecimentos recentes tornam particularmente actual o tema que me proponho analisar. Na verdade, o ano de 2001 assistiu à consagração legislativa da despenalização da eutanásia na Holanda[104] (esta como consagração no plano legislativo de uma prática judicial já assente, segundo determinados critérios, há vários anos[105]) e o de 2002 a essa consagração na Bélgica[106]. Por outro lado, também em 2002, e pela primeira vez, o Tribunal Europeu dos Direitos do Homem, no caso *Diane Pretty v. Reino Unido*, pronunciou-se sobre a conformidade à Convenção Europeia dos Direitos do Homem de normas que punem o auxílio ao suicídio[107], questão intimamente conexa com a da penalização da eutanásia[108].

O objecto desta análise parte da definição de eutanásia que é dado pela referida Lei belga: «o acto praticado por terceiro que põe

---

[103] Texto publicado na revista *Direito e Justiça*, vol. XVI, 2002, tomo 2.

[104] Ver, sobre esta Lei, Daniel Serrão, «Eutanásia», *in Novos Desafios à Bioética* (coorden. de Luís Archer, Jorge Biscaia, Walter Osswald e Michel Renaud), Porto Editora, Porto, 2001, pgs. 249 a 251.

[105] Ver, sobre a definição normativa de tais critérios a partir de 1993, Anton von Kalmthout, «Eutanasia, Ayuda al Suicidio y Terminación Activa de la Vida sin Solicitud Expressa en los Paises Bajos», *in El Tratamiento Jurídico de la Eutanasia – Una Perspectiva Comparada*, Tirant Lo Blanch, Valencia, 1996, pgs. 263 e segs., e Giovanna Fravolini, «La Nuova Normativa sull' Eutanasia nei Paesi Bassi», *in Aggiornamenti Sociali*, 12/1994, pgs. 839 e segs.

[106] Ver *www.lachambre.be*

[107] Ver *//A:\thde* e um resumo em *Subjudice*, 22/23, Julho/Dezembro de 2001.pg. 171 a 174.

[108] Sobre a despenalização do auxílio ao suicídio no estado norte-americano de Oregon, pode ver-se Walter Osswald, «O Suicídio Assistido no Estado de Oregon», *in Brotéria*, vol. 150, 2, Fevereiro de 2000, pgs. 290 a 293.

termo, intencionalmente, à vida de uma pessoa a pedido desta». Vamos, pois, debruçar-nos, a título principal, sobre a chamada *eutanásia activa*. É em relação ao tratamento jurídico desta que as referidas legislações holandesa e belga inovam em relação à generalidade dos ordenamentos jurídicos. Quanto à por alguns chamada *eutanásia passiva* (também por outros chamada *eutanásia imprópria*), haverá que considerar o seguinte.

Se neste conceito incluirmos a abstenção de tratamentos extraordinários ou desproporcionados tendentes a um prolongamento puramente artificial da vida, estaremos claramente fora do âmbito da *eutanásia*, enquanto atentado à vida humana, com todas as questões ético-jurídicas daí decorrentes, mas antes perante situações de *distanásia* (*obstinação terapêutica* ou *exacerbação terapêutica*)[109].

Se restringirmos o conceito à abstenção de tratamentos médicos ordinários e proporcionados com base na falta de consentimento do doente, não será abusivo falar em *eutanásia passiva* ou *eutanásia por omissão*. Na verdade, é corrente a equiparação entre eutanásia *activa* e *omissiva* no âmbito da bioética[110]. Já no âmbito da análise jurídica, poderá ser questionável tal equiparação. Na verdade, poderá entender-se que a criminalização das intervenções médicas arbitrárias (porque praticadas contra a vontade do doente), mesmo em caso de perigo de vida (ver artigo 156º do Código Penal português) se traduz na despenalização da *eutanásia passiva*[111], independentemente da posição que se possa tomar a respeito da *eutanásia activa*. O Código Deontológico da Ordem dos Médicos (aprovado pelo Decreto-Lei nº 282/77, de 5 de Julho) considera, no nº 2 do seu artigo 47º *falta grave* a prática da eutanásia, mas, de acordo com o nº 4 do mesmo artigo, não considera eutanásia a «abstenção de qualquer terapêutica não iniciada, quando tal resulte de opção livre e consciente do doente ou do seu representante legal».

---

[109] Ver, entre outros, Elio Sgreccia, *Manual de Bioética, I – Fundamentos e Ética Médica*, tradução portuguesa, Edições Loyola, São Paulo, 1996, pgs. 620 a 623.

[110] Ver, por exemplo, Lino Ciccone, *Eutanasia – Problema Cattolico o Problema di Tutti?*, Città Nuova Editrice, Roma, 1991, pgs. 14 a 18, e Antonio Tarantino, «Eutanasia, Diritto alla Vita e Diritto Penale», in *Medicina e Morale*, 1994, 5, pg. 889.

[111] Assim, Manuel da Costa Andrade, *Consentimento e Acordo em Direito Penal*, Coimbra Editora, Coimbra, 1991, pgs. 440 e segs. e 452 e segs.

Partirei, pois, da análise da conformidade à Constituição portuguesa da *eutanásia activa*, ou da eutanásia tal como vem definida na recente Lei belga acima mencionada. Não deixarei, porém, de analisar, de seguida, a questão da abstenção de intervenção terapêutica (ordinária e proporcionada, fora do âmbito da *exacerbação terapêutica*, portanto) por falta de consentimento do doente quando dessa abstenção resulte a morte deste. Independentemente da qualificação deste acto como *eutanásia*, ou da sua equiparação, ou não equiparação, à produção activa da morte, não pode deixar de reconhecer-se, como veremos, que nele estão de algum modo implicadas as mesmas questões, relativas à irrenunciabilidade e indisponibilidade do direito à vida, que, a propósito da *eutanásia activa*, começaremos por analisar.

Uma última consideração introdutória se impõe. Procurarei encarar a eutanásia em face da Constituição portuguesa, das normas e princípios que nesta encontram acolhimento. Procurarei, pois, evitar uma perspectiva confessional.

Poder-se-á argumentar contra a eutanásia a partir de uma mundividência cristã, hebraica ou islâmica, que encara a vida como dom do Criador, fora do âmbito da disponibilidade da criatura que recebe esse dom, não como objecto de propriedade e uso absolutamente livre e irresponsável, mas como uma missão e tarefa a cumprir, de que somos responsáveis perante Deus. Ou, numa perspectiva panteísta, poder-se-á encarar a inviolabilidade e sacralidade da vida como ligação entre a ordem de cada ser e a do *Logos* universal, no qual todas as coisas encontram a sua justificação universal[112]. Deparar-nos-íamos, porém, no que à análise jurídica se refere, com o princípio da aconfessionalidade do Estado, princípio que muitas vezes é brandido como argumento a favor da eutanásia. Do mesmo modo, por exemplo, o artigo 9º da Convenção Europeia dos Direitos do Homem (que protege a liberdade de pensamento, de crença e de religião) foi invocado, no supramencionado caso *Diane Pretty v. Reino Unido*, contra normas que punem o auxílio ao suicídio, porque estas representariam a imposição estadual de uma mundividência particular. Porque vou procurar analisar a eutanásia à luz dos princípios que encontram acolhimento na Constituição portuguesa (abstra-

---

[112] Ver, sobre estas perspectivas, por exemplo, Antonio Tarantino, *op. cit.*,pgs. 872 e segs.

indo até da perspectiva do Direito supra-positivo, que também não se confunde com uma perspectiva confessional, mas em relação à qual algumas dúvidas teriam de ser dissipadas), espero escapar a este tipo de críticas, relativas à aconfessionalidade do Estado[113]. Diferente seria pretender uma análise neutra sob o ponto de vista axiológico. Não podem ignorar-se os valores substanciais (que vão para além das meras regras de processo) em que assenta a própria Constituição, o conjunto de direitos e deveres dela decorrentes e a vida social que ela pretende de algum modo enquadrar.

O direito à vida e o direito à liberdade

Na relação entre o direito à vida e o direito genérico à liberdade reside em grande medida o fulcro da questão que pretendo analisar. Na verdade, pode defender-se a licitude da eutanásia basicamente a partir da proeminência que um ordenamento jurídico liberal confere ao valor da liberdade. Proeminência que se afirmaria até em relação ao valor da vida. O direito à vida, como outros direitos fundamentais, não seria mais do que uma manifestação de um mais amplo e genérico direito de liberdade: a vida seria protegida porque o quer o seu titular, se, e na estrita medida em que, tal corresponde à vontade deste. A liberdade estender-se-ia não apenas ao *como* viver, mas também ao *se* viver. E, para alguns, da própria consagração constitucional do direito à vida decorreria uma sua faceta negativa, traduzida num *direito à morte*[114]. Levada às últimas consequências, esta ideia

---

[113] Por exemplo, Maria Manuela Valadão Silveira, ao debruçar-se sobre a questão da configuração jurídica do suicídio (*in Sobre o Crime de Incitamento ou Ajuda ao Suicídio*, ed. A.A.F.D.L., Lisboa, 1995, pgs. 61 e segs.) começa por rejeitar liminarmente «qualquer forma de abordar o problema do enquadramento jurídico do suicídio de um ponto de vista exclusivamente moral, religioso ou de mundivisão», situada, portanto, fora do âmbito da Constituição e do direito positivo.

[114] Tese invocada no caso *Diane Pretty v. Reino Unido*, que o Tribunal Europeu dos Direitos do Homem rejeitou, por considerar que o direito à vida consignado no artigo 2º da Convenção Europeia dos Direitos do Homem não pode comportar, sem distorção de linguagem, como aspecto negativo, um direito diametralmente oposto, o direito a morrer. Assim, também, a propósito da Constituição espanhola, José Luis Díes Ripollés, «Eutanasia y Derecho», *in El Tratamiento Jurídico...*, *cit.*, pg. 519.

conduziria à admissibilidade da licitude do suicídio e do auxílio ao suicídio, assim como da eutanásia e, mais genericamente, do homicídio a pedido.

Para alicerçar este tipo de raciocínio, invocam-se as disposições constitucionais que consagram princípios como o da dignidade da pessoa humana, ou o livre desenvolvimento da personalidade, donde decorreria a proeminência da liberdade individual, princípios que assumiriam a categoria de critérios gerais de interpretação de todos os direitos fundamentais, incluindo o direito à vida. Este seria tutelado dentro do quadro definido por tais princípios, a eles se subordinando.

Assim, por exemplo, no que se refere à Constituição alemã, invoca-se a consagração do princípio da tutela da dignidade da pessoa humana, no seu artigo 1º, nº 1, e do direito ao livre desenvolvimento da personalidade, no seu artigo 2º, nº 1[115].

No que se refere à Constituição espanhola, invoca-se o seu artigo 1º, nº 1, que define a liberdade como o primeiro dos «valores superiores» afirmado pelo Estado, e o seu artigo 10º, nº 1, que define a dignidade da pessoa e o livre desenvolvimento da personalidade como fundamento da ordem política e da paz social[116].

Nos Estados Unidos, também se defendeu que a decisão de um doente terminal de pôr termo à vida era de tal modo inerente à dignidade e autonomia da pessoa que caía dentro das liberdades protegidas pela 14ª Emenda[117].

Também conduzem a este tipo de resultados as doutrinas que encaram o bem jurídico afectado pelo crime como uma esfera de domínio reconhecida à vontade individual (*doutrinas do interesse*).

---

[115] Assim, os autores citados por Maria Manuela Valadão Silveira in *op. cit.*, pg. 153, a propósito da justificação da licitude do suicídio.

[116] Assim, Bernardo del Rosal Blasco, «El Tratamiento Jurídico-Penal y Doctrinal de la Eutanasia en Espana», in *El Tratamiento Jurídico..., cit.*, pgs. 43 e segs, e os autores por ele referidos a pg. 154, assim como os autores referidos por Ana Maria Marcos del Cano in *La Eutanasia, Estudio Filosofico-Jurídico*, Marcial Pons, Madrid, 1999, pg. 185.

Reflecte esta mesma opção o M*anifiesto en Favor de la Disponibilidad de la Propria Vida* do *Grupo de Estudios de Política Criminal* (ver *El Tratamiento Jurídico..., cit.*, pgs. 558 e segs.).

[117] Assim, o Tribunal Federal de Washington no caso *Compassion in Dying* (cit. por T. Howard Stone e William J. Winslade, «Ayuda Médica al Suicidio y Eutanasia en los Estados Unidos», in *El Tratamiento Jurídico..., cit.*, pgs. 385 e segs.

A pessoa não poderia deter um bem jurídico contra a sua vontade, porque é nessa vontade que reside o fundamento jurídico de um qualquer direito. Em coerência com estes princípios, advoga-se a impunidade do homicídio a pedido[118].

Afigura-se-me, porém, que a liberdade não pode prevalecer sobre a vida, porque a vida é a raiz da própria liberdade. A vida é a base, origem e fim de todos os direitos ou valores humanos, sem a qual nenhum deles é concebível. A liberdade pressupõe necessariamente a vida. A morte não é (na perspectiva em que nos colocamos, em que teremos de abstrair de qualquer dimensão religiosa de vida para além da morte) uma libertação da pessoa, mas uma sua anulação pura e simples. Na expressão de Mário Raposo, «os textos legislativos reconhecem os direitos fundamentais, mas é a *vida* que os cria e viabiliza»[119].

A respeito da relevância do valor da liberdade, é frequente citar Stuart Mill: «Sobre si mesmo, sobre o seu corpo e sobre o seu espírito, o indivíduo é soberano(...) A única razão legítima que pode ter uma comunidade para proceder contra um dos seus membros é a de impedir que prejudique os outros. Não é razão bastante o bem-estar físico e moral desse indivíduo». Mas o próprio Stuart Mill também rejeita que se renuncie à liberdade em nome da liberdade: «o princípio de liberdade não pode exigir que se seja livre de deixar de o ser»[120].

Porque não se pode invocar a liberdade para suprimir a liberdade, não é admissível a escravidão consentida e é admissível a ilegalização do consumo de drogas. Por maioria de razão, não pode ser admissível um atentado contra a sua própria vida em nome da liberdade, que dessa forma se elimina de modo absoluto, definitivo e irreversível.

---

[118] Ver, sobre estas doutrinas, Manuel da Costa Andrade, *Consentimento...,cit.*, pgs. 84 e segs. e 204 e segs, e «Comentário ao Artigo 154º», in *Comentário Conimbricense ao Código Penal, Parte especial, I*, Coimbra Editora, Coimbra, 1999, pgs. 58 e 59.

[119] Ver «Eutanásia – Alguns Problemas Envolvidos», in *Brotéria*, vol. 150, 2, Fevereiro de 2000, pg. 227.

[120] *Cit.* por Ana Maria Marcos del Cano, *op. cit.*, pgs. 179, 180 e 212.

Na linha do que venho afirmando, exprime-se deste modo Gonzalo Miranda:

> Podemos compreender como a vida não é algo que nós possuímos, como se fosse um objecto que nos é estranho. Não existe, na realidade, a minha vida; existo eu que vivo e enquanto vivo. Retirar a vida a mim próprio seria anular-me a mim mesmo (...) a apresentação do suicídio ou da eutanásia como "libertação" é radicalmente falsa: libertar-se significa passar de uma situação de falta de liberdade (encerramento físico ou moral) a uma situação de liberdade reconquistada. Mas a morte, para o não crente, não é um «passar a», mas simplesmente um «deixar de existir».[121]

Compreende-se, pois, que não se possa invocar o livre desenvolvimento da personalidade (a que se referem os artigos 2º, nº 1, da Constituição alemã, 10º, nº 1, da Constituição espanhola e 26º, nº 1, da Constituição portuguesa) para justificar a sua supressão através de um atentado contra a sua própria vida. Deve ser livre o desenvolvimento da personalidade, não a sua supressão.

E também não pode invocar-se o respeito pela dignidade da pessoa humana (a que se referem os artigos 1º, nº 1, da Constituição alemã, 10º, nº 1, da Constituição espanhola e 1º da Constituição portuguesa) para justificar um atentado contra a sua própria vida. A dignidade da pessoa é a dignidade da pessoa livre, mas esta liberdade pressupõe a vida. Respeitar a pessoa significa respeitar a sua liberdade, mas este respeito tem de pressupor o respeito pela sua vida. Porque a liberdade não esgota a dignidade da pessoa, esse respeito impõe-se, como é óbvio, mesmo em caso de incapacidade de exercício da liberdade. O respeito da dignidade da pessoa impõe-se à própria pessoa, que, na perspectiva kantiana, não pode instrumentalizar os outros, reduzindo-os a *meios*, mas também não pode reduzir-se ela própria a instrumento e *meio*. A tutela da dignidade da pessoa implica, como regra, o respeito pela sua liberdade, mas pode também, em certas situações excepcionais, limitar essa liberdade (nos casos de escravidão consentida, automutilação, prostituição, suicídio ou eutanásia).

---

[121] Ver «Riflessioni Etiche intorno alla Fine della Vita», *in* Aldo Mazzoni (ed.), *A Sua Imagine e Somiglianza?*, Città Nuova Editrice, Roma, 1997, pgs. 201 e 202.

Numa outra perspectiva, que supera a do puro individualismo, a dignidade da pessoa é fonte de direitos, mas também de deveres; o valor da pessoa implica o reconhecimento dos seus direitos, mas também o reconhecimento do seu sempre inestimável contributo para a comunidade.

Assim se exprime a Comissão de Bioética italiana num parecer sobre uma proposta de resolução do Parlamento Europeu relativa à assistência a doentes moribundos:

> A dignidade traduz-se no respeito da pessoa para consigo mesma e na indisponibilidade da própria pessoa que, em nenhum caso, pode transformar-se em meio. Por isso, a relação do homem consigo mesmo não é uma relação de propriedade, do eu sobre a vida e sobre o seu corpo, mas uma relação de obediência ao conjunto de deveres que derivam da ideia de humanidade. Assim, o reconhecimento da dignidade da vida humana e, em consequência, da sua indisponibilidade, é o pressuposto de todo o discurso jurídico sobre o homem e, se for preferido, segundo alguns, o direito humano fundamental.[122]

E a dignidade da pessoa humana não pode abstrair da sua relacionalidade, que também é inerente ao próprio Direito. Afirma, a este respeito, Xavier Dijon:

> O direito à dignidade inerente à pessoa humana precede, como seu fundamento, o direito à liberdade. O Direito supõe a relação e a afirmação pura e simples da liberdade não a supõe. Construir o Direito a partir da liberdade individual traduz-se em atribuir carácter puramente contingente – no caso, se a liberdade o consentir – à relação, a qual é, porém, inerente ao Direito. Ora, a formulação do direito supõe uma relação mínima, sem a qual não existe. Que relação mínima? Precisamente a do respeito pela dignidade do outro, pela existência do outro, pela sua vida.[123]

Verificamos, pois, que a consideração da dignidade da pessoa humana e do respeito pela vida humana nos conduzem a um horizonte que supera uma visão puramente individualista, para onde nos conduziria a consideração exclusiva do valor da liberdade. Sobre as relações entre a tutela da vida humana, a solidariedade e o bem comum, debruçar-me-ei adiante mais em pormenor.

---

[122] *Cit.* por Ana Maria Marcos del Cano *in op. cit.*, pg. 237.

[123] Ver «Le Choix du Politique en Matière d' Euthanasie», *in Nouvelle Revue Théologique*, pg. 530.

E também aprofundarei adiante a noção de que a dignidade da pessoa humana, e da vida humana, são algo de intrínseco, não uma qualidade contingente, que se possa perder em determinadas fases da vida ou em determinadas situações (*vg.* em situações de doença terminal, particularmente marcadas pelo sofrimento).

A consagração constitucional do princípio da inviolabilidade da vida humana

Debrucemo-nos agora, mais especificamente, sobre o texto constitucional português.

Estatui o artigo 24º (que tem por epígrafe "direito à vida"), nº 1, da Constituição portuguesa: «A vida humana é inviolável». E o nº 2 do mesmo artigo: «Em caso algum haverá pena de morte».

A respeito desta formulação do texto constitucional, pronuncia-se Mário Raposo:

> Diferentemente do que sucede com a generalidade das Constituições e da própria Declaração Universal dos Direitos do Homem de 1948 (art. 3º), a Constituição portuguesa regista, no nº 1 do artigo 24º, que «a vida humana é inviolável». Trata-se de uma fórmula normativa muito mais *forte* e expressiva do que a consagração do direito à vida. Muito mais do que um direito é um *valor*. É o *valor* fundacional que recebe da intransferível dignidade da pessoa o seu decisivo sentido.[124]

A formulação constitucional reforça, assim, a tese, anteriormente exposta, da prevalência da vida sobre a liberdade. À luz do texto constitucional, não se coloca sequer a questão da eventual renunciabilidade ou disponibilidade do direito à vida: nunca se poderá dizer que se trata de um direito cujo exercício estaria, como se verifica com a generalidade dos direitos, sempre dependente da vontade do seu titular. Qualquer acto de renúncia ou disposição do direito à vida colidiria com o princípio objectivo da inviolabilidade da vida humana. De acordo com o preceito em apreço, a vida humana é inviolável sem excepções ou distinções, quer a potencial violação provenha de outrém, quer essa potencial violação provenha do próprio titular.

---

[124] *In op. cit*, pg. 267.

Por outro lado, como também salienta Mário Raposo, a formulação constitucional é expressão da dimensão dos direitos fundamentais como uma ordem objectiva de valores. Na perspectiva liberal-individualista, os direitos fundamentais são basicamente espaços de autonomia, reservas impenetráveis (como preciosa herança do estado de natureza), que impõem a abstenção do Estado. Nesta outra perspectiva, os direitos fundamentais integram-se numa ordem objectiva e coerente de valores pré-estadual e indisponível, que se impõem ao próprio titular como inalienáveis, e que serve de cimento unificador de toda a ordem jurídica. Os direitos fundamentais não são apenas limites à actividade estadual, mas também finalidades dessa actividade[125].

A vida humana não constitui, por isso, apenas e exclusivamente, um bem individual, mas também um bem de natureza social (a vida de cada pessoa é um valor para o próprio e para a comunidade), relevante na perspectiva dos próprios fundamentos da ordem jurídica no seu todo, o que também implica a protecção do Estado contra a vontade do seu titular[126].

Ainda como reforço da tese da prevalência da vida sobre a liberdade, e sem que tal seja por si só decisivo, podemos atender à ordenação sistemática do texto constitucional português, que insere o direito à vida e o princípio da inviolabilidade da vida humana à cabeça do catálogo dos direitos, liberdades e garantias pessoais (no artigo 24º), antes, designadamente, do direito ao livre desenvolvimento da personalidade (no artigo 26º, nº1) e do direito à liberdade e segurança (no artigo 27º, nº 1)[127].

---

[125] Ver, sobre as várias teorias relativas ao sentido dos direitos fundamentais, Bockenforde, «Grunrechtstheorie und Grunrechtsinterpretation», in Neue Juristische Wochenshrift, 1974, pgs. 1529 e segs., e José Carlos Vieira de Andrade, Os Direitos Fundamentais na Constituição Portuguesa de 1976, Almedina, Coimbra, 1983, pgs. 54 e segs..

[126] Assim, Ana Maria Marcos del Cano, a qual afirma (in op. cit., pg. 128) que «a vida não constitui um bem privado e exclusivo da pessoa, mas tem um carácter misto, possui um valor sistémico e social, que implica a protecção do Estado contra a vontade do seu titular.»

Afirma também esta autora a respeito do valor da vida humana como bem jurídico protegido:

Trata-se de recuperar novamente a dimensão do valor como intimamente ligada à titularidade do direito, já que, se a medida de cada valor depende única e exclusivamente de uma decisão de vontade, já não se consegue vislumbrar um critério válido capaz de disciplinar os conflitos intersubjectivos. Estaríamos, pois, perante um direito que protege não

O princípio da inviolabilidade da vida humana torna, pois, claro e inequívoco o carácter irrenunciável e indisponível do direito à vida.

A respeito desta irrenunciabilidade e indisponibilidade, não é possível distinguir entre a titularidade e o exercício. Em relação aos direitos em geral, pode renunciar-se ao seu exercício em determinados momentos e circunstâncias, sem renunciar à sua titularidade. No que se refere ao direito à vida, tal não é possível. A renúncia a esse direito, em qualquer momento e em qualquer circunstância, implica, como é óbvio, a sua anulação definitiva.

José Luis Díez Ripollés[128] entende, porém, que tal distinção é possível no que se refere ao direito à vida. A renúncia ao direito à vida implica o seu abandono definitivo através da transmissão ou alienação em bloco, de modo a que seja um terceiro a decidir se se renuncia ou não e, em caso afirmativo, com total autonomia para decidir o momento e as condições. A renúncia ao exercício (sem renúncia à titularidade do direito) implica a transferência para outrém da execução de pôr termo à vida no momento e condições fixados, de modo mais ou menos preciso, pelo próprio titular (o que se poderia verificar nas situações de eutanásia). Afigura-se-me, porém, que estamos perante uma distinção que pretende, de modo forçado, ultrapassar aquilo que parece óbvio: no que ao direito à vida se refere, não pode distinguir-se, pelas razões indicadas, entre a renúncia à titularidade do mesmo e a renúncia ao seu exercício[129].

---

apenas a autonomia ou vontade do indivíduo, mas também a vida em si. O bem jurídico protegido pela norma não estaria subordinado à decisão do indivíduo.» (*in op. cit.*, pg. 129).

[127] A este respeito, Antonio Tarantino (*in op. cit.*, pg. 893) afirma que, apesar de o direito à vida prevalecer sobre a liberdade, sob a influência de Kant e da Revolução Francesa, muitas Constituições privilegiaram, de um ponto de vista sistemático-formal, o direito à liberdade, "dando por descontado" o direito à vida, uma vez que só poderia falar-se em liberdade se existisse vida. Tal deixou de verificar-se, segundo este autor, depois da 2º Guerra Mundial e do Julgamento de Nuremberga, sendo significativo o facto de na Declaração Universal dos Direitos do Homem de 1948 o direito à vida anteceder o direito à liberdade («direito à vida, liberdade e segurança...»), ao contrário da Declaração dos Direitos do Homem e do Cidadão de 1789 (onde, no artigo 2º, se enunciam os "direitos naturais e imprescritíveis" do Homem como "a liberdade, a propriedade, a segurança e a resistência à opressão").

[128] *In op. cit.*, pgs. 527e 528.
[129] Assim, Ana Maria Marcos del Cano, *op. cit.*, pg. 132.

Do princípio da inviolabilidade da vida humana e da proeminência e indisponibilidade do direito à vida resulta ainda que este direito há-de prevalecer sempre sobre qualquer outro que com ele possa entrar em conflito. A vida é o pressuposto de todos os direitos, não pode deixar de sobre eles prevalecer. A limitação do direito à vida, porque, também para este efeito, não é possível distinguir entre titularidade e exercício, não pode deixar de traduzir-se na sua anulação definitiva. E este implica a anulação da pessoa, com o que desaparece também o direito como qual a vida poderia conflituar[130/131].

Sobre algumas consequências desta tese, pronunciar-me-ei adiante.

O pedido de eutanásia, expressão autêntica de liberdade?

Vimos já como, para justificar a licitude da eutanásia, se invoca a liberdade como valor supremo. Mas vimos também como carece de sentido invocar a liberdade contra a vida. De qualquer modo, haveria sempre que garantir, em termos claros e inequívocos, que o pedido de eutanásia exprime fielmente a vontade de quem o formula, pois só assim seria expressão autêntica de liberdade. É neste ponto que surgem dúvidas eventualmente insuperáveis.

O autores partidários da eutanásia pretendem enquadrá-la através de um regime jurídico particularmente exigente a respeito das condições de formulação do pedido em causa. Assim, por exemplo, Bernardo del Rosal Blasco, aceitando o princípio da disponibilidade da vida humana, entende dever centrar a regulação da eutanásia basicamente nas condições de prestação do consentimento e nos limites de eficácia do mesmo[132].

---

[130] Assim, Ana Maria Marcos del Cano, *op. cit.*, pg. 133.

[131] Esta tese obriga a questionar a posição do Tribunal Constitucional a respeito da constitucionalidade das leis de despenalização do aborto na base de um princípio de "concordância prática" entre o valor da vida humana (neste caso, intra-uterina) e outros direitos ou valores constitucionalmente protegidos (ver os acórdãos 25/84, in *Acórdãos do Tribunal Constitucional*, 2º vol., pgs. 7 e segs., 85/85, in *Acórdãos do Tribunal Constitucional*, 5º vol., pgs. 245 e segs. e 288/98, in *Diário da República*, I série, nº 91/98 (suplemento), de 18/4/98.

[132] Ver *op. cit.*, pgs. 63 e segs.

Também as legislações que despenalizam a eutanásia pretendem estabelecer particulares requisitos de autenticidade do pedido em questão.

Para a recente Lei holandesa, esse pedido há-de ser «cuidadosamente ponderado e persistente». Nas situações de doentes em estado terminal já incapazes de exprimir a sua vontade, tal pedido deverá ter sido formulado anteriormente por escrito.

Para a Lei belga, tal pedido deverá ser «voluntário, reflectido, repetido e não resultante de pressões externas». Quando a morte não deva sobrevir a breve prazo (em doentes incuráveis não em fase terminal, situação a que também se aplica esta Lei), a eutanásia só poderá executar-se pelo menos um mês depois da formulação do pedido. Quando o doente não esteja em condições de exprimir a sua vontade, a declaração antecipada que fundamente a eutanásia não pode ter sido formulada há mais de cinco anos.

De acordo com a Lei do estado norte-americano de Oregon que despenaliza o auxílio médico ao suicídio, o pedido de auxílio deverá ocorrer três vezes, com intervalos não inferiores a quinze dias, devendo ser formulado por escrito pelo menos numa dessas vezes.

É assim que se pretende garantir a autenticidade dos pedidos de eutanásia ou de auxílio médico ao suicídio. Mas, como vem sendo com frequência salientado, há motivos para pôr em dúvida essa autenticidade em qualquer situação.

Está em causa a interpretação de um pedido formulado em condições muito especiais. Às situações em apreço estão normalmente associados estados depressivos graves. Se o sofrimento do doente é tão intenso que o leva a querer pôr termo à vida, contrariando o instinto básico de sobrevivência e de autoconservação, será legítimo presumir que a sua lucidez poderá ser afectada.

Afirma, a este respeito, Daniel Serrão:

> Os psicólogos afirmam que as decisões, quaisquer decisões, tomadas por uma pessoa que sofre com grande intensidade não nascem mais da pessoa como uma unidade organizada, um *eu* homogéneo (neste conceito se fundamenta a atenuação de imputabilidade quando uma decisão tomada por uma pessoa em estado de grande sofrimento se configura como um ilícito penal; curiosamente o Código Penal português invoca esta perda de unidade e organização do *eu* para reduzir a pena do médico que, dominado pela perturbação que lhe provoca o sofrimento do doente, decide matá-lo).

Parece, portanto, que a perda de unidade produzida pelo sofrimento compromete, de forma irremediável, a autonomia para a decisão; a pessoa que tem um sofrimento insuportável já não é livre e, por isso, não pode conhecer, de forma clara, qual é o seu melhor interesse em tal situação.[133]

Por outro lado, o pedido de eutanásia reveste-se frequentemente de uma clara ambivalência que desaconselha a sua interpretação literal. Quando se pede a eutanásia, pede-se a morte, ou pede-se a vida em condições diferentes daquelas que afectam o doente naquele momento (marcado por angústia, sofrimento e solidão)? O doente pretende verdadeiramente a morte ou pretende solicitar, através desse pedido dramático, a atenção dos que o rodeiam para a sua penosa situação, apelando ao amor destes?

As dúvidas serão legítimas e estamos num âmbito em que, pelas consequências absolutas e irreversíveis do acto, é inaceitável a mais pequena dúvida a respeito da autenticidade do pedido. E também são inaceitáveis os erros a esse respeito. Não é a sempre possível ocorrência de erros judiciários um argumento de peso (entre outros) contra a pena de morte, também de consequências absolutas e irreversíveis?

Mas, ainda que todas as dúvidas baseadas nas considerações anteriores (relativas à interpretação do pedido) fossem afastadas, uma outra questão se coloca inevitavelmente.

O pedido de eutanásia situa-se no tempo. Em muitas situações de sofrimento em doença terminal, vão-se alternando fases de desespero e maior serenidade e, paralelamente ou não, manifestações de apego à vida e verbalização de desejos de morte. Com que critério se poderá dizer que o pedido formulado num determinado momento é mais autêntico do que outro?

E haveria sempre, desde logo, que distinguir entre, por um lado, o momento em que o pedido é formulado, antecipadamente (mesmo fora do âmbito dos chamados *testamentos vitais*) e abstraindo da situação concreta em que ocorrerá a morte, e, por outro lado, o momento da execução da eutanásia, já numa situação de inconsciência, sempre com a dúvida de saber se seria mantida nesse momento a decisão tomada anteriormente.

---

[133] Ver «Suicídio Assistido» in *Novos Desafios à Bioética, cit.*, pg. 255.

E, mesmo que os pedidos sejam uniformes e constantes, nada pode garantir que o doente que formula tais pedidos não poderia vir a arrepender-se no futuro de os ter formulado. É frequente esse arrependimento quando os pedidos de eutanásia não são satisfeitos, tal como são frequentes os arrependimentos subsequentes a tentativas de suicídio.

Afirmam T. Howard Stone e William Winslade, em resposta a este tipo de objecções à admissibilidade da eutanásia, que proibir uma conduta só pela existência de riscos de erro seria contrário aos princípios universais de autonomia nas tomadas de decisões referentes ao tratamento médico e, em geral, à faculdade de tomar decisões[134]. Mas não está em causa uma qualquer decisão. Não pode conceber-se uma outra decisão em que as consequências sejam de igual modo absolutas e irreversíveis[135].

Vida humana e solidariedade

A propósito da questão da eutanásia (e também do suicídio), começámos por confrontar os valores da vida humana e da liberdade individual. Mas poderemos dizer que são estes os únicos valores basicamente envolvidos na apreciação da licitude, ou ilicitude, da eutanásia e do suicídio? Não podemos ignorar a natural socialidade da pessoa humana. Não estamos perante um ser isolado, mas perante um ser que depende da comunidade para a sua sobrevivência e, sobretudo, para a sua plena realização como pessoa. Desta realidade surge uma teia de direitos e deveres recíprocos entre pessoa e comunidade, a ter em conta.

Como já foi salientado, os valores da dignidade da pessoa humana e da inviolabilidade da vida humana assumem uma dimensão objectiva que os tornam relevantes numa perspectiva não puramente individual, mas também sistémico-social. A pessoa humana é digna de tutela pelo seu valor intrínseco, mas também pelo seu sempre

---

[134] *In op. cit.*, pg. 403.
[135] Porque as limitações voluntárias aos direitos de personalidade deverão ser sempre revogáveis, esta irreversibilidade leva Rabindranath Capelo de Sousa (*in O Direito Geral de Personalidade*, Coimbra Editora, Coimbra, 1995, pg. 412) a rejeitar a licitude da eutanásia.

inestimável contributo para a vida social. Na perspectiva da nossa ordem jurídica, a vida humana é um valor fundamentalmente individual, mas também não deixa de ser um valor com relevância social.

A este respeito, um número significativo de autores italianos parte da relação estabelecida pelo artigo 2º da Constituição italiana entre, por um lado, «os direitos invioláveis do homem, quer como indivíduo, quer dentro dos agrupamentos sociais em que se projecta a sua personalidade» e, por outro lado, «os deveres indesvínculáveis de solidariedade política, económica e social», e da necessária complementaridade entra valores personalistas e solidaristas, para reconhecer, como o primeiro dos deveres sociais indesvinculáveis o de preservar condições mínimas de integridade físico-psíquica, donde derivaria a ilicitude do suicídio e da eutanásia[136].

Há quem objecte que ao conceber, deste modo, um *dever de viver* se cairia numa autêntica *colectivização* da vida, numa funcionalização desta com predomínio constante dos interesses colectivos sobre os individuais que conduz à obrigação de viver sempre de modo conforme ao interesse comum, como se o direito à vida fosse uma concessão da sociedade ou do Estado. Esta perspectiva estatista reflectir-se-ia no Código penal italiano de 1930, mas não seria compatível com as concepções liberais hoje vigentes[137].

Afigura-se-me, porém, que o reconhecimento da indisponibilidade da vida com base em deveres básicos de solidariedade (neste sentido, o reconhecimento de um *dever de viver*) não significa passar da visão individualista à visão transpersonalista. O reconhecimento de deveres de solidariedade não põe em causa a fundamental proeminência da pessoa em relação à sociedade e ao Estado (o bem

---

[136] Ver os autores citados por Sergio Seminara em «La Eutanasia en Italia», *in El Tratamiento*...,*cit.*, pg. 122, e Franco Vitale, «Che Cosa Dice la Costituzione», *in Studi Cattolici*, , pgs. 530 3 segs.

[137] Ver Sergio Seminara, *op. cit.*, pgs. 122 a 124.

Este autor (*op. cit.*, pg. 109) cita uma sentença da *Corte di Cassazione* de 18 de Novembro de 1954 que, nas afirmações seguintes, poderá considerar-se representativa da referida perspectiva "colectivista": (a vida humana) «...constitui a razão essencial para a existência e desenvolvimento de todo o povo na sociedade em que o homem representa uma fonte de riqueza e de força como elemento reprodutor da espécie, como trabalhador, como soldado; de maneira que a sociedade organizada juridicamente no Estado, castigando um homicida, tutela um seu direito, para além do direito do indivíduo».

comum é o bem de todas e *cada uma* das pessoas). O direito à vida não é uma concessão da sociedade ou do Estado, nem a vida é "propriedade" da sociedade ou do Estado. Trata-se apenas de reconhecer que a pessoa tem deveres para com a comunidade de que depende para a sua plena realização[138]. Não se trata de alargar tais deveres de solidariedade ao ponto de funcionalizar a vida na perspectiva do interesse colectivo, concebendo um dever jurídico de viver sempre de acordo com esse interesse. Mas há exigências mínimas de solidariedade cuja imposição jurídica é legítima. E essas exigências pressupõem necessariamente o dever de salvaguardar a sua própria vida. Do mesmo modo que a vida é pressuposto do exercício de quaisquer direitos, também é pressuposto do cumprimento de quaisquer deveres de solidariedade. Ao suprimir a vida, torna-se absolutamente inviável esse cumprimento.

Tal como a Constituição italiana relaciona os direitos de autonomia individual com os deveres de solidariedade, podemos encontrar na Constituição portuguesa sinais análogos de combinação entre valores personalistas e solidaristas. Desde logo, o seu artigo 1º define Portugal como uma «República soberana baseada na dignidade da pessoa humana», por um lado, e «empenhada na construção de uma sociedade (...) solidária», por outro lado.

Não se trata, pois, de, deste modo, reflectir uma mundividência particular a respeito do sentido da vida, só etica, e não juridicamente, relevante[139]. Trata-se de uma decorrência de princípios relativos a deveres constitucionais básicos de solidariedade.

Também é de rejeitar a perspectiva utilitarista que leva a distinguir o interesse social de cada uma das vidas[140]. Essa perspectiva não deixa de estar presente nalgumas posições. O suicídio seria ilícito apenas quando sobre o agente em causa recaíssem especiais deveres

---

[138] Sobre a relação entre pessoa e bem comum, ver, por exemplo, Jacques Maritain, *Los Derechos del Hombre y la Ley Natural*(tradução castelhana), Ediciones Palabra, Madrid, 2001, pgs. 13 e segs.

[139] É na base do princípio de que a ordem jurídica não pode regular certas áreas no âmbito da ética e deve ser compatível com uma pluralidade de mundividências nesse âmbito que Maria Manuela Valadão Silveira (ver *op. cit.*, pgs. 63 e segs.) sustenta a inexistência de um dever jurídico de viver e a neutralidade jurídica do suicídio.

[140] Também no sentido da rejeição dessa perspectiva, ver Ana Maria Marcos del Cano, *in op. cit.*, pg. 120.

de ordem familiar, por exemplo[141]. Não se poderia falar em interesse social na preservação da vida de um doente terminal que, numa perspectiva utilitarista, representa um encargo social e económico. Na já referida sentença do Tribunal Federal de Washington *Compassion in Dying*[142], afirma-se que o Estado poderia ter certo interesse na prevenção do suicídio entre os jovens ou outras pessoas com uma larga expectativa de vida, mas tal não se verifica no que se refere ao prolongamento da vida de um moribundo.

A dignidade da pessoa humana e da sua vida é, como já vimos e como ainda veremos mais em profundidade, algo de intrínseco, não uma qualidade contingente que possa desaparecer em determinadas fases da vida ou em determinadas situações. E o valor da vida não pode medir-se quantitativamente. A vida não vale de acordo com a expectativa de tempo de vida (sempre incerta, de qualquer modo). É assim na perspectiva do valor intrínseco da vida de uma qualquer pessoa e é assim na perspectiva do valor social da vida de uma qualquer pessoa. O contributo que esta pode dar à comunidade é sempre algo de precioso e inestimável, mesmo quando improdutiva, doente ou em fase terminal. A comunidade fica sempre mais pobre com a perda de qualquer dos seus membros. Há outros valores para além dos da eficiência produtiva, especificamente humanos, que a ordem jurídico-constitucional tem em consideração ao consagrar o princípio da tutela da dignidade da pessoa humana.

Somos assim conduzidos, também por esta via, à conclusão da ilicitude do suicídio e da eutanásia em face dos valores e princípios acolhidos na Constituição portuguesa.

A respeito da ilicitude do suicídio, compreendemos, a partir das considerações tecidas, que a razão da sua impunidade nos diversos ordenamentos jurídicos não decorre da disponibilidade da vida humana ou da inexistência de repercussão social dessa conduta[143]. São

---

[141] Assim, Wilfried Bottke (*cit.* por Maria Manuela Valadão Silveira, *op. cit.*, pg. 56 e 57).

[142] Ver T. Howard Stone e William Winslade, *op. cit.*, pg. 386.

[143] Assim, por exemplo, Eduardo Correia, *Direito Criminal*, Vol. II, Almedina, Coimbra, 1971, pgs. 35 e 36, nota 1 da página anterior; Manuel Cavaleiro Ferreira, *Lições de Direito Penal, I, A Lei Penal e a Teoria do Crime no Código Penal de 1982*, Ed. Verbo, Lisboa, 1987, pg. 169; Rabindranath Capelo de Sousa, *op. cit.*, pg. 206, e Franco Antolisei,, *Manuale di Diritto Penale, Parte Speciale*, vol. I, ,Milão, 1981, pgs. 57 e 58.

simples razões de política criminal que justificam a ausência de punibilidade do suicídio (de qualquer modo, só efectivamente possível no caso de tentativa): a punição da tentativa de suicídio não exerceria quaisquer funções de prevenção geral (como é óbvio, não é essa punição que pode dissuadir os potenciais suicidas) e tem efeitos claramente contraproducentes na perspectiva da prevenção especial (acaba por incitar à repetição da tentativa). Só essas razões explicam a impunidade do suicídio em confronto com a punibilidade do incitamento e do auxílio ao suicídio, assim como do homicídio a pedido (ver artigos 134º e 135º do Código Penal português).

Manuel da Costa Andrade[144] justifica de outro modo a diferença de tratamento jurídico-penal, no que se refere à vida humana, entre a autolesão e a heterolesão consentida. A autolesão seria «uma *acção* cuja trajectória significativa se circunscreve ao interior do sistema pessoal», enquanto a «heterolesão consentida configura, tanto em termos reais como simbólicos, uma *interacção* complexa», «*configura invariavelmente uma relação social*». Por outro lado, no que se refere à autenticidade e seriedade da vontade, de «um lado está a radical autenticidade que se exprime na *acção* autolesiva», a que corresponde, quanto à heterolesão consentida, «uma *mera declaração* que pode estar inquinada de vícios de vária ordem: tanto no que toca à sua génese, verbalização e expressão, como ao processo da sua transmissão». Esta última diferença valerá apenas no que se refere ao homicídio a pedido, não no que refere ao incitamento ou auxílio a um suicídio consumado. Quanto à primeira das diferenças, entendo, pelas razões apontadas, que, no caso de autolesão da vida humana, não estamos perante um comportamento desprovido de relevância social a que a ordem jurídica haja de ser indiferente. A dimensão co-existencial é inerente à pessoa humana e é inerente ao

---

Para José Luis Díez Ripollés (*in op. cit.*, pgs. 523 e 524), pelo contrário, a impunidade do suicidio seria a mais directa expressão do reconhecimento, ainda que limitado, de um direito à disponibilidade da própria vida (limitado pela exigência de intervenção exclusiva do suicida).

Para Maria Manuela Valadão Silveira (*in op. cit.*, pgs. 63 e segs.), a impunidade do suicídio compreende-se porque este corresponde a um espaço juridicamente livre, não há um "direito ao suicídio", mas este também não é um acto ilícito.

[144] Ver *Consentimento e Acordo...,cit.*, pgs. 210 a 217, e «Comentário ao Artigo 135º», *in Comentário Conimbricense..., cit.*, vol. I, pg 79 e 80.

próprio Direito, como já vimos. Por isso, Vincenzo Vitale[145] afirma a «antijuridicidade "estrutural" do suicídio», porque este «contradiz o Direito na sua expressão mais radical e originária».

A igual dignidade de todas as vidas e de todas as fases da vida

Até aqui, abordei a questão da eutanásia à luz dos valores constitucionalmente tutelados da vida, da liberdade e da solidariedade. Esse tratamento é relativo à eutanásia, mas um tratamento paralelo adequa-se às questões do suicídio, auxílio ao suicídio e homicídio a pedido.

Vamos agora enfrentar uma questão específica da eutanásia e do auxílio médico ao suicídio em situações semelhantes às que normalmente se invocam para justificar a eutanásia. Essas situações são as de doença irreversível, que provoca sofrimento, normalmente em fase terminal, mas também noutras fases da vida. Não está em causa o valor genérico da liberdade e autonomia individuais (válido em qualquer situação), mas uma questão que se coloca apenas nesse tipo de situações.

Afirma-se que nessas situações a vida pode *perder dignidade* ou *qualidade*. O projecto de resolução do Parlamento Europeu de 27 de Abril de 1991[146], da autoria do cancerólogo francês Léon Schwartzenberg, que recomendava a despenalização da eutanásia em determinadas condições, era explícito ao falar em "perda de dignidade" da vida numa situação de doença irreversível em fase terminal.

Contrapõe-se, assim, a sacralidade da vida (a vida é inviolável em qualquer situação) à qualidade da vida (o valor e a inviolabilidade da vida dependem da sua qualidade). A qualidade da vida prima sobre a sua quantidade – diz-se. A dignidade da vida humana deixa de ser algo de intrínseco e passa a ser considerada uma qualidade contingente que pode perder-se em determinadas situações.

---

[145] Ver «L' Antigiuridicità "Strutturale" del Suicidio», *in Rivista Internazionale di Filosofia del Diritto*, 1983, pgs. 439 a 469.

[146] Pode ver-se o texto em *La Documentation Catholique*, 1-15/9/91, nº 2034, pgs. 791 e segs.

Haverá que respeitar, de qualquer modo, o juízo do próprio doente sobre a eventual perda de qualidade ou dignidade da sua vida. Para Bernard Baertsch[147], é essencial que a eutanásia seja voluntária porque, por um lado, numa mesma escala de valores, uma dor pode ser suportada ou não, de acordo com a pessoa em causa e a sua situação, e porque, por outro lado, há que respeitar uma pluralidade de concepções moralmente justas de vida feliz.

Invoca-se, para justificar a eutanásia ou o auxílio ao suicídio nessas situações, a proibição de tratamentos desumanos e degradantes que consta de vários textos constitucionais (consta do artigo 35º, nº 2, da Constituição portuguesa, por exemplo) e do artigo 3º da Convenção Europeia dos Direitos do Homem (preceito invocado no já referido caso *Dianne Pretty v. Reino Unido*).

Estaríamos perante uma situação de conflito de deveres ou de estado de necessidade, que vê em confronto as obrigações de salvaguarda da vida, por um lado, e de evitar tratamentos desumanos ou degradantes, ou de combater o sofrimento, por outro lado.

De acordo com a jurisprudência holandesa que conduziu à despenalização da eutanásia (hoje consagrada por via legislativa), esse conflito provocaria uma situação de "força maior", uma pressão psicológica insuperável que determinaria o agente, de modo necessário e inevitável, à prática da eutanásia[148].

Para José Luis Díez Ripollés[149], por exemplo, estaríamos perante um conflito entre os deveres de protecção da vida e de evitar tratamentos desumanos e degradantes. As obrigações de fazer e não fazer deveriam ser moduladas de modo a que, em nenhum caso, o seu cumprimento implique manter a vida com procedimentos ou em condições desumanas e degradantes. Na apreciação da natureza eventualmente desumana ou degradante dessas condições, haveria que conjugar aspectos objectivos e subjectivos (haveria que atender à vontade do visado, mas também não seria suficiente essa vontade).

---

[147] Ver *La Valeur de la Vie Humaine et l'Intégrité de la Personne*, P.U.F., Paris, 1991, pgs. 79 a 107.

[148] Ver Anton Van Kalmthout, *op. cit.*, pgs. 302 a 305, e Giovanna Fravolini, *op. cit.*, pg. 847.

[149] Ver *op. cit.*, pgs. 522 a 525, 538 e 539.

Na mesma linha, Miguel Ángel Núnez Paz[150] justifica a eutanásia na base de um conflito de interesses ou deveres. Há um dever de salvaguardar a vida, mas a vida que deverá ser salvaguardada é uma vida digna, livre de tratamentos desumanos e degradantes. Em determinadas situações, o mal que representa a perda da vida será – pelo menos – de importância igual à da perda da dignidade da vida.

As considerações já tecidas anteriormente permitem compreender o motivo da rejeição destas posições.

A dignidade da vida humana é algo de intrínseco. A vida humana reveste-se de dignidade apenas por ser humana e sempre que é humana. Como afirma Étienne Montero[151], a pessoa, enquanto tal, tem sempre a mesma dignidade ontológica, intangível e inviolável, independentemente de, psicologicamente, haver um sentimento de dignidade diminuída, ou de as condições que acompanham a fase terminal da vida não serem dignas, porque «não é a dignidade que fundamenta a vida humana, mas a vida humana que fundamenta a dignidade».

E, no que se refere mais concretamente à Constituição portuguesa, há que considerar o seguinte. O artigo 24°, n° 1, consagra a inviolabilidade da vida humana sem distinções. Inviolável é toda a vida humana, independentemente das condições que possam rodear essa vida. Também a dignidade da pessoa humana em que, de acordo com o artigo 1°, se baseia a República portuguesa, é a dignidade de todas as pessoas em qualquer fase da sua vida.

Segundo Étienne Montero[152], é neste sentido que aponta claramente a filosofia clássica dos Direitos do Homem, reflectida nos artigos 1° («Todos os seres humanos nascem livres e iguais») e 2° (os direitos do Homem são reconhecidos «sem distinção de raça, cor, sexo, língua, religião, opinião política ou outra, nacionalidade, extracto social, fortuna, nascimento, ou *qualquer outra situação*) da Declaração Universal dos Direitos do Homem. No que se refere à Constituição portuguesa pode invocar-se, a este respeito, os princípios

---

[150] Ver *Homicidio Consentido, Eutanasia y Derecho a Morir con Dignidad*, Tecnos, Madrid, 1999, pgs. 461 a 469.

[151] Ver «L'Eutanasia è un Diritto ?», *in Studi Cattolici*, , pg. 167.

[152] *In op. cit.*, pg. 168.

da universalidade (artigo 12º) e da igualdade (artigo 13º) como princípios gerais relativos à aplicação dos direitos fundamentais.

Afirma-se que o Estado, ao autorizar a prática da eutanásia, se limita, de forma neutra, a respeitar o juízo do próprio doente quanto à falta de dignidade (ou qualidade) da sua vida. Mas, ao admitir que se satisfaça o pedido de eutanásia em determinadas situações (e não noutras, nas quais já não se colocaria a questão da "falta de dignidade"), o Estado corrobora e confirma o juízo relativo a essa "falta de dignidade"[153]. Como se afirma na declaração dos bispos belgas de 16 de Maio de 2002, sobre a recente Lei belga que despenalizou a eutanásia, o Estado «está de acordo em que determinadas vidas têm menos valor do que outras». Por outro lado, quer a Lei belga, quer a Lei holandesa, condicionam a admissibilidade da eutanásia à inexistência de «outra solução razoável», o que pressupõe uma postura não neutra e um juízo positivo a respeito da razoabilidade da eutanásia numa determinada situação.

A este respeito, afirma Gonzalo Miranda:

Concordar (com o pedido de eutanásia) seria simplesmente dizer-lhe: «Sim, tens razão: a tua vida não tem mais sentido, já não tem valor nenhum; e, portanto, tu mesmo já não tens também nenhum valor: é melhor que morras, que não existas mais». Contudo, recusando-se a acatar o seu pedido, o médico está a dizer ao doente:

«Não é verdade que a tua vida não tenha mais sentido; não estás capaz de o encontrar e eu compreendo-te. Mas a tua vida, mesmo nestas condições, tem um sentido. Porque tu tens um valor que não depende do teu estado: tens valor porque és tu próprio. Continuarei a estar junto de ti e a ajudar-te; e continuarei a tentar ajudar-te para que possas encontrar o teu sentido e o teu valor até ao último momento. Simplesmente porque gosto de ti.»[154]

E se o Estado admite que a vida humana pode perder dignidade em situações de doença em fase terminal, torna-se mais fácil justificar até a eutanásia involuntária nessas situações. Como afirma François Coppens, «se a vida perde dignidade, como se justificaria o doente que pretende continuar a viver, impondo aos outros uma

---

[153] Assim, Étienne Montero, *op. cit.*, pg. 169.
[154] Ver «O Sentido da Vida e a Aceitação da Morte», *in Brotéria*, vol. 150, 2, Fevereiro de 2000, pg. 173.

presença penosa, talvez dispendiosa e inútil?»[155] Nessas situações, a eutanásia involuntária seria apenas um atentado à vontade do doente, não um atentado à objectiva dignidade da sua vida. Se o doente não está em condições de exprimir a sua vontade, não estará aberta a porta a uma justificação da eutanásia involuntária? É a essa justificação que chega Peter Singer[156] no caso de recém-nascidos com graves incapacidades, doentes mentais e doentes terminais em estado de inconsciência. E também as normas holandesas promulgadas em 1983 prevêem a possibilidade de "supressão da vida sem pedido expresso" nesse tipo de situações[157].

Não me parece adequado invocar a proibição de tratamentos desumanos e degradantes para justificar a eutanásia. Essa proibição impede que se provoquem sofrimentos ou que não se eliminem os sofrimentos evitáveis. Poderá ser pertinente a sua invocação a respeito de algumas situações de *exacerbação terapêutica*. Para além disso, não pode dizer-se que o sofrimento é estranho à condição humana. Pelo contrário, o sofrimento (físico ou psicológico, em qualquer idade e em qualquer fase da vida) será sempre algo de inerente à condição humana, a que o Homem nunca poderá escapar sem si negar a si próprio, com que sempre deverá confrontar-se e cujo sentido há-de buscar se quiser realizar-se plena e salutarmente como Homem[158].

E não me parece adequado invocar, a respeito da eutanásia, o estado de necessidade ou o conflito de deveres[159].

Pelas razões já apontadas, não pode opor-se à inviolabilidade da vida a qualidade da vida. Para além da imprecisão do conceito de "qualidade de vida" (esta supõe a ausência de sofrimento, a autosuficiência, a capacidade de relacionamento com os outros?), não é

---

[155] Ver «La Loi et la Vie Humaine – Reflexions à propos du Débat sur l'Euthanasie», in *Nouvelle Revue Théologique*, 119, 1987, pg. 55.

[156] Ver Ana Maria Marcos del Cano, *op. cit.*, pgs. 167 e segs.

[157] Ver Anton Van Kalmthout, *op.cit.*, pgs 261 e segs. e Giovanna Fravolini, *op.cit.*, pg 845.

[158] Gonzalo Miranda (*in* «O Sentido da Vida...», *cit.*, pgs. 161 e segs.) alude, a este respeito, às teses da *logoterapia* de Viktor Frankl.

[159] Jorge Figueiredo Dias também considera, afirmando ser essa a opinião maioritária nas doutrinas alemã e suiça, que, *de jure constituto*, não podem ser invocadas causas de justificação para a eutanásia (ver «Comentário ao Artigo 131º», in *Comentário Conimbricense...*, *cit.*, vol. I, pg. 15).

admissível aceitar que a vida, por falta de "qualidade", possa perder dignidade. Porque a vida humana é sempre digna, não pode deixar de ter "qualidade".

E mesmo que se entendesse que poderia estar em causa o dever de evitar o sofrimento, ou de evitar tratamentos desumanos e degradantes, nunca esse dever poderia ser cumprido através da supressão da vida. Para suprimir a parte (o sofrimento), não pode suprimir-se o todo (a vida). O dever de eliminar o sofrimento só faz sentido se a pessoa se mantém viva. Com a eutanásia, a pessoa não permanece livre do sofrimento, é suprimida.

A eutanásia e a função de prevenção geral positiva do direito penal

Já acentuei o facto de o bem jurídico que representa a vida humana se revestir de um alcance não apenas individual, mas também sistémico-social, uma vez que cada vida humana em concreto tem um relevo social significativo. Mas o bem jurídico da vida humana tem um alcance sistémico-social também noutro sentido. Na protecção penal da vida humana não está em causa apenas a vida de uma pessoa em concreto, mas também a afirmação cultural do valor da vida humana em geral. O Direito Penal cumpre uma função de prevenção geral positiva, de reforço da confiança da comunidade na vigência de normas que protegem bens jurídicos fundamentais na perspectiva da própria sobrevivência e regular funcionamento dessa comunidade. Essa função (que poderíamos considerar "pedagógica") assume uma importância capital quando está em causa o bem jurídico e valor supremo que é a vida humana.

A respeito da punibilidade da heterolesão da vida humana consentida, Manuel da Costa Andrade[160], fazendo referência às opiniões concordes de Claus Roxin e Dieter Dolling, afirma que tal punibilidade se justifica porque «no plano político-criminal e axiológico-material avulta o propósito de não abrir brechas na protecção penal da vida humana, em torno da qual o direito (penal) deve erigir um verdadeiro *tabú*».

---

[160] Ver «Comentário ao Artigo 134º», *in Comentário Conimbricense...*, *cit.*, pg. 59.

Sensível a esta questão, Sergio Seminara[161] admite a despenalização da eutanásia através de «uma causa de justificação (*rectius*, de isenção de pena) tão rigorosa e determinada que exclua o perigo de que a legalização da eutanásia consensual prejudique a função de prevenção geral positiva do Direito Penal, debilitando nela a mensagem cultural e a autoridade sócio-psicológica precisa a respeito do bem jurídico vida».

Parece-me, porém, que não é possível excluir tal perigo. A despenalização da eutanásia tem, até, um particular efeito antipedagógico. Introduz uma brecha na "mensagem cultural" relativa à protecção da vida em geral, mas também na "mensagem cultural" relativa à protecção da vida dos mais débeis (e mais carentes de protecção, portanto). Como vimos, ao admitir que determinadas vidas (marcadas pela doença e pelo sofrimento) podem "perder dignidade", introduz-se uma brecha na "mensagem cultural" relativa à igual dignidade de todas as vidas e de todas as fases da vida.

A este respeito, não será inoportuno evocar a tão célebre imagem da *rampa deslizante* ou do *tobogan*. Quando se permite a abertura de uma brecha num edifício, este pode entrar numa desagregação progressiva até à derrocada final. Se o *tabú* da protecção absoluta e incondicional da vida humana é violado, ainda que de forma circunscrita e excepcional, é de temer que outras violações se sigam e não sabemos onde poderemos chegar, onde poderão tais violações terminar. E tudo isto resulta do enfraquecimento progressivo da afirmação cultural do valor da vida humana, quando a mentalidade corrente se vai habituando e insensibilizando perante os atentados a esse valor.

Vem a memória a experiência histórica do regime nacional-socialista (que marcou os autores alemães a ponto de estes terem deixado de utilizar a expressão "eutanásia", substituindo-a por "ajuda a morrer"). Essa experiência também começou pela admissibilidade da eutanásia numa situação particularmente dramática de uma criança gravemente deficiente com motivações pretensamente misericordiosas. Apoiou-se basicamente no conceito de "vidas indignas de ser vividas" e de "vidas sem interesse vital" (*Lebenswerten Leben*)[162].

---

[161] *In op. cit.*, pg. 441.

[162] Ver, sobre a experiência do regime nacional-socialista, por exemplo, Fernando Monge, *Eutanasia? Sentido de la Vida, del Dolor y de la Muerte*, Ediciones Palabra, Madrid, pgs. 67 a 80.

Ao admitir que a vida pode "perder dignidade", não estaremos a enveredar perigosamente pelo mesmo caminho?

Sem chegar a evocar esses extremos (e sem fazer uso, pois, do chamado argumento *ad hitlerum*), também podemos encontrar na experiência recente de legalização da eutanásia alguns indícios de um resvalar progressivo para uma cada vez mais fácil aceitação de atentados à vida.

Como vimos, os partidários da legalização da eutanásia insistem na necessidade de esta ser sempre, e em qualquer circunstância, voluntária (até porque é com base no valor da liberdade que se justificaria essa legalização). Mas, como também já vimos, as normas holandesas de 1983 admitem a supressão da vida "sem pedido expresso" em casos de nascituros com graves deficiências, doentes mentais e doentes terminais em fase de inconsciência (situações nas quais, como também já vimos, Peter Singer admite a eutanásia involuntária). Segundo o relatório (oficial) Remmelink[163], em 1990 tal verificou-se em cerca de mil pessoas (0,8% das mortes). A Lei holandesa de 2001 admite a eutanásia de doentes inconscientes que tenham formulado antecipadamente (sem que se fixe o prazo máximo dessa antecipação) o seu pedido, e a eutanásia de menores (entre os 12 e os 16 anos com o consentimento dos pais, sendo que fora inicialmente proposta a dispensa desse consentimento, e entre os 16 e os 18 anos sem o consentimento dos pais), menores cuja vontade é para outros efeitos jurídicos, irrelevante[164].

Começou por admitir-se, na doutrina e na legislação, a eutanásia em situações de doença terminal. A Lei belga de 2002 despenaliza a eutanásia em situações de doença incurável, fora do âmbito terminal. Na Holanda, já se discutiu, a propósito do caso do antigo senador Eduard Brongersma, a possibilidade de eutanásia já fora do âmbito de uma qualquer doença, numa situação de simples «cansaço de viver».

A impunidade da "eutanásia passiva", expressão da disponibilidade do direito à vida?

---

[163] *Cit.* por Ana Maria Marcos del Cano *in op. cit.*, pg. 248, nota 51.
[164] Ver, sobre esta Lei, Daniel Serrão, *in* «Eutanásia», *cit.*, pgs. 249 a 251

Ao delimitar o âmbito deste trabalho, começámos por dele retirar a chamada *eutanásia passiva*, a abstenção de intervenção terapêutica com base na recusa de consentimento do doente e quando dessa abstenção resulta a morte deste. Impõe-se, porém, uma referência a esta questão, pois há quem invoque precisamente a impunidade deste tipo de conduta como manifestação da disponibilidade do direito à vida, o que contraria abertamente as teses que vimos defendendo. Afirma Ana Maria Marcos del Cano[165] que «não é em vão que a reivindicação da licitude da eutanásia (...) encontra a sua origem no direito, reconhecido em múltiplas legislações, de recusa de um tratamento médico, mesmo que este sirva para manter a pessoa em vida».

Para Manuel da Costa Andrade[166], através da punição das intervenções médicas arbitrárias (artigo 156º do Código Penal), a partir da qual se tem de concluir pela impunidade da *eutanásia passiva*, protege-se o bem jurídico que representa o direito a dispor do seu próprio corpo e da sua própria vida. Maria Manuela Valadão Silveira[167] invoca a proibição de tratamentos médicos arbitrários como manifestação da inexistência de um dever jurídico de viver e da não ilicitude do suicídio.

A doutrina italiana divide-se a respeito da abstenção terapêutica com base na recusa de consentimento do doente quando daí possa resultar a morte deste, e a raiz dessas divergências liga-se à questão da disponibilidade do direito à vida[168].

Invocando o princípio contrário, a indisponibilidade do direito à vida, o Tribunal Constitucional espanhol defendeu a constitucionalidade da alimentação forçada de reclusos em greve de fome e da transfusão sanguínea de "testemunhas de Jeová" contra a vontade destes[169]. Em Portugal, como na Alemanha e na Áustria, está previsto o dever de alimentação forçada de reclusos em caso de grave perigo para a sua saúde. É o que resulta do Decreto-Lei nº 265/79, de 1 de

---

[165] *In op. cit.*, pg 113.
[166] Ver *Consentimento e Acordo...*, *cit.*, pg 440 e 452 e segs. e «Comentário ao artigo 156º», *in Comentário Conimbricense...*, *cit.*, vol. I, pg 379.
[167] *In op. cit.*, pgs. 63 e segs.
[168] Ver Sergio Seminara, *op. cit.*, pgs. 95 e segs.
[169] Ver Ana maria Marcos del Cano, *op. cit.*, pgs. 150 e segs.

Agosto (com as alterações introduzidas pelo Decreto-Lei nº 49/80, de 22 de Março)[170].

O dever (ou mesmo a possibilidade) de alimentação forçada de reclusos, designadamente em resultado de greve de fome, tem sido contestado em nome do primado da autonomia e do livre desenvolvimento da personalidade. Figueiredo Dias e Sinde Monteiro[171] invocam, a esse respeito, o artigo 25º, nº 1, da Constituição (que consagra a inviolabilidade da integridade física e moral da pessoa). Augusto Silva Dias[172] invoca o artigo 41º (que consagra a liberdade de consciência). Rabindranath Capelo de Sousa[173] invoca o *direito a ser deixado sózinho (right to be let alone)*, mas também a liberdade de expressão e a defesa dos bens e valores reputados idóneos pelo grevista. Maria Manuela Valadão Silveira[174] contesta este regime, por não ser configurável, à luz dos princípios constitucionais, um dever jurídico de viver. Mário Raposo[175] contesta também este regime, embora também afirme que «a magna razão que poderá ser invocada no sentido de o médico poder impedir a morte resultante da recusa de tratamento será o carácter inviolável da vida humana, de que o próprio não poderá dispor».

E é precisamente esta indisponibilidade que leva a aceitar o regime em apreço. É essa a posição de António José dos Santos Lopes Brito e José Manuel Subtil Lopes Rijo[176]. Anabela Miranda Rodrigues[177] entende que o direito individual de liberdade poderá ser limitado pelo interesse do Estado em preservar a vida e a manutenção da ordem e segurança do estabelecimentos prisionais, nos termos

---

[170] Ver o Parecer da P.G.R. nº 99/82, de 14 de Junho (*in B.M.J.*, nº 321, de 1982, pgs. 193 a 199), que afirma a prevalência desse dever sobre disposições contrárias do Código Deontológico da Ordem dos Médicos.

[171] Ver «Responsabilidade Médica em Portugal», *in B.M.J.*, nº 332, Janeiro de 1984, pg. .

[172] *In A Relevância Jurídico-Penal das Decisões de Consciência*, Almedina, Coimbra, pgs. 131 e 132.

[173] *In op. cit.*, pg 207, nota 401.

[174] *In op. cit.*, pgs. 68 e segs.

[175] *In op.cit.*, pg. 280 e 281.

[176] *In Estudo Jurídico da Eutanásia em Portugal – Direito sobre a Vida ou Direito de Viver?*, Almedina, Coimbra, 2000, pg. 101.

[177] *In Novo Olhar sobre a Questão Penitenciária – Estatuto Jurídico do Recluso e Socialização, Jurisdicionalização, Consensualismo e Prisão*, Coimbra Editora, Coimbra, 2000, pgs. 101 a 108.

estritamente necessários à satisfação desses interesses (o que se verificará em caso de perigo de vida resultante de uma tentativa de suicídio ou de um acidente laboral). Manuel da Costa Andrade[178] entende que há que atender à autonomia pessoal, mas também ao interesse de um Estado Social em evitar a proliferação de suicídios nas prisões, o que impõe, antes de mais, uma interpretação conforme à Constituição do regime em apreço, que leva a distinguir as várias situações, designadamente as de suicídio "passivo" (situações de doença natural, em que não seria admissível a alimentação forçada de reclusos, como não é a de qualquer outra pessoa) e as de suicídio "activo" (resultante de greve de fome, por exemplo)[179/180].

Questão paralela à da *eutanásia passiva*, é a da omissão diante da prática de um suicídio.

Partindo da tese da indisponibilidade do direito à vida e da ilicitude do suicídio, o Supremo Tribunal federal alemão, no caso *Wittig*[181], considerou o suicídio como "acidente" susceptível de gerar um dever de auxílio cujo incumprimento seria criminalmente sancionado. Esta decisão foi objecto de viva discussão na doutrina alemã, que maioritariamente a criticou. Esteve na origem do Projecto Alternativo de Lei sobre Ajuda a Morrer (*Alternativentwur eines Gesetzes uber Sterbhilfe*)[182].

Para Maria Manuela Valadão Silveira[183], embora não seja ilícito impedir um suicídio, tal conduta não pode tornar-se obrigatória, pois releva apenas da esfera dos comportamentos morais, uma vez que

---

[178] Ver *Consentimento e Acordo...*, cit., pg. 408 a 410, nota 129, «Comentário ao Artigo 135º», in *Comentário Conimbricense...,cit.*, vol I, pgs. 93 e 94, e «Comentário ao artigo 156º», in *Comentário Conimbricense...,cit.*, vol. I, pg. 392.

[179] Sobre as divergências da doutrina italiana a este respeito, pode ver-se Sergio Seminara, *op.cit.*, pg. 131 e segs.

Quanto à doutrina alemã, pode ver-se Manuel da Costa Andrade, *op.cit.* na nota anterior.

[180] Registe-se o facto de ter sido recentemente autorizada judicialmente a alimentação forçada do dirigente político italiano em greve de fome Marco Panella,(ver *Corriere della Sera* de 10 de Julho de 2002).

[181] Ver *Neue Juristische Zeitung*, 1984, pgs. 2639 e segs.

[182] Ver Hans-Georg Koch, «La Ayuda a Morir como Problema -Legal en Alemania», in *El Tratamiento...*, cit., pg. 248, Manuel da Costa Andrade, *Consentimento e Acordo...*, cit., pg. 446 e segs., e Maria Manuela Valadão Silveira, *op.cit.*, pg. 58 e 59.

[183] *In op. cit.*, pgs. 68 e segs.

não existe um dever jurídico de viver. Manuel da Costa Andrade[184] também entende que há um direito de intervir para evitar o suicídio, mas tal não corresponde a um dever penalmente sancionável. A oposição do paciente faz cessar o dever de garante (quer do paciente normal, quer do suicida, tanto antes, como depois da perda de consciência). Para Miguel Ángel Nunez Paz[185], não existe uma obrigação de impedir o suicídio porque existe o direito a dispor da vida e o suicídio é uma manifestação desse direito (limitado pela exigência de não intervenção de terceiros). Da mesma forma que não existe um dever de viver contra a vontade do titular do direito à vida, não existe um dever de intervir diante de quem deseja pôr termo à vida. O facto de o suicida ter vontade de morrer elimina a posição de garante.

Como encarar todas estas questões à luz das teses que venho defendendo e que se apoiam na indisponibilidade do direito à vida?

Independentemente da questão de saber se a chamada "eutanásia passiva" é uma verdadeira "eutanásia" (não a considera assim o artigo 47º, nº 4, do Código Deontológico da Ordem dos Médicos, como vimos) ou deverá, antes considerar-se "eutanásia imprópria"[186], não deve considerar-se que a sua eventual impunidade resulta da disponibilidade do direito à vida.

Não é com base nessa disponibilidade que poderá ser sustentada a impunidade da abstenção de tratamentos médicos contrários à vontade do doente quando dessa abstenção possa resultar a morte deste, nem a impunidade da abstenção de comportamentos destinados a evitar um suicídio.

Há que atender, antes, à distinção entre o tratamento penal dos comportamentos activos e o dos comportamentos omissivos. *Matar* e *deixar morrer* são comportamentos com um relevo ético e criminal distinto (ainda que equiparável para certos efeitos e em certas situa-

---

[184] *In Consentimento e Acordo...*, cit., pg. 441 e 442, «Comentário ao Artigo 134º», in *Comentário Conimbricense...,cit.*, vol. I, pgs. 66 e 67, e «Comentário ao Artigo 135º», in *Comentário Conimbricense...,cit.*, vol. I, pg. 92.

[185] *In op. cit.*, pgs. 455 e segs.

[186] Para François-Régis Cerruti (*in L'Euthanasie – Approche Médicale et Juridique*, Privat, Toulouse, 1987, pg. 67 e 68), por exemplo, a eutanásia supõe a escolha activa da morte, directa e não indirecta, por comissão e não por omissão.

ções). É diferente a situação em que a morte é causada directamente pela intervenção eutanásica e a situação em que a morte é causada directamente por uma doença natural, ou pela conduta do suicida, podendo ser evitada pela intervenção (terapêutica ou não) de terceiro[187].

Se em relação à primeira dessas situações (em que a inviolabilidade da vida humana é afrontada directamente), como vimos, tal inviolabilidade não pode ceder diante de qualquer outro direito ou princípio, na segunda dessas situações (em que a inviolabilidade da vida humana não é posta em causa de forma directa) já será admissível alguma forma de concordância prática com princípios como os da liberdade, integridade física ou do consentimento e confiança em que se deve basear a relação entre o médico e o doente.

Do princípio da inviolabilidade da vida humana resulta a punição das condutas que produzem activamente a morte, mas não necessariamente de todas e quaisquer condutas omissivas que contribuam causalmente para a morte, independentemente da existência de um dever jurídico de garante. É ao legislador ordinário que caberá definir as fontes desse dever e é admissível que se entenda que cessa esse dever em caso de oposição do beneficiário do mesmo. Pode, pois, entender-se que não há uma obrigação, sancionável criminalmente, de impedir o suicídio ou que os médicos não serão obrigados a intervir para evitar a morte no caso de reclusos em greve de fome ou, mais genericamente, na ausência de consentimento do doente.

Mas, precisamente porque não está em causa a disponibilidade da vida, há que considerar o seguinte.

Dentro do quadro constitucional são admissíveis soluções diferenciadas. Pode o legislador ordinário dar prevalência absoluta ao princípio da inviolabilidade da vida humana sobre a autonomia mesmo nessas situações. São admissíveis (embora possam não ser essas as únicas opções legítimas), à luz dos princípios constitucionais, o regime de alimentação forçada de reclusos decorrente do Decreto-Lei nº 265/79, de 1 de Agosto, assim como as teses da jurisprudência espanhola a respeito da alimentação forçada de reclusos e transfusões sanguíneas de "testemunhas de Jeová".

---

[187] Ver, em sentido idêntico, François-Régis Cerruti, *in op. cit.*, pg 67.

E, por outro lado, precisamente porque não está em causa a disponibilidade da vida humana, se pode não ser punida a omissão de um comportamento destinado à salvaguarda da vida, também não deverá ser punida uma intervenção destinada a essa salvaguarda e contrária à vontade do titular (o que não se compreenderia se estivesse em causa a disponibilidade da vida e a consequente prevalência absoluta da autonomia desse titular).

Se pode não ser sancionada criminalmente a conduta de quem não evita um suicídio, também não é sancionada a conduta de quem intervém para o evitar. O artigo 154º, nº 3, b), do Código Penal considera justificadas condutas que integram o tipo de crime de coacção quando as mesmas se destinam a impedir a prática de um suicídio. De acordo com Manuel da Costa Andrade[188], este preceito também será aplicável às intervenções médicas arbitrárias. Na ausência de um preceito análogo, poderia ser invocado o direito de necessidade (artigo 31º do Código Penal) e a prevalência da inviolabilidade da vida humana sobre a autonomia, quer no caso da coacção para evitar o suicídio[189/190/191], quer em situações de intervenções médicas arbitrárias necessárias à salvaguarda da vida[192].

Por outro lado, haverá sempre que garantir a autenticidade da manifestação de vontade em que se traduz a recusa de consentimento para uma intervenção de salvaguarda da vida. Essa autenticidade não

---

[188] Ver «Comentário ao artigo 135º», in *Comentário Conimbricense..., cit.*, vol. I, pg. 93.

[189] Assim, *apud* Américo Taipa de Carvalho (*in* «Comentário ao artigo 154º», *in Comentário Conimbricense..., cit.*, vol. I, pg 363.), a doutrina alemã e austríaca. Este autor também considera que o regime do artigo 154º,nº 3, b), é expressão do princípio da indisponibilidade da vida humana.

[190] Precisamente porque não considera a indisponibilidade da vida e considera o suicídio uma manifestação de liberdade como tal tutelada, Sergio Seminara (*in op. cit.,*pgs 132 e 133), não aceita a invocação, a este respeito, do direito de necessidade.

[191] Numa perspectiva civilista,, pressupondo ambos a indisponibilidade da vida, Rabindranath Capelo de Sousa (*in op. cit.*, pg. 207, nota 409) considera que estamos perante uma colisão de direitos, nos termos do artigo 336º, nº 2, do Código Civil, entre o direito de salvar a vida, que prevalece, e o *direito a ser deixado sózinho* do suicida, e João Antunes Varela (*in Das Obrigações em Geral*, I, Almedina, Coimbra, 1991,pg. 549, nota 2) considera que se verifica uma situação de legítima defesa de terceiro titular de um direito indisponível.

[192] Ana Maria Marcos del Cano (*in op. cit.*, pg. 129, nota 13) refere uma decisão de um tribunal espanhol que justificou uma transfusão de sangue numa "testemunha de Jeová".

está garantida quando o suicídio resulta (como é frequente) de estados patológicos. E também é sempre possível questionar a autenticidade (e actualidade) da recusa de consentimento anterior a um estado de inconsciência. É sempre possível admitir que poderia mudar de opinião e arrepender-se, depois da última manifestação clara de vontade, o doente em estado de inconsciência subsequente a uma tentativa de suicídio, ou o recluso em greve de fome em estado de inconsciência. Nestas, e noutras situações a dúvida deve favorecer a vida (*in dubio pro vita*)[193/194].

---

[193] Assim, Manuel da Costa Andrade, in *Consentimento e Acordo...*, cit., pg. 459.

[194] Sergio Seminara afirma (*in op. cit.*, pg 130) que será uma "ficção quase grotesca" considerar a recusa de consentimento e, imediatamente a seguir, quando se entra em estado de inconsciência, presumir o consentimento. Mas, em meu entender, não podemos menosprezar a necessidade de, atendendo à relevância e irreversibilidade da decisão em causa, ter certezas quanto ao sentido da vontade da pessoa.

AS FRONTEIRAS DA EUTANÁSIA: OS CASOS DE PIERGIORGIO WELBY E INMACULADA ECHEVARRIA[195]

Os casos de Piergiorgio Welby, em Itália, e de Inmaculada Echeverraria, em Espanha, trouxeram para a ordem do dia as discussões relativas à definição de eutanásia, e sua distinção da *abstenção terapêutica*, ou omissão de tratamentos médicos essenciais à manutenção da vida mas não consentidos, assim como do quadro legal relativo a tais práticas.

Piergiorgio Welby sofria de uma distrofia muscular progressiva que o colocava numa situação de quase completa paralisia e dependência, mas não afectava a sua consciência e a sua actividade intelectual. Assim viveu durante vários anos e poderia continuar a viver se um médico (por sinal, não o que o assistia regularmente), Mario Ricci, não tivesse, em execução de um seu pedido insistente, desligado o ventilador artificial de que dependia a sua actividade respiratória.

A atitude deste médico foi objecto de apreciações contraditórias, inseridas num debate mais amplo sobre a legalização da eutanásia. O seu caso tornou-se, mesmo, uma bandeira em prol dessa legalização, com a invocação de um direito à autodeterminação extensivo à própria decisão a respeito da vida e da morte. Manifestações e vigílias foram organizadas para reclamar um pretenso "direito à morte", por razões tidas por humanitárias. Políticos emitiram opiniões divergentes (as divergências atravessavam o próprio Governo), que, em geral, coincidiam com a postura mais genérica assumida por cada um deles a respeito da legalização da eutanásia. Grande furor causou a recusa de celebração de funeral católico requerida pela família.

---

[195] Texto publicado na revista *Brotéria*, vol. 165, Outubro de 2007.

Também houve, porém, quem distinguisse esta situação (qualificada como interrupção de um tratamento médico com base na falta de consentimento do doente) de uma verdadeira eutanásia (como acto que directamente provoca, por si mesmo, a morte) e defendesse que, por isso, não poderia este caso, e a eventual impunidade do médico Mario Ricci, no quadro da legislação vigente (que consagra o direito do doente a recusar uma qualquer terapia) servir de base à legalização da eutanásia (a qual suporia uma alteração legislativa de fundo).

No entanto, também houve quem qualificasse a atitude de Mario Ricci como de verdadeira eutanásia, e entendesse que a sua não incriminação suporia a aceitação de uma primeira brecha no quadro legal que veda tal prática em nome da tutela da vida.

A avaliação contraditória dessa atitude por parte de diferentes magistrados que tiveram intervenção no processo reflecte estas duas últimas posturas. Em nome do direito do doente a recusar uma terapia, ainda que essencial para a salvaguarda da vida, o magistrado do Ministério Público competente determinou o arquivamento do processo. Um juiz (*giudice delle indagine preliminare*) competente para se pronunciar sobre esse arquivamento determinou, em sentido contrário, a continuação do processo, por entender que a tutela da vida humana se configura como limite intransponível à autonomia do paciente. Porém, um outro juiz com intervenção no processo numa fase seguinte (*giudice delle udienze preliminare*) veio a confirmar a decisão anterior do Ministério Público[196].

A decisão da Ordem dos Médicos de não proceder disciplinarmente, por infracção à deontologia profissional, contra Mario Ricci foi criticada num manifesto subscrito por mais de duzentos médicos, que invocaram a inviolabilidade a vida humana colocada acima do direito à autodeterminação do doente, assim como a natureza da aliança terapêutica médico-doente, no âmbito da qual ao médico não cabe o papel de simples executor de quaisquer desejos expressos pelo doente, designadamente os que possam conduzir à morte[197].

---

[196] Ver *Avvenire*, edições *on-line* (*www.avvenire.it*) de 9 e 10 de Junho de 2007 e de 24 de Julho de 2007.

[197] Ver *Avvenire*, edição *on-line* de 14 de Março de 2007.

A comissão disciplinar da Ordem dos Médicos assumiu tal posição neste caso, mas fê-lo por considerar que o mesmo não se enquadraria no âmbito da eutanásia, e resultou bem claro de uma declaração solene emanada, a propósito, por este organismo que este não se afastou da posição tradicional de rejeição da eutanásia à luz da deontologia médica[198].

A imprensa[199] registou a divergência de posições, a este respeito, entre o cardeal Carlo Maria Martini, arcebispo emérito de Milão, que distinguiu (como o faz a recente Lei francesa, que considerou equilibrada) a situação em apreço, de omissão de tratamentos não consentidos, da de uma verdadeira eutanásia, e Mons. Ellio Sgreccia, presidente da Pontifícia Academia da Vida, que considerou que a situação em apreço, não enquadrável no âmbito da *obstinação terapêutica* por não estarmos perante tratamentos fúteis ou desproporcionados, poderá integrar-se no âmbito da eutanásia por omissão (considerando moralmente inadmissível a Lei francesa, por punir apenas a eutanásia por acção, deixando de fora a eutanásia por omissão, contra a definição de eutanásia que é dada pela *Evangelium Vitae* (n. 65)).

O cardeal Camillo Ruini, então presidente da Conferência Episcopal italiana, também se pronunciou no sentido da ilicitude moral e jurídica da conduta do médico que desligou o ventilador artificial neste caso[200]. E assim também Adriano Pasini, director do Centro de Bioética da Universidade Católica do *Sacro Cuore*[201].

Cláudia Navarini, professora da Faculdade de Bioética do Ateneu Pontifício *Regina Apostolorum*, a propósito deste caso, distingue uma situação de recusa inicial de um tratamento, ainda que essencial à preservação da vida, que o médico deve respeitar (mesmo que não adira aos motivos da decisão do doente, dela discorde por razões morais e procure persuadi-lo a mudar de atitude), de uma situação de interrupção de um tratamento já iniciado, em que o doente não pode exigir do médico que colabore na sua morte, quer de forma activa (ministrando um fármaco letal), quer de forma passiva (suspendendo um tratamento devido). Só não seria assim se nos situássemos no

---

[198] Ver *Avvenire*, edição *on-line* de 10 de Julho de 2007.
[199] Ver *Corriere della Será*, 23 de Janeiro de 2007.
[200] Ver www.zenit.org, edição em italiano, 22 de Janeiro de 2007.
[201] Ver *Avvenire*, edição *on-line* de 24 de Julho de 2007.

âmbito da *obstinação terapêutica*, se o tratamento em questão não fosse devido, por ser fútil ou desproporcionado, apenas destinado a prolongar a agonia. Não era esse o caso do ventilador artificial que mantinha em vida Pergiorgio Welby e lhe permitiria uma vida consciente durante muitos anos, como havia permitido até então[202].

No mesmo sentido, pronunciou-se Carlo Casini, presidente do *Movimento per la Vita*. Haveria que distinguir a omissão do início de um tratamento da situação em apreço, que representa a realização de uma acção positiva de interrupção de um tratamento. Neste último caso, estaremos perante a determinação deliberada da imediata e inevitável morte do doente, que, de outro modo, poderia sobreviver muito tempo[203].

No mesmo dia em que foi conhecida a posição do segundo juiz que se pronunciou sobre a conduta do médico Mario Ricci, teve o seu desfecho o caso de Giovanni Nuvoli, que sofria da mesma doença de Piergiorgio Welby, também ele invocado como "bandeira" pelas forças que propugnam a legalização da eutanásia. Depois de um magistrado do Ministério Público ter recusado autorização para desligar o ventilador que o mantinha em vida, Giovanni Nuvoli veio a morrer quando, a seu pedido, foram intencionalmente suspensas a alimentação e hidratação artificiais que o sustinham[204].

Tem contornos muito semelhantes aos destes casos o de Inmaculada Echevarria, ocorrido em Espanha aproximadamente na mesma altura. Inmaculada Echevarria tinha 51 anos, sofria, também, de distrofia muscular progressiva e, desde há dez anos, permanecia paralisada e mantida em vida graças a um ventilador artificial. Pediu com insistência que tal ventilador fosse desligado. A direcção do hospital onde estava internada, de uma congregação religiosa, perante a divergência de opiniões que se manifestava no seio da própria Igreja Católica a respeito da licitude moral desse procedimento, decidiu a sua transferência para outro hospital, onde ela veio a falecer depois de ter sido desligado tal ventilador. O Conselho Consultivo da

---

[202] Ver «Con la Scusa del Accanimento Terapêutico", *in www.zenit.org*, edição em italiano de 14 de Janeiro de 2007, e «Il Rifiuto della Terapia da Parte del Paziente», *in www.zenit.org*, edição em italiano de 18 de Março de 2007.

[203] Ver *www.zenit.org*, edição em italiano de 24 de Julho de 2007.

[204] Ver *Avvenire*, edição *on-line* de 24 de Julho de 2007.

Região da Andaluzia (órgão de assessoria jurídica) autorizou esse procedimento.

Contra essa licitude, manifestaram-se alguns bispos, entre eles os de Granada e de Sevilha[205]. A Federação Espanhola Pró-Vida considerou que estaríamos perante uma verdadeira eutanásia[206].

Também neste sentido se pronunciou, num estudo[207], o Observatório de Bioética da Universidade Católica de Valência. A morte não se teria produzido sem o acto de desligar o ventilador. A morte terá sido, pois, produzida de forma activa, necessária e directa, não omissiva ou indirecta.

Situações análogas a estas têm-se verificado, já desde há alguns anos, nos Estados Unidos, a partir do caso de Karen Quinlan, de 1976, e de outros, que foram objecto de decisões judiciais, no plano estadual e federal (os chamados *"right to die cases"*).

Segundo Alam Meisel[208], foi-se consolidando um consenso, nos planos judicial, médico e da opinião pública, no sentido de considerar, por um lado, que os doentes têm o direito, fundado no direito costumeiro (na *commom law*) e na Constituição, de recusar tratamentos médicos, o que inclui, em certas circunstâncias, o direito a recusar a alimentação e hidratação artificiais, e de que esse direito é legal e moralmente distinto do suicídio assistido e da eutanásia, que continuam a ser proibidos. O direito de recusa de tratamentos também deverá ser reconhecido a doentes incapazes de exprimir a sua vontade. O modo de exercer tal direito – através dos chamados "testamentos vitais" («*living wills*»), de um representante, da consideração da vontade hipotética ou presumida do doente, ou de um padrão objectivo do que seria o seu interesse (*"best interest standarts"*) – suscita sérias dificuldades. Como nenhum direito é absoluto, interesses sociais poderão limitar o direito em questão, mas, em última análise, deve reconhecer-se que tais limites se revestem, hoje, de uma muito

---

[205] Ver *www.zenit.org*, edição em castelhano de 15 de Março de 2007.
[206] Ver *Alfa y Ómega*, 21 de Março de 2007.
[207] Ver *www.observatoriobioetica.com/documentos/informes/informe.pdf*
[208] «Forgoing Life-Sustaining Treatment: The Legal Consensus», in *Last Rights? Assisted Suicide and Euthanasia Debated*, ed. Michael M. Uhlmann, Ethics and Public Policy Center, Washington, e Wm. B. Eerdmans Publishing Co., Grand Rapids, Michigan, 1998, pgs. 417 e segs.

reduzida expressão. De um modo geral, as questões devem ser resolvidas no plano clínico, sem necessidade de recurso aos tribunais. A recusa inicial de tratamento e a suspensão de tratamentos já iniciados têm sido equiparadas.

Não pode, porém, afirmar-se que o consenso está definitivamente consolidado. Há quem, por um lado, conteste o âmbito alargado que vem sendo dado ao direito de suspender tratamentos essenciais à salvaguarda da vida, em particular quando se trata de alimentação e hidratação artificiais, não equiparadas a um verdadeiro tratamento médico, ou quando não há uma manifestação inequívoca de vontade da parte do doente (veja-se o célebre caso de Terry Schiavo). De outro lado, há quem invoque o direito de recusa de tratamentos, e a auto-determinação corporal em que se fundamenta, para defender a legalização da eutanásia e do suicídio assistido e a inconstitucionalidade das normas que punem estas práticas.

Esta última tentativa não tem tido, porém, sucesso. A legislação da quase totalidade dos Estados federados (à excepção do Oregão) pune a eutanásia e o suicídio assistido, ao mesmo tempo que reconhece o direito a recusar tratamentos médicos essenciais à salvaguarda da vida. Em vários casos, são, até, temporalmente próximas as legislações que reconhecem o direito a recusar ou suspender esses tratamentos e as que punem a eutanásia e o suicídio assistido.

Os tribunais pronunciaram-se sobre a questão da constitucionalidade das leis estaduais que punem a eutanásia e o suicídio assistido. Na sequência de decisões contraditórias de nível inferior, o Supremo Tribunal Americano, nos casos *Washington v. Glucksberg* (de 1997), relativo à legislação do Estado de Washington, e *Vacco v. Quill* (também de 1997), relativo à legislação do Estado de Nova Iorque, negou a pretensão de fazer derivar do direito à recusa de tratamentos a inconstitucionalidade das normas que punem a eutanásia e o suicídio assistido. Trata-se de distinguir entre "deixar que morra" e "matar" (*"let die"* e *"kill"*), entre deixar que a morte ocorra por causas naturais e causar activamente a morte através da introdução de um agente artificial. No primeiro caso, pode afirmar-se que a morte ocorre por causa da doença, não por causa da actuação do médico, e a intenção deste não é dirigida a essa morte. No segundo caso, a morte não ocorre por causa da doença, mas por causa da actuação do médico (de administração de uma substância letal, ou de cooperação nessa administração) e a intenção deste é dirigida a essa morte[209].

Este mesmo princípio da distinção entre "deixar morrer" e "matar" (*"laisser mourrir"* e *"tuer"*) também está subjacente à legislação francesa de 2005 (a chamada *"Loi Leonetti"*), já atrás referida. O seu principal promotor, o deputado que lhe deu o nome, também afirmou a importância da distinção entre os casos em que a morte será causada pela doença e os casos em que a morte é causada por uma acção do médico. Por ocasião da discussão parlamentar, também houve quem pretendesse ir mais longe, e partir do direito à recusa de tratamentos para a licitude da eutanásia e do suicídio assistido[210]. Durante as últimas eleições presidenciais, Nicolas Sarkozy defendeu a manutenção dessa Lei, e a distinção que nela se faz entre "deixar morrer" e "matar", enquanto Ségolène Royal defendeu a legalização da eutanásia em determinadas circunstâncias[211].

A propósito desta Lei, o presidente da Conferência Episcopal francesa, Mgr. Jean-Pierre Ricard, na declaração *Accepter la Mort, Maintenir les Soins auprès du Malade*[212], de Setembro de 2004, havia alertado para a sua ambiguidade, salientando que os cuidados correntes, designadamente a alimentação e a hidratação, não devem nunca considerar-se dispensáveis.

Na doutrina jurídica portuguesa, Jorge de Figueiredo Dias[213] e Manuel da Costa Andrade[214] pronunciaram-se sobre a interrupção de tratamentos de reanimação artificial por vontade do próprio doente, à luz do Código Penal. Consideram que tal interrupção não configura um homicídio a pedido. Da mesma forma que será lícito, por respeito à autonomia do doente, não iniciar um tratamento, será lícita tal interrupção. Trata-se de uma conduta fenomenologicamente activa, mas passiva pela sua estrutura normativa (daí que a doutrina fale em *omissão através da acção*). Uma conduta omissiva só é punida

---

[209] Podem ver-se excertos das duas sentenças em *Last Rights*..., *cit.*, pgs. 599 e segs.
[210] Ver *La Croix*, edição *on-line* (*www.lacroix.com*) de 13 de Abril de 2005.
[211] Ver *La Croix*, edição *on-line* de 17 de Maio de 2007.
[212] Acessível em *www.cef.fr*.
[213] *In Comentário Conimbricense ao Código Penal, Parte Especial*, Tomo I, Coimbra Editora, 1999, comentário ao artigo 131º, §23, pg. 13.
[214] *In Comentário...*, *cit.*, comentário ao artigo 134º, §32, pg. 69.

quando existir um dever de garante de evitar um resultado (neste caso, a morte). Tal dever, da parte do médico, supõe o consentimento do paciente, que não se verifica neste caso. Referem ser esta a posição assumida pela generalidade da doutrina alemã (com alguma excepção, porém).

Impõe-se, agora, tecer algumas considerações a respeito desta controvérsia.

Importa deixar claro, antes de mais, que, nos dois casos em apreço, a manutenção em vida das pessoas em questão não se situava no âmbito da chamada *obstinação terapêutica* (*exacerbação terapêutica* ou *encarniçamento terapêutico*). Se assim fosse, não haveria dúvidas de que de eutanásia não se tratava e a licitude moral e jurídica da conduta dos médicos em causa também não suscitaria dúvidas. Mas não estamos perante um tratamento inútil ou desproporcionado, que ao doente nada traria de significativamente benéfico, e provocaria apenas o prolongamento artificial da sua agonia. A ventilação artificial permitiria o prolongamento de uma vida consciente, com grandes limitações, mas apenas de ordem física.

É importante, também, sublinhar o que distingue estas situações das que são habitual e indubitavelmente enquadradas na figura da eutanásia. Como tem sido salientado, é diferente deixar que a morte ocorra de forma natural (que a "ordem natural das coisas" siga o seu curso) pela omissão de tratamentos médicos não consentidos e provocar activamente a morte através da conduta de um médico que ministra uma substância letal. Pode dizer-se que no primeiro caso a causa da morte reside, essencial e preponderantemente, na própria doença (não na acção do médico), enquanto no segundo caso é na conduta do médico (pode falar-se, com propriedade, em acção da "matar") que reside, inegavelmente, tal causa.

É importante salientar esta diferença, desde logo, para impedir que a aceitação, em qualquer ordem jurídica, da recusa ou suspensão de tratamentos médicos em obediência à vontade do doente possa servir de "bandeira" ou "cavalo de Tróia" para permitir a legalização da eutanásia activa. Foi notório este desiderato em toda a campanha de propaganda em favor da legalização da eutanásia que se gerou em torno do caso de Piergiorgio Welby, cujo clamor se mantém, e provavelmente se manterá até que seja atingida tal legalização. E, como vimos, a batalha em prol da legalização da eutanásia e do suicídio assistido nos Estados Unidos tem-se servido da aceitação da recusa de tratamentos médicos essências à salvaguarda da vida (os *"right to die cases"*) para tentar alcançar tal legalização. Um objectivo a que os legisladores de quase todos os Estados federados, bem como a jurisprudência do Supremo Tribunal federal, colocaram uma clara barreira, invocando a diferença entre as duas situações, como também vimos atrás.

Assim, ainda que possa considerar-se que a suspensão de tratamentos médicos essenciais à tutela da vida e não consentidos é ética e juridicamente aceitável, tal não significa que se aceite a eutanásia activa (ou a eutanásia *tout court*, se se considerar que tal suspensão não configura uma verdadeira eutanásia), precisamente porque são diferentes as duas situações, porque é diferente (para usar a expressão que vem sendo consagrada) "matar" e "deixar morrer".

No entanto, também me parece necessário sublinhar a diferença entre a abstenção, por parte de um médico, de um tratamento não consentido e a suspensão, por este, de um tratamento já iniciado, de acordo com a vontade do paciente (que se verificou nos dois casos em apreço).

É de salientar, a este respeito, que o Código Deontológico dos médicos portugueses afirma, no seu artigo 47º, nº 4, que não se considera eutanásia a abstenção de uma terapêutica não iniciada quando tal resulta da opção livre e consciente do doente. Parece, pois, ser aqui acolhida a distinção entre a abstenção de uma terapêutica não iniciada e a suspensão de uma terapêutica já iniciada.

Por um lado, poderia dizer-se que, se é licito recusar o início de um tratamento, também será lícito suspendê-lo. Mas, neste última situação, há uma forma de cooperação do médico que não se verifica na primeira. Não deixou de me impressionar a resposta espontânea que ouvi de alguns médicos quando lhes foi colocada a questão, ainda antes de aprofundarem a sua reflexão: «eu não era capaz de desligar a máquina!». Uma reacção que certamente não teria se se tratasse, apenas, de omitir uma intervenção cirúrgica, ou uma transfusão de sangue, indispensáveis à salvaguarda da vida, mas não consentidas pelo doente. Talvez essa resposta espontânea exprima a intuição de que há alguma diferença entre uma e outra situação.

Na primeira, quando o médico se abstém de iniciar um tratamento não consentido, ele não actua porque se depara com uma barreira intransponível, que é a liberdade e integridade física do doente. Pode discordar, até no plano ético, da atitude de recusa do tratamento, do propósito suicida que lhe está subjacente, mas não pode impor ao doente, como se este não fosse uma pessoa livre, as suas próprias concepções éticas. Poderá tentar dissuadi-lo, mas não pode impor-lhe forçadamente as suas próprias concepções éticas. A sua abstenção decorre desta sua impotência, assente no respeito pela liberdade alheia, e não de uma qualquer forma de cooperação com tal propósito suicida. Aqui, torna-se claro que a abstenção do médico não é, nem total nem parcialmente, causa da morte.

Na segunda situação, não poderá afirmar-se o mesmo. O médico que desliga o ventilador artificial, ou outro aparelho (que garanta, designadamente, a alimentação e hidratação artificiais) não se limita a respeitar a liberdade do doente, mas coopera com o seu propósito suicida. Não pode dizer-se que a sua conduta não é, ainda que parcialmente, causa da morte. Esta decorre – é certo –, essencial e predominantemente, da própria doença, mas essa conduta também concorre para a morte, permitindo que se desencadeie o processo que a ela conduz, natural – é certo –, mas que estava bloqueado e suspenso e poderia continuar bloqueado e suspenso.

Não se trata, apenas, de parar diante da barreira que representa a vontade do doente, mas de aderir a essa vontade e de colaborar na sua execução. Não pode ignorar-se a natureza da *aliança terapêutica* entre o médico e o doente, em que o primeiro não é mero executor de uma qualquer vontade do segundo, mas há-de reconhecer a natureza verdadeiramente *terapêutica* dessa vontade e, deste modo, a ela adere. Neste caso, o médico que satisfaz o pedido de suspensão do tratamento, adere ao propósito suicida deste, reconhece que a morte é, para ele, um bem. Confirma, assim, através da sua actuação, a visão que o doente tem sobre a sua própria vida e da ausência de sentido desta, confirma que uma vida assim diminuída perde sentido e dignidade, é (para usar uma expressão de sinistra memória) uma "vida indigna de ser vivida".

Este sinal de reconhecimento de que uma vida pode estar limitada na sua dignidade será mais evidente quando se admite, como tem sucedido nos Estados Unidos, a suspensão de tratamentos (fora dos casos de *obstinação terapêutica*) quando o doente não pode exprimir a sua vontade e se considera que essa suspensão, e a morte que dela decorre, possam, objectivamente, corresponder ao seu bem, ao seu melhor interesse (*"best interest standarts"*). Mas a execução, pelo médico, da vontade de suspensão de um tratamento também não deixa de ser um sinal com esse mesmo sentido.

A propósito do caso de Piergiorgio Welby, o que suscitou a indignação de muitos, independentemente da questão de saber se o acto de desligar o ventilador artificial que o mantinha em vida configurava, ou não, uma eutanásia, foi a mensagem cultural que a exploração deste seu caso veiculou: a de que a sua vida não tinha sentido e na sua morte residia a solução para os seus problemas. Assistir a manifestações e vigílias do tipo das que habitualmente servem para demonstrar solidariedade para com pessoas ameaçadas na sua vida ou nos seus direitos fundamentais e que serviam, agora, para reclamar a morte de uma pessoa com se esta fosse a solução para os seus problemas, não pode deixar de ser assim interpretado. Como captarão esta mensagem todos os outros doentes incapacitados, com as mesmas limitações de Piergiorgio Welby, ou ainda mais graves? Como se sentirão estes numa sociedade que, a partir das mais altas instâncias legais, encara a morte como solução para os seus problemas? Não deixarão, em grande medida, de ser encorajados, neste contexto cultural, todos os que se empenham em combater as doenças em questão, em aliviar os sofrimentos dos que dela padecem, ou, até, em ajudá-los a encontrar um sentido positivo para as suas limitações, quando a morte dessas pessoas é encarada como solução?

Em contraponto com a exploração do caso de Piergiorgio Welby, várias associações italianas de defesa da vida quiseram pôr em relevo o exemplo de Mario Melazzini, presidente da associação italiana dos doentes que sofrem de esclerose lateral amiotrófica (a mesma doença de que aquele padecia), também ele dependente de um ventilador artificial e sujeito a graves limitações, mas que continua a exercer a sua profissão de médico e a todos testemunha o seu amor pela vida[215].

---

[215] Ver *www.zenit.org*, edição em italiano de 15 de Dezembro de 2006.

Também a este propósito, afirmou num comunicado a associação *Scienza e Vita*:

«Estamos profundamente entristecidos pela morte de Piergiorgio Welby, não apenas pelos graves sofrimentos que teve de suportar devido à sua doença, mas também porque pensamos que será terrível morrer convencido de que a nossa vida é indigna de ser vivida.

«Ao mesmo tempo, porém, deploramos que Welby se tenha tornado o símbolo de uma batalha pela morte, e não de uma batalha pela melhor assistência para com os doentes em condições graves. O seu empenho, na verdade, demonstrou precisamente o contrário daquilo que os radicais queriam defender: a sua vida tinha um sentido, profundo e importante.

« (…) também pessoas doentes como ele, na verdade, podem intervir na sociedade, contribuir para a reflexão colectiva e, sobretudo, recordar-nos que também o sofrimento tem direito de palavra num mundo cada vez mais orientado para excluir aqueles que não são jovens, sãos e abastados.

«Welby, com o seu testemunho, ensinou-nos muito: não a necessidade da eutanásia, mas a necessidade de uma boa assistência e de um papel social para os doentes, que podem e devem ser reconhecidos como protagonistas da nossa sociedade e da nossa cultura.

«Graças a Welby, esperamos que o nosso sistema sanitário melhore, que deixe de haver um qualquer doente que se sinta excluído e inútil, que peça a morte. Que deixe de haver alguém a pronunciar as palavras de tristíssima memória "vida indigna de ser vivida"»[216].

É, na verdade, um princípio civilizacional o que está em causa quando se discute a legalização da eutanásia: o de que a dignidade da vida humana é uma qualidade intrínseca, não depende de condições externas, não admite graus, nem se perde. A vida é sempre um bem em si mesmo, vale sempre a pena, é sempre "digna de ser vivida". Este é um princípio que tem uma evidente marca judaico-cristã, mas que pessoas de todas as crenças e convicções têm acolhido como preciso legado de civilização.

---

[216] Ver *www.zenit.org*, edição italiano de 21 de Dezembro e 2006.

MATAR POR AMOR?

Dois filmes actualmente em cartaz (*Million Dollar Baby* e *Mar Adentro*), ambos premiados com os óscares, trazem o tema da eutanásia para a ordem do dia. Não o fazem de modo imparcial. Em qualquer deles se descobre uma nítida intenção apologética em relação à eutanásia, com recurso à manipulação sentimental. É difícil encontrar hoje outros filmes tão ideologicamente marcados. Não é abusivo pensar numa verdadeira campanha que pretende preparar a mentalidade comum para a aceitação pacífica da legalização de mais um atentado à vida, escondido atrás da aparência de causas nobres. Parece que se quer convencer as pessoas de que a solidariedade e a compaixão podem levar a *matar* alguém, ou a ajudar alguém a *morrer*. Aquelas mesmas pessoas que sempre pensaram que o amor deve, antes, levar a ajudar as pessoas a *viver*, e a procurar, por exemplo, que quem manifesta o desejo de se suicidar desista da ideia, ou a impedido-lo até de a concretizar.

Apresenta-se a aceitação do pedido de eutanásia como uma manifestação de respeito pela autonomia individual, valor que hoje se quer colocar acima de todos os outros. Mas não tem sentido invocar a liberdade contra a vida. A liberdade supõe a vida e, ao suprimir a vida, suprime-se a raiz da liberdade. Há, por outro lado, bens indisponíveis. A vida, como o núcleo essencial da dignidade da pessoa humana, é um bem indisponível. O consentimento do ofendido, tal como não justifica o homicídio a pedido e a eutanásia, não justifica a escravatura, a prostituição ou formas extremas de exploração económica. Os direitos humanos têm por objecto bens que conduzem à realização e aperfeiçoamento da pessoa humana enquanto tal. Por isso, como não tem sentido falar em direito à escravatura e em direito à doença, não tem sentido falar em direito à morte, à supressão da pessoa.

Em quase todos estes casos, não pode sequer falar-se do exercício livre e esclarecido da liberdade. Sabe-se como o pedido de eutanásia é, com frequência, um sinal de um estado depressivo mais ou menos transitório, ou uma manifestação de desespero que oscila com manifestações contraditórias de apego à vida. De qualquer modo, nunca é possível saber se o pedido, ainda que insistente, se manteria no futuro, ou se a pessoa que o formula não viria a arrepender-se. E as consequências da satisfação desse pedido são em absoluto irreversíveis. Também o mais comum é que quem tenta o suicídio venha depois a agradecer a quem, desrespeitando a sua pretensa "autonomia", o tenha impedido de consumar os seus intentos. Há quem tenha contactado Ramon Sampredo, o protagonista do filme *Mar Adentro*, e duvide da sua perfeita integridade psíquica, ou esteja convencido de ele que poderia vir a mudar de ideias.

Pretende-se, com a eutanásia, eliminar os sofrimentos. Mas não se trata de eliminar os sofrimentos, trata-se de eliminar a pessoa. Não se trata de proporcionar a vida em melhores condições e sem sofrimento, trata-se de suprimir a vida. Amar a pessoa que sofre é ajudá-la a *viver*, não ajudá-la a *morrer*. É eliminar o sofrimento na medida do possível e ajudá-la a encontrar um sentido para o sofrimento inevitável (aquele que acompanha sempre a vida, não só na sua fase terminal).

Satisfazer o pedido de eutanásia, com o beneplácito do ordenamento jurídico, não é ser neutro diante das opções de cada um, é confirmar que, na verdade, em determinadas situações, a vida "perde dignidade", a vida é "indigna de ser vivida". Mas a dignidade da vida humana é-lhe intrínseca, nunca se perde com a doença. Por isso, mesmo quando não se propugna a eutanásia involuntária, a legalização da eutanásia traduz sempre uma mensagem cultural de desvalorização da vida dos doentes, dos deficientes ou dos idosos. Foi isso que, com veemência, quiseram dizer os tetraplégicos espanhóis que, através da sua associação, protestaram contra o apoio de responsáveis governamentais à mensagem do filme *Mar Adentro*: não queremos a eutanásia, queremos apoios que nos ajudem a viver. Do mesmo modo, várias associações americanas de deficientes têm protestado contra a mensagem do filme *Million Dollar Baby*, a difusão da ideia de que vale mais morrer do que ser doente ou deficiente. Pelo contrário, a associação italiana dos doentes de Parkinson manifestou recentemente o seu apreço pelo testemunho de João Paulo II nesta fase da sua vida, que tem ajudado a enaltecer a imagem de dignidade e valor das pessoas com esta doença.

Neste, como noutros âmbitos onde se questiona a inviolabilidade da vida humana, evoca-se com frequência a imagem da *rampa deslizante*: quando se quebra essa princípio, começamos a descer e não sabemos onde iremos parar. A história recente da legalização da eutanásia demonstra-o bem. Começou por se admitir, na Holanda, a eutanásia de doentes terminais. A legislação belga admite já a eutanásia de doentes incuráveis, ainda que não terminais. Na Holanda, onde a lei já permitia a eutanásia de jovens menores, um protocolo recente entre um hospital e o Ministério Público veio admitir a eutanásia de crianças. Em declarações recentes, a baronesa Warnock (uma autoridade em matéria de bioética no Reino Unido) invocou a eutanásia já não como um simples direito, mas como um dever, em determinadas situações. Estamos, pois, já fora do âmbito da eutanásia voluntária e do respeito pelo "sacrossanto" valor da autonomia individual. Estamos em plena *rampa deslizante*...

(Março de 2005)

EUTANÁSIA: O QUE ESTÁ EM JOGO

As questões ligadas à legalização da eutanásia e do suicídio assistido voltam a estar na ordem dia, noutros países e também entre nós. Importa, por isso, chamar a atenção para os princípios civilizacionais que estão em jogo nesta discussão.

Com frontalidade, Peter Singer, a propósito desta e doutras questões, pretende redefinir mandamentos ancestrais relativos ao respeito e à sacralidade da vida humana. Ao mandamento de que nunca é lícito matar uma pessoa humana inocente («Não matarás»), pretende que se substitua um outro, que só torna ilícito o acto de matar quando o visado quer viver. E ao mandamento segundo o qual a vida humana é sempre merecedora de protecção, é sempre um bem em si mesma, porque sempre dotada de dignidade, pretende que se substitua um outro, segundo o qual a dignidade e valor da vida humana podem variar.

O valor intrínseco da vida humana em todas as suas fases e em todas as situações está profundamente enraizado na nossa cultura e tem, inegavelmente, a marca judaico-cristã. Mas não é difícil encontrar na razão universal uma sólida base para esse princípio.

Não é lógico contrapor o valor da vida humana ao valor da liberdade e da autonomia. É que a autonomia supõe a vida e sua dignidade. Ninguém é livre se não estiver vivo. Não se alcança a liberdade da pessoa com a supressão da própria pessoa. A eutanásia e o suicídio não representam um exercício de liberdade, mas a supressão da própria raiz da liberdade. Não trazem consigo nenhum benefício, mas eliminam o próprio beneficiário. É absurdo falar em "direito à morte" (como seria absurdo falar em "direito à doença" ou "direito à busca da infelicidade") porque o direito tem sempre por objecto um bem (à saúde ou à busca da felicidade, por exemplo) na perspectiva da realização humana pessoal, e a morte não é nunca, em si mesma, um bem, pois todos os bens pressupõem a vida, e nunca a morte. O "direito à morte" seria ainda mais contraditório do que uma escravidão legitimada pelo consentimento da vítima. A liberdade não pode servir para se anular a si própria.

Este princípio já servia de base a Kant para, antes de quaisquer outras razões, negar legitimidade ao suicídio. E também tem alicerçado a noção de indisponibilidade dos direitos humanos fundamentais, que as primeiras históricas declarações sempre afirmaram como "inalienáveis", isto é, dotados de um valor objectivo e intrínseco, independente da vontade do seu titular.

Justificar a supressão da vida em nome da autonomia conduziria, até, mais longe do que à legalização da eutanásia, conduziria à licitude do homicídio a pedido e do auxílio ao suicídio, condutas que vêm sendo criminalizadas em todas as ordens jurídicas. Pretende-se apenas (para já?), no entanto, reconhecer a licitude da supressão da vida, quando consentida, em situações de sofrimento intolerável ou em fases terminais. Atinge-se, desta forma, o princípio de que a vida humana tem sempre a mesma dignidade, em todas as suas fases e independentemente das condições externas que a rodeiam. A dignidade da vida humana deixa de ser uma qualidade intrínseca, passa a variar em grau e a depender de alguma dessas condições externas. Uma proposta de recomendação em tempos apresentada no Parlamento Europeu referia expressamente as situações em que «vida perde dignidade» como aquelas em que se justificaria a eutanásia. Haveria, pois, situações em que não vale a pena viver, ou em que, para usar uma expressão de sinistra memória (foi a expressão que serviu de base à legislação nacional-socialista relativa à eutanásia, que começou por ter objectivos pretensamente humanitários, como os que também hoje são invocados pelos partidários da legalização da eutanásia), a vida passa a ser "indigna de ser vivida".

Dir-se-à que com a legalização da eutanásia e do suicídio assistido não se toma partido nesse sentido e se respeita, apenas, a vontade e as concepções, sobre o sentido da vida e da morte, de quem solicita tais pedidos. Mas não é assim. O Estado e a ordem jurídica, ao autorizarem tal prática, dando-lhes o seu beneplácito, estão a tomar partido, estão a confirmar que a vida permeada pelo sofrimento, ou em situações de total dependência dos outros, deixa de ter sentido e perde dignidade (pois só nessa situações é lícito suprimi-la). Esta "mensagem" cultural não pode deixar de ter efeitos no modo como toda a sociedade passará a encarar a doença e o sofrimento. Resposta a estas situações passa a ser, já não um esforço solidário de combate à doença e ao sofrimento (sempre presentes, de resto, em qualquer fase da vida humana e na vida de qualquer pessoa), ou de busca de um sentido para essa doença e esse sofrimento, mas uma resposta mais fácil e descomprometida, a supressão da própria pessoa doente e sofredora, pretensamente diminuída na sua dignidade. Até aqui, a doença e o sofrimento não têm sido encaradas como algo que diminui a pessoa na sua dignidade, mas antes como um motivo de reforço do amor e da solidariedade para com ela. Neste novo contexto cultural, esse amor e essa solidariedade deixarão de ser tão encorajados, como já têm alertado associações de pessoas que sofrem das doenças em questão (e que se sentem, obviamente, ofendidas quando vêm que a morte é apresentada como "solução" para os seus problemas). E também é natural que, como muitas vezes tem sido salientado, haja doentes, de modo particular os mais pobres e débeis, que se sintam socialmente pressionados a requerer a eutanásia, porque se sentem "a mais" ou "um peso".

Tudo isto está em jogo quando se discute a legalização da eutanásia e do suicídio assistido.

(Agosto de 2007)

A RAMPA DESLIZANTE

São de dois tipos os argumentos que podem ser invocados contra a legalização da eutanásia e do suicídio assistido. Um primeiro diz respeito aos princípios civilizacionais que estão em jogo: o valor e a indisponibilidade da vida humana (a protecção da vida vem antes da protecção da autonomia, porque a autonomia pressupõe a vida) e a igual dignidade da vida humana em todas as suas fases (esta dignidade é uma qualidade intrínseca, não se perde em situações de doença e sofrimento). Um segundo depende de juízos prudenciais, relativos à previsibilidade dos efeitos que essa legalização possa acarretar, para além da ofensa a tais princípios, e, designadamente, da impossibilidade prática de conter legalmente a eutanásia no âmbito de situações verdadeiramente excepcionais. É conhecida a imagem da *rampa deslizante* (*slippery slope*), muitas vezes evocada a este respeito. Depois de se iniciar uma descida vertiginosa, não se consegue evitar a queda no abismo, quando se introduz uma brecha num edifício não se consegue evitar a sua derrocada.

Assim, e desde logo, quanto à garantia de que o pedido de eutanásia é verdadeiramente livre, inequívoco e irreversível. Muitas vezes, traduz um estado de espírito momentâneo, que pode ser superado. Porquê respeitar a vontade expressa num momento, e não noutro? Não poderia a pessoa vir a arrepender-se mais tarde? É que a decisão de suprimir uma vida é a mais absolutamente irreversível de quaisquer decisões, dela nunca pode voltar-se atrás. Que certeza pode haver de que o pedido de morte é bem interpretado, não será ambivalente, talvez mais expressão de uma vontade de viver de outro modo (sem o sofrimento, a solidão ou a falta de amor experimentados) do que de morrer? Ou de que (como comprovadamente sucede com frequência nestas situações) não é consequência de estados depressivos passíveis de tratamento? Estando em jogo a vida ou a morte, a mínima dúvida a este respeito seria suficiente para optar pela vida (*in dubio pro vitae*). E poderá estar alguma vez afastada essa mínima dúvida?

Por outro lado, como preencher conceitos indeterminados como o de "sofrimento intolerável"? Quando é que um sofrimento é, objectivamente, "intolerável"? Não poderão os cuidados paliativos eliminar a "intolerabilidade" de qualquer sofrimento?

O controlo efectivo da verificação das condições de legalidade da eutanásia ou do suicídio assistido, sendo que estas práticas decorrem necessariamente no âmbito da privacidade da relação médico-doente, também se reveste das maiores dificuldades, e há, até, quem afirme que é impossível.

Dois são os trajectos através dos quais, pelo efeito da "rampa deslizante", se vai alargando o alcance da eutanásia e do suicídio assistido. Por um lado, quando se invoca a autonomia para justificar a eutanásia e o suicídio assistido, é lógico que estas práticas não se limitem a situações de doença em fase terminal. Muitos dos projectos de legalização começam por restringir a legalidade dessas práticas a tais situações. Mas a legislação belga, por exemplo, já contempla situações de doenças incuráveis, mesmo que não terminais. E assim também a prática judicial holandesa, que vai abarcando situações de doenças psíquicas ou de simples "cansaço de viver" (como se verificou, em 1993, no caso do senador Bloomsma, afectado pelo divórcio e a morte dos dois filhos). Levando às últimas consequências o respeito pela autonomia, chegaríamos à legalização, em quaisquer situações, do homicídio a pedido e do auxílio ao suicídio.

Não enveredando por este caminho, haverá que reconhecer que as situações em que se justifica a eutanásia e o suicídio assistido são aquelas em que (pela doença, sofrimento ou dependência) se afirma que a vida «perde dignidade». Então, porque nessas situações a vida «perde dignidade», deixa de ser «digna de ser vivida», pode prescindir-se de um pedido expresso no caso de pessoas incapazes de o formular: recém-nascidos, crianças, dementes. É já assim na prática judicial da Holanda (onde a própria lei já consagrou genericamente a licitude da eutanásia de crianças). Começou-se pela eutanásia voluntária, já se chegou à eutanásia não voluntária (sem pedido expresso do visado), o próximo passo será o da eutanásia involuntária (mesmo contra a vontade do visado)?

A experiência da Alemanha nacional-socialista seguiu estes mesmos passos. Por isso, no pós-guerra perderam o vigor que tinham tido anteriormente os movimentos em prol da legalização da eutanásia. Hoje, parece estar mais esquecida essa experiência. Mas não é necessário evocá-la para demonstrar que a *rampa deslizante* não é um fantasma de alarmistas. É a experiência da Holanda, onde a eutanásia foi legalizada há mais de duas décadas, que demonstra os perigos em questão. Um relatório de uma comissão independente nomeada pelo governo (o chamado relatório *Remmelink*) avaliou, em 1990, tal experiência, a partir de inquéritos anónimos dirigidos a médicos. Dele resultou que o número de casos de eutanásia não voluntária era quase idêntico aos de eutanásia voluntária, sendo que a maioria das situações não era objecto da notificação legalmente obrigatória. Este relatório e esta experiência foram mesmo evocados na sentença do Supremo Tribunal americano que, em 1997, no caso *Washington v. Glucksberg*, rejeitou o pedido de declaração de inconstitucionalidade de normas que punem o suicídio assistido.

Por último, não pode ignorar-se a mancha que a legalização da eutanásia provocaria na imagem social do médico, que deixará de ser visto como dedicado sempre, e só, à tutela da vida, sempre ao cuidado e à cura, e nunca à morte (*always to care, never to kill*). A confiança de quem se habituou a entregar, autenticamente, a sua vida nas mãos de um médico não pode deixar de ser afectada. Tal como não deixarão de ser afectados os incentivos à busca de cada vez mais eficazes formas de combater e aliviar o sofrimento, ou do tratamento de doenças tidas por incuráveis (não sucedeu já isso com muitas delas?).

Tudo isto pode ser invocado contra a legalização da eutanásia...

(Agosto de 2007)

O DIREITO E A DIGNIDADE
DA PESSOA HUMANA

A PROPÓSITO DO *BIG BROTHER*: REFLEXÕES SOBRE O CONTEÚDO DO PRINCÍPIO CONSTITUCIONAL DA DIGNIDADE DA PESSOA HUMANA[217]

O artigo 1º da nossa Constituição define Portugal como um Estado de Direito Democrático assente na *dignidade da pessoa humana*. Podemos encontrar no artigo 1º da Constituição alemã a inspiração deste nosso preceito constitucional. Este artigo proclama a sacralidade da dignidade humana e o dever absoluto de a respeitar e proteger que recai sobre todas as autoridades públicas. Também a Constituição espanhola, no seu artigo 10º, 1, que afirma a dignidade da pessoa humana como fundamento da ordem política e da paz social, encontra aí a sua inspiração.

De acordo com a doutrina dominante nestes países, em particular na Alemanha, estamos perante o valor supremo e o princípio fundamental da ordem jurídico-constitucional. A pessoa humana está no centro do ordenamento jurídico. A dignidade da pessoa humana é um valor insusceptível de ponderação com outros valores constitucionais, diante dos quais nunca pode ceder, e nunca um atentado a essa dignidade, mesmo em nome de outros valores, pode encontrar apoio na ordem jurídico-constitucional.

Em correspondência com este princípio constitucional fundamental, estatui o artigo 24º, nº 1, da nossa actual Lei da Televisão (Lei nº 32/2003, de 22 de Agosto) que «todos os elementos dos serviços de programas devem respeitar, no que se refere à sua apresentação e ao seu conteúdo, *a dignidade da pessoa humana*, os direitos fundamentais e a livre formação das crianças e dos adolescentes». Já o artigo 21º, nº 1, da Lei anterior (Lei nº 31-A/98, de 14

---

[217] Texto publicado na revista *Brotéria*, vol. 157, 6, Dezembro de 2003.

de Julho) determinava a proibição de «qualquer emissão que viole os direitos, liberdades e garantias fundamentais, atente contra a *dignidade da pessoa humana* ou incite à prática de crimes. E também esta proibição decorre do artigo 35°, n° 1, da Lei da Rádio (Lei n° 4/2001, de 25 de Fevereiro).

A questão do conteúdo e alcance deste princípio tem gerado viva discussão a propósito do célebre programa televisivo *Big Brother*. São os termos dessa discussão na Alemanha e entre nós que pretendo analisar e comentar de seguida.

A discussão na Alemanha

Ulrike Hinrichs lançou a discussão num seu artigo[218] que veio a ser objecto de sucessivos debates.

Parte precisamente do princípio da dignidade da pessoa humana como valor constitucional fundamental, irrenunciável e insusceptível de restrições, e afirma que o programa televisivo em questão atinge claramente esse princípio. A dignidade da pessoa humana exige que esta mantenha sempre a qualidade de *sujeito* e não seja degradada à condição de *objecto*. A pessoa não pode nunca ser reduzida a objecto ou meio para atingir quaisquer fins. No programa em questão, estamos perante uma reificação dos concorrentes numa lógica de comercialização da sua vida privada, perante um aproveitamento económico das emoções e da privacidade. Os conflitos e aproximações afectivas entre os concorrentes tornam-se objecto de espectáculo e divertimento. Estes vendem (no verdadeiro sentido da palavra) a sua esfera íntima, núcleo essencial da vida humana.

Não é decisivo o facto de tudo se passar com o consentimento dos visados. É certo que o direito à auto-determinação é uma componente essencial da dignidade da pessoa humana. Mas o valor da autonomia não esgota todo o seu conteúdo. A autonomia deve ser exercida dentro de um quadro que é definido por essa dignidade. Esta tem um conteúdo objectivo (a impossibilidade de redução da pessoa a objecto), e não apenas subjectivo. É lícita a protecção da

---

[218] «Big Brother und die Menschenwürde», in *Neue Juristische Wochenschrift*, 30, 2000, pgs 2172 e segs.

pessoa "contra si própria" em caso de violações objectivas (ainda que consentidas) da sua dignidade.

Ulrike Hinrichs refere a propósito uma sentença do Tribunal Administrativo Federal (*BundesVerwaltungsGericht*) de 15 de Dezembro de 1981[219], relativa a um espectáculo denominado *Peep-Show*, que permitia o visionamento de uma sessão de *strip-tease* através do vidro de uma cabina individual após a introdução de uma moeda.

Esse tribunal partiu também partiu, na análise deste caso, do princípio constitucional da dignidade da pessoa humana, enquanto valor objectivo e indisponível. Essa dignidade é afectada quando a pessoa é reduzida à condição de objecto. E é isso que se verifica no espectáculo em apreço, que se traduz na redução da mulher a objecto finalizado ao estímulo sexual do espectador, como uma mercadoria que se vende numa máquina automática após a introdução de uma moeda. O consentimento livre não impede que estejamos perante uma violação da dignidade da pessoa humana. Esta violação pode coincidir com a violação da liberdade da pessoa em causa (e, neste caso, o livre consentimento afastaria a violação da dignidade dessa pessoa), mas essa coincidência não se verifica sempre.

Sobre esta sentença recaíram críticas severas. Contra ela se pronunciaram, entre outros, Henning v. Olshausem[220] e Wolfram Höfling[221].

Para Henning Olshausem, a tese da sentença contraria os princípios de um ordenamento constitucional dos direitos fundamentais assente na liberdade e é expressão de um «totalitário absolutismo dos valores». Os direitos fundamentais são garantias de liberdade. O Estado não pode impor aos cidadãos a sua concepção de dignidade da pessoa humana. Uma conduta só afecta a dignidade da pessoa quando se realiza contra (ou, pelo menos, sem) a vontade dessa pessoa. Só neste sentido a dignidade da pessoa humana é o valor central da ordem jurídica. De outra forma, a pessoa tornar-se-ia objecto do Estado e da concepção que este tem da sua dignidade (que seria a

---

[219] Ver *Neue Juristische Wochenschrift*, 1982, 12, pgs. 664 e 665.

[220] Ver «Menschenwürde im Grundgesetz: Wertabsolutismus oder Selbstbestimmung?», in *Neue Juristische Wochenschrift*, 1982, 40, pgs. 2221 e segs.

[221] Ver «Menschenwürde und gute Sitten», in *Neue Juristische Wochenschrift*, 1983, 29, pgs. 1582 e segs.

única e verdadeira). O Estado deve respeitar a liberdade de decisão individual dos cidadãos, não é sua função "aperfeiçoar" estes segundo um determinado padrão moral. É contraditória a ideia de protecção dos direitos fundamentais contra o próprio titular desses direitos.

Wolfram Höfling segue esta mesma linha de crítica à sentença mencionada. A dignidade da pessoa humana não pode contrariar o seu direito à auto-determinação. É o próprio titular, e não o Estado, que define o conteúdo e o alcance dessa dignidade. A ideia de protecção do indivíduo contra si próprio é característica dos Estados autoritários. Os direitos fundamentais são irrenunciáveis, mas há que distinguir a renúncia à titularidade dos direitos como tal e a renúncia ao seu exercício. Os direitos fundamentais não podem transformar-se em deveres fundamentais. Tal decorreria de concepções não aceitáveis dos direitos fundamentais, inspiradas na teoria institucionalista (que funcionalizam a liberdade em ordem à realização de determinados fins institucionais) ou na teoria dos valores (que distinguem os vários usos da liberdade, consoante correspondem, ou não, à realização de determinados valores)[222].

Toda esta argumentação, contrária à tese da sentença em apreço, pode ser, e tem sido, invocada contra a tese que considera que o *Big Brother* viola, em termos inconstitucionais, a dignidade da pessoa dos concorrentes que nele participam.

Mas tal sentença não deixou de encontrar defensores na doutrina (embora minoritários). Alfons Gern[223] justifica-a à luz das concepções da ética cristã, partilhadas pela imensa maioria dos alemães, reflectidas na própria Constituição, designadamente no seu preâmbulo, e a que não pode ser alheio o preenchimento do conteúdo de conceitos indeterminados como os de "dignidade da pessoa humana" e "bons costumes". A tese que considera que a dignidade da pessoa humana só é afectada em caso de falta de consentimento do visado levaria a que não se considerasse afectada essa dignidade nem sequer num caso de homicídio consentido.

---

[222] Para uma exposição sistemática das várias teorias dos direitos fundamentais, pode ver-se E.W. Böckenforde, «Grundrechtstheorie und Grundrechtsinterpretation», *in Neue Juristische Wochenschrift*, 1974, pgs. 1529 e segs., e J.C. Vieira de Andrade, *Os Direitos Fundamentais na Constituição Portuguesa de 1976*, Almedina, Coimbra, 1983, pgs. 54 e segs.

[223] Ver «Menschenwürde und gute Sitten», *in Neue Juristische WochenSchrift*, 1983, 29, pgs. 1585 e segs

Mas regressemos à análise das opiniões relativas, especificamente, ao *Big Brother*.

Stephen Huster[224], insurge-se, comentando a tese de Ulrike Hinrichs, contra aquilo a que chama a "tirania da dignidade", ou uma interpretação paternalista da dignidade da pessoa humana. A sobrevalorização da natureza objectiva deste valor pode facilmente atentar contra os direitos de liberdade, reduzindo o seu conteúdo às manifestações consideradas "boas" ou "dignas". É, pois, de recusar a ideia paternalista de protecção do titular dos direitos fundamentais contra si próprio.

É certo que é de afastar, em nome da dignidade humana, a conformidade constitucional da emissão de programas televisivos em que gladiadores lutem até à morte ou de roleta russa. Mas no caso do *Big Brother* não estão em jogo danos graves. Zlatko, um vencedor do concurso, mecânico servo-macedónio, tornou-se milionário e outros candidatos tornaram-se aquilo que (quase) todos querem ser na nossa sociedade massificada: ricos e famosos.

Porém, o que pode estar em causa neste programa não é a dignidade da pessoa dos concorrentes, um bem de natureza individual, mas antes um bem público, relativo à comunidade política e cultural. Está em causa a "poluição intelectual e moral da comunidade", a "ecologia cultural". Estão em causa bens que se podem integrar na cláusula geral da "ordem pública".

No caso de um espectáculo de feira em que os concorrentes procuram lançar uma pessoa anã o mais longe possível[225], ou em que são exibidas deficiências ou anormalidades físicas, ou no caso da pornografia, não estão em causa pessoas directamente afectadas, mas está em causa aquilo que tais condutas provocam nas atitudes sócio-culturais de uma determinada comunidade em relação aos deficientes ou em relação à mulher.

---

[224] Ver «Individuelle Menschenwürde oder öffentliche Ordnung ? Ein Discussionsbeitrag anlässlich "Big Brother"», in *NeueJuristische Wochenschrift*, 47, 2000, pgs. 3477 e segs.

[225] O *Conseil d' État* françês aceitou a proibição de um espectáculo deste tipo, em nome do respeito pela dignidade humana, numa sua decisão de 27 de Outubro de 1995 (*cit. in* Philippe Malaurie, «Le Doit et l' Exigence de Dignité», in *Études*, Maio de 2003, pg. 625).

São questões deste tipo que também se colocam a respeito do *Big Brother*. No entanto, Stephen Huster não é conclusivo quanto ao alcance do conceito de ordem pública a respeito das características deste programa e recomenda uma ulterior discussão sobre a matéria.

Walter Schmitt Glaeser[226] coloca a questão também no plano da "ordem pública" constitucional, afirmando, porém, de forma clara, que esta é atingida gravemente com o programa televisivo em questão.

Este programa, de forma inédita, derruba a barreira da separação entre a esfera da privacidade e da publicidade, estabelece o fim de uma qualquer esfera (maior ou menor) de intimidade. A uma concorrente foi negada, de acordo com as regras do concurso, a possibilidade de acesso a uma casa de banho livre de câmaras. Ora, a existência de uma esfera de privacidade incólume é um pressuposto de uma vida normal em liberdade. É essa existência que distingue uma sociedade livre de uma sociedade não livre. São, assim, afectadas as bases da nossa cultura jurídico-constitucional e de uma ordem jurídica de liberdade. E é indiferente que o ataque provenha não do Estado, mas de particulares.

A dignidade da pessoa humana é o princípio constitucional supremo, não ponderável com outros princípios constitucionais (designadamente, a liberdade de programação televisiva). Nunca uma violação dessa dignidade, em nome de quaisquer outros princípios, pode ser lícita.

Neste caso, as pessoas dos concorrentes são reduzidas a coisas, como se fossem animais numa jaula do Jardim Zoológico (ou pior ainda, pois as jaulas estão fechadas ao público durante a noite). Walter Glaeser entende, porém, que na definição do conceito de dignidade da pessoa humana, e salvo casos extremos, a autonomia deve prevalecer (não sendo aceitável, como regra, a ideia de protecção contra si próprio). E não se pode dizer, que os concorrentes, vistos como heróis ou modelos por largos sectores do público, sofrem danos com a sua participação no programa.

Mas, para além desta perspectiva individual, está em causa a compatibilidade do programa com a ordem de valores constitucional.

---

[226] Ver «Big Brother is watching you – Menschenwürde bei RTL 2», *in Zeitschrift für Rechstspolitik*, 9, 2000, pgs. 395 e segs.

A propaganda do concurso acentua o inédito da ausência de privacidade («Cem dias sem privacidade!») e o carácter total e absoluto dessa ausência (porque são públicos «todas as acções, palavras, sentimentos e contactos»). Trata-se de um objectivo perseguido de forma intensa, planeada e sistemática. Por outro lado, os concorrentes são privados da possibilidade de interacção e comunicação com todas as pessoas que os observam, como se estivessem numa redoma onde se vê apenas de fora para dentro. Uma pessoa sem privacidade, toda ela do domínio público, nada tem a ver com a ordem constitucional. É dessa forma atingido o núcleo essencial da imagem de pessoa que decorre da Constituição. O programa propagandeia, pois, uma imagem de pessoa que só tem lugar num regime totalitário, de que a expressão *Big Brother* é um símbolo desde a publicação de célebre romance de George Orwell.

Estas ideias têm tido eco na discussão que sobre a mesma questão tem ocorrido entre nós.

A discussão em Portugal

É de referir, antes de mais, a posição assumida pela Alta Autoridade para a Comunicação Social. No seu comunicado de 24 de Outubro de 2000, *Deliberação sobre Questões de Privacidade e Dignidade Humana*, afirmou que «a privacidade não é um bem ilimitadamente disponível», pelo que a «sua alienação...(pode) configurar uma violência brutalizadora da própria dignidade do público» e «constituir uma pedagogia da indignidade humana». Advertiu «o operador televisivo TVI contra procedimentos que violem os referidos direitos, designadamente os que protegem a dignidade humana». No seu comunicado de 31 de Maio de 2001, reafirmou estes princípios e manifestou o seu empenho em que um acordo de auto-regulação celebrado entre os vários operadores televisivos «seja claro, concreto e eficaz, em termos de protecção efectiva, nomeadamente do direito à intimidade (...e) do direito à reserva da vida privada»[227].

---

[227] Vejam-se as referência a estes comunicados no Relatório de Actividades da A.A.C.S. de 2001, publicado no *Diário da Assembleia da República*, II série, nº 34, de 8 de Março de 2003, 2º Suplemento.

J.J. Gomes Canotilho e Jónatas E.M. Machado pronunciaram-se num desenvolvido parecer, elaborado precisamente a pedido da Alta Autoridade para a Comunicação Social[228].

Desse parecer destacam-se as seguintes conclusões, relativas ao que mais directamente se prende com o tema em análise.

«O conceito constitucional de dignidade humana apresenta-se desvinculado de qualquer concepção mundividencial fechada e heterónoma acerca do sentido existencial e ético de vida, não pretende servir para a imposição constitucional de um qualquer *absolutismo valorativo*». «A "imagem de homem da lei fundamental" tem que ser necessariamente compatível com a radical diversidade de mundividências, epistemas, concepções do bem, valorações, perspectivas, opiniões, etc.». A nossa ordem jurídica é caracterizada «por um espectro de múltiplas concepções divergentes, geralmente polarizado entre aqueles que compreendem o ser humano como *Imago Dei*, de significado transcendente, e aqueles que nele vêm, num plano imanente, apenas um aglomerado contigente de "genes egoístas" (Richard Dawkins), resultado de combinação evolutiva e gradualista de matéria, mutações aleatórias e selecção natural». «Assim, no seio de uma ordem constitucional pluralista, a dignidade da pessoa humana é um conceito compatível com diferentes concepções, sendo de todo imprestável para assumir o lugar dantes ocupado pelas cláusulas gerais da moral pública e dos bons costumes...».

A dignidade da pessoa humana não pode ser invocada contra a liberdade, «deve ser vista, em primeira linha, como fundamento de um direito geral de liberdade...». «Os direitos de personalidade pretendem, acima de tudo, constituir-se como espaços de livre desenvolvimento da personalidade e não como manifestações de uma dada ordem de valores homogénea e heterónoma». «Alusões vagas à consideração dos indivíduos como "fins em si mesmos" são particularmente débeis quando confrontados com o respeito devido aos indivíduos e à pluralidade de razões que os mesmos podem invocar para a edificação do seu plano de vida».

Referindo-se mais especificamente ao direito à privacidade, afirmam que «do ponto de vista jurídico-constitucional, uma pessoa que decide tornar públicos comportamentos geralmente protegidos pela reserva da intimidade da vida privada não está, por esse motivo, a

---

[228] Ver *"Reality Shows" e Liberdade de Programação*, Coimbra Editora, Coimbra, 2003.

renunciar a esse direito, mas sim a exercê-lo de acordo com as suas próprias preferências e concepções».

É certo que quando um programa tenha por base «a finalidade imediata de produção de lesões graves, irreversíveis ou mesmo letais aos bens físicos e psicológicos que integram a pessoa humana, o mesmo encerra, independentemente do consentimento, uma violação intolerável e insuportável do valor constitucional da dignidade da pessoa humana». Mas não é isso que se verifica no *Big Brother*. «Longe de degradar grave e irremediavelmente a sua capacidade física, moral e psicológica de desenvolvimento individual ou social, ou as suas possibilidades de interacção social, livre, digna e igual, o mesmo acabou por proporcionar a alguns dos concorrentes, que não só os vencedores, oportunidades sociais, culturais, profissionais e económicas que os mesmos dificilmente teriam nas circunstâncias em que se encontravam à partida».

Quanto à tese que considera estarmos perante um eventual atentado à ordem ou moral públicas, mais do que a bens individuais, afirma-se que «a moral pública e os padrões comunitários dificilmente constituirão, por si só, fundamentos constitucionalmente legítimos para restringir a liberdade de expressão, sendo que, historicamente, a razão de ser deste direito fundamental assenta na necessidade de garantir a protecção de formas de comunicação não necessariamente conformes com o sentimento dominante». Por outro, «numa sociedade em que vigorem as liberdades de comunicação, dificilmente será sustentável, a prazo, a subsistência de uma concepção homogénea de moral ou ordem pública, pelo facto óbvio de que uma e outra não estão imunes à crítica, à contestação, à revisão e à reconceptualização».

Não existem, por tudo isto, «quaisquer razões constitucionais ponderosas para pôr em causa o modelo dos "reality shows" em si mesmo».

Sobre esta questão, pronunciou-se também Paulo Mota Pinto[229].

---

[229] Ver «A Limitação Voluntária à Reserva sobre a Intimidade da Vida Privada», *in Estudos em Homenagem a Cunha Rodrigues* (org. Jorge de Figueiredo Dias/Ireneu Cabral Barreto/Teresa Pizarro Beleza/Eduardo Paz Ferreira), vol. II, Coimbra Editora, Coimbra, 2001, pags. 547 e 548.

Afirma este que a dignidade da pessoa humana é um valor fundamental que dá sentido e unidade às normas constitucionais. No entanto, da Constituição não decorre «uma concepção substancial do viver de forma "virtuosa", justa ou correcta». Isso não seria compatível com a pluralidade de «mundividências e "formas de vida" que encontram protecção constitucional». A concepção da dignidade da pessoa humana não é pré-determinada, é algo que se auto-institui ou constrói por determinação do próprio, como centro de decisão autónomo, no exercício do livre desenvolvimento da sua personalidade.

Do âmbito da auto-determinação estão excluídos apenas casos de destruição irreversível do centro de decisão que é a pessoa ou lesões graves e irreversíveis (suicídio e auto-mutilação). Cabe, pois, no âmbito da liberdade de conformação da personalidade em auto-determinação a faculdade de se «despojar, de forma praticamente total, da possibilidade de controlo da captação e difusão de informações relativas à vida privada durante um período mais ou menos lato de tempo (embora de forma sempre revogável)». E é isso que se verifica no *Big Brother*.

Luís Vasconcelos Abreu[230] também se pronunciou sobre a questão em intervenção realizada no Centro de Estudos Judiciários a 20 de Fevereiro de 2003, com o título: *Limitação do direito à reserva sobre a intimidade da vida privada mediante o acordo do seu titular. O caso do "Big Brother"*.

No texto relativo a essa intervenção, Luís Vasconcelos Abreu afirma que «centrar a discussão em torno da situação dos participantes talvez não seja a melhor forma de equacionar a questão», porque «a Constituição não impõe a cada um o modo de construir a sua vida» e porque os participantes não podem «ser vistos como as vítimas, cujos interesses foram sacrificados».«Uma perspectiva paternalista de "protecção do indivíduo contra si mesmo", justificada pela protecção da dignidade da pessoa humana, equivaleria a aplicar esta última contra a sua própria teleologia intrínseca, porque o núcleo essencial da dignidade da pessoa humana consiste precisamente na possibilidade de livre decisão individual sobra a orientação da sua própria vida».

---

[230] A quem o autor destas linhas agradece o acesso a vários dos textos acima citados.

Salienta o facto de os concorrentes não terem arruinado as suas vidas, passando a ser «estrelas de consumo popular». «O número de candidatos mostra bem a quantidade de pessoas que estão dispostas a comercializar a sua intimidade a troco da possibilidade de alcançar a fama e ganhar dinheiro, que são os objectivos principais para a grande maioria da população de hoje».

Mas a questão pode colocar-se na perspectiva da comunidade e dos seus valores, que podem reclamar uma intervenção. É o que poderá suceder nos casos de jogos de lançamento de uma pessoa anã (uma «intolerável "coisificação" desta»), ou de roleta russa.

A intervenção do poder estadual, contudo, só se justifica «quando há danos para terceiros ou os valores da comunidade». No caso do *Big Brother*, «uma hipotética proibição poderia fundamentar-se na contrariedade aos bons costumes, variáveis no tempo e no espaço, ou na ordem pública, no seio da qual se pode fazer a ligação ao valor objectivo da dignidade da pessoa humana». No entanto, afigura-se «difícil, sem cair num certo absolutismo de valores, que não deixa lugar para concepções diferenciadas nem para a livre decisão individual, proibir algo que reflecte tão bem a sociedade em que vivemos».

Dignidade da pessoa humana, um conceito vazio?

Como já vimos, o princípio da dignidade da pessoa humana é geralmente encarado como princípio basilar da ordem jurídico-constitucional. É particularmente importante, por isso, que não o transformemos num conceito vazio de conteúdo. De pouco valeria afirmar, então, essa sua centralidade. E, em meu entender, também não o devemos confundir com os princípios da autonomia ou auto-determinação pessoais. Se é certo que se impõe a sua compatibilização com uma pluralidade de mundividências éticas e políticas, tal não permite transformá-lo num princípio absolutamente neutro do ponto de vista filosófico. Há mundividências que com ele não podem compatibilizar-se, sob pena de neutralizarmos o seu conteúdo.

Reconhecer a dignidade da pessoa humana não significa necessariamente ver nesta, de acordo com a mensagem bíblica, a imagem de Deus. Mas significa necessariamente reconhecer que entre a pessoa e a realidade material, ou as outras espécies animais, há uma superioridade ontológica essencial, e não apenas uma diferença de grau. Uma visão puramente materialista do ser humano não se coaduna com o reconhecimento dessa superioridade. Por isso, discordo de J.J. Gomes Canotilho e Jónatas E. M. Machado quando afirmam que o conceito constitucional de dignidade da pessoa humana se há-de compatibilizar com mundividências que no ser humano vêm apenas «um aglomerado (...) resultante de combinação evolutiva e gradualista de matéria, mutações aleatórias e selecção natural».

Também não são, por isso, obviamente, compatíveis com o princípio jurídico-constitucional da dignidade da pessoa humana as teses de Peter Singer[231] segundo as quais a espécie não determina o estatuto moral, porque o nível mental ou a percepção da dor em certos animais podem ser superiores aos do feto, do recém-nascido, da pessoa deficiente ou do doente terminal, a pertença a espécie *Homo Sapiens* não dá direito a um melhor tratamento do que o facto de ser membro de uma espécie diferente com um nível mental similar.

Como também não será obviamente compatível com o conceito constitucional da dignidade da pessoa humana qualquer tese (de matriz racista, designadamente) que dessa dignidade pretenda excluir alguma categoria de pessoa humanas.

O princípio da dignidade da pessoa humana também não pode confundir-se, como já vimos, com os princípios da autonomia ou auto-determinação pessoais, apesar de a estes estar estreitamente ligado. Se com estes coincidisse, perderia a sua especificidade e o seu sentido útil.

Dir-se-á que a dignidade da pessoa humana é respeitada só quando, e sempre que, se respeita a liberdade desta, porque o Estado não pode impor arbitrariamente a sua concepção de dignidade da pessoa humana, uma certa concepção moral de vida "digna", "virtuosa" ou "recta".

Não me parece arbitrário, nem incompatível com um ordenamento jurídico pluralista, associar o princípio jurídico-filosófico da dignidade da pessoa humana, de acordo com as suas raízes históricas, à visão kantiana da pessoa humana como *fim* em si mesmo, que

---

[231] Ver Peter Singer e Paolo Cavalieri, *Great Ape Project. Equality beyond Humanity*, Saint Martin's, Nova Iorque, 1994, e Peter Singer, *Ética Prática* (trad. Portuguesa), Gradiva, Lisboa, 2002.

nunca pode ser reduzida a *meio* ou *instrumento* ao serviço de outros fins, porque tem uma *dignidade*, e não um *preço*, como têm as coisas. Numa tradução judaico-cristã desta visão, a pessoa humana é «a única criatura que Deus quis por si mesma» (*Gaudium et Spes*, n. 24).

Não se impõe, deste modo, uma mundividência particular entre as muitas possíveis numa sociedade pluralista, ou uma particular concepção moral de vida "recta", nem se ressuscita a visão tradicional dos "bons costumes" como limite à liberdade individual.

A dignidade da pessoa humana é, sem dúvida, a dignidade da pessoa livre. Há uma ampla margem de liberdade, um espaço onde cabe uma pluralidade de concepções morais, dentro do quadro delimitado pelas situações de degradação da pessoa a objecto. Mas esta pode ocorrer mesmo com consentimento. Na perspectiva kantiana aludida, a pessoa não pode instrumentalizar as outras pessoas, reduzindo-as a *meios*, mas também não pode ela própria reduzir-se a instrumento e *meio*. Nunca poderia aceitar-se a legitimidade da escravidão consentida. E, também, à luz destes princípios, não seriam aceitáveis propostas, como as que se discutem hoje em vários países, de legalização da prostituição. Nesta, parece claro que a pessoa é reduzida a mercadoria, a objecto de um contrato (e não se diga que esse contrato incide não sobre a pessoa como objecto, mas sobre o seu corpo, porque a pessoa não *tem* um corpo, *é* um corpo).

A instrumentalização da pessoa pode traduzir-se na violação da liberdade desta (é essa a regra), ou não. Pode atentar-se contra a dignidade da pessoa humana sem afectar a liberdade desta. Só esta visão permite, em meu entender, compreender o alcance e gravidade dos crimes sexuais de que são vítimas menores ou pessoas adultas incapazes de formular ou exprimir a sua vontade. Tais crimes são graves fundamentalmente porque representam uma instrumentalização da pessoa. No primeiro caso, a doutrina dominante, de forma algo forçada e artificial, movida por um princípio de rígida separação entre o direito penal e a ética sexual, faz apelo à ideia de auto--determinação do menor, ideia que, de qualquer modo, não servirá para o segundo caso.

No caso de crimes sexuais praticados contra o consentimento de adultos, a sua gravidade não reside, em meu entender, apenas na violação da liberdade dos ofendidos, mas na sua degradação a objectos, o que não sucede noutros tipos de violação da liberdade, que por isso mesmo não configuram crimes com a gravidade destes[232].

Não se trata, pois, de impor uma concepção da dignidade da pessoa humana entre várias possíveis. Estamos perante o preenchimento do conteúdo mínimo de um conceito a que não podemos fugir. Trata-se da concepção de dignidade da pessoa humana que está na base do próprio sistema constitucional dos direitos fundamentais. Estes pressupõem, como é óbvio, a pessoa humana sempre como *sujeito* de direitos, e nunca como *objecto* de direitos.

Também convém ter presente que a democracia supõe o pluralismo, mas não se confunde com o relativismo ético. Baseia-se precisamente no valor objectivo da pessoa humana e da sua dignidade. Como salienta João Paulo II, «se não existe nenhuma verdade última que guie e oriente a acção política, então os ideais e as convicções podem ser facilmente instrumentalizados para fins de poder. Uma democracia sem valores converte-se facilmente num totalitarismo aberto ou dissimulado, como a história demonstra» (*Centesimus Annus*, n. 46).

O direito à privacidade como direito indisponível

Também integra o conteúdo do princípio jurídico-constitucional da dignidade da pessoa humana o próprio conteúdo objectivo dos direitos fundamentais constitucionalmente consagrados. Por esta via, como é óbvio, não se abre a porta a qualquer imposição autoritária de valores extra-constitucionais.

A tradição constitucional confere aos direitos fundamentais um carácter "inalienável" (vejam-se a Declaração de Independência dos Estados Unidos da América e o preâmbulo da Declaração dos Direitos do Homem e do Cidadão). Os direitos fundamentais traduzem-se em valores objectivos cuja tutela se impõe, no que diz respeito a um núcleo essencial, ao próprio titular. Deve superar-se uma perspectiva liberal-individualista dos direitos fundamentais como simples reserva

---

[232] Pode ver-se, sobre estas questões, o meu estudo «Direito penal e Ética Sexual», in *Direito e Justiça*, vol. XV, 2001, tomo 2, pgs. 123 e segs.

de liberdade que impõe a abstenção do Estado, onde o Estado não pode entrar. Do Estado exige-se, também, a promoção dos valores ínsitos nesses direitos e a criação de condições objectivas que permitam o seu gozo efectivo[233].

É, sobretudo, à luz do princípio da indisponibilidade dos direitos à vida e à saúde (para além do alcance social que qualquer destas condutas também assume sempre) que se justificam a punição da eutanásia e do incitamento ou auxílio ao suicídio, a punição ou ilegalização do consumo de droga, ou até a tão comezinha imposição do uso de cinto de segurança.

No caso do *Big Brother*, está em questão a indisponibilidade do direito à privacidade.

Dir-se-à que não se pode transformar o direito à privacidade em dever de privacidade, ou, com J.J. Gomes Canotilho e Jónatas E.M. Machado, que «uma pessoa que decide tornar públicos comportamentos geralmente protegidos pela reserva da intimidade da vida privada não está, por esse motivo, a renunciar a esse direito, mas sim a exercê-lo de acordo com as suas próprias preferências e concepções».

Não se discute o direito de divulgar factos relativos à privacidade. Há mesmo um tipo de imprensa especializada nessa divulgação, que não suscita problemas sempre que se realiza com o consentimento dos visados.

Quando se fala em irrenunciabilidade dos direitos fundamentais, alude-se a um seu núcleo essencial. A novidade do *Big Brother* reside no facto de se ter atingido esse núcleo essencial, como salienta Walter Schmitt Glaeser. Neste programa é transporta uma barreira de forma inédita, é abolida de forma absoluta qualquer distinção entre publicidade e privacidade. E é precisamente na inédita transposição dessa barreira que apostam de forma deliberada o programa e a sua propaganda. O domínio da publicidade estende-se à casa de banho e ao quarto de dormir. Não há qualquer tipo de relacionamento que escape a esse domínio. Até a expressão "relacionamento íntimo", muitas vezes utilizada como sinónimo de relacionamento sexual, deixa de poder ser utilizada com esse sentido. E isso verifica-se durante

---

[233] Sobre as várias teorias dos direitos fundamentais, vejam-se os estudos referidos na nota 5.

vinte e quatro horas por dia, não perante um universo de pessoas circunscrito, mas perante o universo de pessoas mais alargado possível, perante milhões de telespectadores.

Será, pois, de questionar: se desta forma não se atinge o núcleo essencial do direito à privacidade como direito indisponível, em que situações é que tal se verificará? Não basta salvaguardar a revogabilidade do consentimento para dizer que não é atingido esse núcleo essencial.

Com a consciência deste facto, na Alemanha veio a ser imposto ao programa o limite de uma hora diária de privacidade. É, mesmo assim, discutível se isso basta para preservar o núcleo essencial do direito à privacidade.

A nossa Alta Autoridade para a Comunicação Social também reconheceu, como já vimos, que «a privacidade não é um bem ilimitadamente indisponível». Não retirou daí, porém, quaisquer consequências concretas.

Vítimas inexistentes?

Vem-se afirmando tranquilamente, como já vimos, que a dignidade da pessoa dos concorrentes ao *Big Brother* não é afectada porque estes não sofrem danos físicos ou psicológicos, antes beneficiam com a fama e a promoção sócio-económica que ganham através da sua participação no concurso.

Antes de mais, importa, para salvaguardar a especificidade do conceito, não confundir a violação da dignidade da pessoa humana com a produção de danos físicos ou psicológicos. A pessoa pode ser instrumentalizada sem que nela se provoquem danos desse tipo. Verificam-se geralmente danos psicológicos graves nos casos de abuso sexual de crianças. Mas ainda que não se verifiquem esses danos (como também pode suceder no caso de adultos incapazes de formular e exprimir a sua vontade), não perdem por isso gravidade tais crimes.

Por outro lado, é bom não esquecer que a fama e riqueza dos concorrentes são parte da instrumentalização. Pela fama e riqueza paga-se um preço, que é a violação absoluta da privacidade, e, como vimos, de acordo com a concepção subjacente ao princípio constitucional em questão, a pessoa tem *dignidade*, e não um *preço*.

Referimos atrás posições que afirmam violar a dignidade humana um concurso de feira de lançamento de uma pessoa anã. Não é o facto de esta pessoa não poder obter outro emprego, ou beneficiar economicamente com o concurso, que afasta tal conclusão. Também não é o facto de a pessoa que se prostitui beneficiar de uma situação económica a que não teria acesso se não exercesse essa actividade que releva para considerar a prostituição conforme à dignidade da pessoa humana.

De qualquer modo, é questionável a afirmação de que a participação no *Big Brother* não produz danos psicológicos nos concorrentes. O programa conta com a participação de psicólogos (participação que, na Holanda, teve a oposição da ordem profissional respectiva, por razões de ordem deontológica) prontos a intervir nessa qualidade em caso de necessidade, o que revela a consciência de riscos de danos desse tipo. Estamos perante uma verdadeira experimentação humana relativa à vida em "cativeiro", isolada e sem contactos externos (muito diferente da "vida real" a que se refere a publicidade). O programa explora, como fonte de mórbida satisfação ou divertimento para os espectadores, as reacções que dessa situação podem surgir, quer de aproximação, quer de conflito, entre os concorrentes, reduzidos a verdadeiras "cobaias".

A pessoa que repentinamente alcança fama e se apercebe posteriormente que não tem nisso qualquer mérito, que tudo se deve ao facto de ter permitidos ser peça de um jogo comercial alheio ao seu verdadeiro bem e à sua verdadeira felicidade, e verifica que é muito mais o que com ela lucram do que o que ela lucra, não poderá sofrer danos psicológicos com toda esta situação? Em França, uma situação dessas provocou numa concorrente sérias perturbações psicológicas que a levaram a uma tentativa de suicídio. Serão, obviamente, consequências ainda não estudadas, mas pelo menos possíveis. Será lícito sequer correr riscos deste tipo?

Tudo isto reforça a ideia da reificação da pessoa dos concorrentes neste programa e permite concluir que não será assim tão absurda a ideia de protecção da pessoa "contra si própria" a propósito do mesmo.

A dignidade da pessoa humana, valor de alcance individual e sócio-cultural

Será, pois, de aceitar a conclusão de que no *Big Brother* está em causa a dignidade da pessoa dos candidatos, enquanto valor objectivo e indisponível.

É certo que a dignidade da pessoa humana também assume relevo como valor sócio-cultural que enquanto tal deve ser protegido pela ordem jurídica. Estamos perante uma questão de "ordem pública" ou (na expressão de Stephen Huster) de "ecologia cultural", e perante a necessidade de evitar (na expressão da nossa Alta Autoridade para a Comunicação Social) a "pedagogia da indignidade humana", porque não estão em jogo apenas as pessoas dos candidatos, mas também a dignidade da pessoa como valor cultural que está na base de uma sociedade livre.

No entanto, seguir esta via traz algumas dificuldades.

Uma tem a ver com o carácter muito vago do conceito de "ordem pública" e a necessidade de o delimitar muito precisamente para evitar abusos.

Por outro lado, colocar a questão como de oposição entre valores personalistas de liberdade e valores culturais comunitários, sendo que a prevalência destes sobre aqueles é claramente excepcional numa ordem jurídica liberal, não me parece a forma mais correcta. É que neste caso coincidem, e não estão em oposição, a protecção da pessoa dos candidatos em concreto e a protecção desses valores culturais comunitários.

Um esforço inglório?

Adivinha-se um possível comentário a estas considerações. Não será de considerar um esforço inglório, irrealista, ou até algo quixotesca, a pretensão de proibir ou impor limites jurídicos a um programa que atinge os mais altos níveis de audiência e a cuja participação são inúmeros os candidatos?

É evidente que a aplicação do Direito não pode ignorar as concepções ético-sociais dominantes no contexto espacio-temporal em que ocorre.

Refere a este propósito Philippe Malaurie[234] que o conceito de dignidade da pessoa humana tem carácter evolutivo. Há sessenta anos atrás, os espectáculos de feira que exibiam anormalidades físicas («o homem mais pequeno do mundo», «a mulher mais gorda do mundo») não escandalizavam a generalidade das pessoas. E também ninguém se escandalizou pelo facto de na ópera de Verdi *Rigoletto* o bobo da corte ser uma pessoa anã. Hoje já não é assim e por isso se compreendem as sentenças que proibem espectáculos desse tipo.

Mas neste caso estamos perante um fenómeno inverso. A generalidade dos espectadores parece aceitar hoje aquilo que outrora seria repugnante. Diz-se, então, que o *Big Brother* reflecte a sociedade que somos, ávida de fama e fortuna a qualquer preço. Mas não será antes uma demonstração do poder da televisão de alterar drástica e rapidamente padrões culturais até então intocáveis? O indiscreto apelo ao *voyeurismo* que acompanha o programa e a sua publicidade não seria visto, pela generalidade das pessoas, até há bem pouco tempo, como sinal da mais grosseira incivilidade?

O filósofo francês Guy Coq apresenta o exemplo deste programa como um dos «pequenos passos em direcção à barbárie», que provocam uma lenta, mas efectiva, erosão que conduz ao abatimento da civilização e dos valores democráticos[235].

Não se ignora que para contrariar este fenómeno é primordial, antes de mais, um esforço pedagógico que faça inverter as preferências do público.

Mas, mesmo assim, e estando verdadeiramente em causa, como vimos, valores jurídico-constitucionais fundamentais, há-de o Direito permanecer como espectador passivo?

---

[234] *In* «Le Droit et l' Exigence de Dignité», *cit.*, pg. 627.
[235] Ver Guy Coq e Isabelle Richebé, *Petits Pas vers la Barberie...*, Presses de la Renaissance, Paris, 2002, pgs. 272 e 273.

O DIREITO E A FAMÍLIA

SALVAR O CASAMENTO

Há quem diga que a redefinição do conceito jurídico do casamento, de modo a nele incluir uniões de pessoas do mesmo sexo, se impõe como exigência constitucional do princípio da igualdade, sobretudo depois de, no artigo 13º da Lei Fundamental, se ter introduzido a "orientação sexual" como exemplo de um dos fundamentos que pode dar origem a discriminações atentatórias desse princípio. Poderia, desse modo, uma modificação de tão largo alcance cultural resultar, como já sucedeu noutros países (no Canadá e na África do Sul), de uma decisão judicial, sem intervenção do poder legislativo, ou até contra o sentir maioritário da população.

Mas será assim?

Sempre se tem afirmado que o princípio da igualdade não veda (e pode até impor em algumas circunstâncias) tratamentos diferenciados: proíbe que se trate de forma desigual o que é objectivamente igual, mas não que se trate de forma desigual o que é objectivamente desigual. Se o tratamento diferenciado se funda em motivos objectivos, racionais e justos, e não subjectivos, arbitrários ou discriminatórios, não contraria o princípio da igualdade. Será discriminatório negar a uma pessoa com tendências homossexuais o acesso a um emprego ou a um benefício social quando tal não tem fundamento objectivo ou racional. Mas não poderá dizer-se que não tem fundamento objectivo ou racional a não equiparação das uniões homossexuais à união entre homem e mulher no âmbito dos regimes do casamento e da adopção. Trata-se de situações objectivamente desiguais que, precisamente na perspectiva da natureza e das finalidades destes institutos, justificam um tratamento diferenciado.

Não se trata, desde logo, de alargar ou restringir direitos, mas de definir conceitos. Trata-se de "chamar as coisas pelos seus nomes". Não se trata de proibir ninguém de casar, mas de definir o que é o casamento. Como já se afirmou ironicamente a este respeito, quando se distingue entre uma "maçã" e uma "laranja" não se está a violar o princípio da igualdade entre os "frutos".

Uma primeira verdade a salientar é a de que o casamento é uma instituição milenar que precede o Estado, não é uma criação deste, nem dos mais ou menos iluminados legisladores. O Estado limita-se a reconhecê-la. Que o Estado pretenda forjar tal instituição milenar só pode ser sinal de uma tentação totalitária de ideológica "engenharia social".

Quando os nossos constituintes de 1976 reconheceram tal instituição tinham, sem margem para dúvidas, em mente a noção de casamento que tem atravessado os séculos e as culturas mais diversificadas. Se fosse possível a redefinição arbitrária de conceitos, nada seria seguro, qualquer afirmação constitucional poderia ser distorcida e todo o edifício constitucional poderia ser subvertido. Poder-se-ia negar o direito à vida, redefinindo o conceito de "vida", ou a proibição da tortura, redefinindo a noção de "tortura".

Dir-se-á que, neste aspecto, não se trata de uma redefinição arbitrária e que o elemento histórico da interpretação não é decisivo e pode ceder diante de uma interpretação actualista que corresponda a uma evidente evolução social e cultural. Seria assim se estivéssemos perante um consenso pacífico e indiscutível (não certamente uma questão "fracturante"), o que não é manifestamente o caso. Trata-se, antes, de aspirações de minorias vanguardistas com um poder de influência muito superior à sua real dimensão. A oposição à alteração legislativa espanhola deu origem a petições e manifestações com uma expressão numérica sem paralelo. Procura evitar-se a sujeição destas questões a referendo. Sempre que tal se verificou (nos Estados Unidos) a rejeição popular de alterações à definição do casamento foi clara. No primeiro ano de vigência da lei espanhola (quando seria de esperar um número particularmente elevado, por corresponder à legalização de situações que perduram desde há muito tempo), o número de "casamentos" entre pessoas do mesmo sexo pouco superou os trezentos, contra as anunciadas dezenas de milhar.

Não podemos falar, pois, de uma evolução semântica correspondente a uma espontânea e tranquila evolução cultural, mas antes de uma subversiva manipulação de linguagem, também ela de laivos totalitários (faz recordar a "novilíngua" do famoso romance de George Orwell *1984*).

Tem-se dito, porém, que outras instituições milenárias (a família fundada na supremacia masculina, por exemplo) têm caducado com o progresso da civilização. Mas o casamento não pode ser equiparado a qualquer outra instituição sujeita a caducidade. Não é apenas um produto cultural, exprime uma realidade natural. Não é, pois, por acaso ou coincidência que tem persistido ao longo dos séculos e que é comum às culturas mais diversificadas.

Mesmo assim, há que verificar se tem um fundamento objectivo e racional o tratamento diferenciado do casamento como união entre homem e mulher e uma união entre pessoas do mesmo sexo.

O reconhecimento e a promoção do casamento e da família pelo Estado não têm a ver com o privilégio de uma opção de estilo de vida privada entre outras possíveis, mas com a função social dessas instituições. Também não se trata de discriminar um tipo de afectos em relação a outros («o Estado não tem de dizer quem ama quem» – ouve-se dizer). Há outro tipo de relações afectivas sem expressão sexual (entre irmãos ou amigos) que não têm reconhecimento social e jurídico específico porque se situam no âmbito da privacidade, onde deverão também situar-se as uniões entre pessoas do mesmo sexo.

E a função social do casamento e da família supõe a dualidade sexual.

O reconhecimento social e jurídico do casamento, e a protecção que daí decorre, ligam-se à função da família como fundamento e célula base da sociedade. É, desde logo, a família que assegura a perenidade e renovação da sociedade, gerando, a partir da união entre homem e mulher (haverá poucas verdades tão evidentes e objectivas como esta), novas vidas. Essa renovação passa pela geração biológica, mas também pela educação das crianças e dos jovens. A formação da pessoa exige o contributo insubstituível das dimensões masculina e feminina, que só em conjunto compõem a riqueza integral do humano.

Contra esta ideia, tem-se afirmado que o casamento não deixa de ter reconhecimento social quando os cônjuges não podem, ou não querem, ter filhos. É verdade. Podemos dizer que se trata da excepção que confirma a regra. O legislador, ao reconhecer e regular o casamento, tem em conta, como em muitos outros casos, aquilo que é a regra, não a excepção. Na generalidade dos casos, os cônjuges estão abertos à vida e se assim não fosse estaria comprometido o futuro da sociedade, facto que o Estado e o legislador certamente não ignoram.

De qualquer modo, mesmo nos casos de casais sem filhos o reconhecimento social do casamento desempenha uma função social que não pode ser desempenhada por uniões entre pessoas do mesmo sexo. Esse reconhecimento não diz primordialmente respeito à atribuição de um conjunto de direitos e deveres, mas ao quadro simbólico de referência da sociedade. Através desse reconhecimento, de algum modo se "presta homenagem" à riqueza da dualidade sexual na perspectiva social do bem comum. A sociedade estrutura-se a partir dessa dualidade, como salientou o político socialista francês Lionel Jospin quando afirmou a evidência de que a sociedade se divide entre homens e mulheres, não entre homossexuais e heterossexuais. Muito antes, já o tinha afirmado o *Génesis* («Deus os criou Homem e Mulher»), evidenciando não só uma intuição característica da cultura judaico-cristã onde nos integramos, mas uma realidade natural que também está presente nos relatos fundadores das culturas mais diversificadas. A diferença estrutural entre homem e mulher não é fruto do acaso (como se pudesse deixar de ser assim), mas corresponde a um desígnio natural que faz dessa diferença uma ocasião de enriquecimento recíproco, que apela à unidade e comunhão a partir da diversidade. É isto mesmo que exprime a instituição do casamento, que as diferenças entre homem e mulher não são uma ocasião de conflito, mas de colaboração e enriquecimento recíprocos. E é assim em todos os domínios da vida social, onde a dualidade sexual deve ser sempre encarada como uma riqueza, uma ocasião não de conflito, mas de colaboração. É esta "unidade na diversidade" que a instituição do casamento, pelo simples facto de existir, "proclama".

Por outro lado, como salienta o psicanalista francês Tony Anatrella, «é a partir desta diferença fundamental que todas as outras se tornam possíveis, que o indivíduo acede ao sentido do outro e se socializa». É, pois, o próprio sentido da alteridade em geral que o casamento como modelo de referência nos ajuda a descobrir.

Tudo isto desaparece quando o conceito de casamento se esvazia e se torna um recipiente onde tudo cabe. Onde poderá também caber – como também já se defende – a poligamia, para ir de encontro a realidades que em sociedades multiculturais têm expressão numérica até superior à das uniões de pessoas do mesmo sexo, ou para satisfazer os direitos de pessoas de tendência bissexual, uma outra "orientação sexual" que não pode dar origem a discriminações. Quando se descaracteriza de forma tão grave uma instituição, não sabemos até onde nos levará a derrocada. E com isso desapareceria também a "homenagem" à dignidade da pessoa com um valor único e irrepetível que a instituição do casamento monogâmico sempre tem representado nas culturas de raiz cristã.

Perde sentido a afirmação política e jurídica de que o Estado reconhece e promove a família como célula da sociedade quando este conceito se esvazia. É isto que está em jogo e confere a máxima relevância à questão da definição jurídica do casamento.

(Abril de 2006)

O DIVÓRCIO UNILATERAL
E A SOCIEDADE SEM VÍNCULOS

Retomando um projecto já apresentado em legislaturas anteriores, foi agora apresentado um projecto de lei, pelos deputados do Bloco de Esquerda, que consagra o chamado divórcio unilateral. De acordo com este projecto, o divórcio passará a depender apenas da vontade expressa de qualquer um dos cônjuges, mesmo que o outro a tal se oponha, mesmo que tenha sido o requerente a violar os seus deveres conjugais e independentemente de qualquer período de separação efectiva. O projecto vai na linha da recente alteração legislativa espanhola que consagrou a figura que veio a ser popularmente designada como *divórcio expresso*. Para a lei espanhola, o divórcio pode ser requerido por qualquer dos cônjuges depois de decorrido o prazo de apenas três meses após a celebração do casamento.

Os proponentes já afirmaram que se trata «da mais importante proposta de modernização do direito da família desde 1975». Talvez seja de lhe dar razão quanto à relevância da proposta. Só que não se trata de qualquer progresso. Será, antes, o culminar de uma progressiva descaracterização do próprio casamento e do próprio direito da família.

A alteração legislativa espanhola veio acompanhada da redefinição do casamento como união que deixa de supor a dualidade sexual. Uma e outra subvertem e descaracterizam o casamento na sua essência. Com o divórcio unilateral, perde qualquer alcance o casamento enquanto compromisso e enquanto vínculo. O casamento passará a ser, talvez, o mais instável e precário dos contratos, mais do que um contrato de trabalho ou de arrendamento. Se, a qualquer momento, qualquer dos cônjuges pode desvincular-se independentemente do motivo, pode perguntar-se qual é, afinal, a diferença entre estar casado e não estar. A mesmo tempo que se vão estendendo os direitos das uniões de facto (hoje a equiparação destas ao casamento, no plano dos direitos, é quase total, apesar de haver ainda, até agora, uma evidente diferença no plano dos deveres, inexistentes para quem não está vinculado pelos laços conjugais), por outra via também se vão esbatendo as diferenças entre a união de facto e o casamento. É o enfraquecimento progressivo dos deveres conjugais. Com o divórcio unilateral, qualquer dos cônjuges pode a qualquer momento deixar de os cumprir. Daqui à abolição do próprio casamento, à sua irrelevância jurídica, o passo é muito pequeno.

O divórcio começou por ser encarado como uma sanção contra o cônjuge que violou gravemente os seus deveres conjugais (foi assim em Portugal até 1977). Depois, passou a corresponder também à verificação de uma situação já irremediável, porque são ambos os cônjuges a requerê-lo, ou porque o tempo de separação de facto revela a prática irreversibilidade da situação (é assim o regime actualmente vigente entre nós). Com o divórcio unilateral, aquilo que começou por ser uma *sanção* contra quem viola os deveres conjugais acaba por ser um verdadeiro *prémio* para o infractor.

Sempre se considerou um progresso civilizacional, reflexo da influência cultural do cristianismo, a abolição da figura do *repúdio*, que permitia ao marido a desvinculação imotivada dos seus compromissos conjugais. Com o divórcio unilateral, pode dizer-se que renasce das cinzas tal figura. Dir-se-á que se trata, agora, de um direito de qualquer dos cônjuges, e já não apenas do marido. Mas, di-lo a experiência e também vários estudos, é, na maior parte dos casos, a mulher a sofrer as consequências nefastas (no plano económico, psicológico e afectivo) da ausência de vínculos e do abandono conjugal. Nas famílias monoparentais, o progenitor ausente é sempre o pai. Nunca houve tantas mulheres sós e pobres...

Políticos habitualmente sensíveis à necessidade de contrariar as consequências do individualismo no campo das relações económicas, com o que ele implica de sacrifício dos mais fracos e da coesão social, propõem agora a consagração do individualismo mais extremo no âmbito da família, do núcleo social mais estruturante e fundamental.

Quer-se "agilizar" e facilitar o divórcio como se não estivesse ele já suficientemente difundido, ou fosse essa difusão socialmente irrelevante, ou até benéfica. Mas o divórcio já está "suficientemente" difundido, entre nós como noutros países onde chega a verificar-se uma proporção de um divórcio para cada dois casamentos (proporção de que estamos a aproximar-nos). As consequências socialmente nocivas dessa difusão também são evidentes, apesar de, muitas vezes, se pretender fechar os olhos a essa evidência, porque, acima de tudo, não se quer pôr em causa essa "conquista" da liberdade individual que será o divórcio. Às vezes, parece que se pretende convencer-nos de que é salutar o crescimento e educação de uma criança ou de um jovem sem a presença contínua do seu pai e da sua mãe, e que é socialmente irrelevante que tal se verifique numa proporção de crianças e jovens que se aproxima da maioria.

Também se diz que «mais vale um bom divórcio do que um mau casamento». Mas quase nunca se diz que um "mau casamento" não é uma fatalidade (como não é uma fatalidade que de dois casamentos um termine em divórcio), que muitas das dificuldades de um casamento podem ser ultrapassadas num esforço de abertura ao outro, de harmonização de diferenças e de perdão recíproco.

É verdade que não é a Lei, por si só, que destrói ou fortalece a família. Tal depende, sobretudo, de factores sociais e, sobretudo, culturais e de educação. Mas a Lei não deixa de ter o seu papel. Além do mais, porque ela própria contém sempre uma mensagem cultural. Não pode desligar-se a difusão do divórcio em Portugal da sua consagração legal em relação à maioria dos casamentos (os casamentos católicos) a partir de 1975. Afirmava-se, então, que não podiam ignorar-se as situações dos casamentos fracassados, que eram, então, apesar de tudo, uma pequena minoria. A partir daí, o divórcio passou a "gerar divórcio", porque passou a ser maior a ligeireza com que se contrai o casamento e passou a ser menor o incentivo a superar as dificuldades do casamento. Aquele que era o drama de uma pequena minoria, generalizou-se de forma exponencial (não só por causa da Lei, como é óbvio, mas também por causa da Lei)

Parece que hoje se pretende ir ainda mais longe, se quer criar uma sociedade de indivíduos isolados e sem quaisquer vínculos. Mas será isso, sequer, possível? Será possível, por exemplo, contrariar o *suicídio demográfico* da Europa, a que temos assistido impassivelmente e para o qual começamos agora a estar alertados, quando se recusam quaisquer compromissos e quaisquer empenhos que vão para além do imediato?

(Maio de 2007)

AINDA MAIS DIVÓRCIO

Cerca de um ano depois, voltam a ser objecto de discussão parlamentar propostas de alteração legislativa tendentes a facilitar o divórcio. Volta a ser discutida a proposta de introdução, em pleno, do chamado *divórcio unilateral*, que (na linha da recente reforma espanhola) torna esse recurso dependente da simples manifestação de vontade de um só dos cônjuges, contra a vontade do outro, independentemente dos motivos e mesmo que tenho sido ele a violar os deveres conjugais. E também se discute uma proposta que, não indo tão longe, não deixa de facilitar esse tipo de divórcio "unilateral", reduzindo a duração da separação de facto que o torna possível (pretende-se reduzir ainda mais um prazo que começou por ser fixado nos seis anos e está hoje nos três).

Além de outras questões que estas propostas poderiam suscitar, impõe-se a reflexão sobre o sinal e a mensagem cultural que acarreta, no nosso actual contexto, uma reforma tendente a facilitar ainda mais o divórcio.

No contexto europeu, o número de divórcios cresceu 50% nos últimos vinte e cinco anos e hoje, em média, um em cada dois casamentos termina em divórcio. Embora Portugal se situe ainda abaixo dessa média, dela se vai aproximando cada vez mais, e a taxa de crescimento do número de divórcios é, entre nós, das maiores da Europa (no referido período mais do que duplicou).

Esta situação não deve ser encarada com indiferença, como se estivessem em jogo meras opções individuais sem reflexos sociais. Que se torne regra (e já não excepção) a situação de as crianças não viverem com ambos os pais, não pode deixar de ter repercussões socialmente nocivas, por muito que se procure reduzir os danos (o que é louvável), ou por muito que se procure (o que já não pode aceitar-se) mascarar ou "branquear" a crueza dessa realidade. São vários os estudos que comprovam essas repercussões, designadamente os que retratam a situação dos Estados Unidos, pioneiros na difusão acentuada do divórcio (podem consultar-se alguns deles em *www.socialtrendsinstitute.org*). O crescimento exponencial do divórcio na Europa nos últimos vinte e cinco anos, a consideração dos custos emocionais, sociais e até económicos daí decorrentes e a noção de que a estabilidade da família é um verdadeiro capital social estão na base de um documento recente da Comissão dos Episcopados da Comunidade Europeia: *Proposal for a Strategy of the European Union for the Support of Couples and Marriage* (acessível em *www.comece.org*).

Por outro lado, também vai sendo reconhecido como uma política de família não se confunde com uma política de concessão de subsídios; é, antes de mais, uma política cultural de valorização da família.

Uma dimensão onde tal se revela de modo particular é a da natalidade, talvez a mais grave das crises sociais com que, numa perspectiva estrutural que vai para além do imediato, se confronta hoje a Europa. A natalidade não tem crescido mesmo nos países mais generosos no âmbito da concessão de subsídios. Está em causa uma mentalidade de desvalorização da vida. Não é certamente o Estado que influi decisivamente na criação dessa mentalidade, mas dele podem emergir, desde logo pelos sinais e mensagens culturais que difunde (ao colaborar, ou não, na prática do aborto, por exemplo), importantes contributos num ou noutro sentido.

Para além da valorização da vida em si mesma, a valorização da estabilidade familiar, do capital social que ela representa, é também uma importante mensagem que o Estado e o seu ordenamento jurídico podem difundir em ordem à promoção da natalidade. Numa sociedade onde a assunção de compromissos duradouros, que vão para além dos impulsos do momento, não é valorizada e promovida, também não é valorizada e promovida a natalidade. E tornar o casamento o mais precário dos contratos (é a este ponto que têm chegado as reformas que cada vez mais têm facilitado o divórcio), facilitando ao máximo a vida de quem não foi fiel aos compromissos que assumiu, não transmite certamente uma mensagem de valorização desses compromissos. São só eles que permitem, de forma salutar e harmoniosa, renovar a sociedade através da geração de novas vidas.

(Março de 2008)

FAMÍLIA, AFECTOS E DEVERES

O Partido Socialista apresentou na Assembleia da República um Projecto de Lei que altera significativamente os princípios que norteiam o regime jurídico-civil do casamento e do divórcio. Não vai tão longe, esse Projecto, como um outro apresentado (e já rejeitado) pelo Bloco de Esquerda, que instituía o chamado *divórcio a pedido*, isto é, a possibilidade de qualquer dos cônjuges requerer o divórcio a todo o tempo, contra a vontade do outro, independentemente dos motivos e mesmo que tenha sido ele a violar (mais ou menos gravemente) os deveres conjugais. No entanto, ao reduzir para um ano (um prazo que começou por estar fixado nos seis anos e, segundo a lei vigente, é actualmente de três) a duração da separação de facto que pode ser condição única desse divórcio unilateral, não se afasta muito, no seu princípio e nas suas consequências, de um sistema de *divórcio a pedido*. Por outro lado, elimina-se o instituto do divórcio litigioso e a necessidade de apuramento da culpa de algum dos cônjuges, de saber qual deles violou, e em que medida, os seus deveres conjugais. Na palavra de um dos principais deputados proponentes, o casamento deve assentar no *afecto*, não nos *deveres*. Para o dissolver, basta que termine o *afecto* (circunstância de que são sintoma determinados factos objectivos), não importa apurar quem violou os seus deveres conjugais.

Mas importa saber se é possível conceber, sem o descaracterizar, o casamento sem referência a um conjunto de deveres (de respeito, fidelidade, coabitação, cooperação e assistência) que assumem relevo jurídico, um relevo que é específico e distinto de outros deveres jurídicos, mas que não pode ser ignorado e desprovido de quaisquer consequências. Não, tal não é possível, sob pena de se confundir o casamento e a união de facto. Se a qualquer momento (ou –o que não é muito diferente – decorrido apenas um ano de separação de facto) e independentemente dos motivos, pode ser dissolvido um casamento por qualquer dos cônjuges, quase nenhuma diferença haverá entre estar casado e não estar.

Compreende-se a intenção de limitar os conflitos, as agruras e os dramas de um divórcio litigioso. É isso que justifica o propósito do legislador que, de há muito, incita o juiz e as partes à conversão do divórcio litigioso em divórcio por mútuo consentimento. Mas, se o casamento assenta num conjunto de deveres, e se é a violação de algum desses deveres que conduz à ruptura, não me parece que possa negar-se a qualquer dos cônjuges o direito de obter do tribunal a declaração solene dessa violação, com consequências em vários planos, que impeçam que o divórcio se traduza num benefício para o "infractor". E, por outro lado, se foi o cônjuge que requer o divórcio contra a vontade do outro a violar os seus deveres conjugais, não deveria essa pretensão ser facilmente alcançada (e o Projecto permite-o desde que se verifica uma separação de facto por um ano), sob pena de, também deste modo, se beneficiar o "infractor". Ao negar a primeira dessas possibilidades e ao permitir esta segunda, o Projecto não está, n verdade, a dar relevo aos deveres conjugais, mas apenas à verificação objectiva de que o afecto cessou.

O casamento e a família não podem assentar num sentimento volátil e passageiro, sujeito à rápida e inevitável usura do tempo. Afecto e dever não estão em contradição. O afecto, por si só, não resiste à usura do tempo se não for alimentado e cultivado, como uma planta que definha se não for regada. E o afecto é alimentado através de gestos de amor quotidianos, um amor oblativo, um amor-doação, não puramente passivo (como o simples sentimento, que de nós nada exige), mas que envolve o esforço e a vontade (trata-se de querer o bem do outro), a entrega, a dedicação, a superação do egoísmo, e até o sacrifício e o perdão. Só com este propósito e esta postura podem ser superadas as inevitáveis dificuldades da convivência conjugal. E os deveres conjugais são expressão e corolário deste propósito.

As pessoas são livres de optar por uma convivência assente exclusivamente na espontaneidade dos afectos e são livres de optar por viver em união de facto. Mas a família como núcleo fundamental da sociedade, que garante a sua continuidade e renovação através da geração de novas vidas, não pode assentar num sentimento volátil e passageiro, tem de assentar num compromisso duradouro. Ninguém decide, de forma consciente e responsável, gerar novas vidas sem a garantia desse compromisso duradouro, se estiver sujeito ao risco de o outro progenitor a qualquer momento o abandonar (*a* abandonar – o abandono da mulher é a situação mais frequente) porque o afecto se esvaneceu, ou passou a dirigir-se a outra pessoa, e tranquilamente podem ignorar-se os deveres, em nome do superior predomínio dos afectos (porque «*al cuor non si commanda*» – não se manda no coração).

É por isso que o Estado e a sociedade devem reconhecer, promover e valorizar a família fundada no casamento. Não é justo que a trate como qualquer outra forma de convivência, como vem sucedendo. E como virá a suceder ainda mais se o próprio casamento for descaracterizado, se a facilidade com que se dissolve tornar irrelevante estar casado e não estar.

Se a família, que representa o núcleo fundamental da sociedade, não assentar na assunção de deveres, de deveres dos cônjuges entre si, dos pais para como os filhos e dos filhos para como os pais, também não é possível construir uma sociedade verdadeiramente solidária. Como já várias vezes se disse, a família é a primeira escola de solidariedade. «Como a família, assim a sociedade» – propôs um dia Chiara Lubich, para que os valores típicos da família impregnem todos os âmbitos da vida social. O conhecido politólogo norte-americano Michael Walzer afirmou numa entrevista ao jornal italiano *Avvenire* (de 22 de Outubro de 2005) que é um erro das correntes de pensamento tidas por progressistas ou de "esquerda" (corrente onde ele próprio se integra) a desvalorização da família, pois esta é «um pequeno Estado social ("*welfare*") onde se aprende a ser altruístas», um «lugar de diálogo onde no qual nascem solidariedades que depois se alargam à sociedade». E a solidariedade (como a família) não assenta apenas no afecto, mas também nos deveres, em deveres de solidariedade. Não distingue entre simpático e antipático, entre pessoas a quem nos ligam laços de afinidade (eventualmente traduzidos em afectos) étnica, cultural, social ou ideológica, e pessoas a quem não nos ligam tais laços.

A indisciplina escolar e a delinquência juvenil, de que hoje tanto se fala, têm as suas raízes mais profundas em falhas e omissões da família, no plano dos afectos, mas também no do sentido do dever. Perante essas falhas e omissões, de pouco serve o reforço de medidas disciplinares ou penais. Um recente relatório da UNICEF ligava os problemas da juventude do Reino Unido, com as taxas mais elevadas da Europa no que se refere à toxicodependência, ao alcoolismo, à delinquência juvenil e à gravidez na adolescência, à crise da família, traduzida no elevado número de divórcios e de famílias monoparentais (ver *Avvenire*, 5/4/2008).

Dir-se-à que não tem sentido impor a alguém os laços jurídicos do casamento quando o afecto se extinguiu e a situação é irreversível, que de pouco servem tais vínculos em termos práticos. Mas quando se dá cobertura jurídica à conduta de quem viola os seus deveres conjugais, encarando com indiferença essa violação e facilitando ao máximo o divórcio que nela tem a sua origem, o sinal e a mensagem cultural que daí decorrem não podem deixar de produzir os seu efeitos nocivos. É este plano cultural que está em jogo (mais do que o número de divórcios litigiosos, que são uma percentagem diminuta dos divórcios) e que faz com esta questão seja para os proponentes uma "bandeira ideológica". Esse plano cultural situa-se, claramente, muito para além do ordenamento jurídico e da intervenção do Estado. Mas tal não significa que as alterações legislativas propostas, pela mensagem cultural que encerram, não tenham a máxima relevância.

Facilitar ao máximo o divórcio não pode deixar de ser entendido como uma mensagem cultural de banalização e desvalorização do casamento e é natural que isso se traduza no aumento do número de divórcios. É a esse aumento, de forma exponencial, que se tem assistido em Espanha no ainda curto período de vigência da reforma do Governo de Zapatero que instituiu o divórcio *a pedido* (a quem alguns passaram a chamar *divórcio expresso*). No contexto europeu, o número de divórcios cresceu 50% nos últimos vinte e cinco anos e hoje, em média, um em cada dois casamentos termina em divórcio. Embora Portugal se situe ainda abaixo dessa média, dela se vai aproximando cada vez mais, e a taxa de crescimento do número de divórcios é, entre nós, das maiores da Europa (no referido período mais do que duplicou). Será conveniente, sob algum ponto de vista, incrementar esse número ainda mais? Ou teremos que esperar pela geração seguinte, para só então (quando a situação se aproximar do irremediável) lamentarmos os efeitos nocivos dos constantes ataques à estabilidade e coesão da família?

(Abril de 2008)

DIVÓRCIO E PROTECÇÃO DOS MAIS FRACOS

A apresentação do projecto de lei do Partido Socialista que introduz alterações à legislação sobre o divórcio tem dado enfoque mais a aspectos desse Projecto relativos à protecção das pessoas que possam ser prejudicadas com o divórcio, do cônjuge economicamente mais débil ou dos filhos, do que aos aspectos que representam sinais de facilitismo e que, consequentemente, se poderão traduzir em incremento do divórcio.

Importa desmascarar a distorção que pode resultar deste enfoque. Os danos que do divórcio resultam para o cônjuge mais "fraco" e, sobretudo, para os filhos, nunca são completamente afastados em qualquer sistema de protecção, podem ser reduzidos, mas nunca anulados. É natural que um regime que facilita o divórcio, quanto mais não seja pela mensagem cultural que veicula, acabe por o incrementar. E esse incremento há-de conduzir necessariamente à desprotecção dos mais fracos. Parece ser uma evidência: com o aumento do divórcio há cada vez mais mulheres sós e pobres, há (não só por isso, mas também por isso) cada vez mais famílias monoparentais. O cônjuge mais "fraco" (normalmente a mulher) é também, com frequência, o cônjuge que é vítima da violação de deveres conjugais de que o outro cônjuge é responsável. O projecto em causa, ao retirar relevo à violação dos deveres conjugais e à culpa, por este motivo, desprotege, à partida, também o cônjuge mais "fraco".

Ao ler a exposição de motivos do projecto, impressiona a visão quase idílica que parece querer dar do divórcio. O divórcio representaria não um drama pessoal ou um fenómeno socialmente nocivo, mas um sintoma da generalizada aspiração à autenticidade dos afectos, um simples passo na busca de uma nova experiência mais gratificante. Não é, porém, essa a realidade. Mesmo que o ordenamento jurídico quase pretenda escamotear essa realidade, ao abolir a figura do divórcio litigioso e ao deixar de dar relevo à culpa, não pode ignorar-se que, muitas vezes, há um cônjuge que é infiel e outro que é vítima de infidelidade, há um cônjuge que abandona e outro que é vítima de abandono. Não se trata apenas de "partir para outra". Com frequência, é apenas o homem quem "refaz a sua via" e contrai uma nova união.

Ao reflectir a visão tida por "pós-moderna" do "amor líquido" (segundo a famosa expressão do sociólogo Baumann), avessa a vínculos duradouros, e do divórcio como simples transição para uma experiência mais gratificante, essa exposição de motivos parece ignorar que na busca dessa gratificação individual vai ficando pelo caminho o maior empecilho a essa concepção de "amor líquido": os filhos. Ao descaracterizar o casamento como vínculo assente em compromissos duradouros, a mensagem cultural que decorre deste projecto não deixa de traduzir-se, antes de mais, em desincentivo da própria natalidade. Por outro lado, qualquer projecto que acarrete, directa ou indirectamente, um incremento do divórcio nunca deixará de afectar aqueles que, invariavelmente, são a parte mais fraca: os filhos. Por muito que se pretenda minimizar os danos do divórcio para estes, e que se pretenda manter (como faz o projecto) um contacto frequente com ambos os progenitores através do sistema da guarda conjunta (sistema que poderá ter essa vantagem, mas também potencia a conflitualidade e a mais frequente intervenção do tribunal no âmbito íntimo das opções familiares), nunca se tornará normal e benéfica para o crescimento harmonioso dos filhos a separação dos pais. Mesmo que se trate, por vezes, de um mal menor, essa separação nunca deixa de ser um mal.

Para além desta questão, importará analisar mais especificamente as alterações propostas e ver se delas decorre um regime de protecção do cônjuge mais "fraco" .

No regime vigente, essa protecção traduz-se, entre outros aspectos, no dever de alimentos (em que se inclui a prestação do necessário para assegurar o sustento, habitação e vestuário) que impende sobre o cônjuge declarado culpado e que subsiste para além da dissolução do casamento. Esse dever supõe a incapacidade do ex-cônjuge que dele beneficia para obter por si os recursos em questão. O montante dos alimentos mede-se pelo trem de vida na constância do casamento. O beneficiário não deve baixar esse trem de vida por causa do divórcio. Para compreender este regime, importa ter presente que ele decorre do dever de assistência, o dever de prover às necessidades do outro cônjuge em caso de incapacidade deste, um dever que caracteriza (com os deveres de respeito, fidelidade e cooperação) o próprio casamento. Não se trata, pois, de um injustificado incentivo ao "parasitismo", mas da decorrência de um dever que foi assumido com a celebração do casamento e que perderia todo o relevo se qualquer dos cônjuges dele se pudesse injustificadamente desvincular em caso de dissolução do casamento com base na sua própria culpa. Para com o cônjuge que sempre se manteve fiel aos seus compromissos não seria justo proceder de outro modo.

O regime proposto elimina o relevo da culpa na dissolução do casamento. O dever de alimentos não deverá, assim, depender da culpa de qualquer dos cônjuges, mas da verificação objectiva de uma situação de carência decorrente da dissolução do casamento. Embora com alguma incoerência, mas que não deixa de revelar alguma sensatez, ficam, porém, ressalvadas, situações excepcionais em que seria chocante fazer recair sobre o cônjuge "inocente" um dever de alimentos em benefício do cônjuge culpado (embora não se aluda expressamente a esta situação, o que seria mais conveniente e seguro, parece que é a ela que se aplica a referência do artigo 2016º, nº 3, do Código Civil revisto nos termos do projecto, às razões de manifesta equidade que podem conduzir à negação do direito a alimentos).

O montante dos alimentos deixa de ser medido pelo trem de vida do cônjuge anterior à dissolução do casamento. É o que decorre, claramente, do artigo 2016º-A, nº 3. Passará, então, a ser medido (na ausência de outro critério) pelas estritas necessidades de uma sobrevivência minimamente digna. Verifica-se, assim, que a protecção do cônjuge mais "fraco" sai profundamente afectada com o novo regime. Se é verdade que o dever de assistência não perde todo o relevo, pois a obrigação de alimentos pode manter-se depois da dissolução do casamento, tal dever passa a ter um alcance substancialmente menor, o que acarreta para o cônjuge "inocente" uma quebra do seu nível de vida, que pode ser abrupta, mas que, sobretudo, é injusta à luz dos compromissos assumidos por ambos os cônjuges com o casamento e pode criar uma inconveniente discrepância entre o nível de vida do progenitor a quem são habitualmente confiados os filhos (a mãe) e o nível de vida destes (pois, quanto a estes, o dever de alimentos continua a medir-se pelo critério da manutenção do teor de vida anterior à dissolução do casamento). Também neste aspecto se vê como o "divórcio sem culpa" prejudica a parte mais fraca, que é, com frequência, também a que não tem culpa. E favorece a parte mais forte, que é, com frequência, também a parte culpada.

É verdade que serão hoje mais raras as situações de mulheres casadas que não trabalham fora de casa e estarão, por isso, menos habilitadas para encontrar emprego depois do divórcio. Mas a opção do trabalho doméstico pode ter sido imposta pelo número elevado de filhos. Ainda que raras, são situações que o legislador atento à protecção dos "mais fracos" não pode deixar de contemplar. E, por outro lado, as situações que podem estar na origem da obrigação de alimentos não são apenas as que derivam do trabalho da mulher casada no âmbito da família. São também situações de incapacidade para o trabalho devida a doença. Essa doença pode ser superveniente e até pode configurar-se uma situação em que o motivo do divórcio é a própria doença, que leva ao abandono do cônjuge doente por parte do outro cônjuge. Por muito chocante que seja esta situação, o projecto recusa, também neste caso, falar em "culpa". Manter-se-à um dever de alimentos, mas, também neste caso, limitado ao que é estritamente necessário à sobrevivência.

Por outro lado, o artigo 2016º-A, nº 2, estatui que o tribunal deve dar prevalência a qualquer obrigação de alimentos relativamente a um filho do cônjuge devedor sobre a obrigação emergente do divórcio em favor do ex-cônjuge. O que, considerando que a obrigação de alimentos para com os filhos continua a medir-se pelo trem de vida anterior ao divórcio e que da nova união do cônjuge devedor podem surgir outros filhos, servirá de fácil pretexto para reduzir ou anular a obrigação de alimentos para com o ex-cônjuge (a tal parte mais "fraca" que é, assim, injustificadamente menosprezada)

Há, ainda, que considerar, que a obrigação de alimentos passa a ser fixada por um período limitado, embora renovável, salvo razões ponderosas (artigo 2016º-B). Este facto cria uma maior instabilidade para o cônjuge carenciado e riscos de maior litigiosidade.

Por tudo isto, não me parece que das alterações ao regime do divórcio constantes do projecto de lei do Partido Socialista resulte um reforço da protecção das partes envolvidas que, pela sua debilidade, dessa protecção mais careçam.

(Abril de 2008)

EDUCAÇÃO SEXUAL OBRIGATÓRIA?

As recentes polémicas a respeito da educação sexual conduzem necessariamente ao debate de uma questão crucial: deve esta vertente da educação fazer parte do currículo obrigatório, ou aos pais deve ser dada a possibilidade de recusar um determinado modelo que considerem não conforme às suas convicções morais e filosóficas?

Princípios básicos a ter em conta na resposta a esta questão são os que estão consagrados em instrumentos jurídicos de alcance fundamental. O artigo 26º, nº 3, da Declaração Universal dos Direitos do Homem confere aos pais o direito preferencial de escolha do tipo de educação dos seus filhos. O artigo 2º do Protocolo I anexo à Convenção Europeia dos Direitos do Homem estatui que «o Estado, no exercício das funções que tem de assumir no campo da educação e do ensino, respeitará o direito dos pais a assegurar a educação e o ensino consoante as suas convicções religiosas e filosóficas». Este direito dos pais também é reconhecido pelo artigo 14º, nº 3, da Carta Europeia dos Direitos Fundamentais. O artigo 43º, nº 2, da Constituição Portuguesa declara que o Estado não pode programar a educação e a cultura segundo quaisquer directrizes filosóficas, estéticas, políticas, ideológicas ou religiosas. E o artigo 67º, nº 2, c), deste mesmo diploma atribui ao Estado a incumbência de cooperar com os pais na educação dos filhos.

É bom começar por recordar estes princípios. E recordar também que alguns dos sinais mais caracteristicamente identificadores dos regimes totalitários (de direita e de esquerda) coincidem precisamente com as tentativas de "doutrinamento" da juventude através do ensino e de associações de adesão obrigatória. Essas experiências poderão ter passado à história, mas, hoje, há que estar alerta quanto a outras tentativas de "doutrinamento" da juventude, talvez mais discretas e subtis, mas não menos perigosas na perspectiva dos direitos da família. É que já não é no âmbito da formação político-ideológica que se situa essa invasão pelo Estado do domínio próprio da família, mas num âmbito, como é o da sexualidade humana, que, como muito poucos, se situa num precioso reduto de intimidade típico da família. Invadir este reduto será levar ainda mais longe as pretensões totalitárias do Estado.

Dir-se-á que não é nada disto que está em causa, que não está em causa qualquer "doutrinamento" da juventude. A educação sexual não poderá ser facultativa, como é a educação moral e religiosa, e deverá ser obrigatória, como são obrigatórias a biologia e a matemática. Tratar-se-á da transmissão de conhecimentos objectivos, não da formulação de juízos de valor. No entanto, esta perspectiva só aparentemente é neutra, envolve ele própria uma opção doutrinal contestável. Reduz a "educação sexual" à "instrução sexual", retirando-a do campo da ética. Se a educação sexual se equipara à biologia e à matemática, e se distingue da educação moral e religiosa, é isso mesmo que se pretende: desligá-la do campo da ética, situá-la num domínio onde são estranhos juízos de "bem" e de "mal".

Também não é neutro situar a educação sexual no campo da educação para a saúde. O seu objectivo será, então, apenas o de prevenir doenças sexualmente transmissíveis, ou a gravidez. «Podes fazer o que quiseres desde que tomes as devidas precauções»; «usa o preservativo e faz o que quiseres»; «escolhe o "sexo seguro"» – este é um discurso muito comum. Mas está longe de ser neutro. Também a gravidez, nesta perspectiva, é muitas vezes encarada quase como uma doença a evitar a todo o custo, ou um empecilho na busca de um prazer irresponsável, nunca como um maravilhoso fruto natural (ainda que planeável) de um amor radical, duradouro e que não se encerra entre duas pessoas. Não há neutralidade nesta perspectiva.

É óbvio que a verdadeira educação sexual não prescinde da formação para os valores, e não dispensa a formulação de juízos de "bem" e de "mal". Na sociedade pluralista em que vivemos não serão unânimes esses juízos e podem as divergências a esse respeito dar origem a vivas polémicas como aquela a que temos assistido. São divergências desse tipo que estão em causa. Não seria de esperar que fosse objecto de tão viva polémica, ou de petições com tantas assinaturas, o ensino da circulação sanguínea ou do teorema de Pitágoras...

Não podemos ignorar que se confrontam modelos de educação sexual porque há juízos de valor diferentes sobre comportamentos sexuais. Há modelos de educação sexual que apresentam as práticas heterossexuais e homossexuais como comportamentos por igual eticamente legítimos. Outros dirão que há que respeitar um desígnio natural que assenta na riqueza e fecundidade da dualidade sexual. Pode apresentar-se a relação sexual como expressão de um impulso momentâneo e desligado do projecto de vida futuro dos parceiros, ou pode apresentar-se essa relação de forma não banalizada, como expressão de uma doação pessoal (a entrega do corpo não pode desligar-se da entrega da pessoa) sem reservas, que envolve toda a pessoa, toda a sua vida e o seu futuro, e deve, por isso, ocorrer no contexto do casamento. Pode apresentar-se a masturbação como salutar busca individualista do prazer, ou pode apresentar-se essa prática como contrária àquele desígnio de comunhão interpessoal que é próprio da sexualidade humana.

A educação sexual não pode escapar a estas questões e, de forma mais ou menos explícita, por acção ou por omissão, dá-lhes uma resposta. As "Linhas Orientadoras" do Ministério da Educação e os manuais por elas recomendados dão uma resposta a essas questões e não são certamente neutros a esse respeito. Essa resposta pode estar, ou não, de acordo com a resposta que é dada pelos pais. Se não estiver, estes sentir-se-ão compreensivelmente agredidos.

Dir-se-á que o professor não tem que dar respostas, mas apenas enunciar as várias alternativas, estimular o debate franco, e permitir que os alunos optem por si. Mas será isso "ajudar a crescer", será isso "educar"? Será isso sequer possível em crianças dos primeiros anos do ensino básico? Valerá esta metodologia para todos os tipos de comportamentos sexuais, por exemplo, também para a pornografia e a prostituição? E não estará também subjacente a esta perspectiva uma filosofia determinada, a do relativismo, que põe no mesmo plano todas as opções?

Em suma, a educação sexual envolve necessariamente opções valorativas que não são unânimes nas sociedades pluralistas em que vivemos. Podem conceber-se vários modelos alternativos (como se verifica com a educação moral e religiosa) que contemplem as várias opções presentes na sociedade de hoje. Aos pais deve ser dada a possibilidade de escolher entre esses vários modelos de acordo com as suas próprias convicções. Se isso não for possível, é legítimo, à luz dos direitos humanos nacional e internacionalmente consagrados a que inicialmente me referi, que recusem modelos que contrariem as suas próprias convicções morais e filosóficas. O juízo sobre a orientação de determinado modelo deve ser feito por cada pai ou mãe individualmente. É o critério destes sobre a pretensa neutralidade, ou não neutralidade, sobre o carácter inofensivo, ou ofensivo, de determinado modelo, que deve prevalecer. Este direito não pode ser exercido por uma qualquer associação de pais em nome deles. Não lhes pode ser negado ainda que sejam minoritários num determinado grupo, ou ainda que alguém os apelide de "ultra-conservadores".

(Junho de 2005)

OS FINS DO DIREITO PENAL

REFLEXÕES SOBRE OS FINS DA PENA NUMA PERSPECTIVA CRISTÃ[236]

O tema que escolhi para objecto das reflexões que se seguem mereceria, sem dúvida, uma análise mais erudita e aprofundada. Não pretendo, de modo algum, esgotá-lo ou dar-lhe uma resposta acabada, que estaria fora do alcance das minhas limitadas competências. Mas pareceu-me de uma tal importância que não resisti à tentação de dar um pequeno contributo que, com muitos outros, poderá servir de luz a quem sobre ele também queira reflectir. É que, além do mais, é em torno das questões abordadas que posso encontrar o verdadeiro sentido da minha actividade profissional quotidiana enquanto juíz do foro criminal. Trata-se, pois, de uma reflexão com implicações existenciais e concretas muito marcadas. Ao reflectir sobre este tema, é muito mais do que o gosto pela especulação intelectual que me move. As pessoas com que me deparo todos os dias, com os seus anseios e fracassos, e cujo destino posso de algum modo determinar, não podiam deixar de estar presentes no meu espírito quando elaborei este trabalho.

Importa, antes de mais, traçar uma panorâmica das respostas que têm sido dadas à questão em análise. É fundamentalmente em torno da relação entre o retribucionismo e a ética cristã que se agrupam tais respostas.

O retribucionismo como exigência ética e de justiça

A resposta tradicional aponta o retribucionismo como uma exigência irrecusável da lei natural e da própria ética cristã.

---

[236] Texto publicado na revista *Direito e Justiça*, vol. XII, 1998, tomo 2.

É comum, de resto, atribuir à tradição cristã, católica ou protestante, as razões do predomínio do retribucionismo na história do direito penal[237].

Como representante desta primeira corrente, podemos assinalar, antes de mais, Pio XII, que, em dois célebres discursos, um de 3 de Outubro de 1953, aos participantes no sexto Congresso Internacional de Direito Penal[238], e outro de 5 de Dezembro de 1954, aos juristas católicos italianos[239], opta de forma clara pelo retribucionismo. Trata-se da análise mais completa e sistemática do magistério da Igreja sobre a temática dos fins das penas. Esta concepção permanece no Catecismo da Igreja Católica de 1992[240]. É também uma concepção retribucionista a do direito penal canónico[241].

---

[237] Assim, por exemplo, Claus Roxin, *Sentido e Limites da Pena Estatal*, in *Problemas Fundamentais do Direito Penal*, trad. port., Coimbra, 1986, pág.17.

Não é abusiva tal associação. No entanto, importa não confundir toda a teoria e práticas penais tradicionais, e em particular as anteriores ao iluminismo, com o retribucionismo cristãmente fundamentado. Essa confusão explica muitas das críticas ao retribucionismo que partem das imagens bárbaras e cruéis de práticas penais historicamente predominantes (que levaram à célebre afirmação de Giorgio del Vecchio de que a história das penas não seria menos desonrosa do que a história dos crimes). Como salienta Roger Merle (ver *La Penitence et La Peine – Theologie, Droit Canonique, Droit Penal*, Paris, 1985, pags.69 e segs., e R. Merle – Andre Vitu, *Traité de Droit Criminel* tomo I, Paris, 6ª ed., pag.106), o direito canónico, em relação ao direito penal do *Ancien Régime*, «contribuiu para espiritualizar a teoria geral da responsabilidade penal e para impôr a noção de transgressão voluntária como condição necessária da sanção... mas a concepção das funções da pena permaneceu absolutamente laica. O Estado dá a primazia à protecção da "segurança pública", os legistas são influenciados pelas leis romanas sobre o rigor das penas e os magistrados estão dispostos a sacrificar os delinquentes à vindicta. (...) Bruneau, penalista do século XVIII, afirma que o único "fruto da pena" é o "exemplo e o terror"». Estamos longe do retribucionismo cristãmente fundamentado.

[238] Ver *Acta Apostolicae Sedis - Commentarium Officiale*, 45, 1953, pags.730 a 744.

[239] Ver *Acta Apostolicae Sedis - Commentarium Officiale*, 47, 1955, pags.60 a 85.

[240] Que atribui às penas «como primeiro efeito o de compensar a desordem introduzida pela falta», sendo que quando a pena é «voluntariamente aceite pelo culpado tem um valor de expiação» (n°2266).

[241] Assim, Roger Merle, *La Penitence...* , cit., pags. 43 e segs.

Luciano Eusebi (ver *Cristianismo e Retribuzione Penale*, in *Rivista Italiana di Diritto e Procedura Penale*, 1982, pags.294-295) aponta, porém, noutro sentido.

Podemos destacar também, dentro desta corrente, em Itália, Giuseppe Bettiol[242] e Francesco D'Agostino[243] e, em França, Michel Villey, que apoia a sua tese de modo directo na filosofia tomista[244].

Para esta corrente, a pena é, antes de mais, uma exigência ética de reacção ao mal. A este não pode deixar de seguir-se uma resposta. Afirma Pio XII que «a pena é a reacção, exigida pelo direito e pela justiça, à culpa: são como golpe e contra-golpe. A ordem violada com o acto culposo exige reintegração e restabelecimento do equilíbrio perturbado. A pena propriamente dita não pode, pois, ter outro sentido e objectivo senão o de reconduzir novamente à ordem do dever o violador do direito, que dela tinha saído. Esta ordem do dever é necessariamente uma expressão da ordem do ser, da ordem do verdadeiro e do bom, que só ela tem direito à existência, em oposição ao erro e ao mal, que representam aquilo que não deve ser»[245]. Esta mesma dogmatica retributiva já havia sido anunciada por S. Tomás de Aquino nestes termos: «Todo o que se insurge contra a ordem das coisas deve esperar uma repressão vinda dessa mesma ordem (...) daí a triplice pena em que incorre o pecador: uma que provém dele mesmo, o remorso; outra dos homens, uma terceira de Deus»[246]. E afirma, ainda nesta linha, Michel Anquestil: «O mecanismo da pena decorre do princípio da reacção: no domínio da natureza, tal como no domínio da cultura, todos os seres reagem uns aos outros, e cada ordem da realidade defende-se em particular contra toda a agressão, contra todo o acto que tende a destrui-la»[247].

---

[242] Ver *Direito Penal, Parte Geral*, tomo IV, tradução portuguesa da 9ª *edição* italiana, Coimbra, 1976, pags.122 e segs, *La Rieducazione del Condamnato, in Scritti Giuridici, 1966-1980*, Pádua, 1980, tomo I, pags.66 e segs, e *Sulla Rieducazione Del Condamnato, Punti Fermi in Tema di Pena Retributiva* e *Sulla " Nuova Difesa Sociale" Considerata dal Punto di Vista Cattolico in Scritti Giuridici 1966-1980*, Pádua, 1980, tomo II, pags.902 e segs, 937 e segs e 1005 e segs.

[243] Ver *La Sanzione Nella Esperienza Giuridica*, Turim, 1989, pags.85 e segs e *Le Buone Ragioni Della Teoria Retributiva Della Pena, in Iustitia*, ano XXXV, 1982, 3, pags.236 e segs.

[244] Ver *Des Delits et Peines dans la Philosophie du Droit Naturel Classique in Archives de Philosophie du Droit, tome 28, Philosophie Pénale*, Paris, 1983, pags.181 e segs.

[245] *Acta Apostolicae...* 47, 1955, cit., pag.62.

[246] *Summa Theologica, I a II ae, Quest. 87*, cit. in Roger Merle, *La Penitence...*, cit., pag.22 e Michel Villey, *op. cit., pag.187.*

[247] Ver *Contribution d'une Recherce Morale a une Politique Pénale: Justice et Droit de Punir, in AAVV, La Peine quel Avenir? Actes du Coloque du Centre Tomas More*, Paris, 1983, pag.138.

Estaremos, deste modo, a responder ao mal com o mal, multiplicando-o? Não se confunde assim, a pena com a vingança? Negar estas afirmações, que tornariam radicalmente incompatíveis a ideia de retribuição e o cristianismo, é uma preocupação constante e unânime dos representantes desta corrente.

Diz, a este respeito, Giuseppe Bettiol[248] que «o direito penal começa precisamente lá onde acaba a vingança. Não se deve identificar a ideia de *vingança* com a ideia de *reacção*. A pena retributiva é a expressão de uma justiça que se liga à ideia de proporção e equilíbrio entre dois termos, momento racional que contrasta com qualquer momento passional, o qual tende à exclusividade, de que decorre sempre a vingança (...). Importa distinguir entre o "mal" em sentido *naturalístico*, como sinónimo ou equivalente de sofrimento físico ou psíquico, e o mal de natureza *moral,* ou seja, algo de intrinsecamente mau enquanto antitético em relação à natureza racional do homem (...). A pena retributiva é uma noção cujo conteúdo não pode esgotar-se no mundo naturalístico, devendo antes elevar-se ao mundo dos valores (...), ao das supremas "exigências" fora das quais a vida se transforma num puro processo biológico». A pena não é, assim, um mal, mas um bem. Não é exacto dizer que a pena é um *malum passionis propter malum actionis.*

Em sentido idêntico, Philippe Besnier[249], fazendo referência ao pensamento de S. Tomás de Aquino, considera a pena como um mal "relativo", porque contrário à vontade daquele que a recebe, e, ao mesmo tempo, um bem "absoluto", porque conduz ao restabelecimento de um bem, que é a "ordem" perturbada.

Suportes teológicos do retribucionismo

Os representantes desta primeira corrente encontram na Revelação cristã um apoio à sua tese, desde logo quando equiparam a justiça humana à justiça divina numa perspectiva retributiva. Pio XII afirmara com clareza no seu discurso de 1953: «Sómente a função

---

[248] Ver *Punti Fermi...*, *cit.,* pags.939 a 942.
[249] Ver *Faute et Peine Chez Saint Thomas D'Aquin*, Montesûrs, 1989, pags.37 e segs.

expiatória permite, enfim, compreender o juízo final do próprio criador (...) o Juíz supremo, no juízo final, aplica unicamente o princípio da retribuição»²⁵⁰. Michel Villey, com referência ao pensamento de S. Tomás de Aquino, acolhe numa perspectiva retribucionista o julgamento final, em que em cada pecado corresponderá uma pena compensatória²⁵¹. E Francesco D'Agostino também parte da doutrina do inferno como pena, um dos "pontos doutrinais mais escandalosos para a cultura da secularização", mas de que o cristianismo não poderá prescindir, ao abordar a questão da fundamentação teológica da pena²⁵².

Evoca-se, por outro lado, a lógica retribucionista que estaria subjacente ao mistério da Paixão de Cristo. Michel Villey, embora reconheça que há outras maneiras de penetrar nesse mistério e que tal interpretação é problemática, mesmo numa perspectiva tomista, ao afirmar que a pena exigida pela justiça compensatória não desapareceu do Evangelho, alude à visão da Paixão como exigência de "satisfação" da justiça divina, pela remissão dos pecados dos homens²⁵³. E Franceso D'Agostino, também consciente das criticas a que tal doutrina tem sido sujeita (e que levaram Joseph Ratzinger a considerá-la "inutilizável")²⁵⁴, evoca a este respeito, a teoria da expiação de S. Anselmo, para o qual a Redenção não tomou a forma de uma simples amnistia, mas de uma verdadeira expiação, e, uma vez que nenhuma expiação humana seria apta para tal, foi o próprio Deus, no Filho, que a assumiu, com o que justiça e perdão coincidiram²⁵⁵.

Salienta-se, por outro lado, que o amor e a misericórdia divinas não suprimem a justiça, mas a pressupõem. Afirma Piero Pajardi que «a misericórdia de Deus não é o "correctivo" da justiça», pois «Deus é perfeito, perfeitamente misericordioso e perfeitamente justo num equilíbrio inter-agente de virtudes perfeitas, que, num aparente con-

---

[250] *Acta Apostolicae...*, 45, 1953, cit., pag.744.
[251] Ver *op. cit.*, pag.192.
[252] Ver *La Sanzione...*, cit., pags.89 e segs.
[253] Ver *op. cit.*, pag.194.
[254] Críticas que, como veremos, servem de fundamento aos defensores da incompatibilidade entre a ideia da retribuição e o cristianismo.
[255] Ver *La Sanzione...*, cit., pags.104 e segs.

dicionamento existencial, se exaltam em medida infinita»[256]. Diz Francesco D'Agostino que, para compreender exactamente em que sentido a justiça e a misericórdia coincidem em Deus, «é necessário ver, como S. Tomás, na "justiça" a própria *verdade* das coisas, a justa ordem do ser (...). A acção misericordiosa de Deus não anula a realidade da criação por Ele querida (isto é a sua justiça), mas repristina-a (e exalta-a), superando a deformação da própria realidade provocada pelo pecado»[257].

Acentua-se, por isso, o facto de o princípio da retribuição não estar ausente do horizonte bíblico. As Escrituras, o Antigo como o Novo Testamento, reflectem de modo frequente a ideia de que Deus pagará a cada um segundo as suas obras[258]. Para Michel Villey, «não é verdade que o Evangelho tenha abolido a justiça, comutativa ou distributiva: o operário da última hora recebe exactamente o seu justo salário, aquele que tinha sido acordado. Se o filho pródigo é perdoado, o texto do Evangelho afirma que nada é, por esse facto, subtraído ao filho mais velho da parcela de herança que lhe é devida[259]».

Mas como se concilia a misericórdia e o perdão (de Deus ou dos homens) com a justiça? Para Michel Villey, o perdão opera sem negar a justiça: através de um acto de liberalidade, uma doação que a justiça não poderia proibir ao proprietário. O credor (Deus ou o homem) pode perdoar a dívida, mas tal supõe que esta seja previamente reconhecida como tal. A vítima só pode renunciar ao seu poder de *vindicatio* se estão em causa apenas os seus interesses pessoais, não a ordem pública. E o magistrado não pode substituir-se às vítimas, privadas ou públicas, de cuja representação não pode arrogar-se[260].

Numa perspectiva complementar, associa-se o caracter expiatório da sanção penal ao valor moral e cristão da penitência. A penitência, a que os Evangelhos exortam com frequência, supõe o arrependi-

---

[256] Ver *Reconciliazione Cristiana e Comunità degli Uomini*, reflexão de Piero Pajardi apresentada ao Encontro Eclesial Italiano de 1985, em Loreto, *in Iustitia*, ano XXXVIII, 1985, 3, pag.362.
[257] Ver *La Sanzione...*, cit., pags.94 e 95, nota 26.
[258] Assim, Michel Anquestil, *op. cit.*, pags.133 e segs.
[259] Ver *op. cit.*, pag.194.
[260] Ver *op. cit.*, pag.195.

mento, mas também a realização de obras (de natureza penal) que de algum modo compensem o mal cometido[261]. Pio XII, no seu discurso de 5 de Dezembro de 1954, salienta que o sofrimento causado pela pena, se aceite pelo condenado, se reveste de alto valor moral, à imagem do bom ladrão que reconhece «ter recebido aquilo que merecia». Pode ser oferecido a Deus «como desconto parcial da dívida para com Ele» e tornar-se «fonte de interna purificação, plena conversão, fortalecimento para o futuro, protecção contra a recaída»[262].

Os pressupostos metafísicos e personalistas do retribucionismo

Os fundamentos teológicos da opção retribucionista poderão justificar essa opção, em confronto com outras, apenas quando se parte dos pressupostos cristãos em que assentam. Não são, por si só, suficientes para fundamentar a opção retribucionista no âmbito do direito penal moderno e secularizado, assente, de um modo particular, na tutela da dignidade da pessoa humana. Para tal, servem outro tipo de fundamentos. A eles não é estranha a ética cristã, a cuja raíz também podem ser associados. Essa associação não decorre, porém, directa ou exclusivamente da Revelação, mas supõe a mediação filosófica e o apelo ao direito natural.

Para a corrente que vimos caracterizando, esses fundamentos ligam-se aos pressupostos metafísicos e personalistas (indissoluvelmente ligados) do retribucionismo, em oposição ao positivismo utilitarista, de que inevitavelmente seriam expressão teorias alternativas.

Afirma Giuseppe Bettiol que «não existe – na verdade – outro sistema penal que possa oferecer tantas garantias para a pessoa humana como o sistema de base retributiva (...). No plano especulativo a pena retributiva é a única que considera o homem um "valor" absoluto que nunca pode ser degradado à condição de meio relativo a um fim (...). O "valor" da pessoa postula o "valor" da pena: os termos são correlativos e incindíveis». E é assim porque só o princípio retributivo exige a culpa como pressuposto e medida da pena. Na

---

[261] Assim, Roger Merle *La Penitence...* pags.17 e segs.
[262] Ver *Acta Apostalicae... 45,* 1953, pag.735.

coerência dos seus princípios, teorias assentes na ideia de defesa social naturalisticamente concebida (quer façam apelo à intimidação ou à ressocialização do condenado) sacrificam necessariamente tal exigência. E essa exigência é de ordem metafísica, não sujeita a contingências flutuantes do poder político[263].

No mesmo sentido, Franceso D'Agostino afirma que a não aplicação de uma pena retributiva a um crime conduziria ao aviltamento da personalidade do delinquente, negando «o seu reconhecimento como ser livre, isto é, como homem». Exigir a punição de quem cometeu um crime significa reconhecê-lo como ser livre e responsável pelos seus actos. É a lógica retributiva que constitui a garantia mais segura contra uma possível utilização desumana da pena na perspectiva de finalidades preventivas. Impede que se esvazie a lógica jurídica da pena «substituido-a por outras perspectivas de gestão social do fenómeno criminal, perspectivas que, precisamente porque não jurídicas, isto é, não interessadas na *justiça,* não podem deixar de ser infinitamente menos atentas à tutela e ao respeito da dignidade do homem do que o é o Direito, que é chamado expressamente à promoção destes valores». A justificação (a exigência de que sejam justas porque merecidas) das penas reveste carácter metafísico, absoluto e não contingente. Assenta numa dimensão do real (a dimensão da liberdade) que vai para além da observabilidade cientíco-empírica, mas nem por isso deixa de ser menos relevante para o homem[264].

A negação da compatibilidade entre o cristianismo e a concepção retributiva da pena

Numa perspectiva radicalmente diferente coloca-se quem nega a compatibilidade entre o retribucionismo e a doutrina cristã. Aponta, por isso, para a reinserção social ou reeducação do delinquente como fins primários da pena e tradução concreta dos ideais cristãos de caridade, solidariedade, reconciliação ou perdão.

---

[263] Ver *Sulla Rieducazione...*, *cit.*, pags.902 e segs.; *Punti Fermi...*, *cit.*, pags.937 e segs.; *Sulla "Nuova Difesa Sociale"...*, *cit.*, pags.1005 e segs.

[264] Ver *Le Buone Ragioni...*, *cit.*, pags.236 e segs. e *La Sanzione...*, *cit.*, pags.108 e segs.

O retribucionismo não poderá, para esta corrente, desligar-se completamente da ideia de vingança, pois supõe responder ao mal com o mal, ao conflito com o conflito, perpetuando o seu círculo vicioso. Deixa na sombra a ideia bíblica da justiça divina enquanto apelo à reconciliação e pacificação. E "conversão" e "reconciliação" são expressões bíblicas que se podem traduzir, no âmbito do direito penal moderno, por "reintegração" e "reconciliação".

O sacerdote jesuíta e teólogo Eugen Wiesnet, da Universidade de Innsbruck, expõe de forma clara e aprofundada (fazendo também alusão frequente à sua experiência de assistência expiritual a reclusos) esta tese no seu livro *Pena e Retribuição: A Reconciliação Traída*[265]. Tese que foi plenamente acolhida pelo seu tradutor italiano, Luciano Eusebi, da Universidade Católica de Milão[266]. Mario Cattaneo também lhe dá um certo acolhimento, embora de forma mais matizada, pois acaba por não excluir completamente a finalidade retributiva da pena[267]. Integram-se ainda nesta corrente dois outros professores da Universidade Católica de Milão, Mario Romano[268] e Franceso Stella[269]. Num colóquio do Departamento de Ciências Religiosas dessa Universidade ("Culpa e Pena – A Teologia Diante da Questão Criminal"), realizado de 17 a 19 de Abril de 1987, com a participação de alguns destes professores, assim como do cardeal Carlo Maria Martini, arcebispo de Milão, as ideias que caracterizam esta corrente foram expostas e defendidas de forma muito categórica[270].

Podemos associar também a essas ideias a tese de René Girard, que se move no âmbito da antropologia e da história, mas que merece um interesse e atenção particulares.

---

[265] Ver a tradução italiana de Luciano Eusebi, *Pena e Retribuzione: La Riconciliazione Tradita*, Milão 1987.

[266] Ver *Cristianesimo e Retribuzione Penale*, in *Rivista Italiana di Diritto e Procedura Penale*, 1987, pags.275 e segs., e também *La Nuova Retribuzione*, in *Diritto Penale in Trasformazione*, coorden. por Giorgio Marinucci e Emilio Dolcini, Milão, 1985, pags.93 e segs., e *La Pena "In Crisi" – Il Recente Dibatito sulla Funzione della Pena*, Brescia, 1990.

[267] Ver *Pena, Diritto e Dignità Umana – Saggio sulla Filosofia del Diritto Penale*, Turim, 1990, pags.82 e segs. e 228 e segs.

[268] Ver *Secolarizzazione, Diritto Penale Moderno e Sistema dei Reati*, in *Rivista Italiana di Diritto e Procedura Penale*, 1981, pags.477 e segs.

[269] Ver *Laicità dello Stato: Fede e Diritto Penale*, in *Diritto Penale in Trasformazione...*, cit. pags.309 e segs.

[270] Ver *Delitto e Castigo senza Vangelo*, in *Il Regno*, 10, 1987, pags.263 e segs.

Os autores em questão evocam alguns documentos de conferências episcopais que, embora não se debrucem sobre a temática geral dos fins das penas, abordam a questão da pena de morte numa perspectiva que, em seu entender, supera a concepção retribucionista tradicional[271]. Também poderiam evocar o documento da Comissão Social do Episcopado Francês, *Justiça e Solidariedade*, de 10 de Dezembro de 1992, o qual aborda mais directamente a questão dos fins das penas[272].

---

[271] No documento da Comissão Social do Episcopado Francês de 1978, *Elementos de Reflexão sobre a Pena de Morte*, afirma-se: «A consciência colectiva adverte... que o homicídio é uma desordem gravíssima, absoluta. Pensa, por isso, que essa desordem deve ser reparada com um gesto igualmente absoluto e definitivo. Fala-se, neste caso, em "expiação". Depois de uma execução, diz-se: "Expiou". Mas, atendo-nos ao sentido rigoroso do termo, pode dizer-se que "expiou"? Na realidade, esta palavra é tomada de empréstimo da linguagem religiosa. Talvez, na consciência colectiva, conserve algo da concepção pagã das religiões com sacrifícios humanos. Mas a tradição hebraico-cristã atribui-lhe o seu verdadeiro significado, o único hoje admissível, dada a nossa concepção do homem. A expiação compreende-se na perspectiva do pecado, sem por isto acarretar consigo a morte do pecador. Pelo contrário, é ele que expia livremente: reconhece ter-se afastado de Deus, confessa a sua culpa e volta-se de novo para Deus, seguro da Sua Misericórdia. A reconciliação com Deus e com a comunidade realiza-se, daquele momento em diante, com uma vida vivida em rectidão e verdade» (ver *La Documentation Catholique*, n°1735, 5/2/78, pags.108 a 115).
Fazem referência e citam este documento Luciano Eusebi (*Cristianesimo... cit.*,pag.298) e Mario Cattaneo (*op. cit.*, pag.89).
O primeiro destes autores alude ainda a um documento dos bispos italianos de 17 de Março de 1981, também relativo à pena de morte, onde se afirma que a imagem do homem, «ainda que ofuscado por culpas gravíssimas (...) permanece sacra, pode e deve ser redimida (...), o mal não se vence com o mal (...): vence-se com a firmeza, a força e a inteligência do amor». (ver *Cristianesimo...*, *cit.*, pag.296).
Pode, no entanto, dizer-se que estes textos não eliminam completamente as exigências de retribuição, ou expiação, embora as enquadrem necessariamente num contexto de abertura à reconciliação (sempre incompatível com a pena de morte), na linha da opinião que perfilho e que vou expôr de seguida.
[272] Aí se afirma: «O cristianismo, inspirando-se no Evangelho (cfr. Luc 15, 11-31; Jo 8, 1-11), recusa-se a ver no criminoso apenas o seu crime; considerando que este não é nem uma fatalidade nem a última palavra do ser, pretende empenhar o culpado num processo de "reinserção" espiritual». O documento pretende afastar falsas legitimações "religiosas" evocadas na opinião pública para fundamentar reacções de vingança ao crime. «A necessidade de encontrar culpados e de condenações fortes é um apelo à violência para que seja reafirmada a ordem moral. Nem a dignidade do homem - ainda que culpado - nem o apelo à responsabilidade são satisfeitos pelo mecanismo da vingança compensatória; o respeito pelos direitos do homem, vítima ou delinquente, é a base de um tratamento justo do crime.

A secularização do direito penal

Os representantes desta corrente começam por saudar como um dado positivo, também na perspectiva cristã, a secularização do direito penal e dela fazem derivar a superação da concepção retributiva da pena[273].

A secularização do direito em geral, e do direito penal em particular, significa que a legitimação da ordem polico-social e das formas jurídicas da sua estruturação se determina unicamente na base de critérios não transcendentes, racionais, "terrenos". A legitimidade da pena não decorre da autoridade divina, ou de uma qualquer exigência metafísica ou absoluta, mas de uma análise, com recurso à metodologia das ciências sociais, da sua necessidade na perspectiva dos interesses da convivência social, atendendo à "danosidade social" do crime.

Para a secularização em geral, e também para a secularização do Direito, contribuiram – afirma Mario Romano – «elementos absolutamente evidentes da Revelação e da cultura cristã: o princípio da individualidade, o sentido da dignidade do "humano" que provém de Deus; o dinamismo do homem activa e optimisticamente projectado no mundo, um mundo que, já no Antigo Testamento, ou segundo uma certa interpretação da Criação, era dessacralizado (...), objecto

---

E isto em nome do direito natural da pessoa humana a ser tratada com equidade e razão. Se o Evangelho estigmatiza o pecado e o crime, reserva a Deus o julgamento final; se a pena e o sofrimento - aqui, a privação de liberdade - podem ter uma função educativa e purificadora, a penitência cristã é, no regresso a Deus, uma leitura positiva do pecado que é reconhecido como tal para nos abrirmos ao perdão. O resgate do pecado já se realizou no sacrifício de Cristo e o pecador foi salvo pela Redenção. Se Cristo venceu o pecado e a morte, tal significa que a pena não decorre da vingança mas de um trabalho sobre si próprio para reencontrar a plenitude da sua vocação e da sua liberdade: "Deus não quer a morte do pecador, mas que ele se converta e viva", diz a Bíblia (Ez. 18, 32). Nem a exclusão, nem a condenação radical do pecador se adequam à lógica cristã, mas antes o "resgate" e o perdão». (ver o texto in *La Documentation Catholique*, n°2063, 3/1/93, pags.39 e segs.).

O documento pode facilmente ser interpretado numa perspectiva anti-retribucionista. Mas não me parece que elimine completamente as exigências retributivas (que não se confundem com a sede de vingança tantas vezes predominante nas reacções espontâneas ao crime) quando estas também não se fecham às exigências de reconciliação e reintegração do criminoso.

[273] Ver Mario Romano, *op. cit.*, e Francesco Stella, *op. cit.*

para o homem e que o homem deve dominar em conformidade com as prescrições divinas; a elaboração do direito natural como instância ético-normativa do agir social e político, o direito natural da Escolástica tardia, percursor da secularização enquanto anticipadora do direito racional do Iluminismo, objectivado e desvinculado de fundamentos metafísicos»[274].

Suportes teológicos do anti-retribucionismo

Mas, para além da impossibilidade de fundar teologicamente o direito penal moderno numa perspectiva retribucionista, nem sequer a Revelação cristã permitiria tal fundamentação[275]. Pelo contrário, aponta – para esta corrente – claramente noutro sentido. São refutados ponto por ponto os suportes teológicos do retribucionismo atrás expostos.

O livro de Eugen Wiesnet atrás referido pretende clarificar o conceito bíblico de *tsedakah* (justiça salvífica) e nega que ele se possa confundir com a ideia da retribuição. A justiça divina surge como oferta de reconciliação e apelo ao homem para que adira ao amor que o Pai lhe doa. As estruturas fundamentais deste conceito de justiça divina estão presentes no Antigo Testamento e são reforçadas, ampliadas e radicalizadas no Novo Testamento. É o que se evidencia, por exemplo, na exortação ao amor para com os inimigos (em que Jesus cita a lei de talião como ponto de referência negativo) e nas parábolas do filho pródigo ou do operário da última hora (exemplos claros de recusa da lógica retributiva). Os conceitos de "expiação " e "reconciliação" estão estreitamente ligados na linguagem bíblica[276]. E "conversão" e "reconciliação" devem traduzir-se na prática jurídica por "reintegração" e "ressocialização". A sanção é legítima se conduz o condenado à conversão e se possibilita o restabelecimento

---

[274] Ver *op. cit.*, pag.484.

[275] Luciano Eusebi (*in Cristianesimo, cit.*, pag.276) esclarece que não se pretende delinear outra legitimação teológica - esta de tipo "progressista" - do sistema penal. Essa critica é, no entanto, dirigida ao livro de Eugen Wisnet na recensão deste publicada na *Rivista Internazionale di Filosofia del Diritto*, LXV, 1988, pags.169 a 171.

[276] Ver *op. cit.*, pags. 11 e segs. e 79 e segs.

do laço entre ele e a sociedade que se rompeu. Deixa de o ser se reforça a sua exclusão e a sua marginalização. Nela, a função pedagógica (referida ao modelo bíblico da expiação através do diálogo que reconduz à reconciliação) é essencial[277].

Nesta linha, salientou o cardeal Martini, no colóquio a que atrás se aludiu, que «é necessário que a justiça humana no seu conjunto, e portanto também no âmbito penal, seja concebida menos como o lugar do litígio e da fractura (entre indivíduo e indivíduo, entre agente do crime e vítima, entre culpado e sociedade) e mais como lugar de composição de conflitos, de restabelecimento da harmonia social, no sentido da antiga *tsedakah* bíblica[278].

Recorda-se, a este respeito, que o caracter progressivo, e não instantâneo, da Revelação explica a presença, no Antigo Testamento, de expressões de tipo vindicativo, algumas mesmo cruéis, na caracterização da actuação de Deus, como projecções humanas limitadas pelo seu contexto social e histórico, que não devem ser atribuidas directamente à vontade divina. E é sobretudo à luz do Novo Testamento que se pode distinguir o que deva considerar-se projecção humana ou conteúdo da Revelação divina[279].

Nega-se que a ligação entre o pecado original e a morte possa levar a encarar esta como uma pena derivada do exterior, de um Deus que pune o pecador, devendo antes ser encarada como a consequência de um acto de liberdade do homem, que opta pela sua não realização autêntica[280].

De modo análogo, não deve conceber-se o inferno como punição decorrente da aplicação de um código extrínseco, à imagem do que sucede com as penas humanas, mas como a consequência inevitável de uma opção de recusa de adesão a Deus, e, portanto, de não realização da própria vocação humana. Deus não quer a condenação, mas a salvação. É o homem quem, de certo modo, se torna juíz de si próprio e coloca limites à sua própria salvação[281].

---

[277] Ver *op. cit.*, pags.118 e segs.
[278] Ver *Il Regno, cit.*, pag.266.
[279] Ver Eugen Wiesnet, *op. cit.*, pag.49, e Luciano Eusebi, *Cristianesimo..., cit.*, pags.278 e 279.
[280] Ver Luciano Eusebi, *Cristianesimo..., cit.*, pag.281.
[281] Ver Luciano Eusebi, *Cristianesimo..., cit.*, pag.288, que cita teólogos de autoridade indiscutível como Joseph Ratzinger e Hans von Balthasar.

Segundo Karl Rahner, aquilo que é normalmente designado por punição divina é uma consequência normal da culpa humana, que deriva da sua própria essência, e não algo que lhe é exterior e a ela acresce. Tal não se verifica com a punição humana. É o homem que faz acrescer ao mal da culpa o mal da pena. E é de questionar se o mal é superado quando a ele acresce um outro. Não pode, por isso, atribuir-se à justiça humana um carácter retributivo só porque terá essa natureza a justiça divina. Há-de ser outro o fundamento do direito de punir: o dever e o direito de a sociedade civil salvaguardar a ordem objectiva da comunidade, a defesa do *bonum commune*[282].

De resto, sempre se poderia dizer que o *não julgai para não serdes julgados* (Mt.7, 1) do Evangelho representaria um obstáculo à equiparação entre justiça humana e justiça divina. E até mesmo à pretenção de julgar, como é próprio do modelo retributivo, segundo os "méritos" da pessoa, segundo o que é, em termos absolutos e prescindindo de qualquer outra consideração, "justo"[283]. Ainda segundo Karl Rahner, o juízo humano de culpa, ainda que consciencioso (e, precisamente porque, como vimos, não deriva de modo co-natural e automático da culpa) «traz consigo fatalmente impressa aquela marca de incerteza que caracteriza necessariamente, e por razões teológicas, qualquer veredicto de culpa pronunciado pelo homem (...) por muito que a vida profana seja obrigada a julgar, vale, paradoxalmente, também e precisamente para ela a célebre frase do discurso da montanha: *não julgai para não serdes julgados*[284]».

Evoca-se, por último, uma visão teológica do sacrifício de Jesus Cristo que supera a ideia da que estaríamos diante de uma punição querida por Deus como compensação pelos pecados dos homens. A Cruz é instrumento de salvação, não pelo mal ou sofrimento que representa, mas pelo amor de Cristo quando a acolhe. Na Cruz, não é o homem que presta tributo a Deus, mas é Deus que se aproxima do homem, com o seu amor sem medida, para o redimir[285].

---

[282] Ver o texto publicado *in* Alberto Bondolfi, *Pena e Pena di Morte*, Bolonha, 1985, pags.129 e segs.

Fazem referência a esta tese, acolhendo-a explicitamente, Francesco Stella (*op. cit.,* pags.320 e 321) e Mario Cattaneo (*op. cit.,* pags.83 e 84).

[283] Ver Luciano Eusebi, *Cristianesimo..., cit.,* pags 286 e 287.

[284] Ver o texto publicado *in* Bondolfi, *op. cit., pags.159 e segs.*

[285] Ver Luciano Eusebi, *Cristianesimo..., cit.,* pags.289 e 290, que cita, também aqui, Joseph Ratzinger e Hans von Balthasar.

Os autores em questão encontram apoios para a sua tese até na própria filosofia cristã tradicional. E evocam, a este respeito, os passos da *Summa Theologica* onde S. Tomás de Aquino afirma que «as penas da vida presente não são queridas por si mesmas, porque não é este o momento da sanção final, mas enquanto são medicinais, que procuram ou a emenda do culpado ou o bem da sociedade...» (II, 2, q.68, art. 1), e que «os castigos deste mundo são mais medicinais do que retributivos» (II, 2, q.66, art. 6). Nestes textos, estaria afastada a concepção absoluta da pena retributiva, que encontra justificação em si mesma, e seria clara a opção pelas teorias relativas dos fins das penas, com particular destaque para a sua função "medicinal", tendente à "emenda do culpado"[286]. Também atribuem a S. Agostinho uma recusa da concepção retributiva da pena, com o acentuar da sua função reeducativa[287].

A ressocialização como tutela efectiva da dignidade da pessoa humana

Os representantes desta corrente não deixam sem resposta a tese de que só o retribucionismo salvaguarda a tutela da dignidade da pessoa humana, enquanto ser livre e responsável, e a fundamentação metafísica dessa tutela.

Afirma Luciano Eusebi que a secularização do direito penal não implica a renúncia à fundamentação metafísica dos valores que o ordenamento jurídico tende a realizar e em torno dos quais se busca o consenso social. Mas são os valores que se revestem de carácter metafísico, não a prática penal terrena enquanto tal.

Não estaria, por outro lado, demonstrado que a tutela da dignidade da pessoa humana deva implicar a opção pela pena retributiva.

---

[286] Assim, Luciano Eusebi, *Cristianesimo..., cit.,* pags.290 e 291; Mario Cattaneo, *op. cit.,* pags.84 e segs., e Alberto Bondolfi, *La Pena: Tradizioni, Legittimazioni e Prospettive Critiche, in Rivista di Teologia Morale*, 50, Abril-Junho 1981, pags.213 e segs.
Não é, porém, essa a perspectiva de Michel Villey e Philippe Besnier nas obras atrás citadas.

[287] Assim, Eugen Wisnet, *op. cit.,* pags.141 e 142, e Luciano Eusebi, *Cristianesimo..., cit.,* pags.289 e 290.

Seria abusivo identificar os objectivos da ressocialização com o positivismo mecanicista. A ressocialização não deve conceber-se como um conjunto de estratégias de condicionamento ou de imposição coactiva de valores, ou como um tratamento médico, mas como uma oferta de possibilidades que permita a livre adesão do condenado aos valores fundamentais da convivência social.

Só a consideração da finalidade ressocializadora da pena permitiria tutelar de forma efectiva, e não meramente abstracta ou formal, a dignidade da pessoa humana, quer porque acentua a necessidade de políticas sociais que eliminem os factores criminógenos condicionantes em termos práticos da sua liberdade, quer porque assegura ao agente do crime, não a simples exclusão ou marginalização, que decorreria necessariamente da lógica retributiva, mas a manutenção de laços de solidariedade e co-responsabilidade social que permitam a sua rápida reintegração na vida civil[288].

René Girard: a justiça penal e o mecanismo do "bode expiatório", desmascarado por Jesus Cristo

Embora se situe no âmbito, distinto do da filosofia do Direito, da antropologia e da história, a tese de René Girard merece que lhe dediquemos algumas linhas, pela sua relação com a temática que estamos a analisar.

Para René Girard[289], os conflitos entre os homens estão ligados ao "desejo mimético". O homem deseja precisamente porque o objecto desse desejo é desejado por outro homem. Daí surge a escalada de rivalidades e violências. Para limitar essa escalada, a violência é canalizada para uma única pessoa. Esta torna-se, assim, "bode expiatório", incarnação do mal aos olhos da comunidade, mas também responsável pela paz decorrente do seu sacrifício e, por isso, revestida de uma dimensão sacral. Este princípio é constitutivo das instituições humanas e, de modo particular, da instituição judiciária

---

[288] Ver *Cristianesimo...*, *cit.*, pags.305 e segs.; *La Pena*, *cit.*, pags.84 e 85 e *La Nuova Retribuzione...*, *cit.*, pags.118-119 e 131 e segs.

[289] Ver *La Violence et le Sacré*, Paris 1972, e *Des Choses Cachés Depuis la Fondation du Monde*, Paris 1978.

(penal), que se situa na continuidade do sistema religioso sacrificial. A justiça penal, embora represente um notável progresso em relação à justiça privada e uma limitação da violência por ela engendrada, permanece sempre uma violência como uma resposta a outra violência, *le dernier mot de la vengeance*.

Quando os Evangelhos descrevem a Paixão de Jesus, "bode expiatório" absoluto, apresentam-No como inocente,, e desmascaram, desse modo, toda a organização social fundada no mecanismo do "bode expiatório". Revelam, por outro lado, uma outra imagem de Deus, livre de qualquer dimensão de violência.

O cristianismo tem contribuido para retirar progressivamente à justiça a sua dimensão sacral, desmascarando a sua natureza de vingança camuflada. Mas é possível que deixe de ser assim neste mundo?

É a ausência de uma resposta a esta questão que motiva as reservas colocadas por Luciano Eusebi a esta tese[290]. Numa entrevista ao jornal *La Croix*[291], René Girard disse, em resposta a essa questão: «Apetece-me dizer, enquanto crente, que o reino de Deus não é deste mundo. Mas o dever dos homens é o de trabalhar por ele sem cessar...».

Pistas de reflexão pessoal

Cabe agora expôr algumas pistas de reflexão pessoal sobre o tema. Não pretendo dar-lhe, como já disse, uma resposta acabada. Mas quem lida quotidianamente com casos concretos de natureza juridico-criminal não pode fugir, ou ser indiferente, à questão dos fins das penas, de que depende verdadeiramente o sentido mais autêntico e radical da sua actividade.

Não posso deixar de referir, antes de mais, como de algum modo me perturba a impressão de um certo abismo entre duas perspectivas irredutíveis, ambas solidamente fundamentadas e caucionadas por pessoas cuja autoridade moral e intelectual não pode ser posta em dúvida.

---

[290] Ver *op. cit.*, pags.299 e segs.
[291] De 30 de Abril de 1994, pags. 2 e 3.

Mas serão mesmo irredutíveis? Não poderemos descobrir alguma forma da complementariedade, ou enriquecimento recíproco, entre elas, atendendo, desde logo, à circunstância de ambas se enraízarem no mesmo património doutrinal cristão? Vou procurar fazê-lo. Não se trata, porém, de buscar um consenso sincretista fácil e superficial, que iluda as opções mais difíceis.

Como princípio geral, parece-me aconselhável partir da ideia de que o magistério eclesiástico, e também o património que representa o pensamento teológico e filosófico cristão, evoluem no sentido de um aperfeiçoamento progressivo, que vai permitindo novos modos de exprimir mais fielmente uma realidade perene, mais do que através de rupturas que anulam ou desprezam o legado do passado[292].

Parece-me, em resumo, que é possível manter o princípio retribucionista, mas importa enriquecê-lo e completá-lo com a abertura às exigências de reconciliação e reeducação ou reinserção social do agente do crime. Numa perspectiva cristã, pode mesmo dizer-se que estes dois princípios se reclamam mutuamente.

Manter o princípio retributivo

Não me parece possível prescindir do princípio retributivo. O senso ético comum, a experiência pessoal de contacto com a realidade do crime, tornam evidente que o mal (o crime) não pode ficar sem resposta. Diante de um crime de extrema gravidade, como é o homicídio, na maioria dos casos não se colocam problemas de reinserção social, porque estamos diante de condutas ocasionais e dificilmente repetíveis. A justiça, ainda antes da prevenção geral, exige, mesmo assim, a pena. E não podemos esquecer que há sempre a possibilidade de a reeducação e a reinserção social serem livremente recusadas

---

[292] Luciano Eusebi afirma que o tema dos fins das penas enquanto tal está desde há bastante tempo ausente dos documentos oficiais da Igreja, configurando-se como um dos pouquíssimos nos quais não insidiu, pelo menos directamente, a evolução conciliar (ver *Cristianesimo...*, cit., pags.292 e 293). Afigura-se-me, porém, que há-de ser à luz da ideia exposta que deve conceber-se tal evolução.

pelo agente do crime, sem que nada possamos fazer para obstar a essa recusa. A pena, não deixa, por esse motivo, de ter sentido[293].

Numa perspectiva moral, a aceitação do castigo é mesmo o primeiro passo para a conversão, e, portanto, para a reconciliação entre o agente do crime e a sociedade. E, quando há arrependimento sincero, essa aceitação, ou até essa exigência, é espontânea e natural[294]. A este respeito, é comum referir o exemplo retratado no célebre romance de Dostoievsky *Crime e Castigo*, que reflecte a exigência, provocada pelo remorso pelo crime cometido, de expiação através do sofrimento e da pena[295].

Noutra óptica, a aceitação do castigo também é a melhor forma de, realisticamente, facilitar a reconciliação entre o agente do crime e a vítima, de modo a que, como salienta o cardeal Martini na frase atrás citada, a justiça humana deixa de ser lugar de «conflito e fractura», e passa a ser lugar de «restabelecimento da harmonia social, no sentido da antiga *tsedakah* bíblica».

Importa, porém, não assimilar de forma superficial a justiça humana à justiça divina, como se o juíz estivesse mandatado por Deus para retribuir como Ele retribui. Não é descabido evocar, a este respeito, o *não julgai para não serdes julgados* do Evangelho[296]. Não me parece que esta advertência seja relativa apenas às relações interindividuais, e não também a quem "julga" por dever de ofício.

---

[293] Afirma Franceso D'Agostino, referindo-se aos casos a que não são aplicáveis as justificações de pena propostas pelas teorias não retribucionistas, da intimidação ou da emenda: «Como prevenir (e portanto porquê punir?) o crime passional? Ou como redimir (e portanto porquê punir?) o delinquente político?» (*in Le Buone Ragioni..., cit.,* pag.252).

[294] Salientam também este aspecto René Marle (*op. cit.,* pags.96, 97 e 135) e Michel Anquestil (*op. cit.,* pag.135). Este último, juíz de profissão, afirma: «Este movimento de espírito não me parece um ideal piedoso, mas uma realidade vivida por alguns reclusos (tanto quanto eu pude observar): no limite, eu diria que é até mesmo a sua aspiração. Quando a culpa é reconhecida, raramente o princípio da pena é contestado. São as condições do julgamento, e depois de execução da pena, que suscitam um formidável sentimento de revolta e matam à nascença a possibilidade de reconciliação».

[295] Ver René Merle, *op. cit.,* pags.96 e 97, e Mario Cattaneo, *op. cit.,* pag.65.

[296] Sobre esta questão, revestem-se do máximo interesse as considerações de Mario Cattaneo (*op. cit.,* pags.370 e segs.) a respeito do pensamento do teólogo e filósofo do Direito novecentista Antonio Rosmini. Este, sem renunciar por completo ao princípio retribucionista, com referência ao *não julgai...* do Evangelho adverte: «o indivíduo ou a sociedade nunca podem exercer *plenamente* o direito penal».

Mas qual o sentido dessa advertência para o exercício da justiça humana?

Recorda-nos, antes de mais, as insuficiências do juízo humano, que não penetra no íntimo da consciência, onde só Deus penetra. A culpa diante de Deus pode ser muito diferente da culpa diante dos homens. Também por isso, o juízo humano nunca poderia ofuscar o respeito devido à pessoa do criminoso, cuja dignidade está para além do acto que cometeu, o qual, para além do mais, surge num contexto subjectivo que de algum modo nos escapa. Impõe também que se afaste a atitude psicológica que cria uma barreira entre quem julga e se pretende "superior" e quem é julgado e se pretende "inferior", e que degenera num perverso "prazer de condenar"[297]. E afastará a pretenção de julgar em termos absolutos, de acordo com a justiça (como afirmam os anti-retribucionistas).?

Não deixa de ser absoluta, em si mesma, a exigência de punir de acordo com a justiça. Mas as condições concretas dessa punição não podem deixar de ser contingentes e sujeitas à imperfeição humana. É legítimo pretender que entre o mal do crime e o mal da pena se verifique uma relação de proporcionalidade concebida de forma flexível, mas já é abusivo pretender, em nome de exigências absolutas de justiça, uma rígida equivalência entre essas duas realidades, em particular no que se refere aos limites máximos da punição. Pretender essa estrita equivalência por estarem em causa crimes particularmente graves é esquecer a necessária imperfeição dos juízos humanos a respeito dessa gravidade.

Merecem toda a consideração, por outro lado, as tentativas que, no plano teológico, pretendem superar uma imagem de Deus retribucionista, a qual, se for confundida com a imagem da justiça humana, empobrece necessariamente a visão da Sua infinita Misericórdia. No fundo, deparamo-nos sempre com os limites da razão humana quando queremos exprimir a Justiça e o Amor de Deus. Significa isso que o cristianismo supera necessariamente o retribucionismo?

Como disse há pouco, prefiro encarar a evolução do pensamento teológico como um aperfeiçoamento progressivo, sem rupturas. Custa-me, por isso, encarar (como sugere o título do livro de Eugen

---

[297] Ver Francesco D'Agostino, *La Sanzione...*, cit., pag.127, nota 12.

Wiesnet) a tradição retribucionista como "traição" à ideia bíblica de "reconciliação". Nesta perspectiva, seria, *prima facie*, mais adequado conceber uma reconciliação que não anula a retribuição mas, num certo sentido, a completa e aperfeiçoa. Mantém-se válida a doutrina de que em Deus Justiça e Misericórdia coincidem sem se opôr e que esta supera aquela sem a anular. Do mesmo modo, a Revelação e a "novidade evangélica" aperfeiçoam e completam (o que significará também que algo de novo trazem em relação às concepções retributivas anteriores) a lei natural, sem a anular.

Por outro lado, do mesmo modo que, como vimos, não podemos conceber a justiça humana retributiva à imagem da justiça divina retributiva, também não podemos transpôr directamente para o exercício da justiça humana os critérios da infinita Misericórdia de Deus. O exercício limitado da justiça humana deixa espaço para que actue essa Misericórdia.

Será mais adequado, para este efeito, fazer apelo às relações entre justiça e caridade na vida social. E, também aqui, vale a ideia de que a caridade pressupõe a justiça, aperfeiçoa-a e completa-a, sem a anular.

E não é abusivo associar (sem as confundir) as ideias cristãs de caridade e reconciliação aos objectivos de reeducação ou reinserção social do agente do crime[298].

Abertura à reconciliação

A aceitação de critérios retribucionistas não afasta, pois, as exigências de reconciliação.

Os representantes do retribucionismo não rejeitam os objectivos de reinserção social do agente do crime. Mas, em meu entender, tendem a desvalorizá-los como simples efeito possível – embora

---

[298] Nesta linha, René Marle (*op. cit.,* pag.113) evoca as palavras de Paulo VI aos membros da Associação Internacional de Direito Penal (1969): «As vossas preocupações encontram-se, em mais do que um aspecto, com aquilo que constitui uma das tarefas da Igreja: a elevação do homem caído e a sua emenda em vista de uma progressiva reintegração numa sociedade acolhedora onde ele possa reencontrar a sua plena dignidade».

sempre desejável – da pena[299]. Não se trata, porém, de um efeito secundário ou irrelevante na perspectiva do fim principal da pena. É que só esses objectivos (embora nem sempre possam ser atingidos, desde logo pela recusa do próprio agente do crime) permitem atingir em plenitude o restabelecimento da ordem perturbada pelo crime.

Poderá ser oportuno citar, a este respeito, Cavaleiro Ferreira. Ao rejeitar a ideia da pena taliónica, como mal equivalente ao mal a que responde, afirma:

> O acto injusto é reprimido ou retribuído, porém, não com a sujeição a uma prestação quantitativamente igual ao dano, mas por um modo proporcional ao mal cometido. A justiça não exige, assim, a retribuição do mal com o mal; até mesmo decididamente o proíbe.
>
> A normal supremacia do Direito numa sociedade organizada não só consente mas implica que a repressão se faça, não como reacção ofensiva, mas como acto de justiça distributiva, sujeitando o delinquente a uma pena com estrutura e aptidão para reparar o mal causado, suprimindo-o, isto é, reintegrando o próprio delinquente na vida social.
>
> A culpa, do ponto de vista moral, extingue-se pelo arrependimento; do ponto de vista jurídico, a emenda ou readaptação social pode ser considerada exteriorização da extinção da culpa (...).
>
> A pena, na sua aplicação e execução, deve ao invés apontar para a redenção da culpa (repressão), através da readaptação social. A pena não será, portanto, um mal ou sofrimento equivalente ao mal cometido ou ao sofrimento causado, mas o meio adequado a suscitar a restituição à sociedade pelo delinquente do bem equivalente ao mal cometido. Esse bem é a própria regeneração do delinquente, presuntivamente correspondente à extinção da culpa, à qual reage a pena[300].

E também as palavras de Michel Anquestil podem ser úteis à nossa reflexão a este respeito. Depois de reconhecer a necessidade da pena retributiva, afirma:

> ...o delinquente age contra ele ao agir contra a sociedade, pois destrói qualquer possibilidade de conquistar a felicidade, ao retirar-se da comunhão, ao marginalizar-se a si próprio (...).

---

[299] Afirma Giuseppe Bettiol: «A emenda não ser o fim da pena retributiva, mas - dada a natureza da própria pena - um seu efeito desejável» (in *Punti Fermi...*, cit., pag.246).
[300] in *Direito Penal Português - Parte Geral*, II, Lisboa, 1982, pags.309 e 310.

...(a pena) procura não apenas dominar a vontade de ruptura do sujeito (...), mas, mais do que isso, tem por objectivo reconduzi-lo a uma vontade de comunhão: toda a pena é correctiva, neste sentido de que visa em definitivo a reconciliação (...).
A pena humanizada não é, em rigor, vingança cega, violência destinada a dominar quem é punido: ela é abertura ao uma comunhão restabelecida, ela traz consigo a oferta de perdão, ou não é justa! A sua função concreta torna-se a obtenção da emenda do sujeito, uma vez que, sendo este pessoa humana, é a eliminação da sua má vontade, da sua orientação solipsista, que é procurada, e *não* a eliminação do próprio sujeito, ou o seu domínio. A reintegração na ordem de comunhão deve ser-lhe sempre oferecida para que a pena seja justa.
(...) No fundo, o ideal da pena, a esperança que ela traz consigo, é o de convidar quem é punido a tornar-se o filho pródigo da parábola. A pena abre-se à redenção, ela é justa porque justifica, porque o torna justo[301].

Afirmam também os representantes do retribucionismo que a pena retributiva e justa contém em si mesma o mais eficaz sentido pedagógico e que a sua dimensão expiatória é a mais adequada a suscitar a emenda do agente do crime[302].
Importa, porém, considerar o seguinte.
Numa óptica cristã, a expiação e a penitência não derivam do sofrimento pelo sofrimento, mas do amor, e é por isso que conduzem à *metanoia*, à conversão[303]. A condenação penal não pode impôr tal conversão, que depende da opção livre do condenado (pretendê-lo seria ferir este gravemente na sua dignidade, cedendo à lógica totalitária[304]). Mas pode criar condições que facilitem a sua ocorrência. A mentalidade hedonista corrente tende a ignorar o valor moral do sofrimento expiatório[305]. Mas é errado pensar que essas condições são criadas apenas porque a pena provoca sofrimento, ou na medida

---

[301] *in op. cit.*, pags.141 e 142.
[302] Ver Giuseppe Bettiol, *Sulla Rieducazione...,cit.*,pag.910, e *Punti Fermi...,cit.*, pag.945, e Francesco D'Agostino, *La Sanzione...,cit.*, pag.109, e *Le Buene Ragioni...*, cit., pags.255 e 256, nota 29.
[303] Ver René Merle, *op. cit.*, pags. 34 e segs.
[304] Mario Cattaneo (in *op. cit.*, pags.162 e segs.) assinala, a este respeito, os perigos que pode acarretar um acolhimento imprudente da teoria da emenda como fim da pena.
[305] O que também explica, em grande medida, a recusa do princípio retributivo (ver Francesco D'Agostino, *Le Buone Ragioni...*, cit., pag.257).

em que provoca sofrimento. Nessa ilusão caíu quem, no século passado, atribuíu à prisão os mais salutares efeitos pedagógicos[306]. Importa que a pena, sem que por isso se torne um prémio, possa ser facilmente entendida como convite e apelo à reconciliação. E, para isso, não basta que seja, em gravidade, proporcional à gravidade do crime. A opção entre várias modalidades de pena, a determinação da sua medida e as condições da sua execução não podem ser alheias a esse objectivo. Afirma, a este respeito, Michel Anquestil, que «quando a culpa é reconhecida, raramente o princípio da pena é, em si, contestado, são as condições do julgamento, e depois da execução da pena, que suscitam um formidável sentimento de revolta e matam à nascença a possibilidade da reconciliação. É talvez esta contradição entre a "necessidade" de uma pena justa e a realidade da pena vivida a raíz mais profunda da crise actual[307]».

Neste sentido, são claramente de acolher as tentativas de aplicação de penas com uma dimensão socialmente positiva (o trabalho a favor da comunidade, por exemplo). Sem que a natureza retributiva dela esteja ausente (não deixam de ser penas), permitem mais facilmente veícular o tal apelo à reconciliação entre o agente do crime e a sociedade. Os partidários do retribucionismo negam que a pena retributiva se confunda com a pena taliónica, como satisfação de instintos vingativos, como mal que responde a outro mal. Mas não deixa de ser verdade que a sua argumentação pode parecer algo artificial e abstracta. Neste tipo de penas, é mais nítido, e mais facilmente compreensível, que ao mal do crime se responde, como impõe a ética cristã, com o bem, com uma actividade socialmente meritória por parte do autor do crime[308].

---

[306] Ver René Merle, *op. cit.*, pags.87 e segs.

« A dureza só contribui para endurecer » – afirma, pelo contrário, Eugen Wiesnet (*op. cit.*, pag.164), ao negar eficácia pedagógica à dureza da pena retributiva.

[307] Ver *op. cit.*, pag.142.

[308] É este princípio de que ao mal do crime se deve responder com o bem que, para Giorgio Del Vecchio, deveria servir de base ao direito penal. À *malum actionis* deve corresponder uma *bonum actionis*, uma actividade em sentido contrário do autor do crime, que anule ou reduza os seus efeitos na medida do possível. A pena de prisão impede, na prática, o ressarcimento do dano provocado à vítima e à sociedade (ver *Justiça Divina e Justiça Humana, in Direito e Paz – Ensaios*, trad. port., Braga 1968, pags.40 e segs.).

Mario Cattaneo (*op. cit.*, pag.90) cita também, a este respeito, afirmações do cardeal Martini a uma revista carcerária: «A Igreja, desde sempre, desde as suas origens, propõem

Em resumo, pode dizer-se que são estas exigências de apelo à reconciliação a permitir que a retribuição não corra o risco de se confundir com a vingança[309]. Esse risco está sempre presente, sobretudo nas reacções emotivas e espontâneas da opinião pública, como acentuam os bispos franceses no documento *Justiça e Solidariedade*, atrás citado.

Fundamentação metafísica do direito de punir

Parece-me, por outro lado, que não podemos prescindir de uma fundamentação metafísica da exigência ética de punição justa e de acordo com a culpa. Essa exigência não depende do legislador histórico, ou da ponderação de conveniências sociais. O facto de uma determinada constelação de valores recolher a adesão da maioria não é fundamento ético suficiente para que dela possa derivar uma restrição tão acentuada dos direitos individuais como é a sanção penal. Esse fundamento há-de encontrar-se para além das opções políticas e do direito positivo, não na teologia (a secularização do direito penal é um dado adquirido), mas na lei natural (a secularização do direito penal não implica o positivismo, a fundamentação metafísica não é irracional). Como afirma Michel Villey, «a pena não é um artifício forjado em todas as suas peças pelo Estado, com o conjunto das suas leis. Existe na natureza, antes de invadir o direito positivo[310]». E, como diz Giuseppe Bettiol, «o crime não é um simples desvio de uma regra de comportamento social, mas supõe a "distinção fundamental de natureza ontológica entre o bem e o mal", é uma "escolha consciente e voluntária do mal"[311]».

---

ao pecador recuperar o bem perdido ou destruído, praticando o bem: para com os pobres, para com quem na sociedade não conta, para com os doentes, para com os irrecuperáveis... Parece-me, portanto, que se enquadra na sua tradição a proposta de transformar as penas vindicativas ou repressivas num trabalho socialmente útil».

[309] Embora reconheça que a retribuição parece responder a uma exigência co-natural dos seres humanos, Mario Cattaneo considera dificilmente superável a suspeita, difundida entre os iluministas, de que na sua base esteja a ideia de vingança (ver *op. cit.*, pag.231).

[310] Ver *op. cit.*, pag.190.

[311] Ver *La Concezione della Pena in Aldo Moro*, in *Rivista Italiana di Diritto e Procedura Penale*, 1981, pags.1263 e segs.

Só esta fundamentação permite impedir que se prescinda do nexo entre culpa e punição, e da proporção entre culpa e medida da pena, em nome de exigências de prevenção geral ou especial[312].

Ter a consciência de que os valores de onde decorre a sanção penal possuem um fundamento metafísico, e não são fruto de uma opção arbitrária (uma entre muitas outras possíveis) permite também aceitar sem complexos que se busque a reeducação do agente do crime, a sua regeneração, mais do que a sua simples ressocialização. O importante é que, como já se disse, tal regeneração seja apenas proposta, e nunca imposta.

Há quem, em nome da neutralidade ideológica do Estado de Direito democrático, entenda que os esforços de reinserção social não podem pretender mais do que a futura obediência formal à ordem legal, sem preocupação com a atitude moral de adesão aos valores sobre os quais assenta a vida comunitária. No entanto, é errado associar a democracia ao relativismo ético[313]. Fazê-lo conduz

---

[312] Não podemos, porém, ignorar que a doutrina portuguesa mais autorizada e influente (ver, por exemplo, Figueiredo Dias, *Direito Penal Português – As Consequências Jurídicas do Crime*, Lisboa 1993, pags.72 e 73, e Anabela Rodrigues, *A Determinação da Pena Privativa de Liberdade*, Coimbra, 1995, pags.152 e segs.) rejeita hoje estas ideias, a exemplo de teses que predominam também noutros países.

Para esta doutrina, de secularização do direito penal decorreria a impossibilidade da sua fundamentação metafísica e da sua justificação retributiva. A pena teria apenas finalidades de prevenção geral (positiva e negativa) e especial, como instrumento contingente ao serviço da convivência social, que se justifica apenas na estrita medida em que torna possível essa convivência. A culpa não é fundamento da punição, mas um seu limite, limite imposto pelas exigências constitucionais de tutela da dignidade da pessoa humana.

Estas concepções não deixam de se reflectir no ordenamento jurídico vigente, em particular na redacção dada ao artigo 40°, n° 1, do Código Penal pelo Decreto-Lei n° 45/95, de 15 de Março, que enuncia as finalidades das penas (embora a exposição de motivos desse diploma também diga que não se pretende invadir um «domínio que à doutrina pertence – a questão dogmatica dos fins das penas»).

A dúvida que me surge (sem pretensão de abordar aqui uma questão cuja complexidade exigiria outro desenvolvimento) é de saber se, em coerência com os pressupostos utilitaristas de que se parte, não se corre o risco de prescindir da culpa como limite à punição baseada em exigências preventivas; se não se corre o risco de essas mesmas exigências preventivas, hoje concebidas em termos minimalistas, poderem, na base dos mesmos pressupostos utilitaristas, ser também concebidas noutros termos; se, para evitar esses riscos, não deverá a culpa manter-se como fundamento da punição.

[313] Afirma, a este respeito, João Paulo II na encíclica *Centesimus Annus* (n.46): «Se não existe nenhuma verdade última que guie e oriente a acção política, então as ideias e as

à destruição dos próprios alicerces em que se apoia tal sistema. E o direito penal de um Estado democrático assenta nesses mesmos alicerces, em valores personalistas não relativos.

Afirma Cavaleiro Ferreira, ao analisar a tese em apreço:

> O homem como delinquente não seria o homem, mas tão só o cidadão. Uma caricatura deformada, exangue, do homem.
> Se a iminente dignidade da pessoa humana é alicerce dos seus direitos, não o será do seu dever de se perfazer ou refazer como homem?
> E sem esta perspectiva total, toda a influência regeneradora é destinada ao insucesso (...)
> A finalidade de recuperação do homem deve ter por fim o próprio homem.
> Desde que se considere ilegítima toda a finalidade moral no conceito de ressocialização, destrói-se necessariamente a verdadeira possibilidade de reforma de cada um.[314]

Nostalgia da caridade?

A reconciliação (entre o agente do crime e a sociedade, ou entre ele e a vítima) surge, assim, como objectivo a atingir.

Mas a experiência quotidiana mostra-nos como tal objectivo é muitas vezes longínquo. A regeneração do agente do crime pode ser por este livremente recusada, e contra isso nada podemos fazer; o ódio das vítimas pode permanecer, e contra isso também nada poderemos fazer.

Terá razão Francesco D'Agostino quando diz que «de todas as actividades práticas através das quais se estrutura a existência humana o direito penal é aquela na qual brilha mais intensamente a nostalgia da caridade»?[315]

Do direito penal enquanto sistema impessoal e anónimo não podemos, na verdade, esperar muito. Mas quando esse sistema se

---

convicções podem ser facilmente instrumentalizadas para fins de poder. Uma democracia sem valores converte-se facilmente num totalitarismo aberto ou dissimulado, como a história demonstra».

[314] Apontamentos policopiados, Universidade Católica Portuguesa, 1982-3, pags.70 e 71.
[315] Ver *La Sanzione..., cit.*, pags.132 e 133.

torna vivo pela acção das pessoas, cada palavra e cada gesto de cada uma dessas pessoas (magistrados, advogados, funcionários judiciais e prisionais, visitadores voluntários) pode ser expressão de caridade. Sem descurar a importância das estruturas, a reconciliação pretendida há-de depender decisivamente de cada um desses gestos e palavras. A experiência de muitas pessoas pode confirmá-lo.

JUSTIÇA E PERDÃO FACE
À CRIMINALIDADE[316]

A conjugação de duas realidades que marcam a actualidade esteve na origem das reflexões que se seguem. Por um lado, assistimos hoje, na generalidade dos países europeus, à particular acentuação das questões relativas à segurança como preocupação maior da população em geral (assim o dizem vários estudos e sondagens) e, consequentemente, como tema omnipresente nos discursos e nas propostas dos dirigentes políticos. E é esta circunstância que, em grande medida, explica a subida surpreendente da votação em forças políticas de extrema-direita nas recentes eleições francesas e holandesas.

É certo que a comunicação social se encarrega normalmente de ampliar artificialmente a dimensão do fenómeno. Já alguém disse, chamando a atenção para a necessidade de distinguir a insegurança objectiva e o *sentimento* de insegurança, que no século passado porventura não haveria menos assassínios do que actualmente, mas não havia televisão e os jornais eram lidos por uma minoria...

Mas, sem ignorar este facto e com os descontos que ele impõe, parece haver objectivamente motivos para encarar a questão do aumento da insegurança como um problema real. Em França, por exemplo, foi de 8% em 2001 o aumento do número de crimes praticados com conhecimento das autoridades.

Pareceu-me oportuno associar este facto à mensagem de João Paulo II para a celebração do Dia Mundial da Paz, de 1 de Janeiro de 2002, *Não há paz sem justiça, não há justiça sem perdão*. Ligar a justiça ao perdão (e dizer mesmo: não há justiça sem perdão) parece

---

[316] Texto publicado na revista *Brotéria*, vol. 155, 2, Novembro de 2002.

destoar claramente do discurso dominante a respeito das questões de segurança, onde com insistência se proclama a necessidade de agir de forma severa e inflexível ("tolerância zero", "impunidade zero"), de encher ainda mais as prisões, ou até, como propôs Le Pen nas recentes eleições francesas, de restabelecer a pena de morte (pena que compromete em absoluto qualquer possibilidade de associar a justiça ao perdão).

Será que o Papa vive noutro mundo, ou que as suas palavras estão destinadas a permanecer como um simples voto de boas intenções, utópico e inconsequente? O Papa parece estar bem consciente dos males que assolam o mundo de hoje. Na mensagem em questão, a sua proposta de associar a justiça ao perdão surge na sequência de uma reflexão sobre o terrorismo motivada pelos dramáticos acontecimentos de 11 de Setembro de 2001. É, pois, a propósito desses acontecimentos que fala de perdão.

Mas vejamos, em síntese, o que diz o Papa a respeito do tema em causa:

> Os indescritíveis sofrimentos de povos e indivíduos, vários deles meus amigos e conhecidos, causados pelos totalitarismos nazista e comunista, sempre interpelaram o meu espírito e motivaram a minha oração. Muitas vezes me detive a reflectir nesta questão: *qual é o caminho que leva ao pleno restabelecimento da ordem moral e social tão barbaramente violada?* A convicção a que cheguei, raciocinando e confrontando com a Revelação bíblica, é que não se restabelece cabalmente a ordem violada, senão conjugando mutuamente justiça e perdão. *As colunas da verdadeira paz são a justiça e aquela forma particular de amor que é o perdão.*[...]
>
> Por isso, a verdadeira paz é fruto da justiça, virtude moral e garantia legal que vela sobre o pleno respeito de direitos e deveres e a equitativa distribuição de benefícios e encargos. Mas, como a justiça humana é sempre frágil e imperfeita, porque exposta como tal às limitações e aos egoísmos pessoais e de grupo, ela deve ser exercida e de certa maneira completada com o *perdão que cura as feridas e restabelece em profundidade as relações humanas transtornadas*. Isto vale para as tensões entre os indivíduos, como para as que se verificam em âmbito mais alargado e mesmo as internacionais. O perdão não se opõe de modo algum à justiça, porque não consiste em diferir as legítimas exigências de reparação da ordem violada; mas visa sobretudo aquela plenitude de justiça que gera a tranquilidade da ordem, a qual é bem mais do que uma frágil e provisória cessação das hostilidades, porque consiste na cura em profundidade das feridas que sangram nos corações. Para tal cura, justiça e perdão são essenciais [nn. 2-3].

Uma primeira e breve análise destas reflexões permite colher a perspectiva de João Paulo II. O Papa não contrapõe justiça e perdão. O perdão ultrapassa e completa as exigências da justiça mas sem anular essas exigências. E fá-lo em função de uma mais autêntica e duradoura harmonia social (que «cura em profundidade» as «feridas que sangram nos corações»). Não estamos, pois, perante uma visão alheada das realidades do mal e do crime e da insegurança que afecta as pessoas comuns. Não se trata de ignorar essas realidades, mas de lhes dar uma resposta cabal. A resposta mais comum é feita das soluções a que já nos referimos (reforço dos meios policiais, maior severidade das penas), que por vezes até poderão justificar-se, mas que, desinseridas de um contexto mais amplo, serão sempre soluções fáceis, simplistas e superficiais.

Mas em que é que se traduz essa resposta cabal?

Atenção às causas

Quando se discutem as políticas de combate à criminalidade, é frequente assistir ao confronto entre duas perspectivas: de um lado a visão "securitária", assente em pressupostos antropológicos pessimistas (a inclinação natural do homem para o mal), mais comum à direita do espectro político, que hoje parece prevalecer e que acentua a necessidade de reforço dos meios policiais e de endurecimento das penas, e, de outro lado, a visão, assente em pressupostos antropológicos optimistas (o homem naturalmente bom, corrompido pela sociedade), mais comum à esquerda do espectro político, que entende dever combater, mais do que os *efeitos*, as *causas* do crime, ligadas às estruturas sócio-económicas. Para esta segunda visão, a política de combate à criminalidade estaria, assim, estreitamente ligada à política social.

Se, como vimos, a primeira destas visões pode pecar por simplismo, também acreditar num determinismo económico que anula ou enfraquece a responsabilidade individual pode ser uma visão não menos simplista do problema. Nas recentes eleições presidenciais francesas, Lionel Jospin reconheceu ter errado ao confiar em que a descida do desemprego produziria automaticamente a descida da criminalidade.

Importa, em todo o caso, e para enfrentar o problema radical e não superficialmente, reflectir sobre as condições que favorecem a criminalidade e que, em muitos casos, como é evidenciado por estudos científicos e pela experiência de quem lida com estas situações quotidianamente, decorrem da pobreza. E, com frequência, não tanto da pobreza em termos absolutos, mas da pobreza em confronto com a riqueza ostensiva (vejam-se os exemplos paradigmáticos dos Estados Unidos e da África do Sul), quando mais se evidencia a exclusão de alguns em relação aos benefícios da sociedade de consumo.

Com particular interesse para a análise da situação actual (em Portugal e noutros países europeus), haverá também que considerar as dificuldades de integração social e cultural das comunidades imigrantes, particularmente as da segunda geração (o que não significa, como é óbvio, associar a imigração por si à criminalidade).

Pode ser simplista limitar as causas da criminalidade a situações de natureza sócio-económica. Há, na verdade, estudos que põem em relevo a correlação entre o aumento da criminalidade e a crise de valores reflectida na desestruturação familiar, mesmo em épocas de relativa prosperidade económica.

A historiadora Gertrude Himmelfarb detectou essa correlação na Inglaterra e nos Estados Unidos a partir dos anos sessenta do século XX, época de relativa prosperidade económica e de aumento das taxas de divórcio e de filiação fora dos casamento, em contraste com o que se verificara na segunda metade do século XIX, quando as taxas de criminalidade decaíram significativamente num contexto de mais sólida estruturação familiar, apesar dos períodos de crise económica e desemprego[317]. Francis Fukuyama chegou a conclusões semelhantes: a generalidade dos países desenvolvidos conheceu, a partir dos anos sessenta do século XX, níveis crescentes de criminalidade, em paralelo com o declínio da família e dos laços de parentesco como fonte de coesão social (fenómeno a que chamou *The Great Disruption*)[318].

---

[317] Gertrude Himmelfarb, «Uma Sociedade Desmoralizada: As Experiências Britânica e Norte-Americana», *Nova Cidadania*, n.º 2, Outono de 1999, pp. 6-21.

[318] Francis Fukuyama, *A Grande Ruptura – A Natureza Humana e a Reconstituição da Ordem Social*, Quetzal Editores, Lisboa, 2000, e «Como Remoralizar os Estados Unidos», *Nova Cidadania*, n.º 2, Outono de 1999, pp. 22-31.

Entre nós, como noutros países, a atenção às situações que favorecem a criminalidade há-de enfrentar necessariamente a questão da toxicodependência, também ela não alheia a fenómenos de crise de valores e de desagregação familiar. Demonstra-o com evidência a minha própria experiência (sem pretensões científicas, é certo) como juiz do foro criminal.

A atenção às "causas" da criminalidade leva-nos, pois, bem longe. Mas é nesse horizonte amplo que se deve colocar a política de combate à criminalidade. Mais do que intimidar os potenciais delinquentes (ameaçar o cão com um pau, para usar a célebre imagem empregue por Hegel ao criticar as correntes que reduzem a função da pena à intimidação como prevenção geral negativa), importa afirmar e defender com coerência, nos âmbitos mais variados, aqueles valores que estão na base do sistema jurídico-penal: a vida, a dignidade da pessoa humana, a solidariedade. Os instrumentos da política criminal não podem contrariar esses valores, como o faria o recurso, em nome da intimidação geral, à pena de morte ou a penas ("exemplares") de gravidade desproporcional em relação à culpa concreta de um qualquer agente do crime. E a política criminal não pode desligar-se da política social, mas também da política familiar e da política de educação.

Importa, pois, atender aos factores que favorecem a criminalidade. Mas não podemos esperar pela eventual eliminação, ou redução, a longo prazo, desses factores, sem combater, de imediato, a criminalidade. E nunca – como já disse – esses factores determinam mecanicamente a prática do crime, porque há que considerar sempre a liberdade humana.

Regressemos, assim à questão inicial. Qual a resposta cabal ao crime e que cabimento poderá ter, nessa resposta, a sugestão de João Paulo II de associar a justiça e o perdão?

Justiça, perdão e amnistia

Ao evocar o perdão a propósito da justiça, vem à mente de imediato a figura da amnistia. A frequência com que entre nós se recorreu no passado recente a este instrumento (em princípio excepcional), com uma finalidade predominante de descongestionamento do serviço dos tribunais, tem contribuído para o seu descrédito. Também poderão ser recordados os casos de amnistia do crime de constituição da associação terrorista *FP 25 de Abril* e de alguns crimes praticados pelos seus membros. Noutro contexto, vêm à mente as amnistias de crimes de homicídio, tortura e outras violações de direitos humanos no âmbito de regimes ditatoriais sul-americanos (a famosa lei do "ponto final" argentina, por exemplo). A questão que se coloca é a de saber se é esta a via para se alcançar uma verdadeira e sólida reconciliação.

O Papa, na sua mensagem, não apresenta a justiça e o perdão em termos antitéticos ou alternativos: «o perdão opõe-se ao rancor e à vingança, não à justiça» [n. 3]. Diante das situações enunciadas, de violações graves do direito à vida e de outros direitos fundamentais, a reconciliação não poderá basear-se na amnésia colectiva e na desconsideração das vítimas. A amnistia sacrifica, para além da justiça, a própria verdade, pois não se chega sequer a fazer luz sobre a prática do crime, sobre o que se passou verdadeiramente. É por isso que se tem salientado, a este respeito, o dever de verdade e de memória como pressuposto para uma verdadeira reconciliação, sem a qual as feridas permanecem, a vingança não deixa de ser uma tentação e os perigos de repetição dos crimes em apreço não estão de modo nenhum afastados. É a partir deste pressuposto que tem operado, na África do Sul, em relação aos crimes cometidos por diversas facções durante o regime do *apartheid*, a *Comissão Verdade e Reconciliação*. Em 1993, os bispos chilenos pediam que, pelo menos, não fosse sacrificada a verdade a respeito dos crimes cometidos durante a ditadura: «Não será certamente a justiça perfeita, mas confiamos em que isso ajudará, o melhor possível, a cicatrizar as feridas existentes»[319].

A respeito deste tipo de situações, o grupo *Paroles*, composto por personalidades católicas francesas de diferentes sensibilidades e formações, exprimia-se assim em 1999, por ocasião processo de Pinochet:

> O perdão é fonte de libertação e de pacificação tanto para o carrasco como para a vítima. Oferecer o perdão rompe o ciclo da violência/vingança que destrói ou paralisa a relação pessoal ou o equilíbrio social. Pedir perdão

---

[319] *La Croix - L'Événement*, 2/5/94, p. 3.

exprime um olhar novo para com a vítima e a consciencialização da falta cometida [...]

No entanto, celebrar o perdão não dispensa nenhuma sociedade do dever de justiça. O recurso ao direito é, então, precioso. Impõe-se a qualquer dirigente, para além dos inevitáveis compromissos e das tentações de amnésia que provocam um efémero sentimento de paz.[320]

É esta também a posição em que se coloca João Paulo II: «O perdão não se opõe de modo algum à justiça, porque não consiste em diferir as legítimas exigências de reparação da ordem violada» [n. 3]. Quem reconhece os seus erros, se arrepende e pede perdão, reconhece também a dívida que contraiu para com as vítimas e para com a sociedade, a necessidade de «reparação da ordem violada». A este respeito, refere-se, por vezes, o exemplo retratado no célebre romance de Dostoievsky *Crime e Castigo*, que reflecte a exigência, provocada pelo remorso pelo crime cometido, de expiação através do sofrimento e da pena[321].

Compreende-se que está em causa, em muitas das situações de amnistia, a necessidade política de garantir delicados equilíbrios de situações de transição que se pretendem pacíficas. Foi assim na América Latina e na África do Sul e poderá ser assim em Timor Leste. Considerações deste tipo não podem, obviamente, ser desprezadas. Mas para que se possa falar com autenticidade em perdão e reconciliação, para que esta seja sólida e duradoura, importa não suprimir em absoluto as exigências da justiça, que supõem alguma forma de retribuição, ainda que esta, porque a justiça não se confunde com a vingança, não tenha que ser concebida de forma estrita, com a pretensão de que o mal da pena tenha que equivaler em gravidade ao mal do crime (o que deixa algum espaço à influência do tipo de considerações referidas).

---

[320] *La Croix – L'Événement*, 16/7/99, p.17.

[321] Ver René Marle, *La Penitence et la Peine – Theologie, Droit Canonique, Droit Penal*, CERF/CUJAS, Paris, 1985, pp. 96-97; e Mario Cattaneo, *Pena, Diritto e Dignità Umana – Saggio sulla Filosofia del Diritto Penale*, Giappichelli Editore, Turim, 1990, p. 65.

Justiça, perdão e fins das penas

O perdão não suprime as exigências da justiça, mas acrescenta algo mais a essas exigências. Procuremos aprofundar, então, a questão de saber em que é que se podem traduzir juridicamente as exigências do perdão.

Poderia dizer-se que o perdão tem uma dimensão exclusivamente moral e interindividual, que diz respeito apenas à consciência das vítimas. Mas não é essa a perspectiva de João Paulo II:

> Como acto humano, o perdão é, antes de mais, uma iniciativa individual do sujeito na sua relação com os seus semelhantes. Porém, a pessoa tem uma dimensão social essencial, que lhe permite estabelecer uma rede de relações com a qual se exprime a si mesma: infelizmente não só para o bem, mas também para o mal. Consequentemente, o perdão torna-se *necessário também a nível social*. As famílias, os grupos, os Estados, a própria comunidade internacional, necessitam de abrir-se ao perdão para restaurar os laços interrompidos, superar situações estéreis de mútua condenação, vencer a tentação de excluir os outros, negando-lhes a possibilidade de apelo. *A capacidade de perdão está na base de cada projecto de uma sociedade mais justa e solidária* [n. 9].

Antes de mais, o perdão supõe que se distinga o crime da pessoa do criminoso. Por mais grave que seja o crime, o criminoso não perde a sua dignidade de pessoa. Por muito graves que sejam os crime da *Al Qaeda*, não se pode negar aos seus membros feitos prisioneiros um tratamento conforme á dignidade humana (tenham ou não o estatuto de prisioneiros de guerra à luz das convenções internacionais).

Exprime-se assim, a este respeito, o cardeal Carlo Maria Martini:

> A pessoa humana é o valor máximo em virtude da sua inteligência e vontade livre, do espírito imortal que a anima e do destino que a espera.
> A sua dignidade não pode ser desvalorizada, desnaturada ou alienada nem mesmo pelo pior dos males que o homem, individual ou associadamente, possa realizar. O erro enfraquece e deturpa a personalidade do indivíduo, mas não a nega, não a destrói, não a desclassifica, reduzindo-a ao reino animal, inferior ao do homem[322].

---

[322] Carlo Maria Martini, *Sulla Giustizia*, Mondadori, Milão, 1999, p. 33.

Para além deste aspecto, ao procurar analisar a tradução jurídica das exigências do perdão deparamo-nos necessariamente com a tão debatida questão dos fins das penas. Esta questão tem recebido no pensamento de inspiração cristã respostas nem sempre coincidentes[323]. É fundamentalmente em redor das relações entre o retribucionismo e a ética cristã que se distinguem essas respostas.

As teorias retribucionistas assentam no pressuposto do relevo metajurídico do crime como violação de uma norma de valor absoluto e não contingente. A pena é concebida como fim em si mesmo, como castigo, compensação ou reparação do mal provocado pelo crime. O mal que representa a pena recompõe a ordem perturbada pelo mal produzido pelo crime. A pena tem, pois, uma justificação ética, independentemente de considerações de tipo utilitarísistico.

Para uma primeira corrente, onde se podem integrar Pio XII, nos seus discursos de 3 de Outubro de 1953, aos participantes do VI Congresso Internacional de Direito Penal[324], e de 5 de Dezembro de 1954, aos juristas católicos italianos[325], o penalista Giuseppe Bettiol[326], e os filósofos do Direito Michel Villey[327] e Francesco d'Agostino[328], o retribucionismo é uma exigência da lei natural e da ética cristã. A pena é, antes de tudo, uma exigência ética de reacção ao mal. A ordem violada pelo acto culposo exige o restabelecimento do equilíbrio perturbado. Esta reacção não se confunde com a vingança, pois a pena retributiva é expressão de justiça, a qual pressupõe racionalidade, proporção e equilíbrio, enquanto a vingança é expressão puramente passional.

---

[323] Pode ver-se, sobre a questão, o meu estudo «Reflexões sobre os Fins da Pena numa Perspectiva Cristã», *Direito e Justiça*, vol. XII, tomo 2, pp. 295ss.

[324] Ver *Acta Apostolicae Sedis – Commentarium Officiale*, 45, 1953, pp. 730-744.

[325] Ver *Acta Apostolicae Sedis – Commentarium Officiale*, 47,1955, pp. 60-85.

[326] Giuseppe Bettiol, *Direito Penal, Parte Geral*, IV, tradução portuguesa da 9ª edição italiana, Coimbra Editora, Coimbra, 1976, pp. 122ss; «La Rieducazione del Condamnato», in *Scritti Giuridici – 1966 – 1980*, I, CEDAM, Pádua, 1980, pp. 66ss; e «Sulla Rieducazione del Condamnato», «Punti Fermi in Tema di Pena Retributiva» e «Sulla 'Nuova Difesa Sociale' Considerata dal Punto di Vista Cattolico», in *Scritti Giuridici – 1966 – 1980*, II, CEDAM, Pádua, 1980, pp. 902ss, 937ss e 1005ss.

[327] Michel Villey, «Des Délits et Peines dans la Philosophie du Droit Naturel Classique, in *Archives de Philosophie du Droit*, tomo 28, *Philosophie Pénale*, Sirey, Paris, 1983, pp.181ss.

Numa perspectiva teológica, estes autores invocam a ideia de justiça divina (que não é anulada pela misericórdia divina) como justiça retributiva: cada um receberá de acordo com o seu comportamento. Invoca-se, por outro lado, a lógica retribucionista que estaria na base do mistério da Paixão de Cristo. Associa-se, por último, o carácter expiatório da sanção penal ao valor moral e cristão da penitência.

Independentemente das justificações teológicas, invocam estes autores os pressupostos metafísicos e personalistas do retribucionismo, em oposição ao positivismo naturalista de que seriam expressão teorias alternativas. Só o princípio retribucionista exigiria a culpa como pressuposto e medida da pena. Em coerência com os seus princípios, teorias baseadas na defesa social (tanto as que apelam à intimidação como as que apelam à reinserção social do delinquente) sacrificam inevitavelmente esta exigência e só esta exigência impede que a pessoa seja instrumentalizada como meio ao serviço de fins de prevenção e utilidade social.

De uma perspectiva radicalmente diferente, partem os autores que recusam a compatibilidade entre o retribucionismo e a doutrina cristã. Estes vêem na reinserção social ou na reeducação do delinquente os fins primordiais da pena e a tradução concreta dos ideais cristãos de caridade, solidariedade, reconciliação e perdão. Integram-se nesta corrente o teólogo austríaco Eugen Wiesnet[329] e os penalistas italianos Mario Romano[330], Francesco Stella[331] e Luciano Eusebi[332].

---

[328] Francesco d'Agostino, *La Sanzione nella Esperienza Giuridica*, G. Giapichelli Editore, Turim, pp. 85ss; e «Le Buone Ragioni della Teoria Retributiva della Pena», *Iustitia* XXXV (1982), pp. 236ss.

[329] Eugen Wiesnet, *Pena e Retribuzione: La Riconciliazione Tradita*, tradução italiana de Luciano Eusebi, Giuffrè Editore, Milão, 1987.

[330] Mario Romano, «Secolarizzazione, Diritto Penale Moderno e Sistema dei Reati», *Rivista Italiana di Diritto e Procedura Penale*, 1981, pp. 477ss.

[331] Francesco Stella, «Laicità dello Stato: Fede e Diritto Penale», in *Diritto Penale in Trasformazione*, coorden. de Gorgio Marinucci e Emilio Dolcini, Giuffrè Editore, Milão, 1985, pp. 309ss.

[332] Luciano Eusebi, «Cristianesimo e Retribuzione Penale», *Rivista Italiana di Diritto e Procedura Penale*, 1987, pp. 275ss; «La Nuova Retribuzione», in *Diritto Penale in Trasformazione...*, op. cit., pp. 93ss; e *La Pena "in Crisi" – Il Recente Dibatito sulla Funzione della Pena*, Morcelliana, Brescia, 1990.

Para esta corrente, o retribucionismo não pode libertar-se completamente da ideia de vingança, pois supõe a resposta ao mal com outro mal, ao conflito com o conflito, perpetuando o seu ciclo vicioso. Não corresponde à visão bíblica da justiça divina como apelo à reconciliação e à pacificação. E "conversão" e "reconciliação" são expressões bíblicas que se podem traduzir, no âmbito do direito penal moderno, por "reintegração", "reinserção social" ou "ressocialização".

Como resposta à tese segundo a qual somente o retribucionismo garante a protecção da dignidade da pessoa humana, afirma-se, por outro lado, que o objectivo da reinserção social não deve ser concebido como um conjunto de estratégias de condicionamento e de imposição coactiva de valores, nem sequer como uma terapia, mas como uma oferta de possibilidades que permitam a livre adesão do condenado aos valores fundamentais da convivência social. Por outro lado, afirma-se que só o objectivo de reinserção social permite a tutela efectiva, não puramente formal e abstracta, da dignidade da pessoa humana, quer porque acentua a necessidade de políticas sociais que combatam os factores criminógenos que condicionam efectivamente a liberdade, quer porque oferece ao condenado a possibilidade de rápida integração na vida civil[333].

A mensagem de João Paulo II que venho analisando parece conter, na sua concisão, uma feliz e harmoniosa conjugação destas duas perspectivas. Por um lado, afirma que o perdão não anula as exigências retributivas da justiça (as «legítimas exigências de reparação da ordem violada»[334]). Por outro lado, afirma que a pura retribuição, sem o perdão, não permite alcançar a plena e definitiva harmonia social («aquela plenitude de justiça que gera a tranquilidade da ordem, a qual é bem mais do que uma frágil e provisória cessação de hostilidades, porque consiste na cura em profundidade das feridas que sangram nos corações» [n. 3]). O perdão supõe, assim, a reconciliação entre o agente do crime e a sociedade, o que significa que

---

[333] Ver Eusebi, «Cristianesimo...», *op. cit.*, pp. 305ss; *La Pena...*, *op. cit.*, pgs. 84-85; e *La Nuova Retribuzione...*, *op. cit.*, pp. 118-119, 131ss.

[334] Afirma o Catecismo da Igreja Católica a respeito do fins da pena: «As *penas* têm como primeiro efeito o de compensar a desordem introduzida pela falta. Quando a pena é voluntariamente aceite pelo culpado, tem um valor de expiação. A pena tem como efeito, além disso, preservar a ordem pública e a segurança das pessoas».

esta deve oferecer àquele as possibilidades da sua livre (porque só na liberdade se respeita a dignidade da pessoa) reeducação e reinserção social.

À ideia da pena está intrinsecamente associada a de sofrimento. Ainda que concebida em função da reinserção social do condenado, não se pode prescindir da sua dimensão aflitiva, pois, de outro modo, o direito penal perderia as suas autonomia e especificidade, confundindo-se com uma modalidade de assistência social que ignora a culpa e responsabilidade do agente do crime. Descobrir o sentido positivo desta dimensão da pena é difícil para a mentalidade hedonista contemporânea, que recusa a dor com absurda e antihumana. Mas à dor não pode escapar o homem contemporâneo, nem pode escapar o sistema jurídico penal.

É à luz da dor e do abandono de Jesus que a perspectiva cristã descobre o sentido do sofrimento. Nesta perspectiva, não há Cruz sem Ressurreição. Não é o sofrimento pelo sofrimento que encontra na dor de Jesus o seu sentido, mas o sofrimento como caminho para a Ressurreição, para o restabelecimento da plena unidade entre Deus e os homens e dos homens entre si[335].

Analogamente, a função da pena poderá encontrar a sua plena realização quando, para além do justo castigo, permite o restabelecimento da unidade, quebrada pela prática do crime, entre o criminoso e a sociedade. São elucidativas, a este respeito, as palavras do juiz francês Michel Anquestil:

> o delinquente age contra ele ao agir contra a sociedade, pois destrói qualquer possibilidade de conquistar a felicidade, ao retirar-se da comunhão, ao marginalizar-se a si próprio [...]
>
> [a pena] procura não apenas dominar a vontade de ruptura do sujeito [...], mas, mais do que isso, tem por objectivo reconduzi-lo a uma vontade de comunhão: toda a pena é correctiva, neste sentido de que visa em definitivo a reconciliação [...]
>
> A pena humanizada não é, em rigor, vingança cega, violência destinada a dominar quem é punido: ela é abertura a uma comunhão

---

[335] Podem ver-se, a este respeito, os escritos de Chiara Lubich, *A Unidade e Jesus Abandonado*, Cidade Nova, Parede, 1985; *Porque Me Abandonaste? – O Sentido da Dor na Espiritualidade da Unidade*, Cidade Nova, Parede, 1999; e *O Grito*, Cidade Nova, Parede, 2000.

restabelecida, ela traz consigo a oferta de perdão, ou não é justa! A sua função concreta torna-se a obtenção da emenda do sujeito, uma vez que, sendo este pessoa humana, é a eliminação da sua má vontade, da sua orientação solipsista, que é procurada, e *não* a eliminação do próprio sujeito, ou o seu domínio. A reintegração na ordem de comunhão deve ser-lhe sempre oferecida para que a pena seja justa.

[...] No fundo, o ideal da pena, a esperança que ela traz consigo, é o de convidar quem é punido a tornar-se o filho pródigo da parábola. A pena abre-se à redenção, ela é justa porque justifica, porque o torna justo.

[...] Quando a culpa é reconhecida, raramente o princípio da pena é contestado. São as condições do julgamento, e depois de execução da pena, que suscitam um formidável sentimento de revolta e matam à nascença a possibilidade de reconciliação.[336]

Pode dizer-se que são estas exigências de apelo à reconciliação a permitir que a retribuição não corra o risco de se confundir com a vingança. Esse risco está sempre presente, sobretudo nas reacções emotivas e espontâneas da opinião pública. Embora reconheça que a retribuição parece responder a uma exigência conatural dos seres humanos, Mario Cattaneo considera dificilmente superável a suspeita, difundida entre os iluministas, de que na sua base esteja a ideia de vingança[337].

Dir-se-á que com este tipo de considerações estamos definitivamente afastados da realidade quotidiana, que, como se salientou no início, é marcada pelo discurso "securitário", o qual pretende responder a um bem difundido sentimento de insegurança, até certo ponto objectivamente fundado. Mas este tipo de considerações também não deixa de ter uma vertente pragmática. A reinserção social e a (mais ambiciosa) plena reconciliação entre o criminoso e a sociedade são, indubitavelmente, a melhor forma de prevenir a reincidência. Não o tem sido, como o comprovam estudos e estatísticas, a pena de prisão por si só, por mais severas que sejam as condenações. Quantas vezes se sai da prisão para lá voltar em breve?

Mas debrucemo-nos mais detidamente sobre a questão das penas na perspectiva da reinserção social do delinquente.

---

[336] Michel Anquestil, «Contribution d'une Recherche Morale à une Politique Pénale: Justice et Droit de Punir», in AAVV, *La Peine, Quel Avenir? Actes du Coloque du Centre Tomas More*, CERF, Paris, 1983, pp. 141-142.

[337] Cattaneo, *op cit.*, p. 231.

Justiça, perdão e reinserção social

As teorias que propugnam a reinserção social do condenado como objectivo primordial da pena (na linha da escola da *Nouvelle Défense Sociale*) procuram repensar as várias penas em concreto à luz desse objectivo, acentuando de maneira particular a nocividade da pena de prisão (pelos seus efeitos de marginalização e estigmatização) e advogando a substituição dessa medida, na medida do possível, e no que diz respeito aos crimes menos graves, por penas alternativas, como a suspensão da execução da pena de prisão eventualmente sujeita a condições, a imposição de regras de comportamento tuteladas pelos serviços de reinserção social (a chamada *probation*, ou regime de prova), ou a prestação de trabalho a favor da comunidade, etc.

Depois de um período de acolhimento entusiástico destas ideias na doutrina e na legislação, típico dos anos sessenta e setenta, é com algum cepticismo que são hoje normalmente encaradas. Isso é nítido sobretudo nos Estados Unidos (onde a população prisional tem crescido de forma acentuada), mas também, em menor escala, nos vários países europeus. Invoca-se, para justificar esse cepticismo, os escassos resultados das experiências realizadas em confronto com o aumento progressivo das taxas de criminalidade.

Alguns expoentes mais radicais desta corrente chegaram a propor modelos terapêuticos alternativos ao direito penal, em que a pena é substituída por programas médicos ou assistenciais. Perder-se-ia, assim, a autonomia e especificidade do direito penal, com a sua lógica retributiva, mas também com o seu garantismo. Os objectivos de defesa social através da reinserção social do condenado sobrepor-se-iam à exigência tradicional de uma pena certa e proporcional à culpa revelada na prática de um crime em concreto. Se a perigosidade do agente o justificasse, poderia ser ultrapassada essa medida. Não pode, porém, alargar-se este tipo de críticas a todas as versões da corrente em análise, muitas delas susceptíveis de compatibilização com os princípios tradicionais do direito penal liberal.

Mas, invocando ainda os princípios do Estado de Direito democrático, também se diz que o Estado não pode "impor" a reinserção social do condenado sem lesar a sua liberdade, a qual implica a recusa ideológica dos valores em que assenta a vida comunitária. Em resposta, diz-se que os esforços tendentes à reinserção social do condenado não pretendem mais do que a obediência formal e externa à ordem legal, independentemente da atitude moral de adesão a esses valores. Por isso se fala normalmente mais em "reinserção social" ou "ressocialização" do que em "reeducação" (expressão usada, porém, na Constituição italiana).

Tocamos aqui uma questão da máxima relevância na perspectiva das relações entre o Estado, a democracia e os valores. Vimos atrás como a política de combate á criminalidade não pode prescindir da afirmação coerente dos valores que o direito penal procura tutelar. É errado associar a democracia ao relativismo ético. Fazê-lo conduz à erosão dos próprios alicerces em que se apoia tal sistema. Assim, não é ilegítimo procurar que a reinserção social do condenado passe pela sua "reeducação" ou "regeneração". Só deste modo se alcança a verdadeira reconciliação entre a sociedade e o delinquente. E como poderá ser o delinquente convencido da necessidade de observância da Lei, sem aprofundar os fundamentos éticos desta Lei e as motivações (o "porquê?") dessa observância?

Afirma Cavaleiro Ferreira, ao analisar a tese de que para a reinserção social bastaria a obediência formal à Lei:

> O homem como delinquente não seria o homem, mas tão-só o cidadão. Uma caricatura deformada, exangue do homem.
>
> Se a iminente dignidade da pessoa humana é alicerce dos seus direitos, não o será do seu dever de se perfazer ou refazer como homem?
>
> E sem esta perspectiva total, toda a influência regeneradora é destinada ao insucesso [...].
>
> A finalidade de recuperação do homem deve ter por fim o próprio homem. Desde que se considere ilegítima toda a finalidade moral no conceito de ressocialização, destrói-se necessariamente a possibilidade de reforma de cada um.[338]

Não será legítimo questionar se o difuso clima cultural de relativismo ético característico das últimas décadas não terá contribuído também para os insucessos dos esforços de reinserção social dos condenados?

---

[338] Cavaleiro Ferreira, Apontamentos policopiados, Universidade Católica Portuguesa, 1982-3, pp. 70-71.

Justifica-se que analisemos agora, de forma breve, a situação portuguesa.

Situação portuguesa

Afirmei atrás que os objectivos de reinserção social como fim das penas são hoje encarados com algum cepticismo, em parte devido aos escassos resultados das experiências efectuadas. O que a este respeito e quanto à situação portuguesa se pode dizer é que, apesar das sucessivas proclamações do legislador (no Código penal vigente, quer na sua versão inicial de 1982, quer na versão revista de 1995) quanto à relevância desses objectivos, a ênfase no recurso a penas alternativas a penas de prisão com esses objectivos nunca encontrou tradução significativa na prática judiciária. Não há, pois, qualquer experiência significativa a analisar.

De acordo com um estudo do Conselho da Europa de 1996 sobre a situação do regime penal em 34 países europeus[339], Portugal era à época o país da União Europeia com a mais elevada taxa de cidadãos reclusos nos estabelecimentos prisionais (140 cidadãos por cada 100 mil habitantes) e também aquele em que era mais prolongada a detenção média dos reclusos. A título comparativo, é de referir que a Noruega tinha então 52,4 reclusos por cada 100 mil habitantes e a Itália 85 reclusos por cada 100 mil habitantes.

Não deixa de ser interessante confrontar a justificada preocupação das autoridades portuguesas com a possibilidade de os progressos na cooperação judiciária internacional puderem abrir as portas à prisão perpétua com os números relativos ao período médio de encarceramento em Portugal, por vezes bastante superiores aos de países europeus que acolhem tal pena (sem que tal se traduza, senão excepcionalmente, num encarceramento perpétuo de facto).

Um estudo recente do juiz João Luís Morais Rocha[340] revela, quanto às condenações relativas ao ano de 1999, o claro predomínio da pena de multa (68,62%), seguido da pena de prisão suspensa na

---

[339] Ver *Público*, 4/12/97, pg. 19.
[340] João Luís Morais Rocha, «Crimes, Penas e Reclusão em Portugal: uma Síntese», *Sub Judice*, nº 19, Julho-Dezembro de 2000, pp. 101ss.

sua execução (14,29%). Nesse ano, por cada 100 mil habitantes existiam 128 encarcerados em Portugal. Não tem qualquer relevância a expressão das penas alternativas à prisão (segundo o autor do estudo, «mais parecem artefactos e não recursos eficazes do sistema penal»).

Este último facto merece uma reflexão aprofundada. Detenhamo-nos sobre a pena de prestação de trabalho a favor da comunidade, a qual representou, em 1998 (de acordo com o estudo referido), apenas 0,03% das condenações (noutros países europeus atinge proporções próximas dos 5%). Afigura-se-nos que esta pena contem virtualidades que a tornam quase prototípica na perspectiva das finalidades da pena tal como as venho delineando a partir da ideias de João Paulo II expressas na mensagem para a celebração do Dia Mundial da Paz de 1 de Janeiro de 2002.

De acordo com o que venho afirmando, a pena, sem perder o seu alcance efectivamente sancionatório e aflitivo (sem se tornar um "prémio"), deve dar ao condenado a possibilidade de reconciliação com a vítima e com a sociedade. Deve ajudá-lo a reconhecer a dívida que tem para com a vítima e para com a sociedade. Deve permitir que ele "salde" essa dívida, reforçando os seus laços com a sociedade e levando-o a interiorizar voluntariamente os valores da solidariedade e da fraternidade. Deve permitir que ele, aos "saldar" essa dívida, readquira a sua consideração social (afectada pela prática do crime), evitando a sua marginalização e a sua estigmatização.

A pena de prestação de trabalho a favor da comunidade tem um alcance sancionatório efectivo. Faz reconhecer que o agente tem uma dívida para com a sociedade que deve ser "saldada". Isso já não poderá dizer-se da mesma forma em relação a uma pena de prisão suspensa na sua execução sem condições (a que se recorre com frequência). Em termos efectivos, esta traduz-se numa simples advertência e ameaça de cumprimento da pena de prisão em caso de prática de novos crimes. Essa suspensão pode justificar-se para evitar os efeitos dessocializadores da prisão, mas perde-se o alcance efectivamente sancionatório da pena, a ponto de não ser reconhecida como verdadeira pena pela opinião pública em geral e pelo próprio condenado (o qual muitas vezes quase não a distingue da absolvição).

Ao mesmo tempo, a prestação de trabalho a favor da comunidade dá ao condenado a possibilidade de "saldar" a dívida que contraiu para com a sociedade e de reatar o laço que a prática do crime quebrou. A sociedade, por seu turno, pode reconhecer o esforço do condenado e a sua vontade de reconciliação. Com a execução desta pena, este é reconhecido na sua dignidade de pessoa socialmente útil, não é, pois, estigmatizado (ao contrário do que se verifica com a pena de prisão).

Por outro lado, através desta pena torna-se nítido que, como o exige a ética cristã, ao *mal* do crime se responde não com outro mal, mas com o *bem*, com uma actividade meritória por parte do condenado. Há que reconhecer, porém, algumas dificuldades práticas no recurso a esta pena.

De acordo com as normas do Código Penal, a prestação de trabalho a favor da comunidade pode substituir somente penas de prisão até um ano (artigo 58º, nº 1), sendo que há uma regra geral de opção por penas de multa (artigo 70º) e de substituição de penas de prisão até seis meses por penas de multa (artigo 44º, nº 1). Este regime de algum modo limita as possibilidades de recurso a esta pena. Não está, porém, excluída a possibilidade de alguma forma de prestação de trabalho a favor da comunidade condicionar a suspensão da execução das penas de prisão, estas de medida não superior a três anos (ver artigos 50º e 51º).

Esta pena só pode ser aplicada com aceitação do condenado (artigo 58º, nº 5), sendo esta aceitação pouco provável quando não há confissão (o que sucede normalmente nas frequentes ofensas à integridade física).

Torna-se difícil compatibilizar o horário da prestação de trabalho a favor da comunidade com os horários de trabalho dos condenados, tendo em conta que este não pode ser afectado e que há que preservar um período de descanso mínimo (artigo 58º, nº 4).

Há também que considerar o facto de uma grande percentagem de condenados padecer de toxicodependência, o que muitas vezes os impede de prestar trabalho em condições aceitáveis. Verificamos aqui novamente como qualquer política de combate à criminalidade não pode desligar-se hoje do combate à toxicodependência, o que vem reforçar a ideia de que neste âmbito não pode haver soluções simplistas.

Já deixou de ser impedimento ao recurso à pena de prestação de trabalho a favor da comunidade a ausência de estruturas de apoio à execução desta pena. A celebração de protocolos entre o Governo e várias entidades potencialmente beneficiárias da prestação de trabalho a favor da comunidade demonstra que é significativamente maior o número dessas entidades do que o número das condenações...

Em suma, parece poder dizer-se que são a inércia e a rotina os principais obstáculos ao recurso mais frequente à pena de prestação de trabalho a favor da comunidade. Esses obstáculos podem ser ultrapassados. Poderá ser este um caminho a explorar entre muitos outros.

A mensagem de João Paulo II para a celebração do Dia Mundial da Paz de 1 de Janeiro de 2002 abre um vasto campo de reflexão aos políticos e aos operadores judiciários e penitenciários: como traduzir juridicamente as exigências do perdão em ordem a uma mais completa harmonia social que supere, sem as anular, as exigências da estrita justiça.

Como juiz, não podia ser alheio a esse desafio. Por isso, aqui deixo estas reflexões e sugestões.

DIREITO PENAL E ÉTICA SEXUAL

DIREITO PENAL E ÉTICA SEXUAL[341]

Ao abordar a questão das relações entre direito penal e ética sexual, e ao considerar as ideias hoje em dia predominantes a esse respeito (entre nós e nos países da nossa área cultural e que mais nos influenciam), não pode deixar de vir em evidência a ideia, quase indiscutível, de que as exigências dos princípios que regem um Estado de Direito Democrático suporiam, da parte do Estado e do sistema jurídico-penal em particular, a opção por uma postura "agnóstica" ou relativista em matéria de ética sexual. O "divórcio" entre o direito penal e a ética sexual surge na sequência de um percurso histórico e doutrinal que adiante analisaremos. Com este trabalho, propomos uma postura algo diferente. Sem negar todos os pressupostos desse percurso e sem discutir os princípios em que assenta o Estado de Direito Democrático, partindo até desses mesmos princípios, afigura-se-nos que as normas de direito penal podem, e devem, reflectir opções éticas relativas ao âmbito da conduta sexual.

Não ignoramos que a nossa proposta, por contrariar uma opinião tão generalizada e influente, pode parecer algo temerária e ousada. Pode, por outro lado, entender-se que encontra obstáculos no direito positivo vigente, assente em opções legislativas nitidamente influenciadas pala corrente dominante. Veremos, porém, que a análise dos preceitos vigentes na sua objectividade (a *mens legis*) pode conduzir-nos por caminhos algo diferentes daqueles para que apontaria a análise da intenção do legislador concreto e historicamente considerado (a *mens legislatoris*).

---

[341] Texto publicado na revista *Direito e Justiça*, vol XV, 2001, tomo 2.

"Divórcio" entre direito penal e ética sexual?

Detenhamo-nos, por ora, na análise do percurso histórico e doutrinal que conduziu à situação de aparente ruptura entre o direito penal e a ética sexual.

Não poderíamos deixar de assinalar, a este respeito, por um lado, como autêntico *locus classicus*, a abundantemente citada opinião de Stuart Mill[342]: « o único propósito para cuja prossecução pode ser exercido rectamente o poder sobre qualquer membro da comunidade civilizada contra a sua vontade é o de impedir danos a outros...o seu próprio bem físico ou moral não é justificação bastante... sobre si mesmo, sobre o seu corpo e espírito, o indivíduo é soberano».

Serve, por outro lado, de marco histórico frequentemente referido como tal[343] o célebre relatório Wolfenden, que, no final dos anos cinquenta, concluiu pela defesa da revogação das normas penais que no Reino Unido puniam a homossexualidade e a prostituição, com base no princípio, tantas vezes citado, de que não deve ser punida a conduta sexual entre adultos, em privado e livremente consentida[344].

Não pode, assim, servir o direito penal de instrumento para a imposição coactiva de uma qualquer moral privada. É expoente qualificado desta postura H. L. Hart[345].

Esta seria uma exigência de um Estado de Direito Democrático, laico e pluralista.

Para Figueiredo Dias[346], ao Estado falece legitimidade para impor, oficial e coactivamente, quaisquer concepções morais ou para tutelar a moral ou uma certa moral. Deve caber ao direito penal uma

---

[342] *Cit.*, entre outros, por Rui Carlos Pereira, *Liberdade Sexual na Reforma do Código Penal*, Sub Judice, 11, Janeiro-Junho 1996, pg. 41, e José António Ramos Pascua, *Promoción Activa e Imposición Coactiva de la Moral, Examen da la Postura de H.L.Hart*, Anales de la Catedra Francisco Suarez, nº 18/1998, pg. 449.

[343] Ver, entre outros, Rui Carlos Pereira e José António Ramos Pascua, *op.* e *loc. cit.*

[344] Ver, por exemplo, *Código Penal, Actas e Projecto da Comissão de Revisão*, Ministério da Justiça, 1993, pg. 247.

[345] Ver, entre outras obras, *Law, Liberty and Morality*, Stanford, 1963.

[346] Ver *Direito Penal e Estado de Direito Material (Sobre o Método, a Constatação e Sentido da Doutrina Geral do Crime)*, Revista de Direito Penal, nº 31, Janeiro-Junho, 1981, Rio de Janeiro.

função exclusiva de protecção de bens fundamentais da comunidade e das condições básicas necessárias ao livre desenvolvimento da personalidade de cada um. Impõe-se, por isso, a descriminalização onde subsiste algum "tónus" moralizante do direito penal. Os princípios da subsidariedade e da necessidade do direito penal levam a que só seja passível de criminalização a conduta "externo-social" violadora de bens jurídicos como "interesses socialmente dominantes".

Para Claus Roxin[347], o Estado, que se baseia na soberania popular, não prossegue qualquer finalidade divina ou transcendente, não tem por função corrigir moralmente pessoas maduras, mas apenas garantir as condições vitais da vida em comunidade e do livre desenvolvimento da personalidade humana. Tutela bens valiosos para todos como a vida, a integridade física, a liberdade de actuação ou a propriedade.

Segundo Rui Carlos Pereira[348], do princípio da dignidade da pessoa humana deriva a necessidade de respeito pela sua autonomia ética e o direito «a escolher entre uma vida saudável e desregrada, entre uma vida de trabalho e ociosa, e até entre a vida e a morte, desde que, em todos os casos, não provoque danos a outras pessoas».

De uma forma mais especificamente relativa ao âmbito que nos ocupa, e – em nosso entender – particularmente significativa, por ser aqui bem clara a ruptura entre o direito penal e quaisquer princípios de ética sexual, exprime-se Karl Natsheradetz[349]. A intervenção do direito penal supõe a ocorrência de um dano social e este não se confunde com a imoralidade de uma conduta, a ofensa de valores ético-sociais ou o facto de essa conduta se afastar do padrão de comportamento socialmente dominante. Em sociedades altamente diferenciadas e abertas à mudança não é possível encontrar um consenso alargado a respeito de quais os comportamentos valiosos no âmbito da sexualidade. A inexistência de uma valoração global unitária da sexualidade, socialmente partilhada, de uma moral sexual social, não coloca de modo algum em risco a convivência social numa sociedade tolerante e pluralista, constituindo a sexualidade hu-

---

[347] Ver *Sentido e Limites da Pena Estatal*, in *Problemas Fundamentais do Direito Penal* (tradução portuguesa), Lisboa, 1986.
[348] Ver *op. cit.*, pg. 43.
[349] Ver *O Direito Penal Sexual, Conteúdo e Limites*, Coimbra, 1985.

mana, devido à sua importância vital e às virtualidades que reveste para o desenvolvimento das potencialidades do homem e a sua autorealização, um dos domínios privilegiados de manifestação da liberdade individual. A convivência social é perfeitamente compatível com a coexistência de concepções restritivas ou extensivas da sexualidade e com práticas ascéticas, utilitaristas, hedonistas ou quaisquer outras na vida sexual[350]. Porque o direito penal se deve limitar à protecção dos pressupostos indispensáveis para a autorealização humana no seio da convivência social pluralista, aproximando-se de garantias das próprias condições biológicas de sobrevivência da sociedade, não é legítimo que ele se pronuncie sobre as diversas opções e sentidos que os cidadãos conferem à vida sexual.

Reflexos práticos da ruptura entre direito penal e ética sexual
A liberdade como único valor a proteger no âmbito da conduta sexual

Dos princípios expostos decorre um movimento progressivo no sentido da descriminalização de quaisquer condutas, eventualmente imorais em determinada perspectiva, que não causem danos a terceiros (a homossexualidade ou o incesto, por exemplo, condutas cuja punição, de qualquer modo, não corresponde à tradição jurídico-penal portuguesa).

Mais genericamente, afasta-se do âmbito da tutela penal a moral sexual em si mesma (traduzida em conceitos e expressões como "bons costumes", "pudor público" ou "sentimentos gerais da moralidade sexual").

Significativamente, a reforma do Código Penal português operada pelo Decreto-Lei nº 48/95, de 15 de Março, deixou de qualificar os crimes sexuais como crimes contra os "fundamentos ético-sexuais da vida em comunidade" (o que havia sido objecto de críticas por sugerir que com as incriminações em causa se pretendia proteger uma certa visão da moral sexual) e passou a considerá-los como

---

[350] É sobretudo este postulado que nos parece questionável na sua peremptoriedade e em atenção a todas as suas consequências, como veremos adiante.

crimes contra as pessoas e, mais especificamente, como crimes contra a liberdade e a autodeterminação sexuais[351].

A liberdade é, pois, o único valor a proteger penalmente no âmbito da sexualidade. E é assim porque a liberdade individual é um pressuposto imprescindível da convivência social, que abarca diversos domínios, entre os quais o da esfera sexual assume particular relevância[352].

Nos crimes de violação e de coacção sexual o bem jurídico protegido é, pois, e apenas, o da liberdade sexual.

O abuso sexual de menores ou incapazes como crime contra a autodeterminação sexual

Os crimes de abuso sexual de crianças ou adolescentes são encarados, de acordo com os pressupostos referidos, como crimes contra a autodeterminação sexual. É nítido, a este respeito, o esforço doutrinal para dar esta configuração a este tipo de crimes, prescindindo de quaisquer referências a princípios de ética sexual, de uma forma que nos parece – como veremos – algo forçada e até incongruente.

Para Karl Natsheradetz[353], não se trata de pretender que a juventude interiorize valores morais de conduta sexual, mas antes de precaver os jovens de certos estímulos sexuais até que eles sejam capazes de decidir por si próprios, e no sentido que entenderem, a conduta a adoptar face a tais estímulos. Protege-se, assim, uma vontade individual ainda insuficientemente desenvolvida. Para Teresa Beleza[354], trata-se de proteger a liberdade de crescer na relativa inocência até se atingir a idade da razão, para aí se poder exercer plenamente a liberdade sexual.

---

[351] Abandonando, assim, qualquer "concepção moralista", na expressão do próprio preâmbulo do Decreto-Lei nº 48/95.

[352] Assim, Karl Natsheradetz, pg. 141.

[353] Ver op. cit., pg. 153.

[354] Ver *A Revisão da Parte Especial na Reforma do Código Penal, in Jornadas sobre a Revisão do Código Penal*, A.A.F.D.L., 1998.

Pode, porém, questionar-se se os crimes em questão têm necessariamente por consequência o limite da capacidade de livre escolha no futuro e se, não o tendo necessariamente, pode a gravidade desses crimes (reflectida na gravidade das molduras de penas correspondentes, que reformas penais mais recentes de resto acentuam) decorrer apenas dessa possibilidade.

Para Francisco Munoz Conde[355], considerar os crimes sexuais contra menores e incapazes como crimes contra a liberdade é um "eufemismo" porque não se pode lesar nem aquilo que ainda não existe (no caso dos menores), nem aquilo que não existe nem existirá (no caso dos incapazes). Poderia apenas configurar-se, e no que se refere aos menores, um crime de perigo abstracto.

Ainda sem acolher quaisquer critérios de ética sexual, pode mais facilmente ser configurado o bem jurídico protegido por estes crimes como o desenvolvimento harmonioso das crianças e jovens. Tratar-se-ía, então, de proteger os menores das graves perturbações psíquicas que este tipo de condutas lhes pode acarretar, mais do que proteger a sua liberdade ou autodeterminação. O desvalor típico do abuso sexual de menor não residiria tanto na não consensualidade do acto, mas sobretudo na sua precocidade, como factor potencialmente prejudicial para a equilibrada maturação da sua personalidade. Chegou mesmo a propor-se a qualificação destes crimes como "crimes contra a integridade psíquica"[356].

Para Figueiredo Dias[357], estaríamos perante crimes de perigo abstracto porque a Lei presume que as condutas em questão prejudicam gravemente o livre desenvolvimento da personalidade do menor. Seria, porém, questionável, no plano da política legislativa, a validade absoluta desta presunção (o que fazem juristas e cultores das ciências do homem e da sociedade em geral) «nas condições sociais hodiernas, nomeadamente de pública e maciça "sexualização" do quotidiano».

---

[355] Ver *Derecho Penal, Parte Especial,* Valência, 1996, pg. 176.

[356] Ver, a respeito da Itália, Antoniana Gallo, *La Tutela della Persona nella Recente Legge sulla Violenza Sessuale all'Epilogo di un Travagliato Camino Legislativo,* Rivista Internazionale di Diritto e Procedura Penale, ano KL, 1997, pg. 1177 e nota 27.

[357] Ver *Comentário Conimbricence ao Código Penal, Parte Especial,* Tomo I, pgs. 541 e 542.

De acordo com Munoz Conde[358], porque não haveria dados seguros e racionais a respeito dos perigos em questão (quando não há uso de violência), e porque a situação dos incapazes não encontra cobertura na justificação proposta, estaríamos perante o reflexo de um consenso não escrito (um "tabú" não justificável racionalmente) a respeito do valor da "intangibilidade" ou "imunidade" sexual dos menores e incapazes.

Daí a defender que se justifica apenas a punição de actos sexuais de adultos com menores quando há utilização de violência (a "violência real" e não a "violência presumida"), até em nome da liberdade sexual destes, vai um passo[359].

Um passo que nos parece perigoso e contrário às exigências do sentido jurídico-penal comum, particularmente sensível à gravidade destes factos (ressalvando o que de exagerado pode resultar da manipulação emotiva própria de certa comunicação social), o que se reflecte na agravação generalizada e recente das penas correspondentes a estes crimes. Parece-nos que este perigo será afastado em absoluto apenas se se abandonar o "dogma" da separação absoluta entre direito penal e ética sexual.

Outros reflexos práticos da concepção dominante

Em nome da concepção que vimos analisando, procura-se eliminar das regras de interpretação quaisquer resquícios de outras visões tidas por "moralistas".

A interpretação do conceito de "acto sexual de relevo" (a que recorrem vários dos tipos de crime previstos no capítulo V do Código Penal português depois da revisão operada pelo Decreto-Lei nº 48/95, de 15 de Março), por exemplo, haverá de ser determinada em função da liberdade de determinação sexual, ao contrário do conceito de "atentado ao pudor" da versão anterior desse código (que apelava a

---

[358] Ver op. cit., pg 179.
[359] Ver, sobre a questão, Gianluigi Ponti e Isabella Merzagora, *Sessualità, Cultura e Diritto, in I Delitti Sessuali,* ao cuidado de Giacomo Canepa e Marco Lagazzi, Pádua, 1986, pgs. 42 e 43.

juízos valorativos da moral sexual dominante), conceito que em muitos casos aquele veio substituir[360].

Restringe-se a interpretação do conceito de "acto exibicionista" (a que é relativo o tipo de crime do artigo 171º do Código Penal depois da revisão operada pelo referido Decreto-Lei nº 48/95, de 15 de Março) às situações de perigo de que aos actos em questão se siga a prática de actos sexuais que ofendem a liberdade de determinação sexual da vítima, excluindo os actos que afectam simplesmente o "pudor" ou a "moralidade" de outrem[361].

Contesta-se a legitimidade material da punição da actividade profissional ou com intenção lucrativa de fomento, favorecimento ou facilitação do exercício da prostituição (que decorre do artigo 170º, nº 1, do Código Penal, na versão dada pela Lei nº 65/98, de 2 de Setembro), ou mesmo a punição dessa actividade quando se «exploram situações de abandono ou de necessidade económica» (punição que decorria da versão do Código Penal anterior à referida Lei nº 65/98). Estaríamos, em qualquer destes caos, perante um "crime sem vítima" e perante a protecção de um bem jurídico transpessoal. mesmo nas situações de "abandono" e de "necessidade económica", a pessoa não está numa situação que a prive de poder decidir-se livremente pelo exercício da prostituição[362].

---

[360] Ver, neste sentido, Figueiredo Dias, *Comentário..., cit.,* pg. 449.

Contra, Sérgio Manuel Alves dos Reis (*Crimes Sexuais, Notas e Comentários aos artigos 163º a 179º do Código Penal,* Coimbra, pgs. 11 e 12), para quem o relevo do acto sexual depende da ofensa, em grau elevado, do sentimento de timidez e vergonha diante de condutas sexuais, comum à generalidade das pessoas numa determinada época e local. É em função da violação desse sentimento que se determinaria o "relevo" do acto em questão, não em função do maior ou menor grau de violação da liberdade sexual. A utilização casuística deste último critério levaria inevitavelmente a confundir a "relevância" do acto com o maior ou menor grau de resistência da vítima. De qualquer modo, o bem jurídico tutelado não deixa de ser o da liberdade sexual, desde logo porque se o acto for consentido não há crime.

Também Munoz Conde (ver *op. cit.,* pgs. 180 e 181) entende que a interpretação do conceito de "acto sexual de relevo" supõe o recurso a juízos valorativos. Embora o valor juridicamente protegido seja o da liberdade sexual, e não o da moral sexual, essa protecção deve integrar-se num contexto valorativo de regras que disciplinam o comportamento sexual das pessoas.

[361] Ver, neste sentido, Anabela Rodrigues, *Comentário..., cit.,* pg. 534.

[362] Ver, neste sentido, Anabela Rodrigues, *Comentário..., cit.,* pgs. 518 e 519, e Figueiredo Dias, *Código Penal, Actas..., cit.,* pg. 258.

Contesta-se também a legitimidade material de uma incriminação específica e distinta dos actos homossexuais com menores, como a que se verifica no artigo 175º do Código Penal[363]. De acordo com Costa Andrade[364], é objectivo do direito penal sexual «privilegiar a liberdade e autenticidade da expressão sexual, como bem jurídico central dos crimes sexuais, e eliminar todas as formas de discriminação, tanto entre sexos, como entre formas de orientação sexual».

Questiona-se, por último, a constitucionalidade, ou a própria vigência, da legislação que, entre nós, sanciona a exibição pública da pornografia (o Decreto-Lei nº 647/76, de 31 de Julho). Rui Pereira[365] não afasta a possibilidade de sancionar com coimas ou com o encerramento da actividade (não com penas públicas) a exibição pública de material pornográfico (com uma definição clara deste conceito) que possa afectar o livre desenvolvimento sexual das pessoas, em especial das crianças. Porque o referido Decreto-Lei se socorre de conceitos de conotação moralista ("pudor público", "moral pública"), deve entender-se que não se coaduna com a ordem axiológica constitucional que restringe, neste âmbito, a intervenção sancionatória do Estado à tutela da liberdade sexual. Não seria de excluir a revogação tácita da referida legislação pela revisão do Código Penal operada pelo Decreto-Lei nº 48/95[366].

O Estado de Direito Democrático e a ética sexual

É chegado o momento de expormos a nossa visão do tema em apreço.

Deve, antes demais, ficar claro que partimos da aceitação plena dos princípios em que assenta o Estado de Direito Democrático.

---

[363] Ver, neste sentido, Maria João Antunes, *Comentário..., cit.,* pg. 571, e Rui Pereira, *op. cit.,* pg. 46. Contestam tal legitimidade do ponto de vista constitucional Teresa Beleza, *Jornadas de Direito Criminal, A Revisão do Código Penal,* vol. I, C.E.J., 1996, pg. 181, e Mouraz Lopes, *Os Crimes contra a Liberdade e autodeterminação Sexual no Código penal após a Revisão de 1985,* Coimbra, 1995.

[364] Ver *O Novo Código Penal e a Moderna Criminologia, in Jornadas de Direito Criminal, O Novo Código Penal e Legislação Complementar,* C.E.J., Lisboa, 1983, pg. 203.

[365] Ver *op. cit.,* pgs. 47 e 48.

[366] Ver, neste sentido, Mouraz Lopes, *op. cit.,* pgs. 58 e 59.

Estes princípios supõem a distinção entre o Direito e a Moral. E também temos sempre presente o princípio de que os valores éticos têm uma força intrínseca que deve, em princípio e preferencialmente, dispensar o recurso à imposição coactiva, força que pode, e deve, penetrar livremente nas consciências sem esse recurso e com eventual auxílio da persuasão e do testemunho vital.

O próprio São Tomás de Aquino afirmava que a lei humana «não proíbe todos os vícios dos quais se abstêm os virtuosos, mas apenas os mais graves; aqueles que a maior parte da multidão pode evitar, e sobretudo os que prejudicam os outros, sem cuja proibição a sociedade humana não poderia sustentar-se»[367]. Essa lei proibiria o homicídio, o roubo e outros males semelhantes, e não todas as condutas imorais, para evitar males maiores.

Hoje, poderemos considerar um "mal maior" a imposição coactiva da moralidade por si mesma, sem uma justificação ligada a interesses sociais. Trata-se de colocar uma barreira ao perigo do totalitarismo a à tentativa de invasão estadual do domínio das consciências, com todos os malefícios que daí advêm, até para a autenticidade da própria Moral.

Não nos parece aceitável, à luz destes princípios, a tese de Patrick Devlin[368] exposta a propósito da publicação do célebre relatório Wolfenden. Para Devlin, toda a sociedade pressupõe certa comunidade de ideias políticas e morais sem as quais seria impossível a sua sobrevivência. O enfraquecimento dos laços morais seria o primeiro passo para a desintegração social, razão pela qual não se poderia restringir *a priori* a intervenção do Direito na moral privada. Qualquer imoralidade causaria um dano público porque seria capaz de ameaçar a existência da sociedade.

Não nos parece de aceitar esta tese desde logo porque a referida barreira à invasão estadual do foro privado deixaria de existir. A sociedade cuja integração e unidade devemos proteger com os mecanismos próprios do Estado de Direito Democrático é hoje necessariamente uma sociedade pluralista (distinta de outras que possam ser

---

[367] in *Summa Theologica,* 1-2, q. 96, a.3, *cit.* por José António Ramos Pascua, *in op. cit.,* pgs. 447 e segs.
[368] Ver *The Enforcement of Morals,* Londres-Oxford, 1965.

regidas, por exemplo, de acordo com os cânones do fundamentalismo islâmico).

Assim, não nos parece legítimo punir condutas como a homossexualidade, apenas porque repugnam à maioria da população[369]. A legitimidade de uma intervenção penal não pode depender apenas da força da maioria.

No entanto, e deixando claros estes pressupostos, também não nos parece que dos princípios que regem o Estado de Direito Democrático resulte a necessidade do completo neutralismo do Estado, e também do direito penal, em matéria de ética sexual.

Se devem distinguir-se os planos do Direito e da Moral, não pode ignorar-se que há zonas de intersecção entre ambos. O homicídio e o furto são actos simultaneamente imorais e criminosos. Assim também a violação, por exemplo. A consideração da violação como crime não pode abstrair da sua valoração no plano da ética sexual.

Os bens jurídicos a proteger pelo direito penal não se confundem apenas com necessidades de ordem material. Não pode ignorar-se a relevância ética desses bens[370]. Essencial é que essa protecção se revele, de acordo com os princípios da necessidade e da subsidariedade, imprescindível para a própria subsistência da sociedade, porque estão em causa bens que para esta revestem natureza estrutural e constitucional.

Não nos parece aceitável uma contraposição rígida entre a moral pública e a moral privada, como se entre elas não houvesse raízes unitárias comuns ou pontos de contacto. E não nos parece que todos os princípios de ética sexual sejam desprovidos de relevância social. A actividade sexual é eminentemente relacional e supõe a alteridade. A sociedade e a sua renovação assentam no tipo de união sexual que se institucionaliza na família[371/372].

---

[369] Questão diferente é a atribuição do estatuto de "família" às uniões homossexuais, com as consequências que daí possam derivar no plano jurídico-civil ou da política social. A família é a célula fundamental da sociedade, que garante a sua renovação e o crescimento harmonioso das novas gerações, e esta função não pode obviamente ser realizada pelas uniões homossexuais. Uma completa neutralidade do Estado a este respeito não é, assim, possível.

[370] Ver, sobre a questão, Maria da Conceição Ferreira da Cunha, *Constituição e Crime, Uma Perspectiva da Criminalização e da Descriminalização,* Porto, 1995, pgs. 83 e 84.

[371] Sobre a questão da conexão entre a desestruturação familiar e a criminalidade (questão que não analisaremos nesta sede), podem ver-se Francis Fukuyama, *A Grande*

Como afirma José António Ramos Pascua, não pode afirmar-se à partida que a conduta ofensiva da moral dita privada é desprovida de consequências sociais. Importará, sim, ponderar se a danosidade social a ela inerente supera, ou não, a danosidade que pode resultar da intervenção coactiva do Estado[373].

Mas quais são os princípios de ética sexual que, num Estado de Direito Democrático, podem ter relevância na intervenção estadual em geral e particularmente na intervenção jurídico-penal do Estado?

Há que partir do pressuposto de que a democracia não se reduz a regras processuais nem implica o relativismo ético.

Como proclama lapidarmente o artigo 1° da Constituição da República, Portugal é um Estado de Direito Democrático *assente na dignidade da pessoa humana*. E diz-se, por outro lado, no início do preâmbulo do Decreto-Lei n° 48/95, de 15 de Março, (que procedeu à revisão do Código Penal): «A tendência cada vez mais universalizante para a afirmação dos direitos do homem como princípio basilar das sociedades modernas, bem como o reforço da dimensão ética do Estado, imprimem à justiça o estatuto de primeiro garante da consolidação dos valores fundamentais reconhecidos pela comunidade, com especial destaque para a dignidade da pessoa humana.»

A dignidade da pessoa humana implica, de acordo com a máxima kantiana tão amplamente partilhada, a recusa da sua instrumentalização e que a mesma seja tratada como *fim* em si mesma, e não como *meio*.

O respeito da dignidade da pessoa humana exprime-se de modo particularmente relevante no âmbito da conduta sexual. Tal respeito

---

Ruptura, A Natureza Humana e a Reconstituição da Ordem Social (tradução portuguesa), Lisboa, 2000, e Gertrude Himmelfarb, *Uma Sociedade Desmoralizada: As Experiências Britânica e Americana* (tradução portuguesa), Nova Cidadania, n° 2, Outubro de 1999, pgs. 6 e segs.

[372] Afirmou João Paulo II, em 29 de Novembro de 1982, aos participantes na Assembleia Nacional Italiana sobre Moralidade Pública: «... existe uma conexão causal entre a condescendência, muitas vezes desejada, em relação à licenciosidade pública e a difusão de fenómenos anormais, como a violência, a delinquência, a falta de confiança na legalidade e a falta de controlo dos impulsos mais irracionais. Mais do que qualquer outra forma de regime, a democracia exige perspicaz sentido de autodisciplina, rectidão e medida em todas as relações sociais».

[373] Ver *op. cit.*, pgs. 461 e segs.

implica a consideração do outro não como objecto de prazer e de gozo hedonístico, mas como destinatário de um amor desinteressado[374].

Este princípio de ética sexual não deixa de ter óbvias repercussões sociais. A gravidade de crimes como os de violação, coacção sexual ou abuso sexual de menores justifica-se e compreende-se porque está em causa a violação deste princípio, porque a vítima é reduzida a objecto de prazer, e assim ferida na sua dignidade.

Não pode, por isso, aceitar-se a ideia de que a convivência social numa sociedade pluralista é compatível com qualquer visão da sexualidade. Uma visão hedonista, utilitarista e antipersonalista da sexualidade, levada às últimas consequências, pode conduzir à prática de crimes como os referidos e, nessa medida, pôr em causa os fundamentos basilares dessa convivência social.

Em nome da defesa e promoção deste princípio de tutela da dignidade da pessoa humana justificam-se opções do Estado em matéria de ética sexual. É legítimo, por exemplo, que os programas oficiais de educação sexual sejam inspirados por esse princípio. Não se trata de uma opção contrária ao pluralismo democrático, mas, pelo contrário, motivada pelo valor em que, de acordo com a Constituição, assenta a própria democracia.

No âmbito do direito penal, a intervenção estadual inspirada pelas implicações personalistas no âmbito da ética sexual não põe em causa, por razões óbvias, o princípio da congruência entre os bens jurídicos protegidos pelo direito penal e a ordem jurídico-axiológica constitucional. Não se trata de proteger um sistema de moral sexual por si só, ou apenas porque se trata do sistema tradicionalmente partilhado pela maioria, O bem jurídico protegido não é a ética sexual como tal. O bem jurídico protegido (de natureza pessoal, e não transpessoal) é a dignidade da pessoa humana, com a consideração das implicações dessa dignidade no âmbito da ética sexual.

Esta concepção não se traduz numa opção arbitrária por uma visão da ética sexual em detrimento de outras que numa sociedade pluralista com ela possam entrar em conflito. Em torno dessa opção é possível obter um consenso alargado, tão alargado como aquele em

---

[374] Uma concepção personalista da ética sexual pode ver-se em Karol Woytila, *Amor e Responsabilidade* (tradução portuguesa), Lisboa, 1999, (em especial pgs. 11 e segs.), e *El Don del Amor, Escritos sobre la Familia* (tradução castelhana), Madrid, 2000.

que assentam os próprios princípios basilares da Constituição. Não se trata da consagração dos costumes tradicionais como tal. Não a atinge a crítica de Karl Natsheradetz[375], segundo o qual «os costumes sexuais não constituem o produto de uma análise consciente e racional acerca das necessidades de protecção social, resultando a existência de um controlo social da sexualidade da persistência de concepções e atitudes irracionais a que a decisão legislativa deve ser alheia». Trata-se de uma opção com fundamento racional, baseada no reconhecimento pelo Estado de um valor objectivo e suprapositivo.

Em nosso entender, só esta visão, e não a que postula a necessidade de neutralismo estadual no âmbito da ética sexual, permite projectar verdadeiras políticas de prevenção de crimes sexuais[376] ou programas de reeducação[377] de delinquentes sexuais. Não compreendemos como tal seria possível partindo de um pressuposto de neutralismo ético. A não ser que fosse seguido de forma estrita o chamado *modelo médico*. Se é certo que em muitas das situações se justifica uma intervenção de tipo psicoterapêutico, esta não será suficiente quando estão em causa comportamentos livres e responsáveis.

Os crimes de violação e coacção sexual e a dignidade da pessoa humana

Como já salientámos, nos crimes de violação e coacção sexual é ferida gravemente a dignidade da pessoa humana, reduzida a mero objecto de prazer.

Parece-nos que não se pode prescindir desta consideração de ordem ética para justificar e compreender a gravidade destes crimes. O desvalor que em si encerram não é traduzido de forma suficiente pela consideração de que se trata de um atentado à liberdade de

---

[375] Ver *op. cit.*, pg. 145.

[376] Sublinha este aspecto Fernando Mantovani, *I Delitti Sessuali: Normativa Vigente e Prospettiva di Riforma*, Iustitia, ano XLIII, 1, Janeiro-Março de 1989, pgs. 19 e segs.

[377] De acordo com as concepções dominantes, também para salvaguardar a neutralidade ética do Estado, seria mais correcto falar em "reinserção social". Mas não nos parece que, neste âmbito, esteja em causa apenas uma questão de inserção social, alheia aos valores éticos em jogo. A reeducação deve, isso sim, ser apenas *proposta*, e não *imposta*.

determinação sexual. Se estivesse em causa apenas esta liberdade, não se compreenderia a gravidade da punição (gravidade que as reformas legislativas mais recentes não atenuam, antes assentuam) em confronto com outros atentados à liberdade em domínios também relevantes, como os da liberdade de consciência ou da liberdade deslocação em todas as suas dimensões, ou em confronto com as restrições à liberdade sexual na sua dimensão positiva.

A consideração da gravidade destes crimes também supõe a rejeição de certas concepções da sexualidade. Não se compreende verdadeiramente o dano provocado por estes crimes a partir de uma concepção banalizada ou superficial da actividade sexual, vista como uma simples e anódina actividade orgânica. Está em causa, nestes crimes, a perversão de um relacionamento que, numa visão personalista, deveria estar associado a um profundo investimento afectivo e a uma radical doação pessoal. Sem esta consideração, não se compreende a gravidade do dano em questão.

Os crimes de abuso sexual de menores e incapazes e a dignidade da pessoa humana

Como já atrás referimos, é comum (e é essa a opção da versão vigente do Código Penal português) qualificar os crimes de abuso sexual de menores como crimes contra autodeterminação sexual.

Parece-nos forçada esta qualificação. Quase se diria que só um apriorismo ideológico a ela conduz. Para justificar e compreender a gravidade destes crimes, há que considerar, também aqui, a dignidade da pessoa do menor (ser particularmente inocente e indefeso), reduzido a objecto de prazer. A punição justifica-se independentemente da eventual limitação da capacidade futura de autodeterminação sexual da vítima. Essa limitação pode verificar-se, mas não necessariamente, ou pode não ser sequer previsível, mas não é este facto que anula, ou necessariamente reduz, a gravidade do crime.

Mais aceitável seria considerar que está em causa a protecção do desenvolvimento psiquicamente saudável e equilibrado dos menores (independentemente de ser afectada no futuro a sua capacidade de autodeterminação sexual). A prática judiciária revela claramente as perturbações psíquicas que para o menor podem resultar deste tipo de condutas[378].

Mas, mesmo assim, importa considerar que a punição se justifica independentemente desse tipo de perturbações e não é a circunstância de tais perturbações não se verificarem, ou não serem sequer previsíveis, que necessariamente anula a gravidade do crime.

Não estamos, pois, perante um crime de perigo abstracto[379]. Se estivéssemos, não se justificaria, em nosso entender, uma punição tão severa.

Por outro lado, a consideração dos danos que o abuso sexual pode provocar no desenvolvimento do menor não pode abstrair da relevância ética do comportamento sexual numa postura de neutralidade a esse respeito. É a iniciação precoce da actividade sexual de uma forma pervertida, com a instrumentalização do menor como objecto de prazer, desligada de componentes afectivas e de doação pessoal, que, sobretudo, pode perturbar o desenvolvimento equilibrado do menor e privá-lo de uma visão saudável e positiva da sexualidade.

É, ainda, o respeito pela dignidade da pessoa que justifica a punição nos crimes de abuso sexual de pessoas mentalmente incapazes de opor resistência (ver o artigo 165º do Código Penal português). Não o é a limitação da capacidade futura de autodeterminação (que não se verifica), nem o é a possibilidade de ocorrência de danos de natureza psíquica (que também não se verificarão necessariamente). E não estamos perante um resquício de um preconceito irracional que reclamaria a protecção da "intangibilidade" e da "imunidade sexual" de pessoas mentalmente incapazes[380].

É à luz deste princípio que deve ser interpretado o conceito de "incapacidade de resistência" de que se serve o referido artigo 165º. Parece-nos aconselhável, para este efeito, não ignorar um outro conceito, utilizado na versão anterior do Código, que é o de "incapacidade para avaliar o sentido moral" da prática sexual em questão e de se

---

[378] Ver, sobre esta questão, Umberto Gatti, *Il Minore Vittima di Violenza Sessuale*, in *I Delitti Sessuali...*, cit., pgs. 133 e segs. e a bibliografia aí referida.

[379] Ver *supra*, neste sentido, Figueiredo Dias.

[380] Ver, *supra*, neste sentido, Munoz Conde.

"determinar de acordo com essa avaliação". É nestas situações que a prática sexual em causa se traduz na "coisificação" da vítima[381].

A prostituição e a dignidade da pessoa humana

À luz do princípio da protecção da dignidade da pessoa humana, pode justificar-se a punição de quem explora o, ou se serve do, exercício da prostituição por outrém.

Estamos perante a mercantilização da pessoa e dos seu corpo, também aqui reduzidos a objecto de prazer.[382]

De acordo com a concepção que defendemos, o bem jurídico protegido não é o da moralidade sexual social[383], nem estamos perante um "crime sem vítima". O bem jurídico protegido é o da dignidade da pessoa que se prostitui (ou se vê forçada a prostituir-se) e é esta a vítima do crime em questão (a vítima, e não o seu agente).

Porque é essa dignidade que está em causa, não vemos qualquer ilegitimidade, na perspectiva da ordem axiológica constitucional, nessa punição.

E é assim porque partimos do postulado da indisponibilidade de um núcleo essencial dos direitos fundamentais e da dignidade da pessoa humana. Os valores em causa, na sua objectividade, sobrepõem-se, no que se refere a esse núcleo fundamental, à próprio autonomia da pessoa. É essa indisponibilidade que, antes de mais, justifica a punição do auxílio ao suicídio, da eutanásia ou do consumo e tráfico de drogas[384]. E é essa indisponibilidade que limita a relevância do consentimento do ofendido como causa de exclusão da ilicitude penal (ver o artigo 38º, nº 1, do Código Penal português).

Para além disso, no caso da prostituição, como sucede (por motivos diferentes entre si) com os casos referidos de suicídio, euta-

---

[381] Ver, neste sentido, Sénio Alves, *op. cit.*, pgs. 40 e 41.

[382] Ainda que a punição se restrinja aos casos de exercício forçado da prostituição, não pode ser ignorado este princípio, como se estivesse em causa apenas, e sem mais, a liberdade da pessoa, ou a protecção contra a exploração económica.

[383] Ao contrário do que sustenta Sénio Alves (*op. cit.*, pgs 67 e 68).

[384] E também pode justificar a ilicitude da violação absoluta, ainda que consentida, da intimidade da vida privada em concursos televisivos.

násia ou consumo de droga, é duvidoso (e perigoso) que se possa confiar em absoluto na autenticidade do eventual consentimento do ofendido. O ordenamento jurídico também não daria relevo ao consentimento em caso de escravatura, nem dá relevo a esse consentimento em caso de violação de direitos de trabalhadores dependentes. Não é abusivo equiparar estas situações ao do exercício da prostituição.

Que este tipo de considerações não é tributário de uma concepção anacrónica e inadaptada aos tempos actuais, revela-o a legislação sueca (país tantas vezes apresentado como na vanguarda do progresso social) que, desde Janeiro de 1999, pune, com pena de multa ou prisão até seis meses, a conduta do "cliente" da prostituição, em nome de um princípio geral de protecção da mulher e das pessoas em risco. «Tratar uma pessoa como uma mercadoria, mesmo com o seu consentimento, é um crime» – a afirmação é de Margaretha Winberg, ministra sueca para a igualdade entre os sexos[385].

Na mesma linha, a declaração da Comissão Social do Episcopado Francês de 4 de Dezembro de 2000[386], *L´Ésclavage de la Prostitution*, na sequência do que vem sendo defendido por organizações não governamentais que apelam à abolição da prostituição (não se resignando a uma eventual inevitabilidade do fenómeno) salienta-se o perigo da distinção entre prostituição "forçada" e prostituição "livre" (seria ingénuo e ilusório pensar que homens e mulheres escolhem livremente, e sem a pressão de necessidades extremas, o exercício da prostituição) e faz-se um apelo a que o século XXI seja o da erradicação progressiva da exploração sexual.

Se, pelas razões expostas, não pode ser negada à partida a legitimidade constitucional da intervenção jurídico-penal nos termos indicados, pode – é certo – discutir-se a oportunidade dessa intervenção à luz dos princípios da necessidade e da subsidariedade do direito penal. Podem conceber-se intervenções restritivas de natureza não penal e podem, sobretudo, ser concebidas políticas de promoção e reinserção social das vítimas da prostituição. O que nos parece incompatível com o princípio constitucional da protecção da dignidade

---

[385] *Cit.* por Jean-Louis Clergerie, *L´Europe Silencieuse face à la Prostitution*, in La Croix, 5 de Julho de 2001, pg. 26.

[386] Ver La Croix, 5 de Dezembro de 2000, pg. 4.

da pessoa humana é qualquer tipo de intervenção que implique a consagração legal desta prática como se de qualquer outra profissão se tratasse (a exemplo do que actualmente se verifica, ou é oficialmente proposto, em países como a Holanda, a Alemanha ou a Bélgica).

A pornografia e a dignidade da pessoa humana

O princípio em que vimos baseando as nossas conclusões também nos permite encarar a pornografia como um atentado à dignidade da pessoa, reduzida a instrumento de satisfação hedonística.

Esta consideração começa por ser útil na própria definição (tantas vezes controversa) do conceito de pornografia. É quando a finalidade das publicações ou representações em causa se limita à utilização do corpo humano para tal tipo de satisfação que se pode falar em pornografia.

Restringir ou limitar a publicação de obras pornográficas não colide, por isso, com a liberdade de expressão do pensamento (não está em causa a expressão pura e simples de ideias, eventualmente contrárias à visão personalista da sexualidade, expressão que não pode deixar de ser livre) ou com a liberdade de criação artística (criação que supõe finalidades estéticas ausentes na pornografia). Poderá colidir apenas com a liberdade de iniciativa económica (pois é de uma actividade económica como qualquer outra que se trata).

Pode, assim, a pornografia ser encarada, antes de mais, como uma violação da dignidade das pessoas nela utilizadas. É clara a legitimidade constitucional da sua proibição, ou da punição dos responsáveis pela sua exploração, quando as vítimas são menores (independentemente dos danos psíquicos que para estes daí possam derivar). E também pode defender-se essa legitimidade com base na ideia da indisponibilidade da dignidade da pessoa humana.

Pode, também, ser justificada a proibição ou punição da exploração da pornografia com base na danosidade social dela decorrente e que se traduz no perigo de servir de incentivo à prática de crimes sexuais.

A este respeito, é conhecida a controvérsia em torno da interpretação dos dados empíricos conhecidos. Nos Estados Unidos, duas comissões, uma nomeada pelo Presidente Johnson, outra nomeada pelo Presidente Reagan, chegaram a conclusões opostas e, em ambos os casos, com votos de vencido[387]. Parece ser difícil abordar a questão de forma científica e ideologicamente isenta.

Prescindindo desses dados, Francesco Mantovani[388] recorre a um raciocínio lógico-argumentativo deste tipo: a pornografia activa comportamentos sexuais violentos através de formas de sugestão, exaltação e incitamento (considerando os habituais mecanismos de identificação com modelos negativos e de resposta imitativa), uma vez que não se pode negar a proporcionalidade estatística entra o tipo de mensagem e o tipo de resposta (como o revelam a publicidade comercial e o domínio dos *mass media* pelos estados totalitários), sendo a mensagem tanto mais interiorizada quanto mais intensa, prolongada ou unidireccional.

Maria da Conceição Ferreira da Cunha[389], a propósito da pornografia, embora acabe por reconhecer que, na ausência de dados seguros, se deverá optar, em princípio e quando não estão em causa menores, pela não punição, questiona-se sobre se o incentivo à prática de condutas danosas não será, ele próprio, um dano social.

Claus Roxin[390] defende a ilegitimidade da punição com base no carácter indirecto e demasiado longínquo da eventual danosidade social. Mas não será de admitir a restrição legal, ou mesmo a própria punição, apesar desse carácter indirecto e remoto do perigo, tendo em conta a particular gravidade das condutas em questão e considerando que há um verdadeiro incentivo (não um perigo criado involuntariamente)? Não se verifica também um perigo igualmente remoto em crimes contra a saúde pública, o ambiente ou a segurança

---

[387] Ver, sobre a questão, Nicole Lahaye, *L'Outrage aux Moeurs*, Bruxelas, 1980, pgs. 89 e segs, e Luigi Abbate e Franco Ferrocuti, *Pornografia e Criminalità*, in *Criminologia y Derecho penal al servicio della Persona, Libro-Homenaje al Prof. António Beristain*, San Sebastian, 1989, pg. 175. Também é frequentemente citado um relatório oficial dinamarquês de 1966 que conclui pela inexistência de nexo causal entre o consumo de pornografia e a prática de crimes sexuais. Em sentido contrário, veja-se Brian Clowes, *Los Efectos Daninos de la Pornografia*, in Internet, *www. vidahumana. org.*, e a bibliografia aí referida.

[388] Ver *op. cit.*, pgs. 25 e 26. Mantovani associa a proibição da pornografia às políticas de prevenção da criminalidade sexual.

[389] Ver *op. cit.*, pg. 157.

[390] *cit.* por Maria da Conceição Ferreira da Cunha, *op. cit.*, pg. 158.

rodoviária quando estão em causa bens particularmente valiosos? Pelo menos no caso da pornografia infantil, não será o carácter eventualmente remoto do perigo que servirá de obstáculo à sua incriminação (com base na protecção das crianças utilizadas, mas também com base no perigo de incentivo à prática de crimes de que outras crianças possam vir a ser vítimas). No fundo, há que sopesar, por um lado, a gravidade e intensidade do perigo em questão e, por outro lado, a gravidade da limitação da liberdade, que não será, em nosso entender, particularmente relevante face a tal perigo.

Em conclusão, o princípio da protecção da dignidade da pessoa humana não exclui, à partida, a legitimidade de intervenções estaduais proibitivas no âmbito da pornografia. Pode, apenas, discutir-se a oportunidade da intervenção jurídico-penal com base nos princípios da necessidade e subsidiariedade dessa intervenção.

A compatibilização das liberdades

A respeito das relações entre o direito penal e a ética sexual, há um outro aspecto que importa considerar.

O Estado e o direito penal não pode, sem mais, impor uma sua escala de valores no âmbito da sexualidade. Ainda que possam ser neutros a esse respeito (e já vimos em que medida o deverão ser), não podem ignorar que os cidadãos e a sociedade em geral não são, nem têm de ser, igualmente neutros nesse âmbito.

Devem, assim, compatibilizar-se a liberdade de práticas sexuais por alguns consideradas imorais com a liberdade destes de não se verem confrontados, ou não presenciarem, condutas que possam chocar ou ofender essas suas concepções morais.

Já o próprio relatório Wolfenden, tantas vezes citado a propósito, defendia apenas a não punibilidade de condutas sexuais entre adultos, livremente consentidas e *em privado.*

Da mesma forma que se punem as atitudes ofensivas e ultrajantes em relação aos sentimentos religiosos de pessoas concretas, não em nome da defesa de qualquer religião, mas em nome da liberdade religiosa e da dignidade das pessoas ofendidas, também é legítimo punir as condutas públicas que possam chocar ou ofender as concepções morais de pessoas concretas no âmbito da sexualidade, não em nome da defesa de uma qualquer moralidade sexual social, mas em nome da liberdade dessas pessoas[391].

Este princípio justificará a proibição ou punição da exposição pública da pornografia ou da publicidade da prática de actos de prostituição.

E é também à luz deste princípio que deve ser interpretada a definição do tipo de crime de exibicionismo constante do artigo 171º do Código Penal português, na versão decorrente do Decreto-Lei nº 48/95, de 15 de Março.

Apesar da sua inserção sistemática na secção dos crimes contra a liberdade sexual, não nos parece de partilhar a opinião de que só seriam enquadráveis neste tipo de crime condutas que se traduzam em perigo de prática ulterior de actos atentatórios da liberdade sexual.

Na generalidade das situações de exibicionismo, não é intenção do agente a prática ulterior de algum desses actos nem a intimidação da vítima nesse sentido, não se verifica objectivamente esse perigo, nem o dano provocado na vítima se relaciona com o temor da prática ulterior de outro crime.

O que está em causa é a liberdade da vítima de não se confrontar com uma situação que, na perspectiva das suas concepções morais, a choca (é este o sentido da expressão "importunar" utilizada na definição do tipo de crime em causa).

Neste sentido, podemos dizer que se mantém a tutela do pudor, já não como tutela das concepções dominantes de moralidade sexual que dá origem a um crime público (o *pudor público*), mas como bem pessoal que dá origem a um crime semi-público (o *pudor de outrém*)[392].

Partindo do princípio acima exposto, segundo o qual a eventual neutralidade axiológica do direito penal em relação a certas condutas sexuais não pode levar a que este ignore que os cidadãos concretos não partilham, nem têm de partilhar, essa postura de neutralidade, é-nos mais fácil compreender a incriminação específica da prática da homossexualidade com menores (ver artigo 175º do Código penal português).

---

[391] Ver, neste sentido, Maria da Conceição Ferreira da Cunha, *op. cit.*, pgs. 109 e 150.

[392] Ver, neste sentido, Sénio Reis Alves, *op. cit.*, pg. 72 e 73. Aí se afirma: «Não obstante o abandono de concepções moralistas anunciado no preâmbulo do Decreto-Lei nº 48/95, de 15 de Março, o legislador não quis fazer tábua rasa do pudor das pessoas, deixando-o desprotegido e descriminalizando actos que o ofendam».

O legislador penal pode ser neutro em relação à homossexualidade, mas o comum dos cidadãos e o comum dos pais dos menores não o são, nem têm de o ser. A actividade homossexual de menores pode vir a influenciar o seu comportamento futuro (o seu "descaminho", para usar uma expressão de outros tempos) e os pais desses menores, enquanto responsáveis pela sua educação, podem considerar particularmente nocivo esse facto, precisamente porque consideram a homossexualidade eticamente reprovável. Não será abusivo pensar que isso continua a verificar-se na generalidade dos casos. O direito penal não pode ignorar esta situação.

Este facto pode justificar a incriminação específica da prática da homossexualidade com menores ou, independentemente dessa incriminação específica, pode justificar a consideração da natureza homossexual de um abuso sexual de menor como circunstância agravante de ordem geral.

Conclusão

Em conclusão, parece-nos poder afirmar que não se verifica uma ruptura absoluta entre o direito penal e a ética sexual num Estado de Direito Democrático.

O princípio da dignidade da pessoa humana, em que assenta o Estado de Direito Democrático, tem reflexos no plano da ética sexual que podem ser social e juridicamente relevantes.

Não se trata de tutelar um sistema de ética sexual enquanto tal, mas de tutelar a dignidade da pessoa humana enquanto bem jurídico pessoal. Desta tutela decorrem opções éticas em matéria sexual a que o direito penal não pode ser alheio.

Esta visão (mais do que a visão segundo a qual estaria em causa apenas o respeito pela liberdade e autodeterminação sexuais) ajuda a compreender a justificação da gravidade da punição dos crimes de violação, coacção sexual e abuso sexual de menores e incapazes.

À luz deste princípio, não é de excluir à partida a legitimidade constitucional da proibição ou punição de actos de exploração da prostituição (em que é atingida a dignidade da pessoa que se prostitui, a qual deve ser encarada como vítima) ou de pornografia (em atenção à dignidade das pessoas, crianças ou adultos, nela utilizadas, ou à danosidade social em que se traduz o incentivo à prática de comportamentos sexuais de instrumentalização da pessoa, com o perigo de para tal se chegar a fazer uso da violência).

As políticas de prevenção da criminalidade sexual e de reeducação dos condenados pela prática de crimes sexuais não podem deixar de ser influenciadas pela opção ética referida.

Por outro lado, se o direito penal não pode impor, sem mais, uma escala de valores éticos relativos à sexualidade, não pode também ignorar que as pessoas a quem se dirige não têm que ter essa postura de neutralidade e têm o direito de não ser confrontadas com actos públicos que considerem ofensivos dos valores a que aderem. A actual punição do exibicionismo no Código Penal português reflecte a consagração desse princípio. Por outro lado, a incriminação específica da homossexualidade com menores pode justificar-se porque o direito penal não ignora que para a generalidade dos educadores dos menores a homossexualidade não é eticamente indiferente.

LEGALIZAR A PROSTITUIÇÃO?

A questão da legalização da prostituição está «em cima da mesa». A primeira ideia que me ocorre a este propósito é a de que uma proposta como esta nada tem de "progressista". A prostituição é uma prática velha como o mundo. A sua legalização não representa qualquer progresso, mas antes a capitulação conformista diante de uma realidade que se tem por inevitável, como se fosse uma fatalidade classificar as pessoas (e as mulheres em particular) como de primeira e segunda categoria quanto à tutela da sua dignidade. Quando se fala na prostituição como algo de inevitável ou um "mal necessário", pensa-se sempre nas filhas dos outros, que serão as filhas dos outros, e não as nossas, a fornecer a "matéria-prima" de uma actividade "empresarial" que se pretende equiparar a qualquer outra. Parece que se desistiu, definitivamente, de mudar o mundo...

Diz-se que a legalização da prostituição é a melhor forma de combater a prostituição forçada, a prostituição infantil e a violência exercida sobre quem exerce tal actividade, e também de tutelar a saúde e os direitos dessas pessoas (menos merecedoras de atenção são as razões de quem invoca, a este propósito, os interesses fiscais do Estado).

Opinião completamente diferente têm associações que trabalham "no terreno" e se dedicam ao apoio e reinserção social das vítimas da prostituição, como, por exemplo, a associação internacional *Coalition Against Trafficking in Women* (*www.catwinternational.org*), as associações italianas IROKO, presidida pela investigadora nigeriana Esohe Aghatise, e Comunidade João XXIII, presidida pelo Pe. Oreste Benzi (*www.apg23.org*) e a associação portuguesa "O Ninho" (ver a entrevista da sua presidente, Inês Fontinha, no *Público* de 10 de Janeiro de 2006). Janice Raymond, da CATW, sintetiza assim os motivos da sua oposição à legalização da prostituição (ver *www.prostitutionresearch.com)*: é um benefício para traficantes e proxenetas; o estigma que sobre estes recai tende a desaparecer, mas não o que recai sobre as mulheres prostitutas; promove a expansão do tráfico; não contém a prostituição, mas incrementa-a; não elimina a prostituição clandestina e de rua; faz aumentar a prostituição infantil; não protege as mulheres vítimas da prostituição (estas vêm nela sobretudo a protecção dos clientes e "empresários"); faz aumentar a procura e a motivação de quem considera legítima a "compra" do corpo e da dignidade da mulher; não promove a saúde das mulheres que se prostituem; não favorece a liberdade de escolha destas e não corresponde aos anseios mais profundos destas. Conclusões que se baseiam em estudos realizados em Estados que optaram por essa via há algum tempo, como a Holanda, a Alemanha e o Estado australiano de Vitória.

Em alternativa a essa opção, essas e outras associações aplaudem a política do Governo sueco, que se baseia em pressupostos radicalmente diferentes. Para este, a prostituição é sempre uma forma de violência sobre as mulheres. Legalizá-la é, na expressão da ministra sueca responsável por esta área, Gunilla Ekberg, «a normalização de uma forma extrema de discriminação sexual e de violência». Desde 1999, a legislação deste país pune quem explora a actividade de prostituição de outrem (como sucede com a nossa legislação penal), e (o que é inovador) também o cliente, ao mesmo tempo que prevê formas de incentivo à reinserção social das pessoas que se prostituem, estas descriminalizadas e encaradas como vítimas. De acordo com o balanço efectuado por essa ministra (ver *www.prostitutionresearch.com*), nos primeiros três anos posteriores à entrada em vigor da lei, o número de mulheres que se dedicam à prostituição reduziu-se em mais de um terço e a procura dessa actividade reduziu-se em cerca de três quartos. Em comparação, a actividade cresceu nos outros países escandinavos, que seguem políticas diferentes. As investigações policiais revelam que os traficantes, porque vêm diminuídos os seus lucros em resultado da diminuição da procura, preferem ter outros países como destino. A lei recolhe o apoio da maioria (cerca de oitenta por cento) da população e, em particular, de associações de apoio às mulheres vítimas da prostituição e de mulheres que abandonaram a prostituição. É apresentada como modelo em propostas legislativas de outros países (assim, numa proposta governamental finlandesa de 2003).

Esta experiência revela que não há apenas a alternativa entre a prostituição clandestina e a legal. Não são apenas estas (não podem ser) as alternativas que o Estado deve oferecer às vítimas da prostituição. Um imperativo lógico só pode levar à conclusão de que a legalização da prostituição é uma forma de a facilitar, não de a conter ou limitar. Raciocínios semelhantes têm sido utilizados no que se refere ao aborto. Mas também em relação a este, não pode dizer-se que à mulher com dificuldades em assumir a sua maternidade o Estado só pode dar como alternativas o aborto legal ou clandestino, e não, sobretudo, o apoio à maternidade, onde reside o verdadeiro bem dessa mulher. Como também não tem lógica pensar que a legalização do aborto é uma forma de conter ou limitar a sua prática, e não de a facilitar e incrementar.

A experiência da Suécia revela, assim, que a prostituição não é uma fatalidade, e que ela pode ser abolida, como foi abolida a escravatura, também vista durante muito tempo como uma fatalidade (num paralelismo a que as associações de defesa das vítimas da prostituição com frequência recorrem).

Há razões lógicas, para além dos estudos referidos, que demonstram que a legalização da prostituição não é um caminho para resolver nenhum dos problemas normalmente invocados para a justificar.

Não é uma forma de combater ou limitar a prostituição forçada. É óbvio que esta se combate mais facilmente quando qualquer forma de exploração da prostituição é perseguida criminalmente do que quando, a coberto de uma pretensa mas frequentemente simulada (o que se compreende num contexto de grande carência socio-económica) voluntariedade, dessa perseguição podem ser excluídas algumas formas dessa exploração. A legalização, como é óbvio, dá aos "empresários" que exploram pessoas nessa situação de carência (e que são a grande maioria) uma outra segurança e protecção. E nessas situações de carência não é de esperar que sejam as mulheres a denunciar as pressões de que são vítimas ou a desmascarar a pretensa voluntariedade. Também esta pretensa (e frequentemente simulada) voluntariedade pode levar a que as instituições oficiais considerem desnecessária a protecção dessas mulheres.

Nos países onde a prostituição foi legalizada, a esmagadora maioria das mulheres que se prostituem continua a ser proveniente dos países pobres do Terceiro Mundo ou da Europa de Leste, que facilmente deverão ser consideradas vítimas do tráfico.

Com a legalização, a prostituição aumenta significativamente, como é lógico e demonstram vários estudos. Na Holanda, os rendimentos respectivos correspondem a cinco por cento do rendimento nacional. Esse aumento também se dá na prostituição clandestina. Uma das razões para tal tem a ver com a vontade de evitar o controlo e a perda do anonimato que a legalização acarreta (as mulheres prostitutas não querem perder o anonimato, porque esperam poder um dia mudar de vida, sem que permaneçam quaisquer vestígios do seu passado).

A legalização da prostituição também contribui para o aumento da prostituição infantil, pois, como tem sido notado, a existência de um "mercado" legal para adultos é sempre um factor de risco para a entrada de adolescentes nesse mercado.

Como também tem sido demonstrado por vários estudos, a violência física e psicológica é algo de intrínseco à prostituição, seja ela legal ou clandestina. E não pode pensar-se que a legalização da prostituição possa ser compatível com a tutela dos direitos das suas vítimas. Afirma Catherine Mc Kinnon (*in* «Prostitution and Civil Rights», *Journal of Gender and Law*, 1993, vol. 1, pgs. 13-31 e *www.prostitutionresearch.com*) que «às mulheres que se prostituem é negado todo e qualquer direito humano, de toda e qualquer maneira possível e imaginável».

Os perigos para a saúde pública (em particular, no que se refere à difusão da sida) que decorrem da prática da prostituição só desaparecem verdadeiramente quando se abandona a sua prática, não quando esta é legalizada ou promovida. Os controlos sanitários que se efectuam quando a prostituição é legalizada incidem sobre a mulher que se prostitui, não sobre o cliente, visam mais a protecção deste do que a daquela, visam impedir o contágio deste por aquela, e não o contrário. Por outro lado, as pressões do "mercado" (legal ou ilegal) levam muitas vezes a mulher a aceitar a prática de relações sexuais sem o uso do preservativo (que, de qualquer modo, nunca é eficaz a cem por cento) a troco de uma maior remuneração, ou sob a ameaça de violência.

A favor da legalização da prostituição, invoca-se a autonomia pessoal e a liberdade de escolha. No entanto, é na dignidade da pessoa (em que, de acordo com o artigo 1º da Constituição, se funda a República Portuguesa) que assenta a tutela da sua liberdade e, por isso, o consentimento do próprio nunca pode servir para legitimar atentados a essa dignidade. Não é admissível a escravatura, mesmo que consentida, como nunca o é o trabalho em condições desumanas. A dignidade da pessoa humana, na célebre visão kantiana, impede que esta seja tratada (pelos outros ou por ela mesma) como meio e não como fim em si própria. A prostituição é certamente dos exemplos mais nítidos de redução da pessoa a objecto ou instrumento.

Ao legalizar a prostituição, o Estado transmite uma mensagem de aceitação da comercialização do corpo humano e da sexualidade humana (quando o corpo e a sexualidade não podem desligar-se da pessoa) e, portanto, de aceitação da degradação da pessoa a objecto. Esta mensagem não pode deixar de afectar, em particular junto das novas gerações, a consciência social e cultural do valor da dignidade da pessoa humana, em especial da mulher.

Por outro lado, é uma ilusão pensar que a prostituição pode ser, excluindo talvez poucos casos excepcionais, fruto de uma escolha autenticamente voluntária. Não se escolhe essa actividade em alternativa a estudar Direito ou Medicina. A alternativa é, muitas vezes, a fome. Quando é a sobrevivência económica que está em risco, até a escravatura (que garantisse essa sobrevivência) poderia ser consentida. Não pode falar-se, nestes casos, em escolha livre. Há inquéritos que revelam que cerca de noventa por cento das mulheres que se prostituem escolheriam outras alternativas se estas lhes fossem proporcionadas. Ao Estado deve ser pedido que proporcione essas alternativas, e não que se demita de o fazer através da legalização da prostituição.

(Janeiro de 2006)

PORNOGRAFIA INFANTIL VIRTUAL

Da recente revisão do Código Penal resulta a criminalização da conduta de quem produz ou distribui pornografia infantil virtual, isto é, da que não é efectivamente produzida com crianças, mas se serve de uma representação realista das mesmas (artigo 176º, nº 1 e 3). Esta criminalização vem na linha de normas internacionais e europeias que vinculam o Estado português (o Protocolo Facultativo à Convenção sobre Direitos das Crianças Relativo à Venda de Crianças, Prostituição Infantil e Pornografia Infantil e a Decisão-Quadro do Conselho Relativa à Luta Contra a Exploração Sexual de Crianças e Pornografia Infantil). Porém, são várias as vozes que se têm ouvido a contestar a legitimidade dessa criminalização porque, não havendo crianças vítimas directas dessa pornografia (porque nela não são utilizadas), estaríamos perante uma intolerável limitação à liberdade de expressão, cujo âmbito será extensível a todo o tipo de ideias, por mais repugnantes que estas sejam. Nestes termos, já se pronunciou o Supremo Tribunal norte-americano numa importante sentença de Abril de 2002.

Convém salientar, antes de mais, que não estamos perante um *crime de dano*, mas antes perante um *crime de perigo*. O que se pretende combater não são condutas que directamente lesam crianças utilizadas como "material" pornográfico, mas, antes, o perigo de a divulgação e consumo de pornografia infantil virtual servir para estimular e facilitar a prática de abusos sexuais de crianças, com os danos que daí possam derivar. Danos potenciais, mas de gravidade indiscutível. Neste aspecto, a pornografia virtual (que se serve de representações realistas que dificilmente se distinguem de imagens de verdadeiras crianças) em nada se distingue da pornografia "real".

Em sentido contrário ao do Supremo Tribunal norte-americano, pronunciou-se o Supremo Tribunal do Canadá, numa sua sentença de 26 de Abril de 2001 (*R.v.Sharpe*). Nessa sentença afirma-se que qualquer tipo de pornografia infantil, independentemente da utilização efectiva de crianças na sua produção, produz efeitos que a ordem jurídica deve legitimamente contrariar: consolida e reforça nas pessoas com tendência pedófilas a noção de que as relações sexuais entre adultos e crianças são aceitáveis, contribuindo para nelas enfraquecer a natural inibição que impediria essas relações; é, por definição, destinada a estimular esse tipo de comportamentos; é, muitas vezes, utilizada como instrumento na prática dessas relações, para levar a criança a aceitá-las.

Não será difícil reconhecer que a liberdade individual tem limites, mais ou menos acentuados consoante a importância dos valores e direitos de outrem cuja protecção possa estar em causa. A pornografia não releva do puro debate de ideias, ou da criação artística. Se estivesse em causa uma simples expressão de ideias (por muito criticáveis ou repugnantes que estas fossem), ou algum propósito de ordem estética, não estaríamos perante pornografia. Esta caracteriza-se, por definição, pela presença de um propósito claro e predominante de estímulo sexual dos seus consumidores. Não será, por isso, de evocar, a este propósito, a livre expressão de ideias ou livre criação artística, e o peso especial que a tutela destas liberdades tem numa sociedade livre e democrática. Nestas, será muito menor o peso e importância da liberdade de uma actividade comercial, como é, normalmente, a pornografia. O peso e a importância desta liberdade (não está em causa um qualquer aspecto profundo de afirmação livre da personalidade) têm de ser confrontados com os danos que o abuso sexual de crianças nestas provoca.

A pornografia, por definição, tende, pois, ao estímulo de instintos sexuais. É de esperar que influencie, neste aspecto, os comportamentos dos seus consumidores. A referida sentença do Supremo Tribunal canadiano evoca, a este propósito, o exemplo das imagens publicitárias e a influência que têm nos comportamentos dos consumidores, influência capaz de justificar os elevados preços que se pagam pela difusão dessas imagens.

É antigo o debate sobre os efeitos que a pornografia, em geral, possa ter no incentivo à criminalidade sexual e já se têm evocado estudos com resultados contrastantes entre si. Mas a pornografia de adultos não estimula necessariamente comportamentos sexuais violentos e, por isso, criminosos. A pornografia infantil, porque estimula em adultos instintos sexuais de orientação pedófila, estimula necessariamente comportamentos criminosos.

Tem-se dito que o consumo de pornografia pode ser um sucedâneo, ou uma alternativa, a esses comportamentos. Mas não será mais fácil aceitar que os facilita, estimulando um instinto sem o satisfazer completamente, o que só com a "passagem ao acto" se verifica?

Um dado inegável é o de que, na sua esmagadora maioria, as pessoas condenadas por abuso sexual de crianças são consumidores de pornografia infantil. A posse deste tipo de material é, normalmente, indício da prática desse crime. E a associação entre esse consumo e a prática desses actos também é sublinhada por terapeutas que acompanham esses casos.

Dados absolutos a este respeito nunca haverá, pois a experimentação científica está, obviamente, nestes casos, vedada. Mas é evidente o perigo que representa a pornografia infantil virtual. Esse perigo pode ser mais próximo ou mais remoto, como podem ser outros perigos que a criminalização de outras condutas quer evitar (a condução em estado de embriaguez, por exemplo). A gravidade dos potenciais danos em questão tem um peso que legitimamente justifica a limitação à liberdade de quem produz ou difunde este tipo de pornografia.

(Dezembro de 2007)

O DIREITO E A SOCIEDADE MULTICULTURAL

LAICIDADE, MULTICULTURALISMO E IDENTIDADE RELIGIOSA[393]

A temática deste colóquio (a paz e as identidades) leva-me a começar esta minha comunicação com a referência a alguns factos da actualidade que parecem reflectir a ideia de que a paz e a unidade se constroem com o sacrifício das identidades e da diversidade.

Pense-se, por exemplo, na recusa da menção, no preâmbulo da Constituição europeia, ao contributo histórico do cristianismo para a construção da cultura europeia. Parece que uma Europa acolhedora e aberta à multiplicidade de culturas hoje (e cada vez mais no futuro) presentes no seu território tem de fazer tábua rasa da sua identidade, com uma verdadeira amnésia da sua história, onde o cristianismo desempenhou papel decisivo, ainda que não exclusivo.

Mas se a esta menção for dado, como pretende João Paulo II, um sentido não puramente identitário, um alcance que responsabiliza a Europa pela coerência com os valores cristãos, veremos que tais receios são infundados. Essa coerência permite dar expressão viva e concreta àquela "unidade na diversidade" que deve caracterizar a Europa de acordo com esse mesmo preâmbulo. A concepção cristã de um Deus uno e trino é a expressão máxima da harmonização entre unidade e diversidade e esta concepção serve-nos de luz para enfrentar a questão que agora nos ocupa.

Por outro lado, também assistimos a fenómenos que parecem ter subjacente a mesma ideia, agora na perspectiva inversa. As comunidades imigrantes na Europa, para se integrarem e não permanecerem isoladas, devem de algum modo sacrificar a sua identidade. A este

---

[393] Comunicação apresentada no colóquio sobre o tema "Paz, Culturas e Identidades", organizado pela *Pax Christi*- Secção Portuguesa a 28 de Abril de 2004, na Universidade Católica, em Lisboa, e publicado na revista *Brotéria*, vol. 159, 1, Julho de 2004..

respeito, tem interesse analisar, como exemplo paradigmático, a recente lei francesa sobre o uso de sinais externos de identificação religiosa nas escolas, e a reflexão e debate que a antecederam, que também já teve algum reflexo na legislação de alguns Estados alemães (embora o âmbito desta seja algo diferente, como veremos).

Essa análise pressupõe a abordagem de algumas questões prévias.

Laicidade e laicismo

Essa lei é concebida em nome da protecção da laicidade como princípio constitucional que em França tem um relevo particular (a Constituição, no seu artigo 2º, define a França como «uma República indivisível, *laica*, democrática e social).

Importará, pois, clarificar o conceito de *laicidade*, distinguindo-o do de *laicismo*. A laicidade supõe o respeito pela liberdade de consciência e de religião, a igualdade entre as várias opções espirituais e religiosas e a neutralidade do poder político em relação a estas várias opções. Mas esta neutralidade não pode significar ignorância da dimensão social do fenómeno religioso (o Estado é laico, não o tem de ser a sociedade e a cultura[394]). Não se trata de criar um espaço público vazio em relação às religiões, mas um espaço onde estas se possam manifestar no respeito da liberdade e da diversidade de opiniões. O laicismo, porque se traduz numa orientação ideológica de indiferença, desconfiança ou hostilidade para com o fenómeno religioso, acaba por contradizer o princípio da neutralidade do Estado, que acabaria por fazer uma profissão de fé doutrinal, já não religiosa, mas anti-religiosa.

Afirmou, a este respeito, João Paulo II, no seu discurso deste ano ao Corpo Diplomático, numa implícita alusão à lei francesa em análise, que havia sido aprovada pouco tempo antes: «Evoca-se com frequência o princípio da laicidade, em si mesma legítima, quando é compreendida como distinção entre a comunidade política e as religiões (Cf. *Gaudium et Spes*, 76). Todavia, distinção não quer dizer igno-

---

[394] Por isso, o facto de a Constituição europeia reconhecer o papel do cristianismo na construção da cultura europeia não afecta o princípio da laicidade.

rância! Laicidade não é laicismo! Ela não é senão o respeito por todos os credos por parte do Estado, que assegura o livre exercício das actividades cultuais, espirituais, culturais e caritativas das comunidades dos crentes. Numa sociedade pluralista a laicidade é um lugar de comunicação entre as diferentes tradições espirituais e a nação.»[395]

O percurso histórico da França tem, no contexto europeu, particularidades que tornam especialmente relevante esta distinção. Fala-se, a este respeito, em *laïcité à la francaise*, como um entendimento rígido do conceito de laicidade, nalguns aspectos próximo do laicismo. Em França, ao contrário dos outros países europeus, não há ensino religioso nas escolas públicas, embora nestas possam funcionar locais de encontro e formação religiosa (as *aumôneries*) e os horários sejam concebidos de forma a permitir esse ensino fora da escola em dias determinados. Não são reconhecidos efeitos civis aos casamentos religiosos e as relações entre o Estado e as várias confissões religiosas não são regidas por acordos jurídicos (como a Concordata). Encontros e celebrações por ocasião das viagens do Papa, por exemplo, não podem receber apoios públicos de ordem financeira ou outra (cedência de escolas públicas para instalação de jovens, por exemplo), ao contrário do que se verifica em relação a eventos musicais ou desportivos.

Assiste-se, porém, a uma evolução no sentido de uma maior abertura. Fala-se na passagem de uma "laicidade de combate" (*"laïcité de combat"*) a uma "laicidade pacificada" (*"laïcité apaisée"*). Os contactos entre a Igreja Católica e o Estado estão hoje institucionalizados. Foi criado no ano passado o *Conseil Français du Culte Musulman*, que servirá de interlocutor do Estado em contactos relativos ao Islão. O relatório da comissão presidida por Bernard Stasi[396] (*Comissão de Reflexão sobre a Aplicação do Princípio da Laicidade na República*), subscrito por personalidades conceituadas de diversos quadrantes, que serviu de base à lei sobre o uso de sinais de identificação religiosa nas escolas faz-se eco desta evolução. Neste também se afirma que a laicidade não significa a promoção do ateísmo ou do

---

[395] Pode ver-se o texto em *www.vatican.va*
[396] Pode ver-se o texto em *www.la-croix.com*

agnosticismo, nem a negação da possibilidade de expressão pública das religiões, ou a ausência destas do debate público. Preconiza-se que as religiões enquanto factor de civilização, numa perspectiva científica (não confessional), ocupem nos programas de ensino um lugar que até aqui não têm ocupado (precisamente por causa de um errado entendimento da laicidade). Sugere-se que os dias das festas mais solenes das religiões hebraica e muçulmana (*Kippur* e *Aïd-el Kebir*) sejam dias de feriado escolar (sugestão que não veio a ser acolhida pelo legislador). No entanto, a conclusão final do relatório, a respeito do uso de sinais de identificação religiosa nas escolas, parece contrariar esta evolução no sentido de uma maior abertura, como veremos.

O respeito pela diversidade cultural

Uma outra abordagem prévia diz respeito ao sentido da convivência multicultural nas sociedades europeias de hoje e do alcance e limites da tolerância da diversidade cultural. Para compreender estas questões, parecem-me muito elucidativas as palavras de João Paulo II na sua mensagem para o XXXIV Dia Mundial da Paz (2001) *Diálogo entre as Culturas – Para uma Civilização do Amor e da Paz*[397].

Importará deixar claro, por um lado, que nem tudo deve ser tolerado em nome do respeito pela diversidade cultural. Este respeito não se confunde com o relativismo cultural. Diz o Papa nessa mensagem: «As culturas, à semelhança do homem, seu autor, estão permeadas pelo "mistério da iniquidade" que actua na História humana (Cf. 2 Ts 2, 7), precisando elas também de purificação e salvação. A autenticidade de cada cultura humana, o valor do *ethos* por ela transmitido, ou seja, a solidez da sua orientação moral, é possível de certo modo medi-las pela sua posição *a favor do homem e da sua dignidade* a todos os níveis e em qualquer contexto». E também: «Quanto às exigências culturais que os imigrados apresentam, devem

---

[397] Pode ver-se o texto em *www.vatican.va* e em *Mensagens para a Paz*, Comissão Nacional Justiça e Paz – Principia, Cascais, 2002, pgs. 286 a 298.

ser respeitadas e correspondidas na medida em que não estejam em antítese com os valores éticos universais presentes na lei natural, nem com os direitos humanos fundamentais».

A dignidade da pessoa é um valor básico em que assentam os ordenamentos jurídicos europeus (veja-se, por exemplo, o artigo 1º da nossa Constituição, que define Portugal como uma República baseada na dignidade da pessoa humana) e que deve ter-se por indisponível. Mesmo com o consentimento dos visados, não podem ser tolerados comportamentos que afectem o núcleo essencial dessa dignidade. Não é o respeito pela diversidade cultural que pode levar à admissibilidade da mutilação genital feminina (de resto, também rejeitada pelos principais expoentes do islamismo), por exemplo. Nem devem ser reconhecidos, em nome desse respeito, casamentos polígamos, casamentos não livremente consentidos ou o repúdio[398], ainda que algum destes institutos possa ser válido à luz do ordenamento jurídico dos países de origem dos imigrantes.

Também já se tem colocado, em França e em Espanha designadamente, a questão da expulsão ou condenação judicial de dirigentes religiosos que fazem a apologia do terrorismo, apelam à violência ou justificam agressões físicas do marido sobre a mulher.

Nestes casos, estaremos fora do âmbito do tolerável quando se passa da simples expressão abstracta de ideias (que não pode deixar de ser livre) à *instigação* ou *incitamento*, isto é, quando em concreto há o perigo de que a essa expressão se siga a concretização prática dessas ideias. É lícito discordar da qualificação como crime de determinadas condutas (não há simples "delitos de opinião"), mas não é lícito incitar à prática dessas condutas (vejam-se os artigos 297º e 298º do Código Penal).

Para além destas situações, entramos em domínios onde verdadeiramente é posta à prova a autenticidade da abertura e tolerância de que se reclamam as sociedades europeias. Na referida mensagem, João Paulo II alerta para os perigos de *homologação servil* das culturas. E afirma, a respeito da questão de saber «até onde chegam os

---

[398] Diga-se, no entanto, que regimes de *divórcio unilateral*, hoje em discussão em vários países europeus, se aproximam do *repúdio*, com a única diferença de que àquele pode recorrer qualquer dos cônjuges.

direitos dos imigrados ao reconhecimento jurídico público das suas expressões culturais específicas que não sejam fáceis de harmonizar com os costumes da maioria dos cidadãos», que «a solução depende muito da crescente abertura das mentes a uma cultura de acolhimento, que, sem cair no indiferentismo dos valores, saiba conjugar as razões da identidade com as do diálogo».

Importa não relativizar o que é absoluto (e a dignidade da pessoa humana é um valor absoluto que se sobrepõe ao respeito pela diversidade cultural), mas também não absolutizar o que são valores culturais relativos. Esta tentação pareceu-me subjacente ao relatório que deu origem à aprovação da lei francesa sobre sinais de identificação religiosa, a que já me referi, a propósito da questão do véu islâmico e de outras questões nele abordadas. Não deixa de ser paradoxal que sociedades europeias que pretendem levar tão longe a ideia de tolerância e respeito pela diferença nalguns âmbitos (chegando-se até a extremos como os de querer prescindir, contra a evidência da lei natural, mas em nome dessa tolerância, da dualidade sexual na definição de casamento e parentalidade) se venham a revelar tão pouco abertas noutros âmbitos. Seria hoje pouco aceitável pela mentalidade corrente nos países europeus, em homenagem aos valores da tolerância e respeito pela diferença, uma qualquer imposição de regras de indumentária e apresentação em relação a alunos de escolas públicas. É estranho que o único interdito neste âmbito pareça ser apenas o que tem a ver com sinais de identificação religiosa.

O véu islâmico

Detenhamo-nos agora na questão do véu islâmico, que deu origem à lei francesa em apreço, apesar de esta ser de aplicação geral a todos os sinais de identificação religiosa.

Poder-se-á dizer que o véu islâmico é um sinal de subalternização da mulher, da sua submissão ao pai ou ao marido, ou da ideia de que seria ela a única responsável pelos desejos sexuais desordenados do homem. Nesta medida, poderíamos estar fora do âmbito do respeito pela diversidade cultural. No entanto, nem todas as mulheres que usam o véu o encaram desta forma. A professora alemã Ferestha Ludin, que impugnou judicialmente a decisão da escola que a proibiu de usar véu no exercício da sua função e a que adiante me referirei, afirmou, em polémica com outras mulheres, que se tratava de um símbolo cultural e religioso não incompatível com a emancipação feminina. Recordo-me de ter lido a afirmação de uma jovem muçulmana que encarava o véu como uma forma de evidenciar que a mulher, para além do corpo visível, tem «um cérebro e um coração». Nesta perspectiva, será muito mais fácil ver atentados à dignidade da mulher em hábitos ocidentais de instrumentalização do seu corpo para fins comerciais e publicitários, por exemplo.

Também há quem encare, até no âmbito islâmico, o véu não como um sinal de identidade religiosa (para muitos intérpretes, o seu uso não é imposto pelo Corão), mas antes como um sinal político de adesão ao fundamentalismo. Será assim nalguns casos, não em todos. Também há quem sinceramente veja no seu uso uma obrigação religiosa, e a um Estado laico não cabe fazer opções neste campo.

Acentua-se o facto de muitas vezes as jovens usarem o véu por pressão familiar ou social, mais do que por vontade própria. Também será assim nalguns casos, não em todos. A imposição do véu será uma violência quando o seu uso não corresponde à vontade da mulher. Mas a proibição também será uma violência quando o seu uso é visto como um dever religioso livremente assumido.

Os hábitos dos países de origem dos imigrantes são, a este respeito, muito variados. Há países de tradição islâmica, como a Turquia e a Tunísia, onde também vigoram leis que proíbem o uso do véu em determinados locais. Em contrapartida, relatou-me uma amiga que viveu no Paquistão durante vários anos, numa missão de apostolado cristão que a levava a identificar-se com a cultura local, o cuidado que tinha em colocar o véu sempre que estava em casa e alguém batia à porta. Nestes ambientes, o véu pode ser um hábito social tão arreigado que a sua proibição não pode deixar de ser encarada como uma agressão cultural.

De qualquer modo, na perspectiva da promoção da mulher, acentuam com razão alguns opositores da lei, mais eficazes do que medidas proibitivas seriam medidas pedagógicas de persuasão.

Ao contrário do que se verifica em França, em países europeus como o Reino Unido, a Holanda e a Bélgica, ou nos Estados Unidos, há recomendações superiores no sentido da autorização do uso do véu islâmico nas escolas. A especificidade francesa pode compreender-se mais facilmente se atendermos à prevalência do objectivo de integração dos imigrantes na sociedade de acolhimento, que não é tão acentuado nesses países como em França, e para a prossecução do qual a escola desempenha um papel fundamental. O relatório da Comissão Stasi acentua de modo particular este aspecto: a necessidade de evitar o comunitarismo, a fragmentação (ou "tribalização") da sociedade em grupos culturalmente diferenciados, justapostos e sem comunicação entre si (autênticos "ghettos"). Os opositores da lei realçam, porém, os efeitos contraproducentes que, nesta perspectiva, dela poderão resultar. Será mais forte para essas comunidades a tentação de isolamento e de recusa de uma integração que obriga ao sacrifício da sua identidade, e de fugir à escola pública como local de integração forçada e assim concebida.

Os sinais de identificação religiosa "ostensíveis"

De qualquer modo, a lei não se restringe ao véu islâmico, tem aplicação a quaisquer sinais de identificação religiosa, em relação aos quais não têm cabimento estas considerações. E pode ter-se por censurável que considerações relativas apenas ao véu islâmico (relativas ao seu significado político ou na perspectiva da promoção da mulher, por exemplo) tenham servido de base a uma lei geral sobre sinais de identificação religiosa.

Esta proíbe o uso nas escolas de quaisquer sinais de identificação religiosa "ostensíveis". Na circular dirigida às escolas e relativa à aplicação da lei[399], definem-se esses sinais como os que permitem reconhecer imediatamente a pessoa pela sua "pertença religiosa". O critério é, pois, o da visibilidade acentuada ou notória desses sinais. Numa versão inicial mais extrema, falava-se em sinais "visíveis". Na versão final, fala-se em "sinais ostensíveis", com o esclarecimento de que nestes não se incluem sinais discretos, como uma cruz, uma mão de Fátima ou uma estrela de David de pequenas dimensões, e se incluem, além do véu islâmico, a *Kippa* judaica ou uma cruz de maiores dimensões. De acordo com estes critérios, também estarão proibidos o hábito de um religioso ou o turbante de um *sikh*.

---

[399] Que pode ser consultada em *www.la-croix.com*

A justificação para esta proibição deriva da ideia da escola como espaço de convivência pacífico e imune aos conflitos identitários, religiosos e político-ideológicos. Afirma-se no relatório da Comissão Stasi que, a este respeito, deve encontrar-se um equilíbrio de direitos e deveres e que devem colocar-se limites à afirmação da identidade para permitir o encontro de todos no espaço público. A neutralidade deste espaço não é compatível com o proselitismo agressivo. A escola, enquanto primeiro local de integração e de aprendizagem de uma convivência pluralista, não deve estar «ao abrigo do mundo», mas deve estar protegida do «furor do mundo», não é um "santuário", mas deve favorecer um distanciamento em relação ao mundo real, evitando os conflitos identitários que podem tornar-se factores de violência e perturbação da liberdade e da ordem pública. De acordo com a circular acima referida, os alunos estão sujeitos a um dever de "moderação na expressão das suas convicções religiosas".

Parte-se, pois, do princípio de que para evitar os conflitos é necessário de algum modo ocultar a identidade religiosa e cultural. A religião só é aceite no espaço escolar se não for visível, se estiver escondida. As suas manifestações externas são olhadas com desconfiança. Por detrás de qualquer dessas manifestações, estará sempre um qualquer sentimento sectário ou extremista. Não se diz explicitamente que a religião é necessariamente um factor de conflito, mas parece ser esta a ideia que subjaz a esta proibição.

Não podemos de modo algum ignorar o perigo de conflitos identitários. Enquanto elemento constitutivo da identidade sócio-cultural de um grupo, a religião está muitas vezes associada a conflitos que não são na sua raiz de ordem religiosa (veja-se, por exemplo, o conflito israelo-árabe). Mas, se assim é, também não pode ignorar-se que o diálogo interreligioso pode dar um contributo decisivo à construção da paz (pense-se nos encontros de Assis ou em actividades como as que neste âmbito promovem a Comunidade de Santo Egídio ou o Movimento dos Focolares). Há um caminho a percorrer e uma aprendizagem a fazer, no sentido do encontro e do diálogo. Mas não se percorre esse caminho, nem se faz essa aprendizagem, negando ou ocultando as diferenças, suprimindo as identidades, eliminando do espaço público as manifestações externas da religião.

Dir-se-á que estas manifestações externas estarão sempre associadas a intuitos proselitistas ou de propaganda, contrários à harmonia da convivência pluralista. A jurisprudência francesa anterior à aprovação da lei em apreço falava em "sinais ostentosos" (*ostentatoires*) com este sentido (ligeira e subtilmente diferente do sentido da expressão "sinais ostensíveis" que veio a ser consagrada nessa lei): a de um sinal com intuitos proselitistas subjacentes. Importará clarificar as ideias a este respeito. A liberdade religiosa implica a liberdade de dar testemunho da sua fé e de tentar que outros a ela adiram. Esta tentativa só será inaceitável (e nessa medida será inaceitável o proselitismo) quando de algum modo se desrespeita a plena liberdade dos outros de recusar essa adesão.

Que os sinais externos de identificação religiosa não são necessariamente factor de propaganda geradora de conflito, revela-o claramente a decisão das escolas católicas francesas, a que não se aplica obrigatoriamente (contra o que chegou a ser sugerido) o regime proibitivo da lei em apreço, de não aplicar esse regime, e de, portanto, admitir o uso do véu islâmico.

A desconfiança em relação ao fenómeno religioso, e a ideia implícita de que este deve confinar-se aos espaços privados, permitem, pois, atribuir à lei francesa em análise um espírito laicista contrário a uma concepção aberta de laicidade para que parecia evoluir até há pouco a própria consciência jurídica dominante em França.

A liberdade religiosa e os sinais de identificação religiosa

A conformidade da lei francesa em apreço com as convenções internacionais relativas à liberdade religiosa é questão que merece uma breve análise.

Logo após a aprovação da lei, Aaron Rhodes, presidente da Federação Internacional dos Direitos do Homem, de Helsínquia, entre outros, contestou essa conformidade, por ser afectada a liberdade de expressão pública das convicções religiosas, sem que tal se justifique para salvaguarda de direitos fundamentais de outrem, da segurança pública, da saúde ou dos bons costumes, segundo a definição do direito internacional.

O artigo 9º, nº 1, da Convenção Europeia dos Direitos do Homem consagra, na verdade, a liberdade de manifestar a sua religião ou crença em público e em privado. Nos termos do nº 2 deste artigo, esta liberdade não pode ser objecto de outras restrições senão as que, previstas na lei, constituírem disposições necessárias, numa sociedade democrática, à segurança pública, à protecção da ordem, da saúde e moral públicas, ou à protecção dos direitos e das liberdades de outrem.

No entanto, o Tribunal Europeu dos Direitos do Homem já se pronunciou no sentido da admissibilidade de legislação proibitiva do uso do véu islâmico, em sentenças referidas no próprio relatório da Comissão Stasi.

Numa sentença de 3 de Maio de 1993, proferida no processo *Karadum contra Turquia*, o Tribunal considerou compatível com a Convenção a legislação turca que proíbe o uso do véu islâmico nas universidades públicas, por tal se justificar para assegurar a neutralidade e a livre expressão das diversas religiões nesse espaço, sendo que sempre haveria a alternativa de frequência de universidades confessionais. No contexto da Turquia, a proibição pretende defender a liberdade de quem, contra uma pressão social forte, não pretende usar véu. O contexto francês será certamente diferente.

Numa sentença de 15 de Fevereiro de 2001, proferida no processo *Dahlab contra Suiça*, o tribunal considerou compatível com a Convenção a legislação do cantão de Genebra que, considerando que tal não seria coerente com a mensagem de tolerância, respeito pelo outro e, sobretudo, igualdade e não discriminação, que numa democracia o professor deve transmitir, proíbe o uso do véu islâmico por professoras. O uso deste véu por professoras coloca, porém, questões que não coloca o uso do véu por alunas, relativas à própria orientação do ensino, que adiante analisarei.

Não me parece, de qualquer modo, que estas decisões permitam considerar o assunto encerrado. Algumas das considerações nelas tecidas são aplicáveis ao uso do véu islâmico, e não ao uso de quaisquer sinais externos de identificação religiosa. E resta a dúvida de saber se uma proibição geral do uso de sinais externos de identificação religiosa se justifica pelas necessidades de salvaguarda, «numa sociedade democrática», da «segurança pública», da «protecção da ordem», da «saúde e moral públicas» e da «protecção dos direitos e liberdades de outrem».

A neutralidade do Estado e do ensino e os sinais de identificação religiosa

Como já referi, o uso do véu islâmico por professoras coloca questões que o uso desse véu por parte de alunas não coloca. Poderá dizer-se que está em jogo, na primeira dessas situações, a própria neutralidade do Estado e do ensino.

Na Alemanha, a questão tem sido colocada neste plano. O Tribunal Constitucional, numa decisão de 24 de Setembro de 2003, proferida no caso *Ludin* a que já me referi, considerou inconstitucional a disposição administrativa que, na ausência de legislação, proibia o uso do véu islâmico por professoras. De acordo com essa decisão, a neutralidade do Estado e do ensino não deveria ser concebida em termos rígidos, mas com abertura de espírito acolhedora da pluralidade. O uso do véu não é necessariamente um símbolo de opressão social e religiosa e não influencia o desenvolvimento psicológico dos alunos. No entanto, o Tribunal deixa aberta a possibilidade de legislação ditada pelas exigências de equilíbrio entre o respeito pela liberdade religiosa e a neutralidade do ensino, não excluindo a admissibilidade de proibições. Nesta linha, o Estado de Bade-Wurtenberg legislou no sentido da proibição do uso de véu islâmico por parte de professoras e o Estado de Berlim legislou no sentido da proibição genérica do uso de sinais de identificação religiosa visíveis por parte de qualquer funcionário público.

O relatório da Comissão Stasi, invocando a exigência de estrita neutralidade dos serviços públicos, defende a proibição de qualquer funcionário público exprimir as suas convicções políticas, religiosas ou filosóficas no exercício das sua função e, portanto, usar qualquer sinal externo de identificação religiosa. A circular dirigida às escolas francesas a que acima me referi esclarece que, em relação aos professores, ao contrário do que se verifica com os alunos, também os sinais discretos de identificação religiosa são proibidos.

Deve, assim, a liberdade de manifestação externa da religião ceder em absoluto perante as exigências de neutralidade do Estado ou do ensino?

Os conflitos entre valores constitucionais devem resolver-se segundo um princípio de "concordância prática", que procura a harmonização entre eles, com cedências recíprocas e sem sacrifício absoluto de algum deles. Esses valores não terão todos o mesmo peso e não será certamente inferior, em termos relativos, o peso do valor da liberdade religiosa nos ordenamentos constitucionais europeus. É certamente mais grave a proibição do cumprimento de um preceito religioso do que a proibição de manifestação de convicções políticas no exercício de funções públicas. Uma solução harmónica e equilibrada distinguirá as várias situações. As exigências de respeito pela neutralidade do Estado não têm a mesma relevância no caso do exercício de funções de um juiz (em França, tem-se colocado a questão do uso do véu islâmico por parte de juradas ou advogadas), de um agente policial ou de um funcionário administrativo de um hospital ou escola públicos. Há situações em que é mais ténue a ligação da função ao exercício da autoridade estadual, ou é fácil distinguir o exercício da função da opinião pessoal do funcionário. Será de considerar o caracter mais ou menos discreto do sinal em questão. E também o relevo da manifestação externa de identidade religiosa (e, portanto, o relevo desta dimensão da liberdade religiosa) variará de caso para caso. Para um cristão, o testemunho da fé através de sinais externos não será, em princípio, essencial. Para uma muçulmana, o uso do véu será, ou não, conforme as várias correntes do islamismo, um preceito religioso obrigatório. Para um *sikh*, o uso do turbante é um preceito obrigatório básico.

Quanto à neutralidade do ensino, não pode dizer-se que seja o simples uso de um sinal de identificação religiosa que a põe em causa, como salientou o Tribunal Constitucional alemão na decisão acima referida. Nenhum aluno será certamente influenciado nas suas opções apenas pelo facto de uma sua professora usar véu islâmico ou hábito religioso. O que poderá pôr em causa essa neutralidade é antes a orientação dada ao conteúdo do ensino ministrado.

Outras questões suscitadas pela convivência multireligiosa em sociedades pluralistas e Estados Laicos

O relatório da Comissão Stasi, a que me venho referindo, aborda outras questões suscitadas pela convivência multireligiosa em sociedades europeias. Ainda a questão do véu islâmico, e dos sinais externos de identificação religiosa em geral, é abordada a propósito das relações privadas de trabalho. Admite-se que o empregador possa proibir o uso de algum desses sinais quando tal se justifique por razões de segurança, de relacionamento com a clientela e de paz interna da empresa. Se as razões de segurança não me suscitam dúvidas, já não me parece que as exigências do relacionamento com a clientela ou de paz interna da empresa (definidas desta forma genérica) possam justificar, em regra, uma limitação da liberdade de manifestação externa da identidade religiosa. E não se diga que o trabalhador poderia sempre escolher outro trabalho, porque tal não se verifica sempre na prática e porque, desse modo, o trabalhador seria sempre discriminado no seu direito ao trabalho em função da sua religião.

Propugna-se no relatório que nas ementas das cantinas públicas (de prisões, escolas e hospitais) sejam tidos em consideração os preceitos alimentares das várias religiões, na medida do possível e razoável (segundo uma regra de *accomodements raisonnables*, na expressão para o efeito usada correntemente no Quebeque) e salvaguardadas as exigências sanitárias.

Do mesmo modo, deverão ser tidos em consideração os preceitos relativos a ritos funerários.

Sugere-se a consagração (a exemplo do que se verifica em algumas organizações internacionais) de um dia feriado correspondente a um dia de festa da religião do trabalhador, que substituiria outro dia feriado à escolha deste. Independentemente desta possibilidade – acrescento eu –, deveria considerar-se a relevância desses dias para o exercício da liberdade religiosa do trabalhador e do aluno no regime de justificação de faltas ao trabalho e à escola. A circular dirigida às escolas francesas a que me venho referindo estabelece como regra a possibilidade de dispensa de aulas nesses dias, nos quais não deverão ser marcados exames ou provas de avaliação importantes.

Considera o relatório da comissão Stasi inaceitável a atitude de recusa, fundada em tradições culturais dos países de origem dos imigrantes, da autoridade de pessoas do sexo feminino nos âmbitos da escola e da empresa. Na verdade, nestas situações ultrapassa-se a fronteira do que é tolerável em nome do respeito pela diversidade cultural.

O relatório também considera que é ultrapassada essa fronteira quando se reclamam aulas de educação física separadas por sexos ou horários de frequência não mista de piscinas e ginásios públicos. Parece-me, pelo contrário, que estamos aqui no domínio do tolerável e que estas possibilidades só seriam reveladoras da verdadeira abertura à diferença das sociedades europeias. Como já referi, importa não absolutizar o que é relativo, e não podemos esquecer que a separação por sexos na educação física (ou até na educação em geral) era corrente nas sociedades europeias até há não muito tempo. É certo que a existência de aulas de educação física ou horários de frequência de locais públicos, na prática reservados a membros de uma determinada comunidade cultural e religiosa, pode reforçar o comunitarismo e dificultar a integração. Mas esta não pode ser forçada. A alternativa será excluir, na prática, algumas mulheres da frequência desses locais e da prática desportiva, ou a imposição forçada de um modelo de convivência que algumas mulheres considerarão contrário à sua consciência e às suas concepções de pudor e dignidade.

Outra questão analisada pelo relatório é o caso das mulheres que, nos serviços públicos de saúde, pretendem ser tratadas apenas por médicas. Recusa-se esta pretensão, por contrária às exigências do bom funcionamento dos serviços. Mas parece-me que também neste aspecto pode valer a regra dos *accomodements raisonnables*. Quando o funcionamento do serviço o permitisse e não houvesse prejuízo para a saúde da própria doente, poderia ser considerada a vontade desta (a quem não pode ser negado, por via de regra, o direito geral de escolha do médico).

Considera o relatório também inaceitável a recusa, por razões culturais ou religiosas, do estudo de determinadas matérias dos programas escolares. Nesta linha, a circular dirigida às escolas a que me venho referindo não aceita justificações de falta a aulas com esse fundamento. Importará, porém, ver até que ponto são, ou não, compreensíveis os motivos dessa recusa, ou até que ponto a orientação do ensino (para além da simples transmissão de conhecimentos) é respeitadora das várias mundividências presentes numa sociedade pluralista. Não pode afastar-se à partida a legitimidade da objecção de consciência também neste âmbito. O ensino da própria religião islâmica (que suscita – é certo – a questão da selecção e formação dos professores num contexto de coexistência de várias correntes), ou outras, em escolas públicas assume, nesta perspectiva, um relevo significativo.

Culturas em diálogo e comunhão

Como conclusão, será oportuno retomar palavras de João Paulo II na sua mensagem para o Dia Mundial da Paz de 2001, que podem servir-nos de luz inspiradora na análise destas e doutras questões relativas ao encontro e diálogo de culturas:

«De forma análoga ao modo como se realiza uma pessoa, ou seja, através do acolhimento magnânimo do outro e do dom generoso de si mesmo, também as culturas, elaboradas pelos homens e ao seu serviço, hão-de ser modeladas segundo os dinamismos típicos do diálogo e da comunhão. (...)

O conceito de comunhão, que, segundo a revelação cristã, tem a sua fonte e modelo sublime em Deus uno e trino (Cf. Jo. 17, 11. 21), não pode significar uma redução à uniformidade, ou então forçada homologação ou assimilação, mas é expressão de convergência de uma multiforme variedade, tornando-se, por conseguinte, sinal de riqueza e promessa de crescimento.»

A LIBERDADE DE EXPRESSÃO E O RESPEITO PELOS SENTIMENTOS RELIGIOSOS[400]

A polémica gerada em torno da publicação de caricaturas de Maomé pelo jornal dinamarquês *Jyllands Posten* serviu de ponto de partida para múltiplas e diversificadas reflexões sobre a liberdade de expressão e o respeito pelos sentimentos religiosos. É o que me proponho fazer também neste breve estudo, desligando-me, no entanto, desse ponto de partida e da análise das questões políticas que (para além da questão mais geral do confronto entre os dois valores referidos) essa polémica suscitou.

Em muitas dessas reflexões, apresentava-se a questão da publicação das referidas caricaturas como se a liberdade dessa publicação fosse característica indeclinável das sociedades demo-liberais e que neste ponto fulcral se jogasse um princípio irrenunciável dessas sociedades, sendo a oposição a essa publicação por parte de vários expoentes muçulmanos (independentemente da forma violenta ou pacífica que esta assumisse) sintoma evidente do chamado *choque de civilizações*.

Nem todos, porém, seguiram esta via, que acentuava o carácter absoluto da liberdade de expressão. Ficou célebre o comunicado emitido a propósito pelo Ministro dos Negócios Estrangeiros de então, Diogo Freitas do Amaral[401]. Aí se afirmou:

«Portugal lamenta e discorda da publicação de desenhos e/ou caricaturas que ofendam as crenças ou a sensibilidade religiosa dos povos muçulmanos.

A liberdade de expressão, como aliás todas as liberdades, tem como principal limite o dever de respeitar as liberdades e direitos dos outros.

---

[400] Texto publicado na revista *Brotéria*, vol. 163, 4, Outubro de 20006
[401] *Diário de Notícias*, 8 de Fevereiro de 2006

Entre essas outras liberdades e direitos a respeitar está, manifestamente, a liberdade religiosa – que compreende o direito de ver respeitados os símbolos fundamentais da religião que se professa.

Para os católicos esses símbolos são as figuras de Cristo e da sua Mãe, a Virgem Maria. Para os muçulmanos um dos principais símbolos é a figura do profeta Maomé.

Todos os que professam essas religiões têm direito a que tais símbolos e figuras sejam respeitados. A liberdade sem limites não é liberdade, mas licenciosidade. O que se passou recentemente nesta matéria em alguns países europeus é lamentável porque incita a uma inaceitável "guerra de religiões" – ainda por cima sabendo-se que as três religiões monoteístas (cristã, muçulmana e hebraica) descendem todas do mesmo profeta, Abraão.»[402]

Mas sabemos como o teor deste comunicado foi alvo de uma chuva de críticas, vindas de quadrantes diversos.

Não muito tempo depois, era exibida em Lisboa (depois de o ter sido em Espanha com reacções idênticas) uma peça de teatro patrocinada por várias entidades, entre as quais o Ministério da Cultura, onde os símbolos cristãos eram vilipendiados de forma gritante, o que suscitou reacções de indignação de várias pessoas junto das várias entidades patrocinadoras. Algumas destas responderam prontamente, dizendo que desconheciam o conteúdo da peça e era irrelevante o seu contributo para esta. O teatro que acolheu tal exibição

---

[402] A sala de imprensa da Santa Sé também publicou, a propósito, um comunicado onde se afirma (ver *www.zenit.org*, 5 de Fevereiro de 2006):

«1. O direito à liberdade de pensamento e de expressão, sancionado pela Declaração dos Direitos Humanos, não pode implicar o direito a ofender o sentimento religioso dos crentes. Este princípio vale obviamente para qualquer religião.

2. A convivência exige, também, um clima de respeito mútuo para favorecer a paz entre os homens e as nações. Também, estas formas de crítica exasperada ou de escárnio dos demais manifestam uma falta de sensibilidade humana e podem constituir em alguns casos uma provocação inadmissível. A leitura da história ensina que por este caminho não se curam as feridas que existem na vida dos povos.

3. Contudo, há que dizer imediatamente que as ofensas causadas por um indivíduo ou por um órgão de imprensa não podem ser imputadas às instituições políticas do país correspondente, cujas autoridades poderão e deverão, eventualmente, intervir segundo os princípios da legislação nacional. Portanto, são igualmente deploráveis as acções violentas de protesto. A reacção ante uma ofensa não pode faltar ao verdadeiro espírito de toda a religião. A intolerância real ou verbal, venha de onde vier, como acção ou como reacção, constitui sempre uma séria ameaça à paz.»

invocou a liberdade de expressão e a recusa de qualquer forma de censura. Do Ministério da Cultura, que chegou a ser confrontado com a posição assumida por outro Ministério do mesmo Governo a propósito das caricaturas de Maomé, não tenho conhecimento de qualquer resposta a essas reacções.

Pretendo demonstrar neste breve estudo que o quadro constitucional e legal de sociedades demo-liberais como a nossa não é incompatível com limites à liberdade de expressão motivadas pelo respeito pelos sentimentos religiosos. Importa, sim, que se precise com rigor o alcance desse limite segundo um princípio de *concordância prática*, de respeito simultâneo pelos diferentes valores em jogo, sem sacrifício desproporcionado de nenhum deles e com respeito pelo conteúdo essencial de qualquer deles (artigo 18°, n° 2 e 3, da Constituição portuguesa). De resto, há muitos outros âmbitos onde operam limites à liberdade de expressão, a qual, não tem, em qualquer sociedade, o alcance absoluto e individualista que por vezes lhe é superficialmente atribuído. Há mesmo outros domínios onde tais limites se vêm acentuando nos tempos mais recentes, com um alcance que coloca em perigo o conteúdo essencial da liberdade de expressão. Por contraste com alguma indiferença perante estes limites, a limitação da liberdade de expressão fundada no respeito dos sentimentos religiosos suscita reacções viscerais de rejeição completa. Não podemos desligar este tipo de reacções da marca da história da liberdade de expressão, em grande medida conquistada contra a interferência de autoridades e critérios religiosos. Ma também não a podemos desligar de um conceito errado de laicidade do Estado, confundido com o laicismo, em que a aconfessionalidade e neutralidade religiosa se confunde com hostilidade, indiferença ou ignorância diante da importância que a religião assume na vida das pessoas, comunidades e culturas (o Estado é laico, não o têm de ser as pessoas, as comunidades e as culturas).

Há que superar, de forma descomplexada, tais marcas da história, sabendo distinguir as limitações da liberdade de expressão aceitáveis num Estado laico e numa sociedade livre, pluralista, aberta e democrática das que caracterizaram (ou caracterizam) outros Estados e outras sociedades, assentes noutros pressupostos. E há que superar a concepção laicista, que ignora ou despreza a importância que a religião assume na vida das pessoas (o Estado é neutro em matéria religiosa e doutrinal e o laicismo é uma profissão de fé doutrinal hostil para com a religião).

O contexto actual é, manifestamente, diferente daquele que rodeou as primeiras manifestações da liberdade de expressão contra autoridades e normas religiosas. O convívio, cada vez mais frequente, entre pessoas de diferentes religiões em espaços territoriais comuns torna hoje, pelo contrário, particularmente premente a necessidade de respeito pelos sentimentos religiosos dos outros. Mais especificamente, a integração de pessoas de religião muçulmana em sociedades europeias e ocidentais (integração que é o melhor antídoto contra a atracção do extremismo e do fundamentalismo islâmicos) será muito difícil, se não impossível, sem o respeito por aquilo que para tais pessoas é mais precioso e sagrado.

São estas, em síntese, as ideias que procurarei aprofundar de seguida.

Limitações (e limitações crescentes) à liberdade de expressão

Que a nossa ordem jurídica, como a de outros países da nossa área cultural e política, comporta vários tipos de limites à liberdade de expressão, é algo que podemos concluir, por exemplo, a partir de um breve percurso do Código Penal português.

No âmbito dos crimes contra a honra, estão tipificados os crimes de difamação (artigo 180º) e de injúrias (artigo 181º). No âmbito dos crimes contra a humanidade, e do crime de discriminação racial e religiosa, é punível a conduta de quem difame ou injurie pessoa ou grupo de pessoas por causa da sua raça, cor, origem étnica ou racial ou religião, com intenção de incitar à discriminação racial ou religiosa ou de a encorajar, nomeadamente através da negação de crimes de guerra ou contra a paz e a humanidade (artigo 240º, nº 2, b)). No âmbito (que agora nos interessa particularmente) dos crimes contra sentimentos religiosos, estão tipificados os crimes de ultraje por motivo de crença religiosa (artigo 251º, nº 1) e de ultraje a acto de culto (artigo 252º, b)). No âmbito dos crimes contra o respeito devido aos mortos, é punível a conduta de quem perturbe cerimónia fúnebre (artigo 253º). No âmbito dos crimes contra a paz pública, estão tipificados os crimes de instigação pública a um crime (artigo 297º) e de apologia pública de um crime (artigo 298º). No âmbito dos crimes contra Estados estrangeiros e organizações internacionais, está tipificado o crime de ultraje de símbolos estrangeiros (artigo 323º). No âmbito dos crimes contra a realização do Estado de Direito, estão tipificados os crimes de incitamento à guerra civil ou à alteração violenta do Estado de Direito (artigo 326º), de ofensa à honra do Presidente da República (artigo 328º), de incitamento à desobediência colectiva (artigo 330º) e de ultraje aos símbolos nacionais e regionais (artigo 332º).

Recentemente, têm-se acentuado algumas formas de restrição da liberdade de expressão que poderão pôr em causa o conteúdo essencial desta. Legislação de vários países tem-se orientado no sentido da punição do chamado *discurso de ódio*, da injúria a grupos sociais tradicionalmente vítimas de discriminação e marginalização, o discurso racista, anti-semita ou homofóbico. Há que distinguir com precisão o insulto a pessoas e grupos do debate de ideias e do juízo sobre comportamentos. Afirma, a este respeito, Jónatas E. M. Machado[403] que «uma doutrina de restrição do discurso a partir do ódio (*hatespeech*; *hatecrimes*) em nome de uma moralmente correcta *política do amor* tem que ser objecto da maior precaução sob pena de a "nova liberdade de expressão" acabar por se confundir com a "velha censura"».

Os perigos de excesso são nítidos quando se analisam alguns processos judiciais relativos à questão da homossexualidade.

Em França, a *Comission Nationale Consultative des Droits de L' Homme* deu parecer negativo[404] ao Projecto de Lei relativo à luta contra a discriminação de carácter sexista ou homofóbico, alterando a Lei de Liberdade de Imprensa de 29 de Julho de 1881. Aí se afirma que «a CNCDH reconhece a realidade e a gravidade das discriminações sexistas e/ou ligadas à orientação sexual das pessoas, mas considera que é pela educação, pela informação e pelo debate que será mais eficazmente combatida a intolerância, e não pela restrição das liberdades. É pela «livre comunicação de pensamentos e opiniões

---

[403] *Liberdade de Expressão – Dimensões Constitucionais da Esfera Pública no Sistema Social*, Boletim da Faculdade de Direito, Studia Iuridica, 65, Universidade de Coimbra, Coimbra Editora, pg 847.

[404] Ver *www.comission-droits-homme.fr/brinTravaux/AffichageAvis.cfm?DAVIS= 7268jclasse=1*

(...), um dos direitos mais preciosos do homem» (Declaração dos Direitos do Homem e do Cidadão de 1789) e não pela repressão, que a sociedade francesa progrediu e continuará a progredir rumo à aceitação das diferenças e ao respeito pela dignidade de cada ser humano». Sem recorrer a uma legislação específica, através das normas gerais que punem a difamação e o incitamento à violência e à discriminação, seria possível atingir os propósitos legítimos do Projecto sem incorrer nos riscos referidos. Através do seu representante nesse Conselho, também o Cardeal Jean Marie Lustiger se pronunciou negativamente a respeito do Projecto em questão, afirmando que «a homossexualidade e a homoparentalidade suscitam debates legítimos sobre a vida da sociedade e mesmo sobre a natureza da civilização» e que um não muito rigorosamente definido crime de "homofobia" poderá pôr em causa injustificadamente a liberdade de expressão a respeito das «apreciações morais suscitadas pela prática da homossexualidade» e da «realidade antropológica da diferença sexual entendida como um facto objectivo e universal sobre o qual repousa a organização social».

A prática jurisprudencial de aplicação da Lei revista veio dar razão a tais receios.

Por sentença do Tribunal Correccional de Lille[405], o deputado da UMP Christian Vanneste foi condenado, ao abrigo dessa Lei, por ter afirmado que a homossexualidade é inferior à heterossexualidade, que a universalização do comportamento homossexual (de acordo com a máxima kantiana) seria socialmente nociva e conduziria ao suicídio da Humanidade e que a homossexualidade deve ser um comportamento tolerado, mas não publicamente protegido ou promovido.

Foi também muito comentado o caso do pastor pentecostal sueco Ake Green, condenado a um mês de prisão (por sentença posteriormente revogada pelo tribunal de recurso) por ter citado uma passagem da Bíblia (1 Coríntios 6,9) que condena a homossexualidade e por se considerar que tal seria um incitamento ao ódio para com os homossexuais. E são vários os exemplos de processos e condenações, incluindo de autoridades religiosas, por exposição e difusão da

---

[405] Ver *L'Express*, 24 de Janeiro de 2006

doutrina bíblica e católica a respeito da homossexualidade e por caracterização do comportamento homossexual como moralmente reprovável ou como doença passível de cura[406].

Parece evidente que estas decisões põem em causa a liberdade de expressão no seu conteúdo essencial e o livre debate de ideias, que não pode excluir questões como a apreciação moral do comportamento homossexual e do seu estatuto jurídico e social. Esse debate de ideias não pode confundir-se com a difamação e a injúria que atingem as pessoas na sua dignidade, para além do juízo sobre o seu comportamento. Às pessoas com orientação homossexual é devido o respeito inerente à sua dignidade de pessoas (como o sublinha claramente o Catecismo da Igreja Católica (2357-2358) ao falar em "respeito, compaixão e delicadeza" para com estas pessoas, sem deixar de afirmar o carácter moralmente desordenado do comportamento homossexual), mas tal não implica negar a liberdade de apreciação moral do comportamento homossexual[407].

Para o tema que agora nos interessa, estes exemplos servem sobretudo para ilustrar bem como uma certa opinião dominante usa "dois pesos e duas medidas" no que às restrições à liberdade de expressão diz respeito, submetendo-se facilmente à ditadura do "politicamente correcto" e às restrições à liberdade de expressão que daí decorrem, em contraste com a extrema dificuldade em admitir restrições à liberdade de expressão quando está em causa o respeito devido aos sentimentos religiosos (que não se situa, claramente, no âmbito do "politicamente correcto").

Mas podemos apresentar outros exemplos de limitações crescentes à liberdade de expressão que podem pôr em perigo o conteúdo essencial desta, o qual implica o livre debate de ideias.

Em França, as chamadas *leis da memória* (*lois mémorielles*), que conduzem à punição da manifestação de ideias contrárias a determinadas verdades históricas tidas por indiscutíveis, suscitaram uma

---

[406] Ver Pablo Ginés, *A La Cárcel en Suécia por Predicar 1Corintios 6,9*, in *www.forumlibertas.com/frontend/forumlibertas/noticia.php?id_noticia=230*

[407] Afirma Jónatas E. M. Machado (*op. cit.*, pg. 846): «...é tão legítimo as feministas radicais e a comunidade homossexual apelidarem as hierarquias eclesiásticas de misóginas e homofóbicas, como estas insistirem no sacerdócio patriarcal e afirmarem o carácter pecaminoso da homossexualidde.»

reacção de vários e conceituados historiadores nos sentido da sua revogação, por considerarem que está em causa, para além da liberdade de expressão, a liberdade de investigação histórica, que implica a elaboração de análises, juízos e conclusões que escapam à lógica puramente factual e positivista[408]. A Lei Gayssot, de 13 de Julho de 1990, tipifica como crime (na linha das legislações alemã e austríaca, tal como o artigo 240º, nº 2, b), do Código Penal português acima citado, porém contra a prática dos países anglo-saxónicos) a negação do genocídio dos judeus pelo nazismo e tem dado origem a condenações de historiadores e políticos que não têm suscitado grandes críticas, por se tratar normalmente de opiniões sem alguma base científica. Ma a Lei de 29 de Janeiro de 2001, relativa ao reconhecimento do genocídio dos arménios de 1915, conduziu à condenação, pelo Tribunal de Grande Instância de Paris, em 1995, do reputado historiador e islamólogo Bernard Lewis, por este se recusar a reconhecer como genocídio os massacres então ocorridos, tese discutível mas não completamente destituída de fundamento. E também a chamada Lei Taubira, relativa ao reconhecimento do tráfico de escravos como genocídio, levou à acusação (posteriormente retirada por desistência da associação queixosa) do conceituado historiador Pétré-Grenouilleau, que negou a qualificação dessa prática como genocídio, pois este, em rigor, supõe uma "intenção deliberada de extermínio", o que não seria, obviamente, a intenção dos traficantes, que com esse extermínio perderiam os seus lucros.

Compreende-se a reacção dos historiadores franceses. Mesmo as opiniões históricas pouco fundamentadas, ou mesmo sem qualquer fundamento, podem, e devem, ser rebatidas no âmbito do debate de ideias, sem necessidade de restringir a liberdade de expressão.

O citado artigo 240º, nº 2, b), do Código Penal português situa o crime de negação de crimes de guerra ou contra a paz e a humanidade no âmbito dos crimes de difamação ou injúria de pessoa ou grupo de pessoas por causa da sua raça, cor, origem étnica ou nacional ou religião. Para que a negação desses crimes se traduza numa conduta criminosa é necessário que tal negação seja interpretada como injuriosa ou difamatória para com o grupo de pessoas em questão, teremos

---

[408] Ver René Rémond, *Quand L' État se Mêle de L' Hisatoire – Entretiens avec François Azouvi*, Stock, Paris, 2006

que nos situar (como se verifica, muitas vezes, no que se refere à negação da *Shoah*). para além da simples discussão de conclusões históricas mais ou menos fundadas. Traçar esta fronteira não será muito fácil, mas só para além desta é que deverá considerar-se que a punição deste tipo de condutas não afecta o conteúdo essencial da liberdade de expressão.

Também será de recordar como uma condenação pelo crime de negação da *Shoah* por um tribunal austríaco no momento em que deflagrou a polémica das caricaturas de Maomé serviu de pretexto para os protestos de muçulmanos que alegavam a duplicidade de critérios das sociedades europeias no que se refere às restrições à liberdade de expressão.

Questão particularmente delicada, que tem suscitado recentemente alterações legislativas no sentido das restrições da liberdade de expressão é a da tipificação dos crimes de instigação ao terrorismo e de apologia do terrorismo.

Na sequência dos atentados terroristas de Julho de 2005, em Londres, o Governo britânico aprovou normas que punem e determinam a expulsão de quem pronuncie discursos de promoção e apologia da violência e do terrorismo[409]. Até então, o Reino Unido era encarado como refúgio privilegiado de dirigentes muçulmanos radicais (que compunham o chamado "Londonistão"). Vem-se concluindo como os discursos desses dirigentes não são inóquos no plano das suas consequências imediatas, conduzem efectivamente à prática de atentados terroristas, tanto ou mais do que formas de cooperação material com essa prática. Aos autores de atentados terroristas são muitas vezes apreendidos discursos gravados de inflamadas prédicas desses dirigentes. Já aquando dos processos dos tribunais italianos contra as Brigadas Vermelhas se tinha chegado à condenação dos seus ideólogos, Toni Negri e outros professores universitários.

A propósito da eventual incompatibilidade das alterações propostas com os princípios da liberdade de expressão consagrados na Convenção Europeia dos Direitos do Homem, Tony Blair chegou a declarar que estaria disposto a alterar as normas de recepção desta Convenção no ordenamento jurídico britânico.

---

[409] Ver *www.avvenire.it*, 6 de Agosto de 2005

Compatibilizar o conteúdo essencial da liberdade de expressão com estas normas de combate ao terrorismo é tarefa particularmente delicada. Vê-se, também aqui, como a liberdade de expressão não pode ser concebida em termos absolutos e irresponsáveis. Mas importa, também aqui, delinear uma fronteira que salvaguarde o seu conteúdo essencial. Essa fronteira supõe que, também neste âmbito, se distinga (o que não é fácil - há que reconhecer) entre o simples debate de ideias no plano teórico e a manifestação de ideias que se traduzem numa instigação ou numa apologia que envolvem o perigo real e imediato de concretização prática das mesmas.

O Código penal português pune (no artigo 297º) a instigação pública a um crime, a conduta de quem incite ou provoque à prática de crime determinado. Tal não significa a impossibilidade de advogar a descriminalização de uma qualquer conduta (pode, obviamente, advogar-se a descriminalização do aborto ou do tráfico e consumo de droga, sem incitar à prática de qualquer destas condutas, o que já não será admissível). Também a apologia pública de um crime é punível, nos termos do artigo 298º, nº 1, do Código Penal português, quando a mesma for praticada «de forma adequada a criar perigo de prática de outro crime da mesma espécie».

Estes exemplos revelam, pois, como a liberdade de expressão não pode ser concebida em termos absolutos e vem sendo, recentemente, restringida de forma acentuada e, sob certos aspectos, até excessiva. Neste contexto, será mais difícil afirmar o carácter absoluto da liberdade de expressão apenas quando está em causa o respeito pelos sentimentos religiosos.

Mas vejamos, agora, alguns dos reflexos da consideração do respeito pelos sentimentos religiosos, enquanto limite à liberdade de expressão, em várias ordens jurídicas democráticas.

O quadro legal das restrições à liberdade de expressão em nome do respeito pelos sentimentos religiosos

O Código Penal português tipifica, como já vimos, no âmbito dos crimes contra os sentimentos religiosos, os crimes de ultraje por motivo de crença religiosa e de ultraje a acto de culto. Integra o primeiro desses crimes a conduta de quem «publicamente ofender outra pessoa ou dela escarnecer em razão da sua crença por forma adequada a perturbar a paz pública» (artigo 251º, nº 1). Integra o segundo desses crimes a conduta de quem «publicamente vilipendiar acto de culto de religião ou dele escarnecer» (artigo 252º, b)).

O Código Penal alemão, no âmbito dos crimes contra os sentimentos religiosos e o respeito devido aos mortos tipifica o crime de ofensa ao conteúdo de credos religiosos ou mundividências filosóficas, a Igrejas ou outras comunidades religiosas ou associações relativas a mundividências filosóficas, quando essa ofensa for adequada à perturbação da paz pública (§166º).

O Código Penal italiano, no âmbito dos crimes contra o sentimento religioso e a piedade para com os defuntos, e nos artigos 402º a 406º, tipifica os crimes de vilipêndio da religião, da pessoa que a professa, ou das coisas objecto de culto, consagradas ao culto ou destinadas necessariamente ao uso do culto.

O Código Penal espanhol, na redacção de 1983, no âmbito dos crimes contra a liberdade de consciência, pune a conduta de quem pratique actos de profanação em ofensa aos sentimentos religiosos legalmente tutelados (artigo 208º), de quem profira escárnio de uma confissão religiosa ou ultraje publicamente os seus dogmas, ritos ou cerimónias (artigo 209º) ou de quem, fora desses casos, em lugar religioso pratique actos ofensivos do sentimento religioso dos presentes (artigo 211º). A prática destes crimes no exercício ou por ocasião das funções de professor acarreta a inibição do exercício dessas funções, no âmbito público ou privado (artigo 212º).

O Código Penal dinamarquês pune a conduta de quem insulte ou ridicularize os dogmas de culto de qualquer confissão religiosa legalmente reconhecida (secs. 140 e 266, b)).

Em França, uma associação católica ligada à Conferência Episcopal, *Croyances et Libertés*, com o fim estatutário de denunciar atentados à liberdade religiosa, tem suscitado a intervenção dos tribunais ou outras entidades em várias situações tidas por ofensivas dos católicos[410]. Num caso recente, o Tribunal de Grande Instância de Paris, por sentença de 10 de Março de 2005 (confirmada pela *Cour d'Appel* de Paris em 8 de Abril de 2005) considerou ofensiva para

---

[410] Ver *www.cef.fr/catho/espacepresse*.

com os católicos, e contrária à Lei de Liberdade de Imprensa, uma campanha publicitária em que um grupo de mulheres vestidas com a roupa de uma determinada marca, em pose tida por indecorosa e provocante, simulava a Última Ceia. Considerou o Tribunal que se tratava de «uma intrusão agressiva e gratuita, injuriosa e desproporcional em relação ao fim mercantil visado». Essa intrusão violava «o espírito de tolerância que deve caracterizar uma sociedade democrática do mesmo modo que a própria liberdade de expressão».[411]

Tal associação tivera intervenção anterior noutros casos: a propósito da publicação do livro de fotografias *INRI*, de Bettina Rheims e Serge Bramly, considerado ofensivo para com a figura de Jesus; a propósito da publicação de cartazes do filme *Ámen*, de Costa Gravas, onde a Cruz de Cristo e a cruz gamada surgiam sobrepostas e confundidas (que o Tribunal não considerou ofensivos, mas que vieram a ser voluntariamente retirados da exposição pública); contra uma campanha publicitária da Volkswagen que também utilizava a imagem da Última Ceia (que veio a ser cancelada por acordo amigável com a empresa em questão) e a propósito do programa humorístico da série *Guignols de l'Info*, onde a figura do Papa Bento XVI era equiparada a Hitler e abençoava «em nome do Terceiro Reich».

No Reino Unido foi aprovada, em 31 de Janeiro de 2006, uma Lei «contra o ódio racial e religioso» que tipifica o crime de incitamento doloso ao «ódio por motivos religiosos»[412]. As propostas iniciais previam também a punibilidade dessa conduta mesma quando apenas negligente e não dolosa, o que foi objecto de fortes críticas. Representantes de várias organizações laicas, mas também de várias comunidades religiosas, a partir do exemplo da aplicação de uma Lei australiana semelhante[413] (que suscitou a crítica do Cardeal George Pell, de Sydney, entre outros), temiam que a liberdade de crítica de uma religião no confronto com outras possa vir a ser limitado ao abrigo desta Lei. Da proposta inicial constava, também, a tipificação

---

[411] Ver *www.lextenso.com*

[412] Ver *Il Regno Unito Attenua le Norme contro L' Ódio Religioso*, in *www.zenit.org* (italiano), 11 de Fevereiro de 2006.

[413] O Conselho Islâmico de Vitória apresentou queixa contra os pastores evangélicos Danny Nalhich e Daniel Scot, da organização *Catch the Fire*, por terem ridicularizado algumas convicções religiosas muçulmanas e estes vieram a ser condenados.

do crime de injúrias por motivos religiosos, o que veio a ser afastado na versão aprovada. Contra essa tipificação, manifestaram-se organizações de artistas, invocando a liberdade de sátira.

O Tribunal Europeu dos Direitos do Homem (TEDH) já se pronunciou várias vezes sobre decisões de vários Estados europeus de limitação da liberdade de expressão em nome do respeito pelos sentimentos religiosos.

Fê-lo no caso *Otto Preminger Institute contra Áustria*[414], por acórdão de 20 de Setembro de 1994.

O arcebispo de Insbruck havia suscitado a intervenção do Ministério Público em relação à exibição de um filme que reproduzia uma peça de teatro do autor alemão Panizza, condenado por blasfémia por um Tribunal de Munique em 1895. Nessa peça, intitulada *O Concílio do Amor (Das LiebesKonzil)*, as figuras de Deus-Pai, Jesus e Maria são apresentadas de forma acentuadamente caricatural, como se fossem pessoas privadas de um mínimo de carácter e inteligência, e envolvidas em cenas eróticas[415].

O artigo 188º do Código Penal austríaco pune a conduta de quem denegrir ou insultar uma pessoa ou objecto venerados por uma Igreja ou comunidade religiosa, ou um dogma, costume, uma norma ou instituição dessa Igreja ou comunidade religiosa. Ao abrigo deste preceito, a exibição do filme foi judicialmente proibida. O TEDH considerou que não tinha ocorrido, neste caso, violação do artigo 10º da Convenção Europeia dos Direitos do Homem, artigo que consagra a liberdade de expressão. No seu número 2, este artigo permite restrições, «necessárias, numa sociedade democrática», para a «protecção dos direitos de outrem». O Tribunal considerou que a liberdade religiosa, que implica o respeito pelos sentimentos religiosos, é um destes «direitos de outrem». As restrições à liberdade de expressão no âmbito do debate público são excepcionais, mas mais facilmente aceitáveis quando estão em causa expressões susceptíveis de ofender «convicções íntimas no domínio da moral e, especialmente, da religião». A liber-

---

[414] Acessível em *www.echr.coe.int/ECHR/EN/Header/Case-Law/Hudoc+database/*

[415] O enredo pode resumir-se assim: Não sabendo o que fazer para punir a Humanidade, Deus-Pai, Jesus e Maria combinam com Satã o envio de uma mulher que difunde a sífilis entre os homens. O acordo com Satã seria a troco da concessão da liberdade para a Humanidade, a qual acabará, porém, por não ser concedida por Deus

dade religiosa é um «dos mais vitais elementos que constituem a identidade dos crentes e a sua concepção de vida». Os crentes não estão imunes à crítica à sua religião, mas devem ser protegidos contra os insultos. O insulto não contribui para nenhuma forma de debate público favorável ao progresso humano. No caso concreto em apreço, o facto de serem atingidos os sentimentos de uma muito significativa maioria da população punha em risco, também, a paz pública. E o facto de o filme só ser visionado por quem o quisesse não impedia que o conteúdo do mesmo fosse publicitado e difundido, com a consequente ofensa aos crentes.

As opiniões dos juízes não foram, porém, unânimes. Os votos dissidentes invocavam a tese, exposta e defendida pelo Tribunal no caso *Handyside contra Reino Unido*, de 1976, segundo a qual a liberdade de expressão não vale apenas para ideias «inofensivas», mas também para ideias «que ferem, chocam ou inquietam». Afirmam, também, tais votos que não cabe ao Estado julgar em que medida determinada expressão contribui para o progresso humano. E que a tolerância vale nos dois sentidos, e também exige a aceitação da crítica. Não está, porém, para tais juízes, excluída a possibilidade de limitação da liberdade de expressão em nome do respeito pelos sentimentos religiosos. Mas, no caso concreto em apreço, essa limitação era desproporcionada, pois os crentes eventualmente ofendidos não eram forçados a visionar o filme.

O TEDH reafirmou a jurisprudência do caso *Otto Preminger Institute contra Áustria* no caso *Wingrove contra Reino Unido*, por acórdão de 25 de Novembro de 1996[416].

No Reino Unido, havia sido negada autorização para a difusão, em vídeo, do filme *Visions of Ecstazy*, um filme sem diálogos, onde são apresentadas imagens, pretensamente correspondentes aos êxtases de Santa Teresa de Ávila, de cenas eróticas que envolvem esta e a figura de Jesus Cristo, com componentes de perversão masoquista. A jurisprudência da Câmara dos Lordes serviu de base a essa decisão. No caso *Gay News Lda. and Lemon*, de 1979, tal instância judicial havia considerado puníveis, no âmbito da blasfémia, manifestações de «desprezo, injúria, grosseria ou ridicularização» dirigidas

---

[416] Acessível em *www.echr.coe.int/ECHR/EN/Header/Case-Law/Hudoc+database/*

a Deus, Jesus Cristo e à Bíblia[417]. Não está vedada a manifestação de opiniões hostis para com a religião, desde que seja utilizada uma linguagem «decente e contida». As restrições não dizem respeito ao conteúdo dessas opiniões (não se trata de proibir a manifestação de opiniões que neguem a existência de Deus, por exemplo), mas o «tom, estilo e espírito» com que as mesmas são manifestadas. Basta que tais manifestações sejam «susceptíveis de chocar» os crentes, mesmo que não sejam «concebidas para os chocar».

Reafirmando a jurisprudência do caso *Otto Preminger Institute contra Áustria*, o Tribunal considerou que não tinha ocorrido violação do artigo 10º da Convenção europeia dos Direitos do Homem.

Tal jurisprudência voltou a ser recentemente reafirmada no caso *L.A. contra Turquia*, de 13 de Setembro de 2005 (embora, também aqui, com votos dissidentes)[418], relativo à condenação na Turquia, por blasfémia, do romance de Abdullah Ergüven *Yasak Tümceler* (*As Frases Proibidas*), onde se afirma, entre outras coisas, que o profeta Maomé interrompia o jejum para se relacionar sexualmente, teve algumas das sua inspirações no âmbito dessas relações e não proibia relações sexuais com animais. Considerou o tribunal que se tratava não só da expressão de «ideias que ferem ou chocam», ou de «opiniões provocantes», mas de um «ataque injurioso contra o profeta».

Sentido e alcance das restrições à liberdade de expressão motivadas pelo respeito dos sentimentos religiosos

Debrucemo-nos, então, sobre o sentido e alcance das restrições à liberdade de expressão motivadas pelo respeito dos sentimentos religiosos.

Já vimos como é evidente o contraste entre a relativa facilidade com que se vêm admitindo restrições à liberdade de expressão noutros âmbitos e a reacção hipersensível que suscita a possibilidade

---

[417] Os tribunais britânicos têm considerado que estas normas, de punição da blasfémia, se aplicam apenas ao cristianismo e recusaram, por isso, a sua aplicação ao caso dos *Versículos Satânicos*, de Salmon Rushdie. Este aspecto também foi analisado no acórdão do TEDH.

[418] Acessível em *www.echr.coe.int/ECHR/EN/Header/Case-Law/Hudoc+database/*

dessas restrições no âmbito do respeito pelos sentimentos religiosos. Nota-se, aqui, sem dúvida, a marca da experiência histórica e a circunstância de, ao longo da História, muitas das restrições à liberdade de expressão serem fundadas na defesa da religião e de, historicamente, a consagração jurídica dessa liberdade se ter efectuado, em larga medida, contra esse tipo de interferências. Mas importa, antes de mais, deixar bem clara a diferença entre a protecção da religião como tal, a proibição da manifestação de ideias hostis à religião, heréticas e contrárias a dogmas religiosos (de uma religião em particular, tida por verdadeira e oficialmente professada pelo próprio Estado) e a protecção dos sentimentos religiosos das pessoas contra atitudes insultuosas. Nesta fronteira reside a distinção entre aquilo que é, ou não, admissível numa sociedade aberta, livre e democrática e num Estado laico.

Nesta sociedade e neste Estado não serão obviamente admissíveis normas (equiparáveis à que poderão vigorar em países islâmicos) como as que, por exemplo, no Código Penal português de 1886 (vigentes até 1910) tipificavam os crimes «contra a religião do Reino», onde se incluía a propagação de doutrinas contrárias aos dogmas católicos definidos pela Igreja (artigo 130º, 2º), o proselitismo ou tentativa de conversão para religião diferente (artigo 130º, 3º), ou a celebração de actos públicos ou de culto que não sejam os da religião católica (artigo 130º, 4º).

O respeito pelos sentimentos religiosos de outrem não implica a restrição do livre debate de ideias no âmbito religioso. Como afirma Francesco Valiante, num artigo publicado no *L'Osservatore Romano*[419] a propósito da publicação das caricaturas de Maomé pelo jornal *Jyllands Posten*, «não está em discussão, como é óbvio a legitimidade da crítica, da polémica argumentada, do dissenso expresso até sob formas radicais. Nenhuma Igreja ou confissão pode pretender privilégios ou imunidades». Às ideias hostis à religião ou ao cristianismo pode, e deve, responder-se com ideias em sentido contrário e deste debate livre não há que ter receio. Afirma, de forma lapidar, a declaração conciliar *Dignitatis Humanae* (1) que «a verdade não se impõe

---

[419] *Progresso di Libertà o Arretramento di Civiltà?*, L' Osservatore Romano, ed. Quotidiana, 6 de Julho de 2006.

de outro modo senão pela sua própria força, que penetra nos espíritos de modo ao mesmo tempo suave e forte».

Será de evocar, a propósito, por exemplo, a reacção ao célebre romance *O Código da Vinci*, de Dan Brown, que tem servido de pretexto para esclarecer e evangelizar, a partir da denúncia dos erros históricos e da distorção da mensagem cristã veiculadas por esse livro de tão larga difusão[420/421]. Ou as respostas argumentadas ao livro de Michel d'Onfray (muito difundido em França) *Traité d' Athéologie*, que contém teses radicalmente hostis à religião e ao catolicismo[422].

Por isso me parece aceitável o acórdão do Tribunal Europeu dos Direitos do Homem proferido, a 29 de Junho de 2004, no caso *Chauvy e outros contra França*[423]. Este Tribunal considerou contrária ao artigo 10º da Convenção Europeia dos Direitos do Homem (que consagra a liberdade de expressão) a decisão de um Tribunal francês que havia considerado difamatório para com os cristãos um artigo, publicado a propósito da encíclica *Veritatis Splendor*, intitulado *L' Obscurité de l'Erreur*, onde se considerava o genocídio nazi uma decorrência lógica da própria doutrina cristã no que se refere ao confronto entre a Nova e a Antiga Aliança. Trata-se de uma tese, por muito absurda e destituída de fundamento que seja, à qual pode ser dada (e facilmente se dá) resposta.

Mas quando nos situamos no domínio da ofensa e do insulto já nos situamos fora do âmbito do debate de ideias, já não estamos perante uma tese à qual se pode dar resposta, um argumento contra o qual podem ser apresentados outros argumentos.

---

[420] Foi esse o conselho dos bispos mexicanos (ver *www.zenit.org*, 30 de Julho de 2006). A conferência episcopal norte-americana criou, com esse objectivo, o sítio *www.jesusdecoded.com*

[421] Não me parecem, pois, razoáveis tentativas de proibição de difusão do livro ou do filme nele baseado, por ser ofensivo para com os cristãos. Já me parece razoável exigir, como chegou a ser feito sem êxito, que se esclareça que se trata de uma obra de ficção e que os factos nela descritos não são imputáveis a pessoas ou instituições realmente existentes.

[422] Ver Matthieu Baumier, *L' Anti-Traité d' Athéologie – Le Système Onfray Mis à Nu*, Presses de la Renaissance, Paris, 2005, e Irène Fernandez, *Dieu avec Esprit – Réponse à Michel Onfray*, Philippe Rey, Paris, 2005.

[423] Acessível em *www.echr.coe.int/ECHR/EN/Header/Case-Law/Hudoc+database/*

Há, pois, que distinguir a crítica do insulto[424]. A crítica insere-se no debate de ideias e convida à resposta também no âmbito do debate de ideias. Este debate é típico e característico de uma sociedade livre, aberta e democrática. O insulto (a ofensa, a injúria e a difamação) fere, humilha, ridiculariza e denigre gratuitamente, saindo fora do âmbito do debate de ideias. Ao insulto nada há que responder nesse âmbito. Só haveria que retorquir através de outro insulto, mas aí estamos no domínio da violência verbal e da intolerância (quando o debate de ideias é expressão típica da tolerância).

Como salientaram algumas das decisões judiciais acima referidas, é a tolerância, característica das sociedades livres e democráticas, a reclamar o respeito mútuo e o respeito pelos sentimentos religiosos. Para justificar a proibição de uma campanha publicitária que utilizava, ofensivamente, a simulação da Última Ceia, o Tribunal de Grande Instância de Paris, na sua sentença de 10 de Março de 2005, acima referida, afirmou que a ofensa aos sentimentos religiosos «contraria o espírito de tolerância que deve caracterizar as sociedades democráticas do mesmo modo que a própria liberdade de expressão». Na mesma linha, o TEDH, nos casos *Otto Preminger Institute contra Áustria* e *Wingrove contra Reino Unido*, acima referidos, associou o espírito de tolerância ao respeito pelos sentimentos religiosos.

José Miró i Ardèvol, presidente da associação *Ecristians*, a propósito de um protesto contra um espectáculo ofensivo para com os católicos, afirmou: «Guia-nos a vontade de colaborar, juntamente com outras concepções e crenças, na construção de uma sociedade mais justa, livre responsável e compassiva, pela via positiva da proposta. Para que esta construção seja possível, uma condição necessária é o <u>respeito mútuo</u>. Sem promover uma atitude respeitosa para com os outros, a nossa convivência torna-se difícil, agressiva, até violenta, fragmentamo-nos e enfrentamo-nos, em vez de unirmos esforços para resolver as dificuldades e necessidades que a vida nos apresenta. Um dos melhores exemplos que podemos dar aos jovens é precisamente o testemunho do respeito, que não é incompatível com

---

[424] Como afirmam os tribunais britânicos, em tese retomada pelo TEDH no caso *Wingrove contra Reino Unido*, não se trata de restringir o conteúdo da expressão livre, mas de ter em conta «o tom, o estilo e o espírito».

o bom humor, nem com a liberdade, pede apenas um estilo, uma determinada maneira de actuar.»[425]

A jurisprudência do TEDH tem salientado também, como vimos, na sequência do caso *Handisyde contra Reino Unido*, que a liberdade de expressão não se restringe á ideias «inofensivas», mas se estende às que «ferem, chocam e inquietam». É verdade. Mas a premissa de que nessa tese se parte é a de que nos situamos ainda no âmbito do debate de ideias, que suscita uma resposta e convida a uma resposta nesse âmbito. Uma ideia que choca não é, ainda, um insulto.

É o debate de ideias que é salutar numa sociedade democrática e que conduz ao progresso humano a vários níveis. Como bem salientou o TEDH no caso *Otto Preminger Institute contra Áustria*, o insulto não contribui para esse progresso, porque não se insere nesse debate. Respondem, a este respeito, os votos dissidentes desse acórdão que não cabe a qualquer instância estadual ajuizar do contributo de qualquer expressão para o progresso humano. Mas cabe, certamente, verificar se estamos, ou não no âmbito do debate de ideias, independentemente do juízo sobre o conteúdo destas. E é legítimo dizer que é só no âmbito do debate de ideias (independentemente do juízo sobre o conteúdo destas), não no campo dos insultos, que a liberdade de expressão contribui para o progresso humano.

Salienta-se, por vezes, que a liberdade de expressão proporciona uma alternativa à violência física e será, por isso, sempre preferível a esta, mesmo que assuma formas extremas de confronto[426]. Mas, para que seja verdadeira alternativa à violência física e não seja antes fonte de perigo de ulterior violência física, não pode traduzir-se na violência verbal a que se reconduzem os insultos e a troca de insultos.

Há mesmo, como vimos, legislação, como os Códigos Penais português e alemão, que condiciona a punibilidade de certas ofensas aos sentimentos religiosos à ocorrência de perigo de perturbação da paz pública. Parece-me, porém, contestável esta opção legislativa, pois a punibilidade variará, de forma injusta e arbitrária, conforme o

---

[425] Ver *www.e-cristians.net/cream/?site=ecristians&idioma=es&page=118p&t=6245*
[426] Ver, por exemplo, Jónatas E. M. Machado, *op. cit.*, pg. 847.

tipo de reacção possível, o carácter mais ou menos maioritário, ou mais ou menos pacífico, da comunidade religiosa ofendida[427].

A distinção entre crítica e insulto é válida quer quando está em causa a crítica à religião em geral, quer no confronto entre várias religiões. Importa realçar este aspecto no contexto actual, que propicia os contactos interreligiosos, de diálogo, mas também de confronto. Recorde-se, a este respeito, os receios provocados em representantes de várias religiões pelas Leis australiana e britânica contra o «ódio por motivos religiosos». É possível apontar erros e limites de uma religião (designadamente por contraposição àquela que se professa) sem faltar ao respeito devido aos seus crentes. Também aqui há que fixar uma fronteira que favorece o diálogo e evita o choque.

As dificuldades desta distinção entre crítica e insulto, e os (inegáveis) perigos de confusão entre uma e outro, com o perigo de eventual sacrifício do livre debate de ideias, já não se colocam quando está em causa a exploração comercial e publicitária (como se verificou nos casos que suscitaram a intervenção da associação francesa *Croyances et Libertés* acima referidos), razão pela qual a possibilidade de restrições neste âmbito é mais fácil de admitir. O Código da Publicidade português (Decreto-Lei nº 330/90, de 23 de Outubro) proíbe, no seu artigo 7º, nº 2, a), a publicidade que se socorra, depreciativamente, de instituições, símbolos nacionais ou religiosos ou personagens históricas.

A distinção entre crítica e insulto não é tarefa exclusiva deste âmbito da restrição da liberdade de expressão em função do respeito pelos sentimentos religiosos. É uma distinção que se impõe em todo o âmbito da discussão pública, designadamente na esfera política. Neste âmbito, também há que separar a livre crítica da prática de crimes de injúria e difamação, quando se formulam juízos ofensivos da honra e consideração social dos adversários. Para estabelecer tal fronteira (também aqui com dificuldades e perigos de abusos que possam pôr em causa o conteúdo essencial da liberdade de expressão), há que distinguir o juízo sobre comportamentos na sua objectividade (destes juízos se compõe o debate político) do juízo sobre a

---

[427] Em sentido semelhante pronuncia-se Jónatas E. M. Machado, *op. cit.*, pgs. 842 e 843, nota 2012.

pessoa enquanto tal, de um juízo que põe em causa a dignidade da pessoa enquanto tal (mais do que a justiça ou correcção de comportamentos objectivos e concretos). Qualquer colectânea de jurisprudência contém, em abundância, exemplos de decisões onde se procura traçar tal fronteira.

Afirma-se, por vezes, a este respeito, que são admissíveis numa sociedade livre, aberta e democrática, limites à liberdade de expressão motivados pela protecção da honra e dignidade pessoais, já não pela protecção da religião ou dos sentimentos religiosos.

Também se nota uma mais fácil aceitação da punição de insultos a grupos sociais (particularmente quando estes são minoritários ou historicamente marginalizados) cuja identidade se define pela pertença a uma religião. Alterações legislativas recentes (como a do artigo 240º do Código Penal português em 1998, artigo que deixou de ter a epígrafe "discriminação racial" e passou a ter a epígrafe "discriminação racial e religiosa") vêm equiparando as ofensas a grupos sociais identificados pela raça, etnia ou nacionalidade aos grupos sociais identificados pela religião, com a nítida intenção de aqui abranger os muçulmanos (equiparando, deste modo, o discurso anti-muçulmano ao discurso racista ou anti-semita). Mas não será tanto o respeito pelos sentimentos religiosos a justificar esta tutela, antes a honra e consideração de um grupo identificado pela religião, do mesmo modo que poderia ser identificado pela raça, etnia ou nacionalidade. Pode encontrar-se algum reflexo desta tendência na resolução 1510 da Assembleia Parlamentar do Conselho da Europa[428], aprovada a propósito da polémica ao redor da publicação de caricaturas de Maomé pelo *Jyllands Posten*, onde, simultaneamente, se afirma que ataques que visem pessoas motivados por carácter racial ou religioso não podem ser tolerados, mas também que as leis sobre a blasfémia não podem ser utilizadas para limitar a liberdade de expressão (3), e se afirma que não é aceitável o incitamento ao ódio contra grupos religiosos, mas também que não deve ser restringida a liberdade de expressão para responder à sensibilidade crescente de grupos religiosos (12).

Parece-me de salientar, a este respeito, o seguinte.

---

[428] Acessível em *www.htpp.//assembly.coe.int* .

Para um crente, a ofensa aos símbolos mais sagrados e preciosos da sua religião pode ferir (e fere frequentemente) mais do que fere a ofensa à sua honra pessoal, tal como a ofensa às pessoas mais queridas pode ferir tanto ou mais do que a ofensa à honra pessoal. Só tendo presente esta realidade se poderão compreender, por exemplo, as reacções de indignação de muçulmanos perante caricaturas de Maomé.

E o Estado, embora não professe algum credo religioso e se situe num plano de neutralidade em relação ao fenómeno religioso, não pode ignorar a importância que a religião assume na vida dos seus cidadãos. Por aqui passa, também, a distinção entre laicidade e laicismo. Afirma a Declaração sobre a Eliminação de Todas as Formas de Intolerância e Discriminação Fundadas na Religião ou Credo, adoptada pela O.N.U. em 1981, que «a religião e o credo constituem, para quem os professe, um dos elementos fundamentais da sua concepção de vida e (...) devem ser integralmente respeitados e garantidos». Também o Tribunal Europeu dos Direitos do Homem afirmou, no acórdão proferido no caso *Otto Preminger Institute contra Áustria*, atrás referido, que a liberdade de religião é «um dos mais vitais elementos que constituem a identidade dos crentes e a sua concepção de vida».

Afirma, a este respeito, Mário Pinto[429]:

> «A forte dúvida é que as pessoas não são separáveis do que efectiva e humanamente integra a sua personalidade, a sua identidade humana, as suas razões de viver, como por exemplo, a sua liberdade, a sua Pátria, os seus bens mais queridos, a sua família, o seu Deus, a sua comunidade, a sua dignidade. Quem é que pode valorar esses bens ou afectos como extrínsecos, externos insignificantes, se essas pessoas estão dispostas a dar a vida por eles? Como o jovem disposto a dar a vida pela sua Pátria e pela sua bandeira; o cidadão pela liberdade; a mãe pelo seu filho e o filho pela sua mãe e o mártir crente pelo seu Deus.
>
> Perante isto, podemos responder que não é lícito insultar os indivíduos, mas é lícito insultar ou ridicularizar a sua comunidade, a sua família, a sua crença? Podemos dizer que não é lícito insultar um crente, mas é lícito insultar o seu Deus, blasfemando? Eis a questão. E eis a minha discordância.»[430]

---

[429] *In To Be, or Not To Be...*, Público, 13 de Fevereiro de 2006

[430] Mesmo partindo de premissas cristãs, há quem desvalorize a importância da tutela jurídica do respeito para com as figuras e símbolos religiosos, valorizando, antes, a tutela da

Importa, também, deixar claro que o respeito pelos sentimentos religiosos não pode depender do carácter socialmente maioritário ou minoritário da crença em questão. Neste aspecto, também se distingue a tutela desses sentimentos numa sociedade livre, aberta e democrática e num Estado laico da tutela da religião noutro tipo de sociedades ou Estados. Não me parece, por isso, muito correcta a invocação (como o fez o Tribunal Europeu dos Direitos do Homem no caso *Otto Preminger Institute contra Áustria*) do perigo de perturbação da paz pública quando estão em jogo os sentimentos religiosos da maioria da população. Mas também não se justifica a tutela exclusiva ou preferencial dos sentimentos religiosos de grupos socialmente minoritários ou historicamente marginalizados, como, por vezes, sucede em países de tradição católica (e foi salientado a propósito das atitudes de compreensão para com a reacção às ofensas a muçulmanos provocadas pela publicação de caricaturas de Maomé, em contraste com a indiferença com que são encaradas frequentes ofensas aos católicos[431]).

Pode entender-se, porém, que as considerações até agora tecidas, que assentam na distinção entre a crítica inserida no debate de ideias

---

dignidade das pessoas, imagem de Deus. A maior ofensa a Deus é a ofensa à Pessoa Humana, sua imagem. É esta a posição de François Boespflug (*in Caricaturer Dieu?*, Bayard Press, Paris, 2006), que critica as intervenções da associação francesa *Croyances et Libertes*, a que já me referi.

Parece-me que, como cristãos, ao excesso da perspectiva verticalista de outras eras, não podemos responder agora com o excesso de uma perspectiva horizontalista. A ofensa à pessoa é sempre uma ofensa a Deus. É o que decorre, também, da incarnação de Deus em Jesus Cristo. Mas a ofensa a Deus não deve deixar-nos indiferentes, como não nos deixa indiferentes a ofensa a pessoas que nos são queridas.

Afirmou, a este respito, D. José Policarpo, na sua homilia de 1 de Março de 2006 (ver *www.ecclesia.pt*) : «Apesar do apregoado respeito pelas religiões e pela fé de quem acredita, alguns não hesitam em brincar com o sagrado; chega-se mesmo a apregoar, em nome da liberdade, o direito à blasfémia. Fiquem sabendo que, para nos que buscamos Deus e procuramos viver a vida em diálogo com Ele, isso nos indigna e magoa, porque temos gravado no nosso coração aquele mandamento primordial: "não invocarás o Santo Nome de Deus em vão".»

E não podemos esquecer como a dimensão verticalista é acentuada em religiões não cristãs, como o islamismo.

[431] Já anteriormente este contraste tinha sido salientado, com referência à situação francesa, por René Rémond *in Le Christianisme en Accusation*, Desclée de Brouwer, Paris, 2000.

e o insulto, passam por cima da questão particular suscitada por uma forma de expressão, também ela inserida no debate de ideias, que é a sátira. É, muitas vezes, a propósito da sátira ou da caricatura (assim foi em relação às caricaturas de Maomé publicadas pelo jornal dinamarquês *Jyllands Posten*) que se suscitam questões de eventual desrespeito pelos sentimentos religiosos.

A doutrina e a jurisprudência vêm acentuando como a sátira comporta, por definição, alguma dose de exagero e de irreverência. A resolução 1510 da Assembleia Parlamentar do Conselho da Europa, acima referida, afirma que «o debate, a sátira, o humor e a expressão artística devem beneficiar de um grau elevado de liberdade de expressão e o recurso ao exagero não deve ser visto como provocação»(9).

De qualquer modo, como no âmbito geral da liberdade de expressão e de punição dos crimes de difamação e de injúria, também neste âmbito a liberdade de sátira tem os seus limites. A questão particular que aqui se coloca, no âmbito do respeito pelos sentimentos religiosos, é a de um eventual limite absoluto em relação a determinadas figuras e símbolos. «Com o sagrado não se brinca» – tem-se afirmado[432].

Mas não é só em relação aos símbolos sagrados de uma religião que pode colocar-se este limite à liberdade de sátira. Facilmente aceitaremos que não se brinque com o respeito devido às vítimas do Holocausto ou de outras graves violações dos direitos humanos. A exposição de caricaturas do Holocausto, recentemente noticiada na imprensa e patrocinada pelo governo iraniano em resposta à publicação de caricaturas de Maomé pelo *Jyllands Posten*, suscita uma natural e espontânea repulsa e não tenho conhecimento da reprodução dessas caricaturas em jornais ocidentais de referência (como havia sucedido em relação às caricaturas de Maomé).

Numa sondagem publicada pelo jornal francês *La Croix* a 9 de Fevereiro de 2006[433], somente 9% dos franceses interrogados consi-

---

[432] Afirma Mário Pinto no artigo acima citado: «Criei-me ouvindo, da boca de toda a gente, à minha volta, sem contestação, a sentença da sabedoria popular que, na sua linguagem de incomparável força e beleza, diz assim: "há coisas com que não se brinca"».

[433] Ver *www.la-croix.com/article/index.jsp?docId=2258656&rubId=788*

dera que se pode fazer sátira e humor com tudo, incluindo a deficiência física (considerada pela grande maioria, pelo contrário, um verdadeiro "tabu" em relação ao humor e à sátira). Também os símbolos sagrados das religiões deverão estar a coberto da sátira para cerca de dois terços dos interrogados[434].

Estes limites absolutos em relação a determinadas figuras e símbolos sagrados não poderão pôr em causa o conteúdo essencial da liberdade de sátira como corolário da liberdade de expressão? Parece-me que não, porque restam sempre outras figuras e temas, mesmo relativos à religião, que podem ser objecto de sátira. Se Deus, Jesus Cristo, Maria ou Maomé podem ser figuras e temas de algum modo "intocáveis", o comportamento dos crentes e das instituições religiosas já não o será. Há até, neste aspecto, um vasto campo para exercer aquela tradicional função crítico-pedagógica (*catigat ridendo mores*) que a sátira sempre exerceu, contribuindo para desmascarar qualquer falsa e artificial sacralidade[435]. Afirma, a este respeito, o conceituado exegeta bíblico italiano Gianfranco Ravasi[436]: «...é necessário distinguir entre as pessoas e instituições – que são humanas e por vezes têm mesmo a sua faceta ridícula, e os valores: se em relação às pessoas se pode ironizar, é necessário respeito para com os fundamentos da Fé.»[437]

Depois de tecidas todas estas considerações, adivinha-se facilmente uma possível objecção: condicionar a possibilidade de restrições à liberdade de expressão ao grau de ofensa dos sentimentos

---

[434] Curiosamente, a maioria é percentagem é ligeiramente superior em relação a religiões não cristãs, o que vem de encontro a uma certa discriminação, a que acima já me referi, entre ofensas à religião tradicional e maioritária e ofensas a religiões minoritárias.

[435] Afirma Francesco Valliante, no artigo do *L'Osservatore Romano* acima referido: «Neste sentido ela (a sátira) conserva uma legítima função "dessacralizante". Que não se confunde com grosseiras veleidades "sacrílegas". A partir do momento em que passe a ter por alvo os valores e símbolos do religioso – daquilo que é sagrado em sentido absoluto e indefectível – perde inevitavelmente a sua natureza e a sua função. Privada de qualquer finalidade crítica e educativa, torna-se, de facto, vã exacerbação. Transforma-se em vulgaridade gratuita, em invectiva decomposta, em ofensa como fim em si mesmo. Brandida como uma lança, deixa apenas ruínas de civilização.»

[436] *Cit. In* Edoardo Castagna, *Religione, Si Può Fare Satira?*, www.avvenire.it, 4 de Fevereiro de 2006

[437] Também neste aspecto se nota como a ofensa aos símbolos religiosos sagrados pode ser mais grave do que uma ofensa pessoal, como já referi.

religiosos de outrem é ficar à mercê de reacções de hipersensibildade da parte de certas pessoas e grupos, que se considerarão ofendidos com qualquer manifestação de hostilidade para com a religião, ou para com determinada religião em particular. A resolução 1510 da Assembleia Parlamentar do Conselho da Europa, a que já me referi, fala, a este respeito, na «sensibilidade crescente de grupos religiosos». Vem à mente o multiplicar de reacções de grupos de muçulmanos não apenas diante de fenómenos nitidamente provocatórios como o da publicação de caricaturas de Maomé pelo *Jyllands Posten*, mas também noutros casos (os protestos contra a representação de uma peça de Voltaire sobre Maomé numa pequena localidade francesa, ou o caso mais antigo dos *Versículos Satânicos* de Salmon Rushdie), tendo em conta que para muitos deles é a própria representação gráfica do profeta Maomé que é interdita pelo Islão.

Há que considerar, a este respeito, que o juízo relativo aos vários casos concretos (que não é de aprofundar nesta sede) tem de socorrer-se de critérios objectivos e de razoabilidade, que suponham o conhecimento da religião em causa, mas que não estão condicionados por critérios puramente subjectivos e ligados à reacção concreta das pessoas e da sua maior ou menor sensibilidade, susceptibilidade, ou até sentido de humor. Também não são de considerar as reacções de pessoas que se sintam ofendidas com a simples manifestação de críticas ou ideias hostis à religião que professam, não distinguindo entre crítica e insulto[438].

É verdade que estes critérios objectivos e de razoabilidade nem sempre conduzem a soluções lineares e inequívocas. E os perigos de abuso de restrições que possam sacrificar desproporcionalmente a liberdade de expressão são reais. Também por isso, há quem advogue, sem menosprezar o respeito devido aos sentimentos religiosos, a omissão de intervenção legislativa ou judicial neste âmbito, deixando

---

[438] Vêm naturalmente à memória as reacções de protesto contra o discurso proferido por Bento XVI na Universidade de Ratisbona a 12 de Setembro de 2006. Mas nem sequer se poderá dizer que nesse discurso Bento XVI critica o Islão (o que não deixaria de ser legítimo), pois o que é objecto de crítica é uma determinada concepção das relações entre Deus e a razão, e entre a fé e a violência, que não caracteriza necessariamente o Islão, embora encontre acolhimento nalguns ambientes islâmicos (ver o discurso em *www.vatican.va/holy_father/benedict_xvi/speeches/september/documents/hf_benxvi_spe_20060912_university_regensburg_po.html*).

tal papel a um esforço de pedagogia de convivência democrática e tolerante que associe a liberdade à virtude e à responsabilidade não impostas juridicamente[439]. São propósitos compreensíveis. A intervenção legislativa e judicial deve ser sempre um último recurso. Por vezes, este recurso é, até, contraproducente, quando faz recair injustamente sobre os crentes os fantasmas de um passado de intolerância ou as imagens de inimigos da liberdade ou nostálgicos de sociedades monolíticas, ao mesmo tempo que dá aos agressores, além de uma imerecida publicidade, uma imagem de mártires da liberdade. Por isso, a prudência aconselha, muitas vezes, o silêncio puro e simples. O apelo ao respeito consciente e voluntário dos sentimentos de outrem também é preferível à intervenção legislativa e judicial. Até porque nem tudo o que releva da má educação, da grosseria, da insensibilidade ou do mau gosto se reconduz a comportamentos ilícitos ou criminosos.

Mas não me parece lógico que se prescinda em absoluto dessa intervenção legislativa e judicial, pois dela também não se prescinde, em qualquer ordem jurídica que conheço, no âmbito da punição da difamação e da injúria, dentro ou fora do contexto da imprensa.

Uma última objecção merece ser analisada. Nos votos dissidentes emitidos no acórdão do Tribunal Europeu dos Direitos do Homem do caso *Otto Preminger Institute contra Áustria*, a que já nos referimos, foi suscitada a questão de a ofensa aos sentimentos religiosos dos crentes não ser por estes necessaria ou forçadamente presenciada, o que lhe retiraria alcance. É verdade que seria outro o alcance de uma ofensa traduzida em escritos ou cartazes difundidos publicamente e acessíveis a quaisquer pessoas independentemente de uma escolha voluntária (como é a de quem decide ver um filme ou um espectáculo). Mas a ofensa não deixa de verificar-se quando o ofendido não está presente. Sempre se tem entendido isso a respeito dos crimes de difamação e injúria. Na definição do Código penal português vigente, é mesmo um critério desse tipo que preside à distinção entre estes dois crimes: a difamação supõe a imputação de factos ou a formulação de juízos dirigidas a terceiros (artigo 180º) e a

---

[439] Ver, neste sentido, por exemplo, José Manuel Fernandes, *Liberdade e Lei, Ética e Moral*, Público, 9 de Fevereiro de 2006.
Também acentua este aspecto François Boespflug na obra acima referida

injúria supõe que tal imputação ou formulação de juízo sejam dirigidos ao próprio ofendido (artigo 181°).

O respeito pelos sentimentos religiosos num contexto de convivência multicultural

Já vimos como as reservas e os receios em admitir restrições à liberdade de expressão em nome do respeito pelos sentimentos religiosos reflectem a marca de uma experiência histórica. Mas há que superar essa marca, sabendo dar a essas restrições o sentido e alcance correctos e compatíveis com os fundamentos de um Estado laico e de sociedades livres, abertas e democráticas. Há que atender a um contexto histórico que é hoje diferente. O contexto actual não torna particularmente temível o regresso da Inquisição ou da censura de ideias. A consideração do contexto actual poderá, num certo sentido, tornar, antes, mais premente a necessidade de um correcto equilíbrio entre liberdade de expressão e respeito pelos sentimentos religiosos. Este contexto caracteriza-se pela cada vez mais frequente convivência, num mesmo espaço territorial ou através da proximidade dada pela comunicação social, entre pessoas de culturas e religiões diferentes.

De um modo particular, as sociedades europeias e ocidentais debatem-se com o desafio da integração de um número significativo de pessoas de religião muçulmana. É essa integração que evita a criação de *ghettos* culturais e a tentação de um extremismo que rejeita em bloco todo o património cultural das sociedades europeias e ocidentais, livres, abertas e democráticas. Mas a integração não pode significar o renegar da identidade muçulmana desses povos. E será difícil (ou mesmo impossível) pensar em integração de muçulmanos em sociedades onde os seus valores mais estimados e profundos não são respeitados. Para os muçulmanos, valem de modo particular as considerações acima tecidas a respeito das ofensas às crenças religiosas como ofensas que podem ferir mais do que as próprias ofensas pessoais. Os muçulmanos que se pretendam integrar nas sociedades democráticas da Europa e do Ocidente não podem exigir que nestas se desrespeite a distinção, que as caracteriza e distingue de outras sociedades islâmicas, entre lei civil e lei religiosa. Nem podem pretender que a sua religião seja imune a qualquer crítica[440]. Mas estão no seu direito de exigir respeito pelos seus sentimentos religiosos, de acordo com os critérios que acima expus, distinguindo entre a liberdade de crítica da religião e o respeito por esses sentimentos.

São elucidativos, a este propósito, os resultados, referidos pelo politólogo norte-americano John L. Esposito (fundador do Centro Para a Compreensão Entre Cristãos e Muçulmanos da Universidade Georgetown de Washington)[441], de uma sondagem Galup a partir de um muito alargado universo de muçulmanos de vários países, da Indonésia a Marrocos. À pergunta a respeito daquilo que as sociedades ocidentais poderiam fazer para melhorar as suas relações com os muçulmanos, a resposta mais frequente (47% no Irão, 46% na Arábia Saudita, 43% no Egipto, 41% na Turquia) foi: devem revelar mais compreensão e respeito e menos preconceitos para com a religião muçulmana e não denegrir aquilo que o Islão representa. Ao mesmo tempo, um grande número de respostas aponta, para além do sucesso tecnológico, a liberdade de expressão como a faceta que mais apreciam nas sociedades ocidentais. A grande maioria das respostas também é favorável à consagração jurídica da liberdade de expressão nos países muçulmanos: 94% no Egipto, 97% no Bangladesh, 98% no Líbano. São resultados que demonstram como a grande maioria dos muçulmanos não rejeita os valores típicos das sociedades livres, abertas e democráticas, mas espera destas o respeito pelos seus valores e sentimentos religiosos.

Saliente-se que as reacções negativas à publicação de caricaturas de Maomé pelo *Jyllands Posten* não partiram apenas de extremistas e partidários da violência, mas também de muitos expoentes moderados que deploraram a violência dos protestos (o príncipe Aga Khan, por exemplo).

A importância do respeito para com os sentimentos religiosos dos crentes tem sido recentemente (e a partir da polémica das carica-

---

[440] Recorde-se o que se a afirmou a respeito das reacções ao discurso de Bento XVI na Universidade de Ratisbona, onde nem sequer se critica a religião muçulmana como tal, mas uma concepção das relações entre Deus e a razão e entre a fé e a violência que encontra acolhimento nalguns ambientes islâmicos.

[441] *Islam, La Rivolta Non Paga*, www.avvenire.it, 4 de Março de 2006.

turas de Maomé) acentuada em várias instâncias de diálogo interreligioso. Assim, por exemplo, na Mensagem da Cimeira Mundial de Dirigentes Religiosos realizada em Moscovo em Julho de 2006[442]: («Queremos pôr fim a qualquer forma de agravo dos sentimentos religiosos e à profanação daquilo que para as pessoas são textos, símbolos, nomes e lugares sagrados). O representante da Santa Sé à Conferência promovida pela Organização para a Segurança e Cooperação na Europa (O.S.C.E.), com o título *Promover o Entendimento Intercultural, Interreligioso e Interétnico,* realizada em Almaty (Casaquistão), em 12 e 13 de Junho de 2006, afirmou[443]: «Um (desafio), em particular, afecta a liberdade de expressão e o modo como uma interpretação desta em sentido absoluto pode legitimar expressões civis e políticas que não respeitam os legítimos limites ou outros valores, como o direito a não ser ofendido. Essas manifestações podem criar ou agudizar tensões étnicas, culturais ou religiosas, pois, como o revelou a experiência, ferem o que é mais querido para as pessoas.

Se em nome de uma incorrecta interpretação da liberdade de expressão, os Estados membros permitirem que sejam ofendidos os sentimentos religiosos de pessoas ou comunidades inteiras, estes mesmos Estados não seriam apenas incapazes de contribuir efectivamente para o diálogo entre diferentes religiões, culturas e grupos étnicos, como correriam também o risco de alimentar preconceitos. Este diálogo deve basear-se no conhecimento e no respeito. No actual contexto socio-político, a O.S.C.E. e as suas instituições são capazes de mostrar como a garantia da liberdade de expressão é um direito fundamental nas democracias pluralistas, mas também que deve ser exercida com responsabilidade, respeitando as convicções e as práticas de todos os crentes, assim como os símbolos que caracterizam as suas religiões. O respeito e a protecção dos direitos fundamentais de liberdade de expressão e de liberdade de religião devem ser garantidos através da promoção de um delicado equilíbrio e salvaguardando o exercício de ambos.»

Dar um contributo para que este "delicado equilíbrio" possa ser atingido – é o que procuro fazer com este breve estudo.

---

[442] Ver *www.zenit.org* (italiano), 6 de Julho de 2006.
[443] Ver *www.zenit.org* (espanhol), 13 de Junho de 2006.

ÍNDICE

O Direito e a Vida: a Fase Inicial

O Sentido da Criminalização do Aborto ajustar a Lei sem sacrificar os Princípios 9
Pela Vida, contra o Aborto: respostas e argumentos 71
O Aborto e as suas Vítimas 97
Ainda somos todos contra o Aborto? 115
Os Números do Aborto 119
Moratória do Aborto 123
A Procriação Artificial e a Dignidade da Pessoa Humana 127
Embriões Híbridos: uma barreira ética que cai 131
Porquê continuar a destruir Embriões? 135

O Direito e a Vida: a Fase Terminal

A Eutanásia e a Constituição Portuguesa 139
As Fronteiras da Eutanásia: os casos de Piergiorgio Welby e Inmaculada Echevarria 173
Matar por Amor? 185
Eutanásia: o que está em jogo 189
A Rampa Deslizante 193

O Direito e a Dignidade da Pessoa Humana

A propósito do "Big Brother": Reflexões sobre o conteúdo do Princípio
Constitucional da Dognidade da Pessoa Humana 199

O Direito e a Família

Salvar o Casamento 221
O Divórcio Unilateral e a Sociedade sem Vínculos 227
Ainda mais Divório 231
Família, Afectos e Deveres 233
Divórcio e Protecção dos mais fracos 237
Educação Sexual obrigatória? 241

Os Fins do Direito Penal

Reflexões sobre os fins das Penas numa Perspectiva Cristã 247
Justiça e Perdão face à Criminalidade 275

Direito Penal e Ética sexual

Direito Penal e Ética Sexual	297
Legalizar a Prostituição?	321
Pornografia Infantil Virtual	327

O Direito e a Sociedade Multicultural

Laicidade, Multiculturalismo e Identidade Religiosa	333
A Liberdade de Expressão e o Respeito pelos Sentimentos Religiosos	349